계
급
천
장

계급천장

커리어와 인생에 드리운 긴 그림자

샘 프리드먼 + 대니얼 로리슨 지음

홍지영 옮김

사계절

추천의 글

유리 천장glass ceiling과 계급 천장class ceiling. 언뜻 보면 말장난 같지만, 이 단어들은 '특정 집단에 속하지 않은 사람들'은 능력과 기술을 갖추더라도 성공을 가로막는 보이지 않는 천장에 부딪힌다는 의미를 담고 있다. 전자는 성별이나 인종 때문에, 후자는 계급 때문에 맞닥뜨리는 벽을 뜻한다.

노동 계급의 자녀가 엘리트 직업을 갖기 어렵다는 것은, 가슴 아프지만 누구나 다 아는 사실이다. 이 책은 여기서 한 걸음 더 나아가 노동 계급 출신은 설령 엘리트 직종에 진입한다 하더라도 그 안에서 새로운 벽에 부딪힌다는 것을 밝히고 있다. 출신 계급에 따른 임금 격차나 특정 직종에 종사하는 사람의 비율 등 통계적 데이터뿐만 아니라, 영국 내 여러 산업 분야에서 일하는 사람들과의 인터뷰를 통해 그러한 벽이 생겨난 배경을 보여준다.

'잘사는' 환경에서 태어나고 자란 사람들이 그 행운을 이용해 '더 잘사는' 위치에 서게 하는 이 시스템을 왜 그냥 내버려두는 것일까. 이 책의 명쾌한 분석을 읽으면서 나는 가슴을 도려내듯 아팠다. 현대 사회를 지배하는 '능력주의' 개념이 사기임을 너무나도 훌륭하게 드러냈기 때문이다. 내가 줄곧 강조해온 것처럼 정치는 땅바닥을 굴러다니고 있을 뿐 아니라 천장을 받치고 있기도 하다. 그 천장 아래에서 노동 계급의 수많은 아이들과 어른들이 쓰러지고 있다. 계급 천장을 부술 제안까지 포함해서 이 시대에 꼭 읽어야 할 책이다. 이것은 결코 영국만의 이야기가 아닐 테니 말이다.

—브래디 미카코(『아이들의 계급투쟁』 저자)

너무나 정곡을 찔러서 마지막에는 가슴에 멍이 들었다.

—『가디언』

이 설득력 있는 책은 사회 계급의 중요성을 이해하는 새로운 접근법을 제시한다. 읽기 쉽고, 누구에게나 적극 권하고 싶은 책이다.

—아네트 라루(『불평등한 어린 시절』 저자)

이 책에 따르면 영국에서 언론은 의학과 함께 노동 계급 출신이 가장 접근하기 어려운 직업이다. 언론이 같은 배경, 같은 하비투스를 가진 동질적이고 폐쇄적인 집단이며, 노동 계급에 대한 무지와 혐오를 공유한다는 현실은 프랑스도 동일하다. 이 책은 파업과 시위에 대한 주류 언론의 적대감에 대해 많은 것을 이해하게 한다.

—디디에 에리봉(『랭스로 되돌아가다』 저자)

지난 20년간 영국에서 나온 사회 이동성 연구 가운데 단연 출중하다. 오늘날 지식 경제의 역동적인 부문에서조차 커리어 전망에 드리운 계급 특권의 긴 그림자를 추적한다. 영국이 능력주의 사회라고 생각하는 사람이라면 이 책이 주는 가르침을 곰곰이 되씹어볼 필요가 있다.

—마이크 새비지(런던정경대학)

부르디외에게서 영감을 받은 새로운 사회 이동성 연구 가운데 가장 폭넓고, 한계에 도전하는 연구임에 의심의 여지가 없다.

—『사회학』

사회 이동성에 관한 지식에 기여하고, 보다 광범위한 정치적 논쟁에 개입하는 중요한 연구이다.

—셀리나 토드(옥스퍼드대학교)

이 탁월한 책은 특권이 계급 천장을 굳건히 유지하는 방식을 철저히 해부하여 영국 노동 시장에 존재하는 계급 불평등에 대한 종합적인 개관을 제공한다.

—다이앤 레이(케임브리지대학교)

현대 영국과 계급에 대한 우리의 이해를 갱신하는 중요한 연구다.

—아몰 라잔(BBC 미디어 편집장)

직업 세계와 공적 영역에 존재하는 계급 편향을 능력주의 옹호자들이 부인하기 어렵게 만들고, 무엇보다 이를 종식시킬 방법을 제시한다.

—『뉴 휴머니스트』

이 책에 등장하는 사람들은 모두 선망하는 직업을 가지고 있지만 영국 사회의 상층부에서조차도 출신 계급은 무시할 수 없는 요소다.

—마이크 하우트(뉴욕대학교)

이른바 능력주의 신화를 무너뜨린다.

—『더 내셔널』

계급의 (때 이른) 종말 ↗ 사회 이동성, 그리고 불평등의 정치 ↘ 정상에 대한
공정한 접근 ↗ 오늘날 영국의 계급 태생과 도착지 ↘ 부르디외와 계급 태생
의 긴 그림자 ↗ 유리 천장의 교훈 ↘ '진입'에서 '성공'으로 ↗ 이 책의 구성

원서

이 책은 영국에 관한 내용이며 책 전반에 걸쳐 영국식 철자, 문법, 어휘를 사용한다. 미국식과 영국식 영어의 용법에 큰 차이가 있거나 미국식 영어 사용자들이 헷갈릴 수 있다고 생각되는 부분은 주석에 설명을 덧붙였다.

두 나라 간에 상당히 다른 양상으로 나타나는 부분 중 하나는 인종 및 민족적 소수자 집단의 구성원을 총칭하는 용어다. 양국의 식민주의와 인종차별의 역사로 인해 해당 집단을 지칭하는 완벽한 용어는 존재하지 않으며, 해당 집단 내부에서도 억압당한 역사에 대해 어떤 단어와 문구가 가장 적합한지 의견 차가 존재한다. 양국에 거주하는 학자들, 친구들, 그리고 트위터(2023년 7월부터 'X'로 이름이 바뀌었다—옮긴이)를 참고한 결과, 이 책에서는 ('소수화' 또는 '인종화'된 사람들이라고 표현하는 것이 더 정확하겠으나) '인종 및 민족적 소수자racial and ethnic minorities'를 가장 자주 사용한다. 영국에서는 민족이 가장 자주 거론되는 반면 미국에서는 인종이라는 용어가 주로 사용된다. 이 책에서는 이 두 용어의 중첩을 강조하기 위해 '인종-민족racial-ethnic'을 주로 사용한다. 영국에서는 흑인 및 민족적 소수자Black and Minority Ethnic의 약자인 BME를 사용하는 것이 일반적이므로 우리는 이 약어도 사용한다. 또한 미국에서는 일반적이지만 영국에서는 생소할 수 있는 '유색 인종people of colour'도 사용한다. 마찬가지로 '모든 인종-민족 집단의 여성 및 모든 성별의 인종-민족적 소수자'를 지칭하기 위해 '여성 및 인종-민족적 소수자women and racial-ethnic minorities'라는 문구를 사용한다. 책 전반에 걸쳐 현대 인종 및 민족학자들(예를 들어 kehal, n.d.), 비판적 인종 이론(Crenshaw, 1988; Harris, 1991), 그리고 그 이전 학자들(예를 들어 DuBois, 1971)의 선례에 따라 '흑인Black' 및 기타 인종-민족적 소수자 집단의 이름은 대문자로 표기하고 '백인white'은 소문자로 표기한다.

기본적으로 이 책은 계급에 관한 책이다. 그러나 계급을 연구하는 학자들 사이에서도 다양한 계급 용어가 무엇을 의미해야 하는지 의견이 분분하다 (10장에서 이러한 논쟁에 대해 자세히 다룬다). 이 책은 계급 도착지class destination 가 '엘리트' 상위 전문직, 경영직 또는 문화계 직종인 사람들에 초점을 맞춘 다. 계급 태생class origin에 대해 이야기할 때 우리는 영국 정부의 국가통계사 회경제제분류National Statistics Socio-economic Classification(NS-SEC)를 기반으로 세 가지 포괄적인 계층 범주를 사용한다. 이 책에서 ① '전문직 및/또는 경영 직professional and/or managerial', '상위 중간 계급upper-middle-class', '특권층 privileged' 출신이란 부모 중 한 명 이상이 NS-SEC 상위 두 계층에 속하는 직 업을 가졌던 사람을 의미한다. ② '중간직intermediate' 또는 '하위 중간 계급 lower-middle-class' 출신은 부모가 자영업자, 사무직, 기술직 또는 하위 감독 직에 종사한 사람이다. ③ 마지막으로 '노동 계급working-class' 출신은 부모 가 단순반복직 또는 준단순반복직에 종사했거나 장기 실업자였던 사람을 지 칭한다.

머리말

마크[1]는 방송업계에서 가장 선망받는 직업 중 하나에 종사한다. 6TV[2]의 시사부장인 그는 영국에서 가장 잘 알려지고 호평받은 여러 프로그램의 제작을 외부 제작사에 의뢰해왔다. 그는 수천만 파운드에 이르는 예산을 좌지우지한다. 프로그램을 따내는 데 필사적인 독립 TV 제작자들이 잇달아 그의 책상을 찾아온다. 많은 사람들에게 그는 최종 '게이트 키퍼'다. 39세에 불과한 마크는 이런 권력을 휘두르기에는 아직 젊다. 확실히 그는 고속 승진했다. 프로그램 제작자로 이름을 알린 마크는 경쟁 방송사에서 커미셔너commissioner(프로그램 제작·편성 등을 총괄하는 책임자—옮긴이)로 일하다가 5년여 전 6TV에 스카우트되었다. 연이은 히트작을 낸 마크는 이제 6TV에서 가장 영향력 있는 인물 중 하나다.

---

1   '마크'를 비롯하여 이 책에 사용된 모든 이름은 가명이다. 또한 익명성을 보장하기 위해 일부 인터뷰 참여자의 경우 특정 인적 사항을 변경했다. 「방법론에 관한 부록」에서 비밀 유지를 위한 우리의 접근법을 간략하게 설명한다(413~414쪽 참조).

2   '6TV'를 비롯하여 '터너 클라크'와 '쿠퍼스' 등 이 책에서 언급된 사례 연구 기업은 모두 가명이다.

물론 우리는 그를 인터뷰하기 전에 이 모든 사실을 알고 있었다. 그의 창의적인 재능을 격찬하는 여러 소개 기사에 상세히 기술되어 있었기 때문이다. 그러나 알루미늄과 유리로 뒤덮인 초현대적 건물인 6TV 본사 꼭대기 층에서 마크에게 자신의 경력에 대해 직접 이야기해달라고 요청했을 때, 그는 전혀 다른 이야기를 들려주었다. 마크가 자신의 성공을 부인했던 것은 아니다. 그는 분명 자신의 성취를 매우 자랑스러워했다. 놀라운 것은 그의 거리낌 없는 솔직함이었다. 그는 자신의 경력 궤적career trajectory이, 특히 그 빠른 속도와 상대적 순조로움이 몇 가지 매우 유리한 조건으로 "경주를 시작했기" 때문이라고 말했다.

　　마크는 어린 시절 이야기부터 풀어나갔다. 그는 특권층 출신이다. 아버지는 성공한 과학자였으며, 마크는 런던 최고의 사립학교 중 한 곳에서 중고등 교육을 받은 후 옥스퍼드대학에 진학했다. 그는 이런 특권이 방송업계 진출을 수월하게 하는 데 결정적인 역할을 했다고 말했다. 한 가지 예를 들자면, 그는 대학 재학 중 학부 논문[3] 자료 조사를 위해 부모님의 지원을 받아 뉴욕을 방문했다. 그곳에 머무르는 동안 그는 아버지가 학교에서 알게 된 지인을 통해 무료로 숙박을 해결했다. "그러니까 아버지가 럭비 경기장 가에서 만난 다른 학부모 덕분에 제가 뉴욕의 빈 아파트에서 지낼 수 있게 된 거예요." 그는 미소를 띤 채 고개를 가로저으며 회상했다. 뉴욕에서 그 지인은 곧바로 그를 방송사에 다니는 한 친구에게 소개해주었다.

3　　영국에서는 학부 및 석사 과정의 최종 프로젝트를 '논문dissertation'이라고 부르며, 박사 학위를 받으려면 '학위 논문thesis'을 완성해야 한다. 이는 미국에서 이러한 용어들이 사용되는 방식과 정반대다. 이 책은 영국을 다루고 있으므로 영국 영어를 사용하지만, 필요에 따라 미국식 영어 사용자를 위한 설명을 제공한다.

그래서 카메라맨 로스가 일하는 곳으로 함께 갔다가 BBC 시리즈를 제작하는 한 감독을 만났습니다. 그분은 제게 "무슨 일을 하고 있나?"라고 물었지요. 제가 "옥스퍼드에 재학 중입니다"라고 대답하니까 그분은 "오, 옥스퍼드" 이러셨어요. 나중에 대학 졸업 후 그분께 연락해서 "인턴십 자리 하나 없을까요?"라고 물었습니다. 제가 찾아가자 그분이 저를 데리고 돌아다니면서 동료들에게 소개해주셨습니다. "이쪽은 마크라고 해요. 옥스퍼드를 막 졸업한 똑똑한 친구예요." 저는 그렇게 업계에 발을 들였습니다. 일종의 비공식적인 합의였어요. 몇 주 후 회사 분들이 이렇게 말씀하시더라고요. "너 괜찮은 애 같으니 같이 일해보자. 일단 3개월 계약을 하도록 하지." 그리고 또 3개월, 또 3개월, 그런 식으로 계속 연장된 거죠.

그를 소개하는 기사들이 증언하듯 마크의 승진은 가팔랐다. 그러나 다시 한번, 그는 자신의 커리어 진전에 대해 기사 내용보다 덜 낭만적인 이야기를 들려줬다. 물론 그는 명문대 학력, 강한 직업윤리, 특정한 기술(예를 들어 "이야기를 알아보는 눈" 또는 "아이디어 창출" 요령) 등 자신이 여러 가지 "객관적인 장점"을 갖고 있음을 인정했다. 그러나 그는 이런 재능 자체보다는 "발전할 기회"와 "빛을 발할 기회"라는 발판platform을 얻은 것이 중요했다고 말했다. 그런 발판의 상당 부분은 다른 사람들의 도움과 관련이 있었다. 먼저 집안의 재력은 경력 초기에 영구 계약을 확보하기 위해 이리저리 뛰어다닐 때 "고비를 넘길 수 있게" 해준 안전망이었다. 그러나 그는 그보다 더 중요했던 것은 그를 고속 승진시키고, 일을 주선해주고, 중요한 순간에 밀어준 윗사람들이었다고 말했다. "방송업계는 꽤 중세적이라고 할 수 있어요. 후원자가 있고, 수습생 시절을 거쳐야 하죠. 후

원자를 나열하는 것으로 제 경력 전체를 거의 다 설명할 수 있을 정
도입니다."

후원자를 확보하려면 어느 정도는 영악하게 "정치적으로 전
략적인" 행동을 취해야 했다. 마크에게 이는 "잘나간다고 생각되는
사람들한테 붙어서 그 측근이 되려고 노력하는 것"을 의미했다. 동
시에 이런 연줄을 만드는 것은 "방송업계 사람들과 어울릴 수 있는"
보다 일반적인 능력이 있느냐에 달려 있었다. 그는 이것이 복장 같은
피상적인 것을 뜻한다고 말하면서 자신의 값비싸 보이는 새하얀 운
동화를 가리켰다. "내가 왜 이걸 신는지 모르겠어요. 아마 유니폼 같
은 거겠죠? 회사원이 정장을 입듯이요."

이는 또한 비공식적인 자리에서 동료들과 "어울릴" 수 있는
능력에 관한 것이기도 했다. 그는 20대 중반에 찾아온 큰 기회를 떠
올렸다. "내 맞은편에 앉은 사람이 이번에 아이작 헤이스[4]에 관한 다
큐멘터리 제작을 맡았다고 하길래 제가 '오, 저 아이작 헤이스 굉장
히 좋아해요'라고 했죠. 우리는 오랫동안 대화를 나누었고, 술집에
가서 세 시간 동안 음악 이야기를 했어요. [그리고] 마지막에 그가
'실은 내가 만들고 있는 다큐멘터리를 위한 조사원이 필요해요'라고
말하더군요." 이후 그들은 수년간 함께 작업했다.

마크는 자신이 방송사 외주제작국의 상층부에 진입하면서
'적합성'의 문제가 더 큰 영향력을 갖게 되었다고 말했다. 그곳에서
가장 중요한 것은 방송업계에 흔한 협업적, 창의적 의사 결정 환경에
서 어떻게 행동해야 하는지를 아는 감각이었다고 한다. 여기서 다시
마크는 그가 "게임의 규칙"이라고 부르는 것과 자신의 출신 계급이

---

[4]   비평가들의 호평을 받은 아프리카계 미국인 소울 싱어송라이터이다.

가진 특수성을 명시적으로 연결했다. "예를 들어보죠." 그는 한 뉴스 프로그램 제작팀의 시니어 자리로 승진한 이후를 회상하며 다음과 같이 말했다.

> 매일 아침 무엇을 보도할지 결정하는 회의가 열렸어요. 각자 어떤 순서로, 어떤 관점에서 다뤄야 할지 의견을 제시했습니다. 그런 회의 자리는 제가 즉시 알아볼 수 있는 친숙한 환경이었습니다. 옥스퍼드대학과 학교 휴게실 분위기가 딱 그랬거든요. 여기서의 규칙은 맞는 말을 하는 것도 좋지만 웃기는 말을 하는 것이 더 좋다는 거예요! 그리고 『프라이빗 아이』[5]나 〈해브 아이 갓 뉴스 포 유〉[6] 같은 데서 나오는 지적인 유머가 통하죠. 그러니까, 기발한 말장난이 좋은 반응을 얻습니다. 관련 내용에 대한 재치 있는 언급도 좋고요.

중요한 것은 마크가 이런 사실을 인정하면서 딱히 난처해하거나 위협을 느끼는 것 같지 않았다는 점이다. 그의 이야기에는 계산된 겸손함이나 중산층의 꾸며낸 죄책감의 기미도 없었다. 대신에 그는 얼마 전부터 "오늘 있을 인터뷰에 대해 생각해봤다"라고 말했다. 인터뷰 주제 덕분에 그는 자신의 경력 궤적을 되짚고, 처음으로 그것이 자신의 배경과 어떤 관련이 있는지 생각해보게 되었다. 그 결과 도출된, 특히 익명 인터뷰의 안전한 범위 내에서 이루어진 대화는 그에게 카타르시스 같은 것을 준 듯했다. 그는 이렇게 정리했다. "제가

---

5   『프라이빗 아이Private Eye』는 발행 역사가 오래된 영국의 풍자 및 시사 잡지이다.
6   〈해브 아이 갓 뉴스 포 유Have I Got News For You〉는 장기 방영된 BBC TV 코미디 시사 패널쇼이다.

스스로를 무능력하다고 생각하는 것은 아닙니다. 저보다 더 좋은 인맥과 특권을 가진 동료들이 실력이 부족해서 실패하는 것을 많이 봤거든요. 하지만 동시에 제 커리어 전반이 강력한 순풍에 의해 뒷받침되지 않았던 척하는 것은 터무니없는 일일 겁니다.'

　　이 '순풍following wind', 또는 특권의 돌풍이라는 개념은 이 책이 다루는 내용의 핵심을 관통한다. 마크는 이 프로젝트를 위해 우리가 인터뷰한 다양한 엘리트 직업 및 계급 배경을 가진 175명의 인터뷰 대상자[7] 중 한 명일 뿐이다. 어떤 면에서 마크는 전형적인 사례에 해당한다. 우리는 그와 비슷하게 유리한 배경을 가지고 자신의 분야에서 정상에 도달한 사람을 많이 만났다. 그러나 다른 면에서 마크는 매우 이례적이었다. 우리가 이야기를 나눈 사람들 대부분은, 특히 특권적 배경을 가진 사람들은 전혀 다른 성공 스토리를 들려주었다. 다수의 인터뷰 참여자들은 커리어의 진전에서 늘 '능력merit'이 가장 결정적인 역할을 했다고 말했다.[8]

---

[7]　　상세한 인구통계적 데이터와 세부 경력 정보를 곁들인 인터뷰 대상자 전원의 목록을 「방법론에 관한 부록」의 [표 A.1a-1d](419~429쪽)에 수록했다.

[8]　　책 전체에 걸쳐 우리는 '능력'이라는 단어를 따옴표로 묶었다. 그 이유는 우리가 보여주듯 '능력'이 다루기 까다로운 용어이기 때문이다. 누군가에게 '능력'이 있다고 할 때는 보통 그 사람이 노력, 재능, 기술 등 실재하고 객관적으로 측정 가능한 속성이나 행동을 통해 성공을 누릴 자격이 있다는 의미다. 그러나 대부분의 사회학자는 이런 유형의 '능력'에 대한 평가가 사회적 편견으로부터 완전히 독립적으로 이루어질 가능성이 낮다는 데 동의한다(또한 Littler, 2017; Mijs, 2016 참조). 예를 들어, 지능 검사조차도 많은 경우 인종적으로 편향되어 있고, 타고난 능력보다는 개인의 교육 수준을 측정하는 경우가 많다(Fischer and Voss, 1996). 그러나 기술, 재능, 동기 또는 노력이 커리어의 성공과 무관하다고 보기도 어렵다. 기업과 관리자들은 물론 업무에서 가장 유능한 사람에게 보상하고자 한다. 이 책의 상당 부분은 계급 태생 등의 속성이 '능력'을 평가하는 방식에 어떤 영향을 미치는지에 대한 분석에 할애되었다.

이는 그리 놀라운 일이 아니다. 서양 문화권에서는 오랫동안 '능력주의적' 성취라는 개념을 찬양해왔다. 막스 베버는 1915년에 이미 이런 유명한 말을 남겼다.

> 운이 좋은 사람이 운이 좋다는 사실에 만족하는 경우는 드물다. 그는 이를 넘어 자신이 그 행운을 누릴 권리가 있음을 알고자 한다. 자신이 행운을 가질 '자격이 있다'고 확신하기를 원하며, 무엇보다도 다른 사람들과 비교했을 때 그렇다고 확신하고 싶어 한다. 즉 행운이 정당한 행운이기를 바란다.[9]

그러나 이 책은 엘리트 직업에서의 성공이 단순히 '정당한 행운'의 문제라는 믿음에 도전한다. 나아가 우리는 가장 높은 소득을 올리는 사람들, 정상에 오른 사람들의 다수가 특권층 출신이며, 그들의 성공이 '능력'만으로 설명될 수 없음을 입증한다. 더불어 그들이 덜 유리한 배경을 가진 사람들보다 앞서 나가도록 추동하는 몇 가지 숨은 메커니즘을 밝힌다. 마크의 이야기가 특히 빛을 발하는 것은 바로 이 순풍의 본질을 이해한다는 점이다. 마크는 일반적으로 '능력'이라고 하면 떠올리게 되는 모든 면에서 정당한 능력을 보유하고 있었다. 그는 교육제도에서 높은 성과를 거두었고, 열심히 일했으며, 귀중한 경험을 풍부하게 축적했다. 그러나 마크 본인이 설명했듯이 그에게는 또한 자신의 '능력'을 선보일 특정한 발판이 주어졌으며, 이 발판을 통해 자신의 여러 가지 '능력'과 그것을 선보이는 방식이 고위 인사들에게 손쉽게 인정받았다. '능력'을 자리의 획득으로 잇

---

9   Weber(1992, p. 271).

는 이 역량, 그리고 그것이 개인의 배경과 어떻게 연결되는지가 바로 이 책의 핵심이다. 실제로 마크의 경력 궤적을 뒷받침한 '엄마 아빠 은행Bank of Mum and Dad', 비공식적 후원, 조직에 적합한 사람으로 손쉽게 인정받는 것 등은 우리가 진행한 인터뷰 전반에 걸쳐 거듭 반복된 테마였다. 그리고 이어지는 장들에서 논의하듯이 이 각각의 요소는 영국의 계급 천장class ceiling을 세우고 유지하는 데 결정적인 역할을 한다.

머리말에서는 이 책에서 다룰 주요 논점을 약술한다. 그러나 그 전에 먼저 이 연구의 정치적, 사회적 맥락을 제공하는 것이 중요할 것이다. 이 프로젝트의 근간이 되는 질문은 어디에서 비롯되었으며 왜 중요한가? 여기서 학계의 관련 문헌에 대한 개괄을 늘어놓을 생각은 없음을 미리 밝힌다. 물론 우리는 계급과 사회 이동성social mobility을 둘러싼 학술적 논의에 많은 노력을 쏟았으며, 그런 이유로 10장에 우리의 '계급 천장' 접근법에 대한 보다 학술적인 논의와 근거를 실었다. 그러나 기본적으로 우리는 이 책을 일반 독자들이 이해하기 쉽게 쓰고자 했다. 이 머리말의 목표는 우리 연구에 대한 읽기 쉬우면서도 흥미로운 도입부를 제공하는 것이다.

— 계급의 (때 이른) 종말

1980년대와 1990년대에 수많은 정치인과 학자들이 잇달아 '계급의 종말'을 선포했다. 대물림된 사회 분화의 표식인 계급은 현대 사회에서 설 자리가 없는 것으로 여겨졌다. 영국에서는 역대 총리들이 능력주의[10]에 기초한 제한 없고 '완벽한' 사회 이동성을 특징으로 하는 새로운 계급 없는 사회라는 비전을 채택했다.[11] 전 영국 총리 토니 블레어는 1999년에 "계급 전쟁은 끝났다. 그러나 진정한 평등을 위한 투쟁은 이제 막 시작되었을 뿐이다"라고 선언했다.[12]

이 개념은 정치인들이 고안해낸 것이 아니다. 학계의 많은 논평가들도 마찬가지로 사회 계급의 시대가 끝났다고 확신했다. 영향력 있는 독일 사회학자 울리히 벡이 계급은 이제 '좀비의 범주'[13]라고 주장한 것은 유명하다. 그와 앤서니 기든스[14], 지그문트 바우만[15] 등은 대신 '개인화'에 기초한 새로운 포스트모던 세계 질서의 도래를 예고했다. 그 중심에는 광범위한 사회 변화가 계급과 같은 "역사적으로 규정된 사회 형태와 책무"로부터 우리를 해방시켜 각자가 자신의 일대기를 "제작, 연출하여 꿰맞춰야 하는" 보다 개인 중심적인 시대로 내던졌다는 주장이 있었다.[16]

'계급의 종말' 담론[17]에 힘을 실어준 주요한 가정 중 하나는 우리가 사회 이동성이라는 측면에서 변혁의 시대를 살아가고 있다는 것이었다. 많은 고소득 국가에서 2차 세계대전 이후 경제가 역동

---

10   '능력주의meritocracy'라는 용어는 마이클 영이 '능력'에만 기초한 사회에 대한 환상을 비판하기 위해 쓴 디스토피아 소설에 의해 대중화되었다(Young, 2001).

11   Major(1990).

12   Blair(1999).

13   Beck(1992, 1996); Beck and Willms(2003).

14   Giddens(1991).

15   Bauman(2000).

16   첫 번째 인용: Beck(1992, p. 128); 두 번째 인용: Beck et al(1994, p. 13).

17   이 학자들은 계급의 종말이 모든 사람이 중산층이나 부유층이 되었음을 의미한다는 주장으로 읽히지 않도록 주의를 기울였으며, 불평등이 여전히 존속함을 분명히 했다. 그럼에도 불구하고 그들의 사회학적 내러티브는 계급이 세계화와 현대화의 힘에 의해 그 영향력이 산산조각 난 과거와 밀접하게 연결되어 있다는 생각을 불러일으키는 정치적 선언과 맥을 같이했다.

적으로 확장하며 높은 경제 성장률, 공교육의 대대적인 확대, 생활수준의 꾸준한 향상이 일어난 것은 분명한 사실이다.[18] 그 결과 노동 계급 출신 중에서 전문직 및 경영직으로 상향 이동한 사람도 급격히 증가했다. 영국에서 이런 현상은 주로 직업 구조의 변화, 특히 공업, 제조업의 쇠퇴와 전문직 및 경영직 부문의 대규모 확장에 기인했다. 예를 들어 1920년대부터 1990년대까지 전체 노동 인구 가운데 전문직 및 경영직 종사자의 비율은 15퍼센트 미만에서 37퍼센트로 2배 이상 증가했다.[19] 이처럼 '높은 자리'가 크게 늘어났으며, 많은 경우 그래머 스쿨 교육[20]을 받은 노동 계급 출신이 이 새로운 자리를 채웠다.

그러나 이 시기에 대한 오해 중 하나는 영국이 사회적으로 더 개방적으로 변했다는 것이다. 사회학자 존 골드소프의 선구적인 연구는 이 통념을 완전히 뒤집었다. 그는 사회적 상승을 이룬 사람의 절대 수는 분명히 증가했으나, 노동 계급 가정에서 태어난 사람이 (특권층 출신에 앞서) 전문직에 진출할 상대적인 가능성, 또는 승산은 20세기 내내 계속 낮게 유지되었음을 보여주었다.[21] 그럼에도 불구하고 절대적 이동성에서 나타난 변화는 개방성에 대한 사람들의 인식에 매우 중요한 영향을 미쳤다.[22] 많은 사람이 사회적 상승을 이룬 사람을 본 적이 있거나 알고 있었고, 이는 낡은 계급 재생산 메커니

---

18   Lindert(2004).

19   Payne(2017).

20   영국의 '그래머 스쿨grammar school'은 11세 아동을 대상으로 실시하는 '11 플러스'라는 시험에서 우수한 성적을 받아야 입학할 수 있는, 진입 장벽이 대단히 높은 공립 중등학교로 미국의 일부 '마그넷 스쿨magnet school'과 유사하다. 2차 대전 직후 무렵 영국에는 1,200개가 넘는 공립 그래머 스쿨이 있었으나 현재는 164개로 줄었다.

21   Goldthorpe et al(1980). 영국의 절대적 및 상대적 이동성 추세에 대한 훌륭한 개관은 Goldthorpe(2016) 참조.

즘이 점차 해체되고 있다는 느낌을 주었다.

2차 대전 이후 이러한 '높은 자리'가 확대된 시기는 또한 소득 불평등이 역사상 가장 낮은 수준이었던 시기이기도 했다. 상위 1퍼센트 소득자에게 돌아가는 소득의 비중은 2차 대전 이전에는 15퍼센트 이상이었으나 1980년에는 6퍼센트까지 하락했다.[23] 물론 부자들은 여전히 서민들보다 훨씬 더 부유했지만 그 격차가 예전만큼은 아니었다.

하지만 절대적인 이동성의 증가와 소득 평등은 점차 흐지부지되었다. 1980년대 마거릿 대처 총리의 보수당 정부가 주창한 금융 주도 및 서비스 기반 경제는 무역의 세계화와 맞물려 오늘날의 매우 불안정한 경제 성장이라는 결과를 낳았다. 당시 성공적으로 보였던 결과는 대부분 규제 완화와 공공 자산의 매각을 통한 일회성 보상에 의한 것이었지, 2차 대전 이후 수십 년간 그러했던 것처럼 지속적인 생산성 증가로 확보된 장기적 이익이 아니었다. 한편, 사회 계층의 최하층에 속한 사람들은 공공 지출 삭감에 큰 타격을 입을 가능성이 가장 높았다.[24] 이런 상황으로 인해 불평등은 여러 척도로 볼 때 특히 소득 분배의 최상위층에서 1930년대 이래로 볼 수 없었던 수준으로 급증했다.[25]

---

22   Bukodi et al(2015).

23   Piketty(2014).

24   Savage and Friedman(2017).

25   Piketty(2014) and Dorling(2014). 지니계수는 경제적 불평등 수준을 측정하고 비교하는 데 주로 사용되는 접근법이다. 피케티의 연구는 대체로 한 국가의 상위 1퍼센트 소득자에게 돌아가는 소득의 비중을 조사한다. 둘 중 어느 측정법을 사용하더라도 결과는 같다. 2008년 금융위기 때 불평등이 다소 감소하긴 했으나 1970년대 이후의 전반적인 추세는 불평등이 증가하는 방향으로 나타난다.

놀랍지 않게도 정치적 담론은 다시 원점으로 돌아왔다. 계급 구분이 굳어지고 있다는 공감대가 날로 커지고 있으며,[26] 특히 브렉시트 이후 오늘날 불평등의 역학이 심각한 국면을 맞이해 시급한 정치적 개입이 필요하다는 광범위한 우려가 존재한다.[27]

사회 이동성, 그리고 불평등의 정치

불평등이 심화되고 그로 인해 대중의 불만이 커지는 가운데, 사회 이동성은 정치인들이 불평등에 대응하기 위해 사용하는 대표적인 수사적 도구로 부상했다. 2016년 테리사 메이의 총리 취임 후 첫 연설에서 보듯, 이러한 수사의 최신 버전은 영국이 "가장 훌륭한 능력주의 국가"가 되어야 하며, 이것이 사회의 "시급한 불평등"을 해결하는 주된 수단이라는 것이다.[28] 이런 정치적 열변은 부분적으로 영국이 점점 덜 개방적인 사회가 되고 있다는 우려에서 비롯된 것이다. 확실히 전후 시대와 같은 '높은 자리'의 증가세는 둔화되었다.[29] 사회적 상승을 이룬 사람의 절대적 비율 또한 감소하기 시작했다. 심지어 상대적 이동률이 감소했다는 증거도 존재한다.[30]

현실은 어떤 방식으로 측정하든 전체적인 이동률에 획기적인 변화가 없었다는 것이다. 그렇다면 불평등에 대한 논의에서 사회

---

26   McKenzie(2015); Savage et al(2015b); Bloodworth(2016); Major and Machin(2018); Wilkinson and Pickett(2018).

27   Elliott(2017).

28   Doherty(2016).

29   Payne(2017).

30   Blanden et al(2004); Blanden and Machin(2017).

이동성의 수사가 그렇게 자주 등장하는 이유는 무엇일까? 그 이유의
큰 부분은 사회 이동성이라는 주제가 공정성이라는 더 큰 원칙과 직
접적으로 연관되어 있기 때문이다. 만약 능력이나 노력과 무관하게
특정한 사람들이 모두가 선호하는 유망한 직업을 차지할 가능성이
높다면 다수의 사람들은 이를 불공평하다고 여길 것이다.[31] 게다가
계급 분포의 최상위에 위치한 직업들은 거의 항상 보수가 더 높다.
따라서 누가 그런 일자리에 접근할 수 있는가의 문제는 경제적 불평
등의 문제이자, 소득 분배가 얼마나 공정하게 이루어지고 있는가의
문제이기도 하다.

　　따라서 기회의 평등만 보장된다면 경제적 불평등이 반드시
문제는 아니라는 정치적 견해가 오랫동안 지배적이었다. 이런 관점
에서 보면 서로 다른 배경을 가진 사람들이 가장 선호되는 직업과 가
장 높은 소득에 공정하게 접근할 수 있다면, 그 결과로 발생하는 불
평등은 용인될 수 있고 심지어 바람직하다고 여겨질 수도 있다(더 높
은 보상은 가장 유능한 사람들이 가장 유망한 일자리를 추구하도록 동기를 부
여할 것이므로[32]). 이런 시각에서 보면 사회 이동성은 골드소프가 '능
력주의적 정당성'이라고 칭한 것을 덧칠하여 불평등을 정당화하는

31　예를 들어 영국 대외정책연구원을 위해 수행된 유거브YouGov의 2011년 연구에 따
르면, 영국 국민의 85퍼센트가 '공정한 사회에서 사람들의 소득은 얼마나 열심히 일하고 얼
마나 재능이 있는지에 달려 있어야 한다'는 데 동의했다. 공정성은 경제적 능력에 이어 유
권자들이 정당에 바라는 두 번째로 중요한 가치였다. 마찬가지로 영국사회태도British Social
Attitudes의 2016년 설문조사에 따르면 대중의 95퍼센트가 '공정한 사회에서는 모든 사람이
성공할 동등한 기회를 가져야 한다'는 데 동의했다(Elitist Britain, 2016; Milburn, 2014).

32　이는 어떤 직업들이 가장 중요한지를 누가 결정하는지, 그리고 가장 중요한 직업
들이 실제로 가장 높은 소득을 올리는지라는 더 큰 질문을 배제한다. 이는 적어도 Davis and
Moore(1945)의 '계급화의 몇 가지 원칙'과 이에 대한 Tumin(1953)의 대응인 '비판적 분석'으
로 거슬러 올라가는 고전적인 논쟁이다.

핵심 수단이 된다.[33]

　그러나 이러한 합의가 변화하고 있다는 조짐이 보인다. 리처드 윌킨슨과 케이트 피켓[34], 토마 피케티[35], 대니 돌링[36] 등이 쓴 불평등에 대한 획기적인 글과 국제통화기금[37], 세계은행[38] 등 유명 기관의 강도 높은 보고서로 인해, 광범위한 소득 불평등이 실제로 공정성의 더 긴요한 차원임을 많은 사람들이 인식하게 되었다. 또한 갈수록 많은 (주로 좌파이지만 일부 우파도 포함하는) 정치인들도 직업에 대한 접근성이 아무리 공정하더라도 한 사람이 수백만 파운드를 벌어들이고 다른 사람들은 1만 파운드 이하의 수입으로 근근이 살아가야 할 이유는 없다고 주장하고 있다.[39] 그럼에도 불구하고 이런 정치인들은 사회 이동성의 증대를 지지하고, 이를 사회적 개방성의 중요한 지표로 본다. 그들은 특히 세대 간 특권의 대물림과 부유층이 자녀에게 너무 많은 혜택을 물려주는 것을 막을 방법에 관심을 기울이는 경향이 있다.[40]

33　　Goldthorpe and Jackson(2007). 물론 미국에서는 이것을 '아메리칸 드림'에 대한 믿음으로 압축할 수 있다.

34　　Wilkinson and Pickett(2009).

35　　Piketty(2014).

36　　Dorling(2014).

37　　IMF(2017).

38　　World Bank(2016).

39　　예를 들어 영국 노동당 당수(2015~2020) 제러미 코빈은 최근 계급 불평등 문제를 다시 제기했다. 2018년 노동조합 유나이트 연설에서 코빈은 "사회 최상층의 극소수가 그 어느 때보다 더욱 부유해진" 상황에서 "언론과 기득권층은 지난 30년 동안 계급이 더 이상 중요하지 않으며 우리가 노동 계급의 이익을 대변하고 추구하려는 생각을 버려야 한다고 말해왔다"라고 지적했다(Corbyn, 2018).

40　　Watson(2017).

─ 정상에 대한 공정한 접근

이 두 가지 이념적 입장 사이의 공통된 기반을 고려하면, 정치적으로 가장 첨예한 사회 이동성의 차원이 정상에서, 특히 엘리트 직군에서 나타나는 사회적 봉쇄social closure[41]임은 아마 놀라운 일이 아닐 것이다. 이는 모든 정치인이 적어도 수사적으로는 지지를 보낼 수 있는 문제인 듯하다. 이 문제를 대중의 관심사로 끌어올리는 데 특히 큰 영향을 미친 인물은 영국의 전 노동부 장관 앨런 밀번이다. 밀번은 영국 도시 더럼의 한 공영주택 단지[42]에서 성장하여 장관 자리까지 오른 큰 폭의 상향 이동을 경험한 사람이다. 밀번은 그 상승의 여정에서, 특히 특정한 정치적 장에서 장벽을 직면했고, 이로 인해 직업에 대한 공정한 접근을 실현하는 것이 사회 이동성을 개선하기 위한 핵심 요소라고 확신하게 되었다.[43] 2009년, 그는 직업에 대한 공정한 접근 위원회Panel on Fair Access to the Professions를 통해 「포부의 해방Unleashing Aspiration」이라는 제목의 신랄한 보고서를 작성했다(이 보고서는 이후 「밀번 보고서Milburn Report」로 알려졌다). 해당 보고서에서 그는 언론, 법률, 의료 등의 특정 직종이 '클로즈드 숍closed shop'으로 유지되고 있으며, 이들 직종을 '더 넓은 인재 풀을 대상으로 개방'하고자 하는 노력이 불충분하다고 강하게 비판했다.[44] 사회이동성

---

41   여기서 핵심 쟁점은 자원과 기회에 대한 접근을 조건이 맞는 한정된 범위의 대상자로 제한하는 봉쇄를 엘리트 채용 과정이 어느 정도 유발하는가이다(Parkin, 1979; Tilly, 1999; Weeden, 2002).

42   '지방자치단체 공영주택council estates'은 미국에서는 퍼블릭 하우징public housing, 흔히 '프로젝트project'라고 불린다.

43   Lancaster University(n.d.). www.lancaster.ac.uk/alumni/news/archive/features/alan-milburn---from-council-estate-to-cabinet/

44   Cabinet Office(2009).

위원회Social Mobility Commission(SMC) 위원장을 맡은 그는 2017년 말 정부가 아무런 조치를 취하지 않는 것에 항의하였으며 사임할 때까지 이 영역에 계속해서 정치적인 압력을 가했다.

이처럼 밀번과 사회이동성위원회가 엘리트주의를 정치적 의제로 계속 유지해오긴 했으나, 현실적으로 이용할 수 있는 증거가 부족해 그들의 활동은 늘 제한적일 수밖에 없었다. 예를 들어, 서로 다른 엘리트 직종이 실제로 얼마나 사회적으로 개방적인지에 대한 우리의 통찰은 놀랍도록 제한적이다.[45]

늘 그랬던 것은 아니다. 20세기 중반에는 엘리트의 사회적 구성을 심층적으로 연구하는 매우 활발한 사회학적 전통이 있었다.[46] 그러나 1980년대 이후 이러한 '엘리트 채용의 사회학'은 계급 구조 전반에 걸친 보다 일반적인 사회 이동성 패턴을 살펴보는 데 관심 있는 연구자들에 의해 뒷전으로 밀려났다. 골드소프가 주창하고 현재 전 세계 이동성 연구자들이 표준으로 채택하고 있는 이 접근법은 개별 직업을 몇 개의 '큰 범주의 사회 계층big social classes'으로 묶어 분류한다.[47] 그런 다음 연구자는 사람들의 계급 태생(부모의 직업)과 계급

---

45 이 문제를 법조계(Ashley, 2010; Ashley and Empson, 2013), 변호사(Freer, 2018) 등 단일 엘리트 직종과 관련하여 살펴본 연구, 그리고 은행, 생명과학 등 소수의 엘리트 직종(Moore et al, 2016), 또는 엘리트 전문 서비스(Rivera, 2012, 2015; Ashley and Empson, 2017)와 관련하여 살펴본 연구도 있다. 사회계량위원회Social Metrics Commission(SMC), 서튼 트러스트Sutton Trust 같은 기관에서 다양한 엘리트 부문의 배타성을 조사한 보고서를 발표했으나, 주로 학교 교육 유형과 같은 계급 태생에 대한 불완전한 대리변수에 의존했으며 엘리트 직업의 최상위 계층에만 초점을 맞췄다. 이와 대조적으로, 다양한 엘리트 직업군에 걸친 이동성에 대한 의미 있는 논의는 Heath(1981)의 연구가 마지막이었다.

46 주목할 만한 연구로는 Stanworth and Giddens(1974), Heath(1981), Dahl(1989), Domhoff(2002) 등이 있다.

47 일반적으로 이런 '큰 범주의 사회 계층'은 각각 30~100개 개별 직업을 포함한다.

도착지(당사자의 직업)를 대응시키고 그 둘 사이의 움직임, 즉 이동성을 측정한다. 물론 이것은 분석을 위한 중요한 기반이다. 이를 통해 연구자들은 특정 국가의 사회 이동성의 증가 혹은 감소,[48] 그리고 국가별로 이동성이 어떻게 다른지 살펴보는 국가 간 비교[49], 이렇게 두 가지 변화에서 제기되는 핵심 질문들에 답할 수 있었다.

하지만 이 방법론은 또한 우리의 지식에 확연한 공백을 남겼다. 특히 우리는 다양한 엘리트 직업이 각각 얼마나 개방적이거나 폐쇄적인지 알지 못하며, 따라서 노동 시장의 정확히 어느 지점에서 엘리트 재생산이 일어나고 있는지 아는 바가 없다.

이 책은 이러한 불균형을 바로잡고자 한다. 특히 우리는 영국 최대 고용조사인 노동력조사Labour Force Survey(LFS)를 통해 발표된 새롭고 획기적인 사회 이동성 데이터를 활용했다.[50] 구체적으로 2013년 7월부터 2016년 7월까지의 LFS 데이터를 취합하여 엘리트 직종에 종사하는 1만 8,000여 명에 관한 정보를 확보했다. 이를 통해 영국 사회 상층부의 개방성을 조명할 전례 없는 기회가 마련되었다.

— 오늘날 영국의 계급 태생과 도착지

우리 분석에 대한 배경 지식을 제공하기 위해서는 먼저 영국 사회 이동성의 기본 구조를 설명하는 것이 중요하다. 이동률에 관한 정치적 구호와 기술 관료적 논쟁의 소용돌이 속에서 이 기초적이고

---

48   Bukodi et al(2015); Goldthorpe(2016).

49   Breen and Jonsson(2005).

50   ONS(2016).

실증적인 그림은 자주 간과된다. 영국에서는 실제로 얼마나 많은 사람이 엘리트 직종에 종사하고 있으며 그들의 계급 태생은 무엇인가?

[그림 0.1]은 오늘날 영국에서 계급 태생과 계급 도착지 사이의 연결이 끈질기게 지속되고 있음을 보여준다. 왼쪽 축에는 자라는 동안 가정의 주 생계부양자가 종사했던 직업에 따라 세 가지 계급 태생을 나열했다.[51] 가장 위에는 부모가 전문직 또는 경영직 종사자인 상위 중간 계급 출신이 위치한다. 그 아래에는 부모가 비서, 회사 관리직, 경찰 등 중간직에 종사하는 하위 중간 계급 출신이 위치한다. 그리고 그 아래에는 부모가 청소부, 화물트럭 운전기사, 인부 등 단순반복직 또는 준단순반복직에 종사했거나 소득이 없었던 노동 계급 출신이 위치한다.

[그림 0.1]의 오른쪽 축에는 네 가지 계급 도착지를 나열했다. 전문직과 경영직을 두 집단으로 구분한 점을 제외하면 왼쪽 축의 계급 태생 집단과 동일하다. 우리는 간호, 교육, 사회복지 등의 '하위'[52] 전문직 또는 경영직을 '엘리트 직종'과 구분한다. 엘리트 직종은 영국 정부의 NS-SEC에서 최상위 계층을 구성하는 '상위 전문직 또는 경영직'으로 정의했다.[53] 회계사, 학자, 건축가 등 전통적인 전문직이 여기에 속한다. 그런 다음 여기에 언론인과 영화, 방송, 공연예술,

---

51　영국의 국가통계사회경제분류National Statistics Socio-Economic Classification(NS-SEC) 체계에 기초했다.

52　'상위', '하위'라는 용어는 우리의 자체적인 가치 판단이 아니라 NS-SEC 분류에서 따온 것이다.

53　이것은 존 골드소프 등 사회학자들과의 협업을 통해 개발되었으며, 사회학 전반에 걸쳐 우세한 계급 체계(Erikson, Goldthorpe, Portocarero의 1979년 기초연구 논문을 의미하는 'EGP'라고 불린다)를 주요 기반으로 한다.

광고업계 종사자 등 몇몇 문화 및 크리에이티브 직업을 추가했다. 이런 직업들은 다수의 상위 직종에 비해 보수는 많지 않을 수 있으나, 그런 직업들만큼 (혹은 그보다 더) 경쟁이 치열하고 선호도가 높으며 영향력이 크다고 볼 수 있다.[54] 우리가 이들 엘리트 직종을 다른 연구자들[55]이 사용한 의미에서의 '지배 엘리트' 또는 '권력 엘리트'와 동일한 것으로 간주하지 않음을 밝힌다. 그보다 우리는 엘리트 직종이 명망, 자율성, 소득의 상대적 수준이라는 측면에서 뚜렷하게 구분된다고 본다. 예를 들어, 우리가 정의한 엘리트 직종 종사자는 연평균 4만 5,000파운드(약 7,650만 원)를 버는 데 반해 노동 계급 직종 종사자는 연평균 약 1만 5,000파운드(약 2,550만 원)를 번다. 더불어, 권력과 영향력이라는 더 넓은 관점에서 봤을 때 이들 엘리트 직종은 일반적으로 지배 엘리트나 권력 엘리트가 영입되는 주요 '공급원 또는 채용 시장'[56]을 구성한다는 점에서 중요하다.[57]

[그림 0.1]에서 왼쪽에서 오른쪽으로 향하는 흐름은 각 계급 태생에서 각 계급 도착지로 이동한 사람들을 나타내며, 선의 굵기는 각 경로를 택한 사람들의 비율을 나타낸다.

여기서 출신 계급과 대략 동일한 계급 위치에 머물러 있는 사람들을 나타내는 선이 가장 두꺼운 것(가장 일반적인 경로)을 볼 수 있

---

54   Banks(2017, p. 89)의 언급처럼 "문화 산업에 속한 직업은 단지 물질적 기회뿐만 아니라 지위와 인정을 확보하고 사회적, 정치적 생활의 공동 창조에 참여할 수 있는 기회를 제공한다." 문화 및 크리에이티브 산업의 인지된 매력은 최근 사회학 문헌에서 광범위하게 논의되고 비판되었다(Friedman et al, 2016; Oakley et al, 2017; O'Brien et al, 2017; Campbell et al, 2018).

55   Mills(1999); Pareto et al(2014); Davis(2018) 등.

56   Heath(1981).

57   엘리트 직종의 정의는 「방법론에 관한 부록」에서 자세히 설명한다(402쪽 참조).

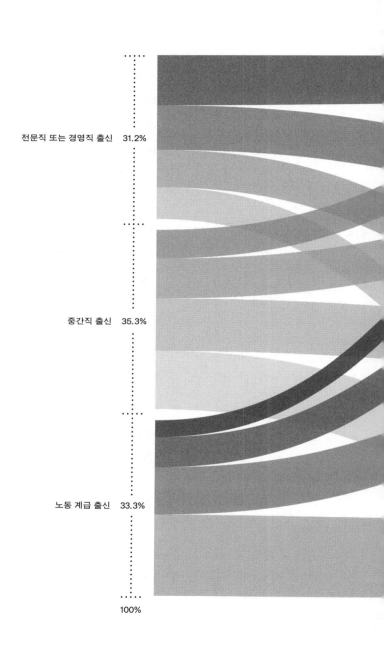

전문직 또는 경영직 출신   31.2%

중간직 출신   35.3%

노동 계급 출신   33.3%

100%

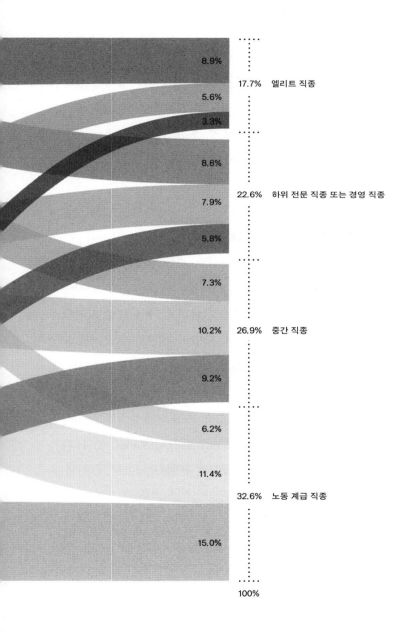

[그림 0.1] 영국 내 계급 태생에서 계급 도착지로의 흐름

8.9%

17.7% 엘리트 직종

5.6%

3.3%

8.8%

22.6% 하위 전문 직종 또는 경영 직종

7.9%

5.8%

7.3%

10.2% 26.9% 중간 직종

9.2%

6.2%

11.4%

32.6% 노동 계급 직종

15.0%

100%

다. 영국에서 상위 중간 계급이 전체 영국인의 3분의 1을 넘지 않음에도 엘리트 직업 종사자의 절반가량이 상위 중간 계급 출신으로 구성되어 있다. 노동 계급 출신이 엘리트 직종에 진출하는 경우도 간혹 있긴 하지만 드물다. 노동 계급 출신 가운데 약 10퍼센트(전체 인구의 3.3퍼센트)만이 가장 가파른 상승 경로를 통해 엘리트 직업에 도달한다. 달리 말하면 상위 중간 계급 출신은 노동 계급 출신에 비해 엘리트 직종에 종사할 확률이 약 6.5배 높다.[58] 즉 오늘날 영국에서 계급 태생은 여전히 계급 도착지와 긴밀하게 연결된다.[59]

— **부르디외와 계급 태생의 긴 그림자**

이와 같은 이동성 패턴을 이해하려면 계급 태생이 무엇을 의미하며, 어떻게 중요한지 이해해야 한다. 지금까지 우리는 부모 가운데 주 생계부양자의 직업이 무엇이었는지 살펴본 다음 해당 직업을 사회경제적 계층별로 분류하는 방식의, 상당히 제한적인 정의를 채택했다. 이 책에서 이러한 종류의 척도를 사용한 것은 주로 실용적인 이유 때문이다. 우리는 직업이 계급 태생을 가장 잘 반영하는 사용 가능한 근사치이자, 그 자체로 개인의 성장 과정을 특징짓는 사회경제적 조건에 대해 가장 많은 것을 알려주는 단일 정보라고 본다. 하지만 우리에게 직업은 단지 계급의 대용물일 뿐이다.

58　　우리의 분석 결과다. 이것은 계급 태생과 도착지 구성이 다소 다르긴 하지만 Bukodi et al(2015)의 연구 결과와 일치한다. 이에 대한 자세한 내용은 https://daniellaurison.com/research/data-and-appendices/의 오즈비odds ratio에 대한 주석을 참조한다.

59　　이러한 패턴은 Chetty et al(2014a)이 입증한 바와 같이 미국과 대체로 유사하다. 여러 국가의 다양한 사회 이동성 측정 방법을 비교하려면 Blanden(2013)을 참조한다.

계급, 그리고 특히 계급 태생에 대한 우리의 접근법은 프랑스 사회학자 피에르 부르디외의 연구로부터 큰 영향을 받았다. 10장에서 부르디외의 연구와 그것이 우리의 접근법에 미친 영향을 상세히 논하겠지만 이는 비교적 간단하게 요약할 수 있다.

부르디외적 관점은 부모가 경제 자본economic capital(자산과 소득), 문화 자본cultural capital(학력과 정통적 지식, 기술, 취향의 소유), 사회 자본social capital(유용한 사회적 연줄 및 친구 관계) 등 세 가지 형태의 주요 자본[60]을 소유하고 있느냐에 따라 계급 배경이 정해진다는 주장이 그 뿌리에 있다. 이 자본들은 어린 시절의 전반적인 조건을 구성할 뿐만 아니라 대물림되는 경향이 있다. 경제 자본과 사회 자본의 측면에서는 이 과정이 매우 단순하다. 상위 중간 계급의 부모는 자녀에게 금융 자산과 귀중한 사회적 인맥을 직접적으로 물려줄 수 있으며, 이 두 가지는 모두 상당히 자명한 방식으로 이점을 부여한다.

문화 자본의 상속은 좀 더 복잡하다. 부르디외는 교육 수준이 높은 상위 중간 계급은 물질적으로 풍요롭기 때문에 경제적 궁핍과 어느 정도 거리를 둘 수 있으며, 이는 그들이 자녀를 사회화하는 방식에 강하게 반영된다고 주장했다. 무엇보다 부모는 특정한 '하비투스habitus', 즉 자녀가 주변 세계를 이해하고 관계 맺는 방식을 조직화하는 성향disposition을 심어준다. 이러한 성향 중 일부는 체화된다. 즉 억양, 어조, 몸짓, 자세, 옷차림, 예절, 몸가짐 등 특정한 방식의 신체적 행동거지comportment를 통해 드러난다.[61] 가장 중요한 것은 부르

---

60   Bourdieu(1986, p. 241)에 따르면 자본은 "축적된 노동(가시화된 형태 또는 '통합'되고 체화된 형태)으로 행위자나 행위자 집단에 의해 사적으로, 즉 배타적으로 전용될 때 물화된 또는 살아 있는 노동의 형태로 사회적 에너지를 전용할 수 있게 한다".

61   Bourdieu(1977, p. 94, 1984, pp. 437, 466~468), 더 일반적으로는 Jenkins(2002, pp. 74~75).

디외가 '상징적 숙달symbolic mastery'이라고 명명한 성향을 특권층 부모가 자녀의 어린 시절에 각인시킨다는 점일 것이다. 여기에는 정교한 어휘와 '올바른' 문법 등 특정한 언어 사용 방식, 추상적이고 이론적인 개념에 대한 전반적인 익숙함, 그리고 문화와 취향에 대한 초연하고 이지적인 미적 지향 등이 포함된다.

　　부르디외가 이러한 미적 성향을 비롯하여 특권적 성장 과정과 관련된 상징적 숙달 및 체화의 여타 측면을 중요하게 본 이유는 사회생활에서 그것이 정통성 있는 것으로 오인되는 경향이 있기 때문이다. 그것은 세상을 이해하는 한 가지(그리고 부르디외의 견해에 따르면 상당히 자의적인) 방법일 뿐임에도 많은 사회에서 널리 인정되는 문화적 탁월함의 신호로 기능하면서 계속해서 높은 가치를 부여받는다. 더욱이 문화 자본의 상속은 사회 자본, 경제 자본의 대물림보다 더 은밀하게 이루어지기 때문에 계급 특권을 재생산하는 데 특히 중요한 역할을 한다. 이를테면 개인의 경제 자산이나 사회적 연줄의 기원을 추적하는 것은 적어도 이론상으로는 가능하다. 이와 달리 문화 자본의 세대 간 이전은 훨씬 더 감지하기 어렵기 때문에 일상생활에서 '자연스러운' 교양의 신호(예컨대 '패션 감각'이나 '세련된 입맛'을 가지고 있는 것으로), 심지어 타고난 지성의 신호로 (잘못) 읽히는 경향이 있다.[62] 다시 말해, 특권층은 단지 자신의 취향이나 의견을 표현하는 것만으로도 다양한 상황에서 체화된 문화 자본을 현금화할 수 있다.

　　물론 이러한 개념은 다소 추상적이고 이론적이다. 그렇지만 일상생활에서 문화 자본의 대물림이 실제로 어떻게 이루어지는지

62　　Bourdieu(1984, p. 291).

정밀하게 조사한 경험적 연구가 매우 풍부하게 존재한다. 그중 가장 영향력 있는 사례로, 가족 내에서 문화 자본이 주입되는 방식을 살펴본 미국 사회학자 아네트 라루의 연구를 꼽을 수 있다.[63] 라루는 서로 다른 계급 배경을 가진 9~10세 어린이들의 가정생활을 연구했으며, 양육 방식에 크고 중대한 계급 차가 존재함을 발견했다. 상위 중간 계급 부모(대졸, 전문직)는 자녀 양육을 '헌신적인 양성' 프로젝트로 접근했다. 그들은 자녀가 숙제를 할 때 폭넓은 도움을 제공하고, 과외 활동을 세심하게 선별하며, 지속적으로 자녀를 대화와 토론에 참여시켰다. 이 모든 것은 자녀의 상징적 숙달 능력을 키워주었다.

반면 노동 계급이나 빈곤층 부모들은 라루가 '자연적인 성장을 통한 성취'라고 칭한 방식을 취했다. 이들도 자녀가 건강하고 안정된 성인으로 성장하도록 헌신한 것은 마찬가지였다. 그러나 그들은 부모 역할에 다른 방식으로 접근했다. 노동 계급 아이들은 동네 친구들과 함께 놀이를 만들어내거나 TV를 보는 등 훨씬 더 많은 시간을 스스로 알아서 놀면서 보냈다. 부분적으로 이는 부모가 직면한 경제적 제약의 결과였지만, 자녀 양육에 대한 견해와 전반적인 세계관의 차이 때문이기도 했다. 상위 중간 계급 부모는 자녀의 시간을 매순간 관리하고 자녀의 이익을 대변하는 것이 중요하다고 생각하는 데 반해, 노동 계급 부모는 자녀의 독립성에 대한 믿음이 더 컸고 학교 등의 기관에 자녀를 믿고 맡기는 경향이 컸다.

라루는 이 두 가지 접근법 중 어느 쪽도 본질적으로 더 좋거나 나쁘지 않고 아동 발달의 관점에서 둘 다 장단점이 있음을 주의 깊게 강조하며, 우리도 이에 동의한다. 그럼에도 불구하고 학교와 대

---

63   Lareau(2011).

부분의 직장, 그리고 여타 많은 기관을 책임지고 있는 사람은 상위 중간 계급 출신인 경우가 많기 때문에 중간 계급으로 성장하는 것은 두고두고 이점으로 작용한다. 예를 들어 라루가 연구한 노동 계급 출신 아동들은 중간 계급 아동들과는 매우 다른 학교생활을 경험했다. 그들은 학교를 권위와의 상호 작용으로 보았으며, 주로 문제를 일으키지 않는 것이 목표였다. 그들이 그곳에서 성공과 만족을 경험할 가능성은 적었다. 고등학교 졸업 후 대학에 진학할 가능성도 더 낮았으며, 취업 시 일반적으로 덜 선호되는 직업을 선택했다.

물론 양육 방식은 국가에 따라 다르고 시간이 지남에 따라서도 변한다. 하지만 계급 차이에 대한 라루의 관찰은 영국을 포함한 여러 환경에서도 대체로 일관되게 나타났다.[64] 특히 후속 연구에서 라루의 핵심 관찰이 재확인되었다. 상위 중간 계급 가정은 자녀가 문화 자본으로 기능하는 성향들에 익숙해지도록 양육하는 경향이 있고, 이는 초등학교[65], 중등학교[66], 대학교[67]에서 구체적인 이점을 제공한다. 다른 연구자들은 또한 이 문화 자본이 특히 특정한 취향과 미적 스타일을 통해 표현될 때 문화적 탁월함의 신호로서 일상에서 더 잘 기능한다는 사실을 보여주었다.[68]

문화 자본에 대한 이런 연구는 계급 태생의 영향이 널리 퍼져 있고 오래 지속됨을 시사한다. 그리고 계급 태생은 (부모보다 부유하고, 대학 교육을 받았고, 더 나은 직업을 갖는 등) 단순한 상황 변화로는 쉽

---

64   Devine(2004); Reay(2017).

65   McCrory Calarco(2018); Reay(2017).

66   Carter(2007); Reeves et al(2017); Ingram(2018).

67   Reay et al(2009); Jack(2014, 2016); Armstrong and Hamilton(2015); Abrahams(2017).

68   Bennett et al(2009); Lizardo and Skiles(2012); Friedman(2014); Jarness(2015).

게 지워지지 않는 방식으로 개인의 정체성을 형성한다. 그렇다고 해서 사람들이 살아가면서 배우고, 변화하고, 새로운 상황에 적응하지 않는다는 말은 아니다. 물론 우리는 그렇게 한다.[69] 그러나 이 연구는 어린 시절이 깊은 계급적 각인을 남긴다는 것을 시사한다. 영국의 영화평론가 애넷 쿤은 "계급은 옷 아래, 피부 아래, 반사신경 속에, 정신 속에, 존재의 중심부에 존재하는 것"이라는 유명한 말을 남겼다.[70]

— 유리 천장의 교훈

이상의 여러 연구들이 계급 태생이 사람들의 삶에 긴 그림자를 드리운다는 사실을 보여주었다. 그러나 기존 연구는 이 책에서 초점을 맞추는 분야인 엘리트 직종의 커리어에서 계급 태생이 정확히 어떻게 중요한지 살펴보는 데는 미치지 못했다. 다만, 두 가지 상호 지지하는 연구 전통이 중요한 단서를 제공한다.

첫 번째는 엘리트 노동 시장에서 인종 및 민족적 소수자 집단의 구성원과 백인 여성의 경험을 바탕으로 한다. 여기서 유리의 은유, 특히 유리 천장의 은유는 이들 집단이 같은 직급의 백인 남성들과 동일한 보상을 받고자 할 때 직면하는 보이지 않지만 견고한 장

---

69   부르디외는 이러한 변화를 하비투스의 '변주'라는 프리즘을 통해 바라보았다. 부르디외는 그를 비판하는 사람들의 생각과 달리 하비투스의 성향 구조가 새로운 경험에 따라, 그리고 의식적이고 의도적인 자기 형성이나 교육적 노력에 따라 변화할 수 있음을 인정했다. 그러나 그는 이러한 변화의 본질이 점진적이며, 하비투스의 지지대로 작용하는 어린 시절의 성향에 의해 근본적으로 제한된다고 보았다(Bourdieu, 2000). 다시 말해 주된 성향은 "장기적이며, 자가재생산하는 경향이 있지만 영원하지는 않다."(Bourdieu, 2005, p. 45, 강조는 저자 추가)

70   Kuhn(2002, p. 98).

벽을 강조하는 데 유용하게 사용되었다.[71] 여기에는 직접적인 차별 (성차별과 인종차별)부터 고정관념, 미세공격microaggression, 토크니즘 tokenism, 동종 선호homophily(의사 결정자들이 다양한 방식으로 자신과 유사한 사람을 선호하는 경향) 등 더 교묘하고 은밀한 영향에 이르기까지 다양한 메커니즘이 작용한다.[72] 이 분야의 연구는 또한 이 집단들이 통상 '올드 보이 네트워크'라고 일컬어지는, 사람들이 취업 기회를 찾고 승진 기회를 노릴 때 유용하게 활용하는 비공식적 사회적 연줄에서 배제되는 경향이 있음을 강조했다.[73]

　　유리 천장을 다룬 문헌에서 도출되는 핵심 요점은 일반적으로 '능력'이라고 이해되는 요소가 커리어 성공의 유일한, 또는 심지어 주요한 결정 요인조차 아니라는 점이다. 거듭된 연구에서 여성과 인종 및 민족적 소수자는 설사 측정할 수 있는 모든 면에서 백인 남성만큼 유능하고 재능 있고 열심히 일하더라도 여전히 성공할 확률이 낮다는 사실이 밝혀졌다. 이는 우리 연구에 분명한 시사점을 준다. 우리는 노동 계급 출신도 (이유는 다르지만) 역사적으로 엘리트 직종[74]에서 배제되어왔음을 안다. 그렇다면 유리 천장의 작동 기제가 계급 태생에 얼마나 적용될 수 있을까?

　　그러나 유리 천장에 대한 통찰을 계급이라는 주제와 연결하

71　　물론 '유리 천장' 그 자체도 이론적 개선 및 상당한 비판의 대상이었다. 이 비유는 성 불평등이 여성의 커리어 진전의 상층부에서만 나타난다는 오해를 불러일으킬 위험이 있다. Eagly and Carli(2007)는 여성의 경력 초기부터 나타나는 여러 종류의 예상 가능한 장벽과 보이지 않는 장벽을 내포하기 위해 미로labyrinth의 비유를 제안한다.

72　　Collins(1993, 1997); Kanter(1993); Weyer(2007); Gorman and Kmec(2009); Wing-field(2009, 2010); Woodson(2015); Brown et al(2016).

73　　Ruderman et al(1996).

74　　Reeves et al(2017).

는 것은 단지 유사점을 찾기 위함이 아니다. 계급, 성별, 인종(그리고 그 외 사회적 구분의 다른 많은 측면들)은 개별적이고 상호 배타적인 불평등의 축으로 작동하지 않는다. 그보다는 서로를 토대로 하여 함께 작용하는 경우가 대부분이다. 이것이 바로 교차성 개념이 가져온 가장 중요한 통찰이다.[75] 사회 이동성의 맥락에서 교차적 관점은 핵심이다. 예를 들어, 여성과 인종 및 민족적 소수자 집단 구성원의 상향 사회 이동 경험은 뚜렷하게 다르고, 특히나 어렵다는 설득력 있는 증거가 존재한다. 스테프 롤러가 설명했듯이 '노동 계급 소년의 성공담'류의 영웅적 서사에 상응하는 여성의 서사는 존재하지 않으며, '남부끄럽지 않은 지위와 물질적 재화에 대한 여성의 열망과 선망'은 오히려 오랫동안 과시와 사소한 것에 대한 집착을 보여주는 사례로 묘사되었다.[76] 베벌리 스케그스, 벨 훅스, 다이앤 레이, 칼완트 보팔, 린지 핸리 등 유수한 여성 학자들도 자신이 직접 경험한 복잡하고 힘겨운 상승 궤적에 관한 생생한 이야기를 통해 여성 및 민족적 소수자가 겪는 사회 이동 경험의 특수성을 강조했다.[77] 다채롭고 다양한 이 이야기들을 하나로 묶는 요소는 여성들이 느낀 지속적인 이

[75]   교차성에 대한 매우 중요한 통찰은 차별이나 억압의 한 축만 고려하면 그것이 해당 유형의 불평등에 직면한 모든 사람에게 어떻게 작용하는지를 놓치게 된다는 점이다. Kimberle Crenshaw(1991)의 저명한 논문은 가정 폭력을 막으려는 노력이 백인 여성의 경험과 필요에 근거했기 때문에 흑인과 이민자 여성을 돕는 데 실패했다는 점을 언급하며 이 점을 지적했다. 이후 많은 연구가 교차성 접근법이 불평등에 대한 이해를 어떻게 강화하는지 보여주었다(Collins, 1986; Steinbugler et al, 2006; Choo and Ferree, 2010; Dubrow, 2015; Collins and Bilge, 2016; McMillan Cottom, 2016; Ferree, 2018 참조).

[76]   Lawler(1999, p. 12).

[77]   hooks, in Tokarczyk and Fay(1993); Hey(1997); Skeggs(1997); Hanley(2017); Bhopal(2018); Reay(2017), 그리고 이 분야에 대한 추가적인 내용은 Dews and Law(1995); van Galen and van Dempsey(2009) 참조.

질감, 즉 과거와 현재의 사회적 공간에 완전히 '소속'되지 않은 느낌이다.[78] 스케그스는 학계 동료들 사이에서 자신이 '가짜' 같다고 느끼지만 그의 노동 계급 가족은 피난처를 제공하지 못한다. 오히려 이 맥락에서 그는 가족에 대한 의무, 특히 가족 내에서 기대되는 전통적인 여성의 역할을 저버린 '자기 분수를 모르는' 실망스러운 사람이 되고 만다.[79, 80]

우리의 연구는 사회 이동성의 생생한 경험을 이해하는 데 교차성이 중심이 되어야 함을 강조하며, 따라서 영국의 엘리트 직종 내부에서 성, 인종과 민족, 그리고 계급 이동 사이의 가능한 교차점을 탐색하는 것이 중요하다고 본다.

— **'진입'에서 '성공'으로**

노동 계급 사람이 엘리트 직종 내에서 어려움을 겪으리라고 보는 또 다른 이유는 그들이 애초에 그러한 직종에 '진입'할 때 심각

---

[78]　일부 연구는 이러한 초점을 뒤집어 사회적 상승을 이룬 남성의 특정한 경험을 살펴보기도 했다. 이러한 연구는 가정에서 형성된 남성적 성향과 교육 및 직업적 성공에 필요한 성향 간의 불일치를 극복하기 위해 노동 계급 배경을 가진 남성들이 어떤 정서적, 지적, 상호 작용적 노력을 기울여야 하는지 강조했다(Reay, 2002; Ingram, 2011).

[79]　Skeggs(1997).

[80]　민족적 소수자의 사회 이동성을 연구한 문헌도 점점 늘어나고 있다. 이 분야의 연구는 민족적 유대가 실제로 어떻게 사회 이동성을 억제할 수 있는지(또는 동기를 약화시킬 수 있는지)에 초점을 맞춰왔다(Srinivansan, 1995; Bourdieu, 1987b). 예를 들어, 니콜라 롤록은 사회적 상승을 이룬 카리브해계 흑인들이 백인이 다수인 중간 계급에서 인정받기 위해 많은 경우 '흑인성'과 관련된 체화된 표식을 버려야 함에 대해 설명한다(Rollock, 2014). 또한, 사회 이동을 하지 않은 영국 중간 계급의 민족적 소수자 정체성의 특수성과 복잡성을 다룬 새로운 연구도 나오고 있다(Wallace, 2017; Meghji, 2017; Maylor and Williams, 2011).

한 장벽을 마주한다는 것을 우리가 알고 있기 때문이다. 두 명의 학자가 이 '접근'의 문제를 밝히는 데 크게 기여했다. 미국의 로런 리베라는 엘리트 전문 서비스 기업들의 채용 및 고용 과정의 모든 단계가 이미 특권을 누리는 사람들에게 유리하게 작용함을 보여주었다. 첫째, 일류 기업은 엘리트 대학을 나오지 않은 지원자를 거의 모두 탈락시킨다. 그다음 단계에서 지원자들은 노동 계급 출신에게는 대체로 불편하고 생소할 칵테일파티, 친목회 등 일련의 '비공식' 채용 활동을 거쳐야 한다. 마지막으로, 공식 면접을 진행할 때 선발 권한을 가진 사람들은 종종 공식적인 기준을 무시하고 지원자가 얼마나 여유 있고 편안해 보이는지, 면접 도중에 면접관들과 친밀감을 형성했는지 혹은 공통의 관심사를 공유하는지 등에 더 방점을 두고 지원자를 평가한다. 리베라는 이 과정을 '문화적 매칭'이라고 부른다.[81]

영국의 맥락에서 루이즈 애슐리는 법률, 회계, 금융 분야의 엘리트 기업, 특히 시티오브런던City of London의 기업들에서 유사한 역학을 발견했다. 애슐리는 채용 담당자가 계급화된 퍼포먼스인 '문화적 표출'을 '재능'으로 오인하는 경우가 흔하다고 강조한다. 예를 들어 채용 담당자는 '세련된' 겉모습, 능숙한 토론 기술, 자신감 있는 태도를 원하며, 애슐리는 이러한 특성이 상위 중간 계급에서 성장한 것과 밀접한 관련이 있다고 본다.[82]

이러한 연구들이 우리의 이해를 돕는 것은 사실이나, 그들의 분석은 구직의 문제에서 시작되고 끝난다. 이는 여러모로 이해되는 부분이다. 거의 모든 사회학자와 정치인들은 사회 이동성을 누가

81   Rivera(2015).

82   Ashley and Empson(2013); Ashley et al(2015).

'진입'하느냐의 문제로 개념화하는 경향이 있다.[83]

그러나 이런 관점은 사회 이동이 구직 시점에서 끝난다고 가정하기 때문에 사회 이동성을 일차원적인 접근의 문제로 축소할 위험이 있다. 앞에서 설명했듯이 계급 태생은 '끈덕진' 것이고, 문화 자본과 같이 확고하게 대물림되는 (하지만 숨겨진) 자원은 사람들의 경력 궤적에 매우 오랫동안 지속적인 영향을 미칠 수 있음을 시사하는 증거가 많다. [그림 0.1]을 다시 살펴보자. 이 그림은 노동 계급 출신의 10퍼센트가 영국의 엘리트 직종에 진출했음을 보여주지만, 이들이 이후에도 계속해서 특권적 배경을 가진 사람들과 동일한 수준의 성공을 거두는지는 말해주지 못한다.

이 문제를 조사하는 것이 이 책을 쓰게 된 진정한 동기였다. 즉 엘리트 직종으로의 진입뿐만 아니라 엘리트 직종 내부의 사회 이동성까지, '진입'에서 '성공'에 이르기까지 모두 다루는 것이다. 구체적으로 우리는 세 가지 연관된 질문을 제기한다. 첫째, 사회적 상승을 이룬 사람이 특권층 출신과 동일한 수준의 소득 또는 직급에 도달하는가? 둘째, 만약 그렇지 않다면 계급 배경을 제외한 다른 조건이 유사한 사람들을 비교할 때에도 '계급 천장'이 지속되는가? 셋째, 만약 계급 천장이 존재한다면 이를 견인하는 역학은 무엇인가?

---

[83]   스웨덴(Hallsten, 2013), 노르웨이(Hansen, 2001; Flemmen, 2009), 미국(Torche, 2011) 등 영국 이외의 국가에서는 예외가 존재한다는 점에 유의해야 한다. 미국에서는 훨씬 이전의 연구에서 비슷한 사실을 발견했다. 예를 들어 Jencks et al(1972, pp. 318~350)은 사회경제적 계급 태생이 30~54세 미국 남성의 현재 임금에 미치는 직접적인 효과를 약 0.08로 추정했다. Pfeffer(1977)에 따르면 같은 경영대학원 졸업생들 사이에서도 계급이 연봉에 영향을 미쳤으며, 그 차이는 연간 수천 달러에 이르는 것으로 나타났다.

이 책의 구성

특권층이 더 유리한 고지를 점하는 이유

이 책은 논리적 형식으로 구성되었으며, 순서대로 읽는 것이 가장 좋다. 앞에서 제시한 핵심 질문들에 답하기 위해 우리는 먼저 새로운 LFS 데이터로 인해 가능해진 실증적 진전을 연구의 발판으로 삼았다. 이를 통해 먼저 1장에서는 일반적인 사회 이동성 연구에서 사용되는 크게 뭉뚱그려진 매개변수의 한계를 극복하고 개별적인 영국 엘리트 직종들에 초점을 맞출 수 있었다. 이러한 직종들은 특권층 출신이 장악하고 있는 것으로 드러났다. 우리는 교육 정도의 불평등이 이러한 편향에 부분적으로 관련이 있음을 보여줄 것이나, 이는 접근의 패턴을 설명하는 데 그친다. 놀랍게도 우리는 노동 계급 출신이 일류 대학에 진학하고, 심지어 우수한 성적으로 졸업하더라도 (동일한 자격을 가진) 특권층 출신보다 상위 직종에 진입할 가능성이 여전히 낮음을 보여준다. 이 영향은 특정 인종-민족 집단에서 더 크게 나타났다. 예를 들어, 노동 계급 출신 방글라데시계 영국인은 노동 계급 출신 백인에 비해 훨씬 더 높은 비율로 대학에 진학하는데도 불구하고 상위 직종에 진출할 확률은 절반에 불과하다.

우리는 또한 엘리트 분야별로 상당한 차이가 있음을 보여준다. 경영직은 일반적으로 전문직에 비해 더 개방적이며, 전문직 간에도 현저한 차이가 존재한다. 예를 들어, 상위 중간 계급 출신이 의사가 될 확률은 노동 계급 출신에 비해 12배 더 높은 반면 엔지니어가 될 확률은 2배에 그친다.

2장에서는 직업에 대한 접근에서 커리어 진전으로 초점을 이동한다. 여기서 우리는 영국의 엘리트 직종에서 이전에는 조명되지 않았던 상당한 '계급 임금 격차'가 존재함을 입증한다. 구체적으로 엘리트 직종에 종사하는 노동 계급 출신은 특권적 배경을 가진 동료들보다 평균 16퍼센트 더 적게 번다. 이 차이는 명백한 이중의 불이익에 직면한 노동 계급 출신 여성, 장애인, 특정 인종-민족 집단에서 더욱 악화된다. 또한 우리는 계급 임금 격차가 금융, 법률, 의료, 회계, 연기 등 특정 엘리트 분야에 집중되어 있음을 보여준다.

물론 이는 왜 그러한가라는 질문을 제기한다. 이 질문은 3장에서 풀어나갈 것이다. 여기서 우리는 확보한 데이터 집합의 다양한 정보를 이용하여 계급 임금 격차를 유발하는 요인을 파헤친다. 우선, 서로 다른 계급 배경을 가진 사람들 간의 인구통계적 차이가 임금의 차이를 명확하게 설명하지 못한다는 것을 보여준다. 실제로 임금 격차는 나이, 성별, 인종이 같고 계급 배경이 다른 사람들을 비교했을 때 훨씬 더 크게 나타났다. 또한 전통적인 '능력'의 지표 다수가 임금 격차를 설명하는 데 별로 도움이 되지 않는 것으로 나타났다. 예를 들어 사회적 상승을 이룬 사람이 특권층 동료보다 근무 시간이 짧거나, 업무 교육을 덜 받았거나, 경험이 적다는 증거는 찾지 못했다.

그러나 '능력'의 지표 중 한 가지는 중요했다. 바로 교육 정도다. 노동 계급 출신은 학위를 소지했을 가능성과 명문 대학을 나왔을 가능성이 낮으며, 이 두 가지는 모두 높은 소득과 상관관계가 있다. 하지만 의미심장하게도 사회적 상승을 이룬 사람은 설사 옥스브리지 졸업장 및/또는 1등급 학점[84] 등 최고 수준의 학력을 취득하더라도 이를 특권층과 동일하게 소득 프리미엄으로 전환할 수 없었다.

또한 우리는 또 다른 세 가지 중요한 메커니즘을 밝힌다. 특

84　영국에서는 대학 교육을 마친 학생에게 평균 학점Grade Point Average(GPA) 대신 '학위 등급'을 부여한다. '1등급'은 대학 졸업생이 받을 수 있는 최고 등급으로, 미국식으로 말하자면 A-average를 받는 것과 같다고 생각하면 된다.

권층은 런던에서 일하고, 대규모 기업에 다니고, 의료나 법률, 금융 등 특정 엘리트 직종에 종사할 가능성이 더 높았다. 결정적으로 이 모든 요인은 더 높은 급여와 관련이 있다. 그러나 우리는 이러한 '분류sorting' 메커니즘이 무해하지도 않고, '능력주의적'이지도 않음을 입증한다. 예를 들어, 런던에서 커리어를 구축하는 능력은 많은 경우 '엄마 아빠 은행'을 이용할 수 있느냐에 달려 있으며, 보수가 좋은 전문직과 대기업의 졸업생 채용은 특권층 쪽으로 불공평하게 기울어져 있는 것으로 나타났다.[85]

3장은 이러한 모든 설명 메커니즘의 누적 효과를 계산하는 것으로 마무리된다. 중요한 것은 설사 이러한 요인들을 비롯하여 여러 다양한 요인을 모두 통제하더라도 여전히 상당한 계급 임금 격차가 남아 있다는 사실이다.

계급 천장 조사

다음으로 우리는 계급 임금 격차의 동인을 이해하기 위해 추가적인 방법론을 도입한다. 우리는 설문조사 데이터에 기초한 연구를 넘어 영국 엘리트 직종 내부에서 사람들이 실제로 어떤 경험을 하게 되는지 이해할 필요가 있다고 보았다. 따라서 이 책의 두 번째 파트에서는 네 가지 심층 사례 연구를 다룬다. 사례 연구에서 우리는 엘리트 기업들의 닫힌 문 뒤로 들어가 다양한 엘리트 직종에 종사하는 사람들을 인터뷰했다. 4장에서는 전국 규모의 방송사인 6TV, 대형 다국적 회계법인 터너 클라크, 건축 회사 쿠퍼스, 그리고 자영업자 연기자self-employed actors 등 (익명화된) 사례 연구를 소개한다. 각 사

---

85   Rivera(2015); Ashley et al(2015); Ashley and Empson(2017).

례에서 우리는 설문조사 데이터 분석을 비공식적 관찰 및 175건의 심층 인터뷰(사례당 각 30~50건)로 구성된 광범위한 프로그램과 결합했다.[86] 인터뷰를 통해 우리는 부모의 직업으로 계급 태생을 측정하는 일차원적인 방식을 넘어, 인터뷰 참여자들이 직장 생활을 시작할 때 보유한 부르디외적 자본이 무엇이었으며 이러한 상속된 자원이 이후 그들의 경력 궤적에 어떤 영향을 미쳤는지 제대로 파악할 수 있었다.[87] 「방법론에 관한 부록」에서 연구 설계에 관해 보다 자세히 설명한다. 그 밖에 계급과 사회 이동성을 어떻게 측정했는지, 사례 연구를 선택한 방법과 이유는 무엇인지, 그리고 연구자로서 우리 자신의 위치(백인 남성-트랜스젠더 한 명과 시스젠더 한 명, 서로 다른 계급 및 국가 출신) 등 다른 중요한 문제들도 설명한다.

4장에서는 또한 각 사례 연구에 대한 상세한 개요를 제공한다. 이를 통해 문제의 핵심이 단순히 계급 임금 격차가 아니라 많은 경우 계급 천장임을 보여준다. 특히 6TV와 터너 클라크에서는 노동 계급 출신이 명망이 덜한 부서로 분류되는 경향이 있었으며 조직 위계 구조의 최상층에 도달하는 일은 드물었다.

"이것은 자신감의 문제다": 개인화된 설명의 오류

계급 천장을 이해하기 위해 우리는 인터뷰 참여자들 스스로가 생각하는 핵심 동인이 무엇인지 고찰하는 질적 분석을 시작했다.[88] 다양한 이론이 제시될 것으로 예상했으나 의외로 사람들의 초

---

86 「방법론에 관한 부록」에 각 사례 연구에서 실시한 기업별 연구 설계에 대한 자세한 설명을 수록했다.

87 각 인터뷰 참여자의 경제, 문화 자본의 대물림 정도에 대한 자세한 내용은 「방법론에 관한 부록」의 [표 A.1a-1d]에 수록했다.

기 응답은 놀랍도록 유사했다. 대부분은 말을 멈추고 우리의 질문과 눈에 띄게 씨름한 후 자신감이라는 한 단어에 도달했다. 물론 이 용어는 다양한 방식으로 사용되었으며, 긍정적으로 혹은 부정적으로 보는 정도도 달랐다. 그러나 계급 배경에 관계없이 그 기저를 이루는 정서는 놀랍도록 일관적이었다. 우리는 특권적 배경을 가진 사람들이 그저 더 자신감이 넘칠 뿐이라는 이야기를 거듭해서 들었다. 그들은 특유의 자기 효능감이나 자신의 발전 능력에 대한 확신이 있으며, 이것이 그들이 앞으로 나아가는 데 결정적인 역할을 한다는 것이다.

한 가지 차원에서 이것은 중요한 발견이었다. 사람들이 계급 차이를 관찰하고 이해하는 방식에 대해 중요한 정보를 제공했기 때문이다. 이는 학술 문헌, 특히 심리학 문헌에 의해서도 어느 정도 뒷받침된다.[89] 이 분야의 많은 연구가 출신 계급과 자신감, 자존감, 그리고 때로 '통제 위치locus of control'라고 불리는 것(개인이 자신의 삶에서 일어나는 일을 통제할 수 있다고 느끼는 정도) 사이의 관계를 밝혔다.

그러나 좀 더 깊이 파고들자 자신감이 지닌 설명력은 상당히 근본적인 면에서 한계가 있음이 곧 명백해졌다. 사람들이 스스로 자신감을 어떤 의미로 사용하는지, 그것이 어떤 형태로 드러나는지를 더 구체적으로 설명하자, 그리고 그 내용을 우리가 인터뷰 초반에 들은 그들의 커리어와 비교하자 자신감은 설명 메커니즘으로 사용하기에 너무 광범위하고 단순하다는 사실이 분명해졌다. 특히 자신감은 꽤 뚜렷하게 구분되는 여러 가지 과정을 통칭하는 개념으로 작용

88　175건의 인터뷰 막바지에 우리의 주요 연구 결과를 설명하고, 응답자에게 우리가 발견한 계급 임금 격차를 설명할 수 있는 요인이 무엇이라고 생각하는지 물었다.

89　예를 들어 Battle and Rotter(1963); Judge and Bono(2001).

하는 일이 매우 흔한 것으로 나타났다. 5장부터 9장에서 이러한 각각의 메커니즘을 소개한다.

계급 천장의 (숨겨진) 동인

인터뷰 참여자들은 누가 커리어상의 리스크를 기꺼이 감수할 것인가라는 측면에서 자신감을 가장 자주 언급했다. 하지만 이야기를 자세히 들여다보면 이는 개인의 성향보다는 개인이 사용할 수 있는 자원과 더 큰 관련이 있음을 알 수 있었다. 구체적으로 말하자면, 원할 경우 리스크를 감수하도록 허용하거나 감수할 수 있다고 느끼게 하는, 흔히 부모가 제공하는 경제 자본에 접근할 수 있거나 없는 사람들에 관한 이야기인 경우가 많았다. 5장에서는 이 문제를 심도 있게 살펴보고 '엄마 아빠 은행'에 기댈 수 있는 사람들이 누리는 막대한 직업적 이점에 대해 설명한다. 우리는 이런 재정적 대비책을 보유한 사람이 엘리트 경력을 쌓는 데 따르는 불확실성으로부터 상당 부분 보호받고 있음을 보여준다. 이는 (최고의 기회가 대거 집중되어 있는) 런던과 같은 환경에서 생활비를 확보하는 측면뿐만 아니라, 인맥 형성에 더 많은 시간을 할애하거나 더 불확실하거나 단기적인 직책을 맡을 수 있는 여유 같은 심리적 측면에도 중요하다. 그리고 이 모든 것은 장기적 보상으로 이어질 수 있다. 이런 경향은 대체로 고용이 매우 불안정하고 오랜 기간 단기 계약으로 버티지 않으면 정상에 오를 기회가 주어지지 않는 방송업계나 연기 등의 문화 산업에서 특히 두드러졌다. 이와 대조적으로 집안의 돈에 기댈 수 없는 사람들은 이런 직업으로 생계를 유지하는 현실을 일종의 경제적 혼란, 또는 배우 레이가 적절하게 표현한 것처럼 "낙하산 없이 스카이다이빙을 하는 기분"이라고 묘사했다.

자신감이 언급된 또 다른 맥락은 커리어를 의식적으로 발전시키고, 적극적으로 승진을 추구하거나 급여 인상을 협상하는 상황이었다. 특권층은 자신의 노력이 합당한 보상을 받기를 더 적극적으로 요구하는 집단으로 여겨지는 경우가 많았다. 우리는 실제로 이를 뒷받침하는 일부 증거를 발견했다. 특권층 인터뷰 참여자들이 과거에 이런 요구를 더 자주 한 것은 사실이었다. 그러나 개인들이 그런 결정을 독자적으로 내리는 경우는 드물었다. 실제로 승진이나 급여 인상을 요구하기로 한 결정은 거의 대부분 다른 사람, 특히 그들을 지지하는 상급자의 조언에 따른 결과임이 인터뷰에서 드러났다. 6장에서는 상급자가 후배 직원을 수하로 거둬들인 후 공식적인 절차를 우회하여 그들을 빨리 승진시키는 후원 경로의 중요성을 살펴본다. 이런 행태는 대체로 무해한 인재 발굴 과정으로 제시되지만, 후원 관계가 업무 성과를 기반으로 구축되는 경우는 거의 없는 것으로 나났다. 적어도 초기에는 문화적 공감대를 바탕으로 유머, 관심사, 취향을 공유하며 형성되는 경우가 거의 대부분이었다. 그리고 현재 고위직을 차지하고 있는 사람들은 상위 중간 계급 출신이 압도적으로 많기 때문에 이러한 동종 선호에 기초한 유대는 이미 특권을 누리고 있는 사람들에게 유리하게 작용하는 경향이 있었다.

자신감이 계급 임금 격차를 유발하는 것으로 보이는 또 다른 경로는 회의, 프레젠테이션, 면접 등 직장에서 맞닥뜨리는 주요 상황에서 대담성을 강화하는 역할을 할 때였다. 이와 관련해 특권층 출신이 단지 자신의 목소리나 의견을 더 강하게 낼 뿐이라는 인식이 있었다. 그러나 다시 한번, 우리의 분석 결과는 자신감이 다소 그릇된 인상을 주는 설명임을 드러냈다. 예를 들어, 사회적 상승을 이룬 인터뷰 참여자 가운데 그런 상황에서 스스로 자신감이 부족하다고 답한

사람의 다수가 가족과 함께 있을 때나 특정한 여가 상황 등 그들이
편안하게 느끼는 다른 환경에서는 그렇지 않다고 이야기했다. 다시
말해, 이들은 자신감 자체가 결여된 것이 아니라 직장에서 자신감이
부족한 것이었다. 달리 표현하자면, 특정한 사회적 환경은 어떤 사람
들을 대담하게 만드는 반면 어떤 사람들의 자신감은 억제한다. 따라
서 이를 설명하는 메커니즘은 자신감이 아니라, 7장과 8장에서 다루
는 바와 같이 엘리트 직장 내에서 자신이 해당 조직에 적합한 사람이
라는 느낌을 좌우하는 행동 및 문화 규범이다. 7장에서는 터너 클라
크에서 발견한 '회사 생활에서의 세련됨'부터 6TV의 '학습된 비격
식성'에 이르기까지 적합성의 개념을 뒷받침하는 분야별 규범을 비
교한다. 우리는 이러한 규범들이 서로 달라 보일 수 있으나 동일한
방식으로 기능하며, '객관적인' 기술, 재능, 역량의 표지로 흔히 오인
되는 (옷차림, 억양, 취향 및 에티켓 등의) 공유된 규준과 기대치를 결정
한다는 사실을 입증한다. 8장에서는 이를 더 발전시켜 임원들이 공
유하는 문화에서는 심지어 더 좁은 적합성 개념이 통용되고 있음을
설명한다. 임원 문화에서는 정통적인 문화에 얼마나 익숙한지가 피
터지는 경쟁이 벌어지는 환경을 무사히 헤쳐 나가기 위한 전제 조건
이 되거나, 특정 유형의 사람이 대중이나 고객 앞에서 조직을 대표하
기에 가장 '적합'하다고 여겨지곤 한다.

　　가장 중요한 것은 누가 주로 적합한지 명확한 패턴이 존재한
다는 점이다. 7장과 8장에서 우리는 그것이 지배적인 행동 규범을
받아들이고 숙달하고 활용하는 것을 가장 편안하게 느끼며, '직장에
서 자신의 전부를 보여줄' 수 있다고 가장 크게 느끼고, 더 일반적으
로는 그러한 규범들이 '자연스럽게' 체화되어 있다는 인상을 주는
집단, 즉 특권층임을 보여준다. 이는 다수의 엘리트 직종에 대한 우

리의 집단적 이해가 특권층의 이미지에 뿌리를 두고 있는 까닭에, 특권층 출신이 특히 상층부에 도달했을 때 그들이 원래부터 그 자리에 더 적합한 사람으로 보이게 만들기 때문이다.

한편 9장에서는 적합하지 않다는 느낌이 어떤 것인지, 그로 인해 사회적 상승을 이룬 사람들의 포부가 어떻게 억눌리는지를 살펴본다. 우리는 이런 훼손된 포부를 본질적인 자신감 결여로 해석하는 대신, 자신 앞에 놓인 매우 현실적인 장벽을 예상하고 내놓은 전적으로 논리적인 반응임을 보여준다. 이러한 방식으로 우리는 사회이동을 경험한 당사자에게 그러한 이동이 무엇을 의미하는지에 특히 주의를 기울이며, 상향 이동을 중단하기로 한 많은 사람의 결정을 '자기 제거' 행위로 이해한다.

우리는 특권층의 성공이 타고난 자신감에서 비롯한다는 견해로 인해 5~9장에 걸쳐 살펴본 여러 메커니즘이 은폐되는 경우가 많다고 본다. 이는 대다수가 자신감을 타고난 성격적 특성이자 그저 개인차가 있는 역량으로 간주하기 때문이다. 그에 따라 많은 정책 입안자들은 (낮은 사회 이동성 문제에 대해서와) 마찬가지로 개인화된 해결책을 제시한다. 그들은 계급과 그 밖의 다른 요인에 의한 임금 격차를 이런 식으로 설명하며, 우리에게 필요한 것은 그저 불리한 배경을 가진 사람들의 자신감, 성격, 포부를 키우고 개인별 코칭, 교육 또는 '더 나은' 양육을 통해 '부족한 자질'을 '채워주는' 것이라고 주장한다.[90]

---

[90]   이 의제에 대한 주목할 만한 사례는 영국의 사회 이동성에 관한 초당적 의원모임 All-Party Parliamentary Group on Social Mobility의 『사회 이동성에 관한 일곱 가지 핵심 진실 7 Key Truths About Social Mobility』(2012)에서 찾아볼 수 있다. 여기서는 개인의 성격과 회복 탄력성이 사회 이동성을 결정하는 '주요 요인'으로 제시된다(APPG, 2012, pp. 4, 6). '성격'과 관련한 정책 의제에 대한 보다 일반적인 비판은 Allen and Bull(2018)과 Spohrer et al(2018) 참조.

그러나 우리의 분석은 전혀 다른 접근법이 필요함을 시사한다. 확실히 자신감은 엘리트 직장에서 서로 다른 배경을 가진 사람들 간의 차이를 관찰할 때 가장 쉽게 인지되는 요소다. 그러나 이 책에서 그랬듯 좀 더 깊이 파고들면 자신감은 근본적으로 상황에 따라 달라지는 것임을 알 수 있다. 많은 경우 자신감은 직장을 어떻게 경험하는지, 자신이 그곳에 속한다고 느끼는지, 지지받고 있다고 느끼는지, 그리고 이러한 것들이 근본적으로 어떻게 일부 사람들은 대담하게 만들고 다른 사람들은 억제하는지에 따라 형성되는 연막이다. 이와 같은 통찰을 바탕으로 우리는 조직에서 계급 천장 문제를 해결하기 위해 취할 수 있는 10가지 실용적인 방법을 제시하며 이 책을 마무리한다.

근본적으로 이 책은 계급 태생에 따른 직업적 성공의 차이가 노동 계급 배경을 가진 사람들의 성격적 결함 때문이 아님을 입증한다. 그리고 이는 '능력'의 '자연스러운' 차이로도 충분히 설명되지 않는다. 이어지는 장들에서 살펴보듯, 엘리트 직종에서 일상적으로 '능력'으로 분류되는 것의 상당 부분은 사실상 특권의 '순풍'과 분리될 수 없다.

1장 =

진입하기

사회 이동성은 이 시대의 가장 중요한 정치적 이슈 중 하나가 되었다. 이는 서구권 전역에서 지난 30년간 정치 지도자들이 선택한 수사적 무기로 부상했다.[1] 여러 정치인들이 열변을 토했다. 이를테면 도널드 트럼프는 2016년 대선 유세 기간 내내 "아메리칸 드림은 죽었다"라고 주장하면서 "하지만 내가 그것을 되살릴 것"이라고 선언했다.[2] 프랑스에서는 에마뉘엘 마크롱이 비슷한 공약을 내걸었다.[3] 그러나 이동성이 가장 명백하게 중심적 위치를 차지한 곳은 영국이다. 테리사 메이는 총리 취임 연설에서 이렇게 선언했다. "우리

---

[1] 　　그 인기의 이유는 꽤 명확하다. 머리말에서 설명했듯이 (특히 영국과 미국의 정치인들 사이에서는) 높은 사회 이동성이 첫째, 집안의 자원이 세대 간에 전달되는 연결 고리를 끊음으로써, 둘째, 잔재한 불평등에 존 골드소프가 '능력주의적 정당화'라고 칭한 것을 부여함으로써 심각한 불평등 문제를 상쇄할 수 있다는 믿음이 널리 퍼져 있다(Breen and Goldthorpe, 2003; Goldthorpe and Jackson, 2007). 이는 기회의 평등이라는 측면에서 보았을 때 불평등은 '공정한 싸움'의 결과이기 때문에 정부가 개입할 의무가 없다는 사고방식이다. 따라서 이러한 관점에서 본 이동성은 공정하고 정의로운 사회, 즉 개인이 잠재력을 발휘하는 것을 막지 않는 사회를 나타내는 주요 지표다. 그러나 Wilkinson and Pickett(2018, p. 177)의 연구에서도 알 수 있듯이 전 세계적인 추이는 소득 불평등이 더 높은 나라에서 사회 이동성이 더 낮은 경향이 있다.

[2] 　　Time(2016).

[3] 　　Barbiere(2016).

는 운 좋은 소수의 이점을 고착화하지 않을 것입니다. 어떤 배경을 갖고 있는지에 상관없이 누구나 자신의 재능을 최대한 발휘할 수 있도록 최선을 다할 것입니다."[4]

머리말에서 설명했듯이 각국의 사회 이동성 정도를 가늠하는 척도는 주로 상위 직종에 대한 접근성이다. 다시 말해 누가 엘리트 직종에 진출하며 그것이 계급 배경과 어떤 관련이 있는지가 사회 이동성의 척도로 이용된다. 이는 어쩌면 부분적으로 정치인들이 일상생활에서 사회의 제한적 단면만을 접하기 때문일 수도 있다. 이는 또한 정치인들이 고소득, 높은 지위, 상당한 의사 결정권을 제공하는 엘리트 직종을 모든 사람이 지향해야 할 직업으로 흔히 제시하는 현실을 반영하기도 한다.[5] 이토록 크게 선호되는 경쟁의 장이 접근하기 어렵거나 특권층에게 유리하게 조작된 곳으로 여겨진다면 이러한 정치적 내러티브는 명백하게 약화된다.

하지만 법률, 의료, 언론 등 영국에서 사회적 지위가 높은 직종 다수가 과거에도 오늘날에도 여전히 완고하게 엘리트주의적이라는 인식이 오랫동안 존재해왔다. 앨런 밀번은 항의 차 영국 사회이동성위원회(SMC) 의장직을 사임하기 전 "영국이 직면한 가장 시급한 정책은 영국 사회의 상층부를 개방하는 것"이라고 썼다. 그에 따르면 영국은 "본질적으로 여전히 엘리트주의적"이다.[6]

그러나 '공정한 접근'을 둘러싼 정치인들의 열변에도 불구하고, 이 문제에 대한 실제 우리의 이해는 오랫동안 뒤처져 있던 것이

---

4   Taylor(2016).

5   사회 이동성을 이와 같이 바라보는 비전에 대한 폭넓은 비평은 Littler(2017) 및 Reay(2017) 참조.

6   Milburn(2015).

[그림 1.1] 각 계급 태생 집단에는 어떤 직업들이 속하는가

전문직 또는 경영직 출신	중간직 출신	노동 계급 출신
1. 상위 경영직 및 전문직- CEO, 교수, 엔지니어, 증권 중개인, 의사, 군 장교 2. 하위 경영직 및 전문직- 교사, 간호사, 언론인, 매장 관리자, IT 컨설턴트	3. 중간직-경리, 비서, 교사 보조 4. 자영업자-배관공, 목수, 미용사, 택시기사 5. 하위 감독 및 기술직- 요리사, 전기기사, 통신 업무 종사자	6. 준단순반복직-판매 및 매장 보조, 간병인, 조경사 7. 단순반복직-웨이터, 청소부, 트럭 또는 버스 운전기사 8. 일한 적이 없음 혹은 장기 실업자

사실이다. 이는 사회 이동성을 살펴보기 위해 기존에 사용된 설문조사의 응답자가 기껏해야 수천 명에 불과했기 때문이다. 이 표본 크기는 '큰 범주의 사회 계층'의 관점에서 계급 태생과 계급 도착지 사이의 전반적인 관계를 포착하기에는 충분하고도 남는다. 하지만 보다 세분화된 이동성 패턴(어떤 사람이 의사, 회계사, CEO 등이 되는지, 그리고 이런 직업들이 서로 어떻게 다른지)을 이해하려면 훨씬 더 큰 규모의 데이터가 필요하다.

다행히 2014년에 영국 최대 규모의 고용조사인 노동력조사(LFS)가 처음으로 계급 태생에 대한 질문을 도입했다. 여기서 핵심은 설문조사 대상자가 14세였을 때 부모 가운데 주 소득자인 사람의 직업을 묻는 질문이었다([그림 1.1]에서는 이를 활용하여 세 가지 넓은 범주의 계급 태생 집단을 식별하는 방법을 제시한다). 우리는 즉시 이 새로운 데이터를 이용해 작업을 시작했다. 이 장에서 우리는 3년간의 분석 결과를 종합한다. 구체적으로 2013년 7월부터 2016년 7월까지의

LFS 데이터를 취합하여 전국적으로 약 10만 8,000명의 개인[7]과 1만 8,000명 이상의 상위 직종 종사자에 대한 대표 표본에 접근할 수 있었다. 이는 전례 없는 수준의 상세한 정보를 제공했다.

우리는 먼저 상위 직종 전체 및 19개 특정 엘리트 직종의 개방성을 분석했다. 다음으로는 계급에 따른 불평등이 교육적 성취의 유형에 따라 설명될 수 있는지 살펴봤다. 그런 다음 인종 및 민족, 성별 및 장애 등 다른 특권과 불이익의 축들과 계급 간의 관계를 살펴봤다.

특권의 재생산

영국에서는 유리한 조건으로 시작한 사람이 성공할 가능성이 가장 높다. 머리말에서 살펴본 것처럼 엘리트 직종에 진출한 사람 중 가장 큰 비율을 차지하는 것은 상위 중간 계급 배경을 가진 사람들이다. [그림 1.2]는 상위 직종에 종사하는 사람 중 절반가량이 유사하게 사회적 지위가 높은 일을 하는 부모를 둔 반면, 노동 계급 출신 부모를 둔 사람은 20퍼센트 미만이라는 사실을 재확인한다. 다시 말해, 가장 선호되고 힘 있고 화려하고 영향력 있는 직업에 특권층이 불균형적으로 많이 진출하고 있으며, 노동 계급 출신은 너무 자주 소외되거나 배제된다.

이런 일반적인 패턴은 확고하게 자리 잡고 있다.[8] 그리고 영국이 이런 패턴이 나타나는 유일한 나라도 아니다. 거의 모든 고소득

---

7   LFS는 이 기간 동안 더 많은 사람들로부터 데이터를 수집했지만, 모든 사람이 계급 태생에 대한 질문에 답하지는 않았다.

8   Breen(2005); Bukodi et al(2015).

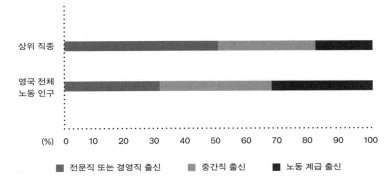

[그림 1.2] 특권층이 영국의 엘리트 직종을 장악하고 있다

상위 직종

영국 전체
노동 인구

(%) 0   10   20   30   40   50   60   70   80   90   100

■ 전문직 또는 경영직 출신   ■ 중간직 출신   ■ 노동 계급 출신

참고: 영국 전체 노동 인구 및 상위 직종에서 각 계급 출신이
차지하는 비율
출처: LFS

국가에서 계급 태생과 계급 도착지 사이의 유사한 연관성이 확인된
다.[9] 국가별 패턴은 일정 정도 차이가 있으나 기본적인 사실에는 변
함이 없다. 즉 진정으로 모든 사람에게 기회의 평등을 보장했을 때
나오는 결과보다 훨씬 더 많은 계급 재생산이 이루어진다. 그러나 서
로 다른 엘리트 직종 간의 사회 이동률 차이는 잘 알려져 있지 않다.
따라서 우리는 여기에 초점을 맞춰 이런 서로 다른 영역들을 비교해
보고자 한다.

[9]   일반적으로 미국과 영국은 OECD 회원국 중에서 사회 이동성이 가장 낮은(계급
태생과 도착지 사이의 연결이 가장 강한) 나라인 반면 스칸디나비아 국가들은 이동성이 가장 높
은 편에 속한다. 불평등 수준이 높고 교육 시스템에 대한 투자가 적은 국가일수록 이동성이
낮은 경향이 있다(Blanden, 2013; 또한 Corak, 2004; Breen and Jonsson, 2005; Beller and Hout, 2006;
Chetty et al, 2014a 참조).

엘리트 직종 전반에 걸친 접근성

[그림 1.3]은 19개 상위 직종 또는 엘리트 직종에 종사하는 사람들의 계급 태생을 보여준다.[10] 특권층 출신이 가장 많은 직업이 최상단에, 여러 계급 출신이 가장 골고루 포진하고 있는, 즉 가장 '개방적인' 영역은 최하단에 위치한다. 이러한 전문 분야들을 살펴보면 몇 가지 중요한 사실이 드러난다. 첫째, 각 직업 간에 상당한 수준의 유의미한 차이가 존재한다. 이 직업들은 흔히 일관성 있는 하나의 집단으로 간주되어 '큰 범주의 사회 계층'으로 묶이지만, 이러한 관점에는 분명한 현실적 한계가 존재한다. 이는 높은 사회적 지위를 가진 서로 다른 직종들 사이에 존재하는 배타성의 거대한 차이를 은폐한다.

접근성에 관한 이러한 수치로부터 몇 가지 의미심장한 패턴을 감지할 수 있다. 첫째, 경영직과 전문직 사이에 중요한 구분이 존재한다. 민간 및 공공 부문의 고위 경영직(전체 상위 직종의 4분의 1가량을 차지)은 비교적 다양한 계급 배경을 가진 사람들로 이루어져 있으나, 전문직은 대부분 이보다 현저하게 더 배타적이다. 이는 그 '높은 지위'에 걸맞은 '교양 있는' 개인을 채용한다는 인식으로 인해 영국 사회에서 전문직이 역사적으로 훨씬 더 높은 지위를 누려왔다는 사

---

10   이들 직업군은 모두 우리가 규정한 '상위 직종'에 속한다. 하지만 우리가 규정한 상위 직종에 속한 모든 사람이 이 19개 직업에 속하는 것은 아니다. 다른 직업들과 한데 묶는 것은 무리이지만 여기서 별도의 카테고리로 분류하기에는 표본 수가 너무 적은 직업도 여럿 있다. 예를 들어, 우리의 표본에 포함된 성직자는 75명에 불과하며, 우리의 상위 직종 가운데 성직자와 함께 묶는 것이 합리적일 만한 직업은 없다. 또한 NS-SEC 1(영국의 최상위 범주, 머리말의 [그림 0.1] 참조)로 분류될 수 있으나 특정 직업이 명시되지 않은 사람도 약 2,000명 존재한다. 이들은 우리가 상위 직종을 전체적으로 묘사할 때는 포함되지만 19개 개별 분야를 묘사할 때는 누락된다. 계급 태생 집단별 응답자 수는 「방법론에 관한 부록」에 포함되어 있으며, 여기서 구체적인 직업에 대한 자세한 정보도 함께 제공한다. https://daniel-laurison.com/research/data-and-appendices/ 참조.

실을 반영하는 것일 수 있다.[11] 그러나 [그림 1.3]은 전문직 내에서 전통적 전문직과 기술 전문직 사이에 명확한 구분이 존재함도 보여준다. 예를 들어, 전통적 (혹은 '신사적'[12]) 직종인 의료, 법률, 건축, 언론계 전문직은 특권층 출신의 비율이 특히 높다. 이에 반해 공학, IT 등 기술 전문직은 사회적 상승을 이룬 사람의 비율이 (상위 직종의) 평균을 상회한다.

이러한 패턴은 '오즈비odds ratio(어떤 사건이 일어날 확률이 일어나지 않을 확률에 비해서 얼마나 큰가를 나타내는 비율로 승산비라고도 한다—옮긴이)', 즉 이 경우 각 계급 태생이 우리가 조사한 각 상위 직종에 종사할 상대적인 가능성에도 반영되어 있다. 오즈비가 1이라는 것은 노동 계급 출신과 특권층 출신이 상위 직종에 종사할 가능성이 동일함을 의미한다. 전반적으로 볼 때 상위 중간 계급 출신은 (계층 분포의 다른 어느 직종이 아니라) 우리가 조사한 상위 직종 중 하나에 종사할 가능성이 노동 계급 출신에 비해 3.6배 높다.[13] 그러나 다시 말하지만, 서로 다른 상위 직종들 사이에는, 특히 전통적인 분야와 기술적인 분야 사이에는 오즈비에 큰 차이가 존재한다. 예를 들어, 특

---

11   19세기에 통합된 서비스 계급이 발달한 다수의 자본주의 국가와 달리, 영국에서는 이 시기에 국가가 후원하는 전문직 계급만 등장했다. 20세기 초에 경영직이 등장하기 시작했을 때, 이들은 문화 자본이 부족했고 자본주의 고용주에게 의존하는 등 서비스 계급 내에서 종속적인 위치를 차지했다. 이러한 역사적 유산은 20세기 내내 이 두 부문을 계속해서 구분 짓는 역할을 했으며, 전문직은 더 큰 고용 안정성과 문화 자본을 누렸다(Savage et al, 1992, 2015b).

12   Miles and Savage(2012).

13   이 수치는 머리말에서 보고한 6.5배(34쪽)와는 다르다. 머리말에서는 전문직 또는 경영직 도착지와 노동 계급 도착지를 비교했던 반면, 여기서는 상위 직종에 속하는 도착지를 계급 구분 없이 다른 도착지와 비교하고 있기 때문이다.

[그림 1.3] 엘리트 직종에 따라 폐쇄적인 정도가 다르다

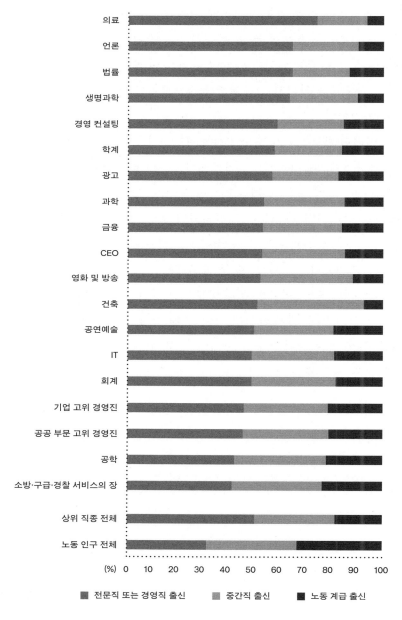

의료	
언론	
법률	
생명과학	
경영 컨설팅	
학계	
광고	
과학	
금융	
CEO	
영화 및 방송	
건축	
공연예술	
IT	
회계	
기업 고위 경영진	
공공 부문 고위 경영진	
공학	
소방·구급·경찰 서비스의 장	
상위 직종 전체	
노동 인구 전체	

(%) 0   10   20   30   40   50   60   70   80   90   100

■ 전문직 또는 경영직 출신   ■ 중간직 출신   ■ 노동 계급 출신

참고: 각 엘리트 직종(및 상위 직종 전체와 노동 인구 전체)
내 각 계급 태생 비율
출처: LFS

권충 출신은 노동 계급 출신에 비해 의사가 될 가능성이 약 12배 더 높고 건축 분야에 종사할 가능성은 7.5배 더 높은 반면 엔지니어가 될 가능성은 2배가량에 불과하다.

그러나 우리가 조사한 어떤 분야의 상위 직종도 모든 사람에게 진정으로 열려 있는 사회에서 기대하거나 희망할 수 있는 수준으로 노동 계급 출신을 포함하고 있지 않았다는 점은 짚고 넘어갈 만하다. 공공 부문 경영직과 같이 노동 계급 출신의 비중이라는 측면에서 가장 '개방적인' 분야조차도 노동 계급 출신의 비중은 전체 노동 인구 내의 비중에 비해 여전히 약 30퍼센트 적다.

가업을 이어받다: 미시 계급 재생산

이런 분야들의 배타성은 사회학자들이 '미시 계급 재생산micro-class reproduction'[14]이라고 부르는 현상, 즉 자녀가 부모의 직업적 발자취를 따르는 경향에 일부 기인한다. [그림 1.4]는 부모와 동일한 분야에 종사하는 사람, 즉 '미시 안정micro-stable' 범주에 속한 사람이 경영 컨설팅을 제외한 모든 엘리트 직종에서 과대 대표되고 있음을 보여준다. 특히 의료, 법률, 영화 및 방송 분야에서 이런 현상이 두드러진다. 부모가 의사인 사람은 부모가 다른 직업을 가진 사람보다 의사가 될 확률이 무려 24배나 높다. 마찬가지로, 변호사의 자녀는 법조인이 될 가능성이 17배 더 높고, 영화 및 방송 분야 종사자의 자녀는 부모와 같은 분야에 진출할 가능성이 12배 더 높다. 이러한 매우 특정한 형태의 재생산이 발생하는 이유는 간단히 설명하기 어렵다.

14   Weeden and Grusky(2005); Weeden et al(2007).

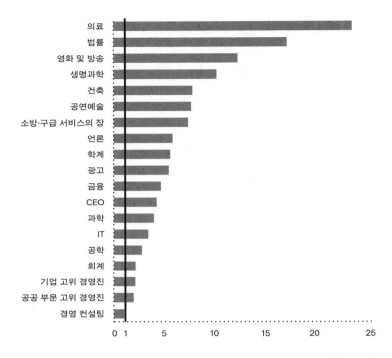

[그림 1.4] 의사의 자녀는 (많은 경우) 의사가 된다

의료
법률
영화 및 방송
생명과학
건축
공연예술
소방·구급 서비스의 장
언론
학계
광고
금융
CEO
과학
IT
공학
회계
기업 고위 경영진
공공 부문 고위 경영진
경영 컨설팅

0 1   5   10   15   20   25

참고: 각 직업별로 부모가 해당 직업에 종사하는 사람이
그렇지 않은 사람보다 그 직업을 가질 확률이 얼마나 큰가를
나타내는 오즈비
출처: LFS

그러나 이 분야에서 이루어진 대부분의 연구는 부모가 자신의 직업에서 높이 평가되는 것(몇몇 인터뷰 참여자들이 '게임의 규칙'이라 칭했던 것)에 관한 특정한 형태의 지식을 대물림하고 길잡이가 되어주는 부분을 강조하는 경향이 있다. 부모가 자녀에게 특정한 이점으로 작용하는 귀중한 업계 인맥이나 심지어 직접적으로 기회를 활용하는 능력(인턴십이나 신입 일자리를 마련해줌)을 제공하는 것 또한 강조된다.[15]

15   Weeden and Grusky(2005); Jonsson et al(2009).

계급 천장

계급 재생산 설명하기: 교육의 역할

상위 직종에 대한 접근성에서 나타나는 이 심각한 인구통계적 편향을 어떻게 설명할 수 있을까? 많은 사람들이 이러한 불평등을 교육적 성취의 차이로 설명하고 싶어 한다. 노동 계급 출신이 교육 체계 안에서 더 낮은 성과를 낸다는 것은 잘 알려진 사실이다. 그 이유는 복잡하며, 다른 연구자들이 여러 대규모 연구를 실시했다.[16] 우리의 논의에서 중요한 점은, 학력이 다수의 엘리트 직업에 접근하기 위한 핵심 요소이기 때문에 교육적 성취의 불평등이 노동 시장 최상층에서 나타나는 불평등한 결과를 설명하는 데 중요할 수 있다는 것이다. 의료, 법률, 건축 등 다수의 엘리트 직종에 대한 접근은 높은 수준의 교육적 성취를 획득하는 데 달려 있는 것이 현실이다.

교육은 실제로 계급의 이점과 불이익이 재생산되는 핵심적인 경로이다. 예를 들어 [그림 1.5]는 학사 학위 취득 여부에 계급이 여전히 매우 중요한 영향을 미친다는 사실을 보여준다. 전문직이나 경영직 배경을 가진 사람의 절반이 학사 학위 이상을 보유하고 있는 반면, 중간직 배경을 가진 사람은 30퍼센트 미만이 그러하고, 노동 계급 출신은 여덟 명 중 한 명만이 학사 학위를 보유하고 있다. 앞서 언급한 바와 같이 학위는 다수의 상위 직종에 진입하는 데 필수적이거나 적어도 도움이 되기 때문에 계급과 교육 사이의 이 강력한 연관성은 실제로 사람들이 부모와 동일한 계급 위치를 유지하는 경향이 있는 이유 중 하나다.

그러나 이는 이야기의 일부에 불과하다. 교육 수준을 막론하고 전문직이나 경영직 배경을 가진 사람은 노동 계급 출신보다 상위

---

16   Breen and Jonsson(2005); Hout(2012); Reay(2017).

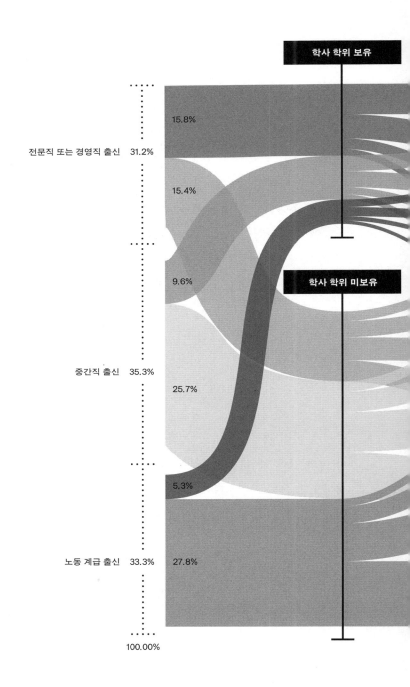

학사 학위 보유

전문직 또는 경영직 출신　31.2%

15.8%

15.4%

학사 학위 미보유

9.6%

중간직 출신　35.3%

25.7%

5.3%

노동 계급 출신　33.3%　27.8%

100.00%

[그림 1.5] 누가 학위를 취득하는가 하는 문제에서 계급은 중요하다

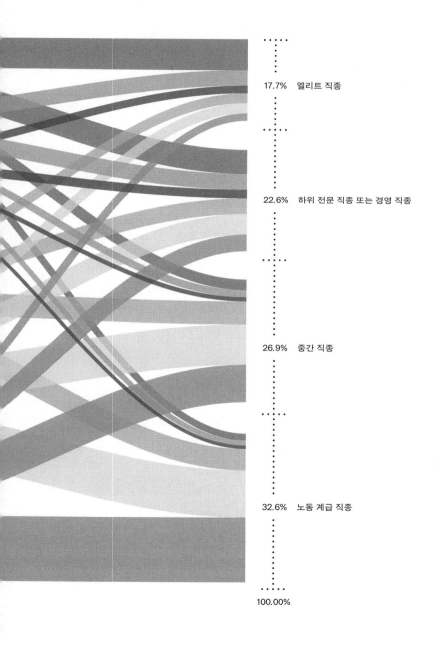

17.7%   엘리트 직종

22.6%   하위 전문 직종 또는 경영 직종

26.9%   중간 직종

32.6%   노동 계급 직종

100.00%

직종에 종사할 확률이 여전히 더 높다. 학위가 없는 특권층 출신이 학위가 없는 노동 계급 출신보다 상위 직종에 도달할 가능성은 2배 이상 높다. 뿐만 아니라, 학위를 보유한 노동 계급 출신의 27퍼센트 만이 우리가 살펴본 상위 직종 중 하나에 진입하는 반면, 유사한 교육 수준을 가진 전문직 출신은 39퍼센트가 상위 직종에 진출한다.

여기서 독자는 어느 대학을 나왔는지, 그리고 어떤 성적으로 졸업했는지가 더 중요하지 않느냐는 합당한 질문을 던질 수 있다. 어쩌면 특권층 출신이 저명한 대학에 더 많이 진학하고 거기서 더 높은 성적을 올리는 것일 수도 있다. 이러한 요소들은 분명 중요한 고려 사항이다.[17]

그러나 다시 말하지만, 이러한 '능력주의' 서사가 설명할 수 있는 것에는 한계가 있다. 여기서 [그림 1.6]이 시사하는 바가 크다. 이 그림은 노동 계급 출신이 일류 대학에 진학하고 최고의 성적으로 졸업한다 하더라도 (비슷한 성과를 낸) 특권층 출신보다 상위 직종에 종사할 가능성이 여전히 낮음을 보여준다. 더 구체적으로 살펴보면 명문 대학 및 비명문 대학의 모든 학위 등급에서 누가 상위 직종을 확보하는지에 여전히 계급에 따른 차이가 존재한다. 예를 들어, 러셀 그룹[18] 대학에서 1등급 학위를 취득한 특권층 출신 응답자의 3분의 2가량(64퍼센트)이 상위 직종에 진입한 반면, 같은 성취를 이룬 노동

---

17 LFS 분기에 따라 어떤 데이터에 접근할 수 있는지에 차이가 있기 때문에 여기까지의 분석은 2014년 7월~2016년 7월의 LFS 응답자 11만 3,234명(그중 상위 직종에 종사하는 사람은 1만 8,647명)을 기초로 한다. 대학 진학 유형을 살펴보면 N=7만 3,901명이며, 그중 1만 2,377명이 상위 직종에 종사한다. 우리는 2014년과 2015년의 응답자만 보유하고 있다.

18 러셀 그룹은 일반적으로 가장 높이 평가되고 가장 선별적인 대학으로 인정받는 영국의 24개 연구 대학으로 구성되어 있으며, 어떤 면에서 미국의 '아이비리그'와 유사하다. 옥스퍼드, 케임브리지, 런던정경대학, 에든버러대학교 등이 여기에 속한다.

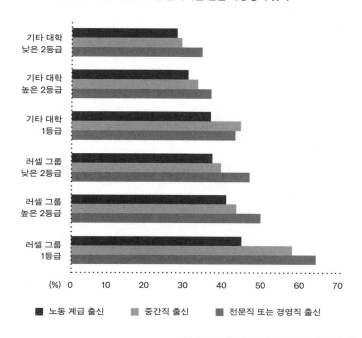

[그림 1.6] 노동 계급 출신 학생들은 학업에서 특권층 출신 학생들을
능가하더라도 상위 직종 일자리를 얻을 가능성이 낮다

기타 대학
낮은 2등급

기타 대학
높은 2등급

기타 대학
1등급

러셀 그룹
낮은 2등급

러셀 그룹
높은 2등급

러셀 그룹
1등급

(%) 0   10   20   30   40   50   60   70

■ 노동 계급 출신　　■ 중간직 출신　　■ 전문직 또는 경영직 출신

참고: 우리가 조사한 엘리트 직종에 진출한 사람들의 대학
유형 및 학위 등급별 계급 태생 비율
출처: LFS

계급 출신 응답자는 절반 미만(45퍼센트)만이 그러했다. 다른 집단과
비교해보면 더 놀라운 사실이 드러난다. [그림 1.6]은 러셀 그룹 대
학에 진학한 사람 중 낮은 2등급 학위밖에 받지 못한 특권층 출신이
1등급 학위를 받고 졸업한 노동 계급 출신보다 여전히 상위 직종에
진출할 가능성이 더 높음을 보여준다.

　　영국에서 능력주의를 가장 열렬하게 신봉하는 사람조차도 이
러한 연구 결과 앞에서는 멈칫할 것이다. 이 결과는 교육이 접근의
불평등을 설명하는 데 중요한 역할을 하는 한편, 출신 계급의 영향을

완전히 씻어내지는 못함을 보여준다. 따라서 수 세대에 걸친 정치인들과 정책 입안자들의 희망과 확신에도 불구하고, 교육적 성취는 현대 영국에서 '위대한 평등 기제great equaliser'가 아니다.

계급을 넘어선 배제

물론 계급이 사람들을 상위 직종에서 배제하는 유일한 메커니즘은 아니다. 전통적으로 영국에서 상위 직종은 단지 특권층의 전유물이 아니라 '신사'의 이미지로 상징되는 특정한 백인, 이성애자, 비장애인 특권층 남성의 전유물이었다.[19] 우리의 연구 결과에서 그 잔재를 확인할 수 있었다. 조사한 모든 분야를 종합해볼 때 여성과 다수의 민족적 소수자 집단, 장애인[20]은 모두 상위 직종에서 현저히 저조한 비율을 차지하고 있었다. 장애가 있는 사람이 상위 직종에 종사할 가능성은 전체 인구 대비 절반 미만(47퍼센트)이며, 여성은 30퍼센트 과소 대표된다. 흑인과 민족적 소수자[21] 집단[22]이 상위 직종에 종사할 가능성은 전체 노동 인구 대비 같은 수준으로 나타나지만,

19   Stanworth and Giddens(1974); Scott(1991).

20   여기서 장애인은 일상적 활동을 심각하게 제한하거나 수행 가능한 업무의 종류나 양에 영향을 미치는 장기 질환이 있는가라는 질문에 대한 답변을 바탕으로 LFS에서 장애인으로 분류한 모든 사람을 포함한다.

21   미국에서는 '유색 인종people of color'이라고 칭하지만 영국에서는 보통 흑인과 민족적 소수자 집단Black and Minority Ethnic groups(약칭 BME)이나 그와 유사한 명칭으로 칭한다. 우리는 책 전반에 걸쳐 다양한 용어를 사용할 것이다.

22   LFS가 영국 전체 인구를 대상으로 기록하는 인종-민족 카테고리는 아홉 개다. 파키스탄계와 방글라데시계의 경우 상위 직종에 종사하는 사람 수가 매우 적고 두 집단을 따로 분리하여 분석한 결과의 유사성이 상당히 높기 때문에 여기서는 두 집단을 하나의 범주로 통합했다.

모든 비백인을 하나로 묶으면 중요한 차이가 가려진다. 예를 들어 흑인, 방글라데시계, 파키스탄계는 상위 직종에서 40퍼센트 정도 과소 대표[23]된다. 따라서 여기서 우리는 해당 집단에 초점을 맞춘다.

그러나 다시 말하지만 이런 불평등은 엘리트 직종별로 상당히 다르게 나타난다. [그림 1.7]과 [그림 1.8]은 우리가 조사한 각 상위 직종에서 흑인, 파키스탄계, 방글라데시계, 그 밖의 인종-민족적 소수자 집단의 구성원([그림 1.7]), 그리고 여성([그림 1.8])이 차지하는 비율을 보여준다.[24]

의미심장하게도, 노동 계급 출신에 대한 개방성이 다른 소외 집단을 포용하는 것과 항상 밀접한 연관이 있는 것은 아니었다. 의료 및 기타 생명과학(치과, 약학, 심리학, 수의학) 분야는 계급 측면에서 가장 폐쇄적인 분야에 속하지만, 대부분의 여타 상위 직종에 비해 여성, 흑인, 파키스탄계, 방글라데시계에 훨씬 더 개방적이다. 반대로 경찰·소방·구급 서비스와 공학의 최상층은 모두 계급 면에서는 이례적으로 개방적이지만 백인과 남성이 불균형적으로 많고, 특히 공학 분야의 경우 여성의 비율이 10명 중 한 명 미만이다. 어떤 분야는 모든 면에서 배타적이다. CEO, 영화 및 방송 분야는 노동 계급 출신의 비율이 가장 낮으며, 민족적 소수자 집단과 여성을 포함하는 측면에서 다양성이 가장 적다. 놀랍게도 우리의 데이터 세트에 포함된

23   다시 말해, 이들 집단에서 상위 직종에 종사하는 사람의 비율은 전체 노동 인구에서 해당 직종에 종사하는 사람의 비율에 비해 60퍼센트 수준이다.

24   우리는 다른 여러 중요한 불평등의 축을 다룰 수 없었다. 우리가 보유한 LFS 데이터에는 동성애 관계에 있는 사람들에 대한 정보가 매우 제한적이며, 사람들이 스스로를 게이, 레즈비언, 양성애자 또는 트랜스젠더로 정체화하는지 여부 또는 성적 지향이나 성 정체성 및 표현 등 다른 측면에 대한 정보가 포함되어 있지 않기 때문이다.

CEO 216명 중에서 흑인, 파키스탄계, 방글라데시계는 단 한 명도 없었다.[25]

— 계급, 인종, 성별의 교차

[그림 1.7]과 [그림 1.8]의 결과는 놀랍다. 그러나 이는 많은 면에서 오해의 소지가 있고 심지어 도움이 되지 않는 직장 '다양성' 묘사다. 그 이유는 이런 인구통계적 특성과 관련된 불평등이 개별적으로 작용하는 것이 아니기 때문이다. 예를 들어, 상위 직종에 대한 접근성에 존재하는 인종-민족적 불평등은 불리한 인종-민족 집단의 구성원이 노동 계급 출신일 가능성이 더 높다는 사실에 일부 기인할 수 있으며, 이 두 가지 요소가 결합하여 교차하는 장벽이나 배제를 생성한다.[26]

여기서는 계급 태생과 다른 불평등의 축들이 교차하는 지점을 살펴본다. 여성의 분포는 계급 태생과 큰 관련이 없으나,[27] 개인이 속한 인종-민족 집단과 장애 여부는 그 사람이 속한 계급과 더 강한 상관관계가 있다. 장애와의 관계는 비교적 간단하다. 특정 종류의 장애가 있다고 답할 가능성은 노동 계급 출신이 특권층 출신보다 더 높다(전체 인구에서 18퍼센트 대 10퍼센트, 상위 직종에서 9퍼센트 대 6퍼센

---

25 이러한 결과는 영국의 다양한 상위 직종에 걸쳐 BME 집단이 고위 의사 결정 직책에서 과소 대표되고 있음을 밝힌 최근의 연구와 일맥상통한다(Li and Heath, 2016; Bhopal, 2018; EHRC, 2016).

26 교차성의 중요성에 대해서는 10장에서 보다 폭넓게 논의한다.

27 참고로 영국 인구의 약 33퍼센트는 노동 계급 출신, 35퍼센트는 중간직 출신, 약 31퍼센트는 특권층 출신이며, 이는 성인 여성과 남성이 동일하다.

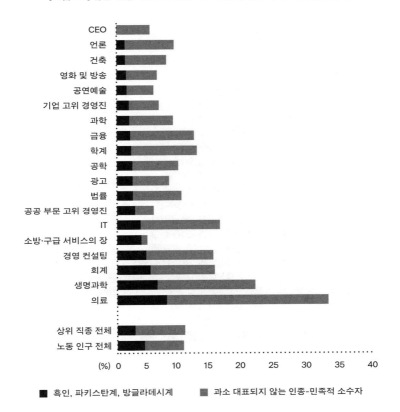

[그림 1.7] 많은 인종-민족 집단이 다수의 상위 분야에서 과소 대표된다

CEO
언론
건축
영화 및 방송
공연예술
기업 고위 경영진
과학
금융
학계
공학
광고
법률
공공 부문 고위 경영진
IT
소방·구급 서비스의 장
경영 컨설팅
회계
생명과학
의료

상위 직종 전체
노동 인구 전체

(%) 0   5   10   15   20   25   30   35   40

■ 흑인, 파키스탄계, 방글라데시계   ■ 과소 대표되지 않는 인종-민족적 소수자

참고: 영국 엘리트 직종에서 과소 대표되는 인종-민족
집단(흑인, 파키스탄계, 방글라데시계)과 과소 대표되지
않는 인종-민족 집단(중국계, 기타 아시아계, 인도계,
혼합/복합 및 기타 인종-민족 집단으로 분류되는
사람들)의 비율
출처: LFS

트). 인종의 경우는 좀 더 복잡하다. 영국에서 인도계, 중국계, '혼합/
복합 및 기타 인종-민족' 배경을 가진 사람은 부모가 전문직 또는 경
영직에 종사하는 비율이 백인보다 더 높은 반면, 흑인, 파키스탄계,
방글라데시계는 부모가 특권층 출신인 비율이 백인보다 훨씬 낮다.

[그림 1.8] 여성 또한 대부분의 상위 직종에서 과소 대표된다

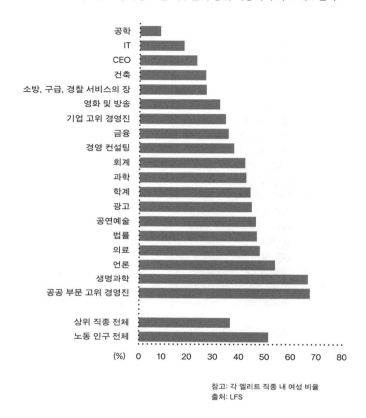

참고: 각 엘리트 직종 내 여성 비율
출처: LFS

그 때문에 상위 직종에서 이러한 집단이 과소 대표되는 이유가 인종과 민족 때문인지, 출신 계급 때문인지, 아니면 이 둘의 조합 때문인지 파악하기 어렵다. [그림 1.9]는 상위 직종 종사자 가운데 인종-민족적 배경별 출신 계급의 비율을 나타낸다. 여기서 몇 가지 중요한 패턴이 드러난다. 우선, 모든 인종-민족 집단에서 특권층 출신이 상위 직종에 종사할 확률이 가장 높고, 노동 계급 출신은 상위 직종에 진출할 확률이 가장 낮다.

계급 천장

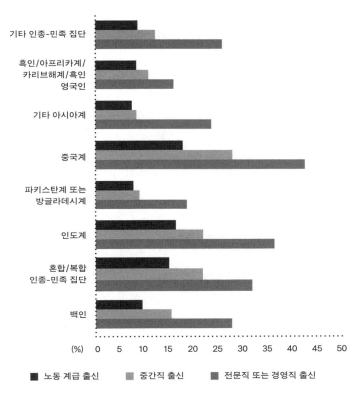

[그림 1.9] 특권층은 모든 인종-민족 집단에서 상위 직종에 진출할 가능성이 더 높다

기타 인종-민족 집단

흑인/아프리카계/
카리브해계/흑인
영국인

기타 아시아계

중국계

파키스탄계 또는
방글라데시계

인도계

혼합/복합
인종-민족 집단

백인

(%) 0 5 10 15 20 25 30 35 40 45 50

■ 노동 계급 출신   ■ 중간직 출신   ■ 전문직 또는 경영직 출신

참고: 우리가 조사한 상위 직종 종사자의 인종-민족적
배경별 출신 계급의 비율
출처: LFS

또한 계급과 인종-민족적 불이익이 중첩되고 교차하는 방식
을 관찰하는 것도 가능하다. 한편으로는 전문직 배경의 인도계와 중
국계가 같은 배경을 가진 백인 영국인보다 상위 직종에서 발견될 확
률이 실제로 더 높다(그 주된 이유는 그들이 동일한 배경을 가진 백인 영
국인보다 대학에 진학할 가능성이 더 높기 때문이다. 「방법론에 관한 부록」의
[그림 A.3] 참조). 이와 대조적으로 흑인, 파키스탄계, 방글라데시계는

같은 계급 출신의 백인 영국인보다 상위 직종에 종사할 확률이 낮다. 노동 계급 출신 백인 영국인의 10퍼센트가 사회적 지위가 높은 직업을 얻는 반면, 노동 계급 출신 방글라데시계 영국인은 그 비율이 (그들의 대학 진학률이 백인보다 훨씬 더 높은데도 불구하고) 5퍼센트다.

종합해보면 계급 장벽은 다양한 인종 및 민족 집단에 걸쳐 존재하지만 집단별로 다르게 작용한다. 영국의 흑인, 파키스탄계, 방글라데시계는 유사한 계급 출신 및/또는 비슷한 교육 수준을 가진 사람과 비교해도 상위 직종에서 과소 대표된다.

— 접근에서 진전으로

이 장에서는 영국의 상위 직업군 구성에서 나타나는 편향을 살펴봤다. 구체적으로 노동 계급 출신, 여성, 흑인, 파키스탄계, 방글라데시계, 장애인이 크게 과소 대표되는 것으로 나타났다. 다시 말해, 이러한 직업들은 여전히 특권층의 보루로 남아 있다.

그러나 사회 이동성을 이런 일차원적인 접근성의 문제로 축소하는 것은 위험하다. 이런 관점은 특히 사람의 궤적이 직업에 진입하는 지점에서 끝난다고 가정하기 때문이다. 하지만 많은 노동 계급 사람들이 엘리트 직종에 진출할 수는 있어도 반드시 특권층과 같은 수준의 성공을 거두지는 못하는 것이 현실이다. 따라서 다음 장에서는 접근에서 커리어 진전으로 초점을 전환한다. 특히 페미니즘 학자들이 발전시킨 유용한 '유리 천장' 개념을 바탕으로 영국에 '계급 천장' 또한 존재하는지 살펴본다.

계급 천장

2장 =

성공하기

BBC 연례 보고서 발표는 보통 조용히 지나가는 일이다. BBC의 거버넌스와 회계의 전 분야를 다루는 200쪽 분량의 문서가 별다른 파장을 일으키는 일은 없다고 해도 무방할 것이다. 하지만 2017년에는 상황이 크게 달랐다. 연봉이 15만 파운드(약 2억 5,500만 원)가 넘는 모든 직원의 이름을 공개한 이 보고서는 BBC에 존재하는 놀라운 유리 천장을 최초로 폭로했다. 특히 고소득자의 3분의 2 이상이 남성이며, 최고 연봉을 받는 임원 일곱 명이 모두 남성이라는 사실이 드러났다. 또한 이 보고서에는 비슷한 경력, 명성, 위상을 가진 스타들 간의 극명한 성별 임금 격차가 구체적으로 드러나 있었다. 스포츠 진행자 게리 리네커와 클레어 볼딩의 연봉 차이가 대표적인 예다. 두 사람 모두 오랫동안 많은 사랑을 받아온 BBC의 유명인사이지만 여성인 볼딩의 2017년 연봉은 리네커의 연봉 175만 파운드(약 29억 7,500만 원)의 10분의 1에 불과했다.[1]

BBC 연례 보고서가 발표된 후 조직 안팎의 수많은 저명인사들과 시민들은 성차별이 일상화된 BBC의 문화를 잇달아 규탄했다.[2] 궁지에 몰린 토니 홀 BBC 사장은 직원 급여에 대한 즉각적인 감사를

---

1   Grierson(2017).

승인하고,[3] 2020년까지 성별 임금 격차를 종식시키겠다고 약속했으며, 고액 연봉을 받는 남성 진행자 여섯 명의 급여를 삭감하기로 하는 등 신속한 조치를 취했다.[4]

이 스캔들은 몇 가지 이유로 중요한 의미를 갖는다. 무엇보다도 해당 보고서는 영국 사회 상층부에서 성 불평등이 얼마나 심각한지 보여줬다. 동시에 이 사건은 성별 임금 격차를 공공 의제의 우선순위로 끌어올리는 데 상당한 진전이 있었음도 보여주었다. 수십 년에 걸친 캠페인과 수많은 주목할 만한 연구 끝에 성별(그리고 정도는 덜하지만 인종)에 따른 임금 격차는 비로소 유의미하고 실질적인 방식으로 다루어지게 되었다. 토니 홀의 대응은 많은 사람들이 바랐던 것만큼 충분하지는 않았지만 이러한 변화를 분명하게 반영했다. 과거에는 이런 스캔들이 일어나면 고위급 인사들이 반박하거나 적어도 회피하려 들었지만, 홀은 BBC에 심각한 문제가 있으며 이에 대한 조치가 취해져야 한다고 인정하는 등 명확하게 대응했다.

BBC 연례 보고서는 이 책의 맥락에서도 큰 의미가 있다. 해당 보고서가 처음으로 BBC 직원의 계급 배경에 대한 데이터를 수록했기 때문이다. 그런데 흥미롭게도 이 부분은 언론 보도에서 완전히 외면받다시피 했다. 스카이 채널의 루이스 구달이라는 기자 한 명만이 이 누락된 부분을 보도했다. 그의 계산에 따르면 BBC의 최상위 소득자의 45퍼센트가 사립학교 출신이며, 이는 영국 전체 인구에서 해당 비율인 7퍼센트에 비해 훨씬 높은 수치다.[5] 이 격차는 BBC가

2   여성 스타들, BBC에 성별 임금 격차 해소 촉구, https://www.bbc.com, 6월 29일 (http://bbc.com/news/uk-40696402).

3   BBC 미디어 센터(2018).

4   BBC 뉴스(2018).

실제로 성별 또는 인종에 비해 계급 측면에서 다양성이 적음을 보여준다.

여기서 우리의 의도는 이런 서로 다른 유형의 불이익을 대립시키는 것이 아니다. 그것은 비생산적일 뿐만 아니라, 인구통계적 요인에 따른 임금 격차의 교차적이고 중첩적인 특성을 부정하는 것이다. 그러나 이 예시는 특정한 종류의 불평등이 상대적으로 면밀한 검토의 대상이 되지 못하고 있음을 보여준다. 성별 임금 격차는 이제 뉴스 의제의 우선순위로 보도되며, 마땅히 그래야 한다. 그러나 사회 계급 문제는 그에 비해 확연히 덜 다루어진다. 앞 장에서 살펴보았듯이 정치적, 정책적 관심은 여전히 접근의 문제에 국한되어 있다. 여기에 내포된 가정은 엘리트 직종에 보다 다양한 출신의 사람들이 유입되도록 보장한다면 계급의 계층화 효과가 사라지리라는 것이다. 그러나 우리가 아는 한 이러한 주장을 뒷받침하는 증거는 없다. 실제로 BBC의 사례에서 알 수 있듯이 노동 계급 출신은 일류 분야에 진입할 수는 있어도 특권적 배경을 가진 사람과 동일한 자원을 보유한 채 진입하는 것은 아니며, 따라서 반드시 그들과 동일한 수준의 성공을 거두는 것은 아니다. 이 장에서 우리는 최초로 이 문제를 체계적으로 조사한다.[6]

---

5   Goodall(2017).

6   다시 한번 강조하지만, 이 질문은 미국(Jencks et al, 1972; Pfeffer, 1977; Torche, 2011), 스웨덴(Hallsten, 2013), 노르웨이(Hansen et al, 2001; Flemmen, 2009) 등 소수의 다른 국가의 맥락에서 조사되었다는 점에 주목할 필요가 있다.

— **계급 임금 격차**

1장에서 우리는 사회적 지위가 높은 여러 직업들이 사회적 개방성이라는 측면에서 큰 차이가 있음을 보여주었다. 이 장에서는 이를 확장하여 서로 계급 태생이 다른 사람들이 엘리트 직업에 진입한 후 얼마만큼의 성공을 거두는지 살펴본다. 이를 이해하기 위해 우리는 사람들의 소득을 살펴본다. 소득은 분명 그 자체로 중요한 성공의 지표다. 뿐만 아니라 소득은 조직 내에서 얼마나 높은 직급에 도달했는지와 더불어 근무하는 회사의 지위, 명성과 고용주가 그들에게 부여하는 가치 등 다른 형태의 성공을 나타내는 경우도 많다.

연구 결과는 놀라웠다. 불리한 배경을 가진 사람들은 '진입'은 하더라도 '성공'하는 데는 고전했다. 보다 구체적으로 [그림 2.1]은 엘리트 직종 종사자 중 노동 계급 출신이 특권적 배경을 가진 동료보다 연평균 6,400파운드(약 1,088만 원) 적게 번다는 것을 보여준다. 다시 말해, 오늘날 영국에는 상당한 '계급 임금 격차'가 존재한다. 같은 직업을 갖고 있어도 상위 중간 계급 출신이 노동 계급 출신보다 16퍼센트 더 많은 수입을 얻는다.[7]

계급 태생을 더 세부적으로 살펴보면 이러한 격차가 더 크게 나타난다. 부모 모두 소득이 없는 가장 불리한 배경을 가진 사람들은 부모가 의료, 법률, 공학 등 고위 경영직 및 전문직에 종사하는 사람

---

[7] 이것은 영국 노동 인구의 표본 데이터이므로 평균의 추정치라는 점에 유의해야 한다. 이는 각 집단에 속한 다수의 소득이 이 추정치를 중심으로 넓은 범위에 흩어져 있음을 의미한다. 그리고 '추정치'는 이 수치가 정확히 맞는지 100퍼센트 확신할 수는 없지만 모집단의 실제 값이 일정 범위 내에 있다고 95퍼센트 확신할 수 있다는 의미다. 이 책에서 우리는 추정된 평균 간의 차이가 통상적인 수준($p < 0.05$)에서 통계적으로 유의한 경우에만 임금 격차를 보고한다.

[그림 2.1] 계급 임금 격차

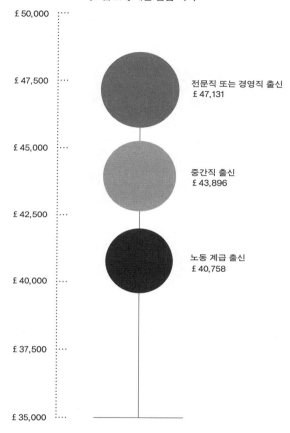

£ 50,000

£ 47,500   전문직 또는 경영직 출신
            £ 47,131

£ 45,000   중간직 출신
            £ 43,896

£ 42,500

            노동 계급 출신
            £ 40,758
£ 40,000

£ 37,500

£ 35,000

참고: 각 계급 태생 집단별 상위 직종 종사자의 예상 연평균
소득
출처: LFS

들보다 연평균 소득이 (엘리트 직종에서) 1만 파운드(약 1,700만 원) 이
상 적다.[8] 이러한 임금 격차는 영국의 엘리트 직업군 내에서 이전에

---

8   이전 연구(Laurison and Friedman, 2016)에서 우리는 계급 분포의 최상위 그룹인 NS-
SEC 1에 속한 사람들, 또는 계급 도착지로 우리의 '상위 직종'을 포함한(문화 종사자는 제외)
거의 동일한 집단을 노동 계급 출신과 비교한 적이 있다.

는 발견되지 않았던 우려스러운 계급 불평등이 존재함을 시사한다.

　　이것이 영국에 국한된 문제가 아니라는 점을 짚고 넘어가야 겠다. 우리는 최근 프랑스, 호주의 동료들과 협력하여 해당 국가들의 상위 직종을 조사하는 후속 비교 연구를 수행했다.[9] 연구 결과, 영국 의 계급 임금 격차가 가장 크긴 하지만 프랑스와 호주에서도 동일한 현상이 발견되었다. 예를 들어, 프랑스에서는 특권층 출신 상위 직종 종사자의 평균 수입이 노동 계급 출신보다 5,000유로(14퍼센트, 약 720 만 원)가량 더 높다. 호주의 경우 그 격차는 약 8퍼센트로 훨씬 작지 만 이는 여전히 통계적으로 유의하다. 다른 연구자들의 분석에 따르 면 미국, 스웨덴, 노르웨이에서도 유사한 패턴이 나타났다.[10]

계급 임금 격차의 규모

　　계급 임금 격차의 중요성을 이해하는 한 가지 방법은 노동 시 장에 존재하는 다른 불평등과 비교하는 것이다. [그림 2.2]는 계급 임금 격차가 (적어도 극단적인 경우에는) 성별 및 인종-민족 임금 격차 만큼 크거나 그 이상임을 보여준다. 엘리트 직종에서 남성은 여성보 다 평균 1만 파운드(약 1,700만 원) 이상 더 벌어들이며, 파키스탄계, 흑인 영국인 등 특정 인종-민족 집단의 경우에도 상당한 임금 격차 가 존재한다.[11] 상위 직종에 종사하는 장애인은 비장애인에 비해 연 평균 소득이 약 4,000파운드(약 680만 원) 적다.

9　　Falcon(n.d.); Roberts and Arunachalam(n.d.).

10　　미국의 경우 Jencks et al(1972), Pfeffer(1977), Torche(2011) 참조, 스웨덴은 Hall-sten(2013) 참조, 노르웨이는 Flemmen(2009), Hansen(2001) 참조, 스칸디나비아는 Hansen (2001), Flemmen(2009), Hallsten(2013) 참조, 프랑스는 Falcon(n.d.) 참조.

[그림 2.2] 엘리트 직종 내 인종-민족, 성별, 장애에 따른 임금 격차

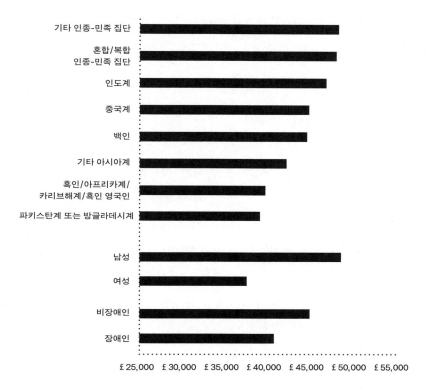

참고: 인종-민족 집단, 성별 및 장애 유무에 따른 상위 직종
종사자의 예상 연평균 소득
출처: LFS

계급 불평등이 다른 형태의 불평등보다 더 시급한 문제라고
말하려는 것은 아니다. 그보다는 이런 비교의 맥락에서 계급 임금 격
차를 살펴보는 일은 특히 다른 유형의 불이익을 해소하기 위한 정치

---

11   영국 성별 임금 격차의 규모와 패턴은 Olsen(2010)과 Olsen et al(2018)에서, 영국의
인종 임금 격차는 Longhi et al(2013)과 Longhi and Brynin(2017)에서 더 폭넓게 다뤘다.

2장 = 성공하기   87

적 관심과 조직적 자원을 고려할 때 직장 내 '다양성'에 대한 우리의 이해에 얼마나 심각한 격차가 존재하는지 잘 보여준다는 점에서 유용하다.

─ 이중의 불이익

계급 임금 격차를 성별 및 인종-민족 임금 격차와 비교하는 것은 마치 이러한 요인들이 서로 독립적으로 작용한다고 암시하는 것과 같다. 그러나 1장에서 설명했듯이 여성과 남성, 모든 인종 및 민족 집단에 속한 사람들은 서로 다른 계급 배경을 가지고 있다. 이처럼 개인은 여러 복잡한 사회적 특성의 합이며, 이러한 특성들이 함께 개인 정체성의 서로 교차하는 특징들을 구성한다. 그렇다면 중요한 질문은 교차하는 형태의 불리하거나 유리한 조건들이 상위 직종에서 어떻게 작용하는가이다.

먼저 성별을 살펴보자. [그림 2.3]은 여성이 전반적으로 남성보다 소득이 적을 뿐만 아니라 노동 계급 여성은 이중으로 불리한 상황에 처해 있음을 보여준다. 그들은 특권층 출신 남성에 비해 연평균 1만 1,500파운드(약 1,955만 원) 적게 버는 특권층 출신 여성보다도 7,500파운드(약 1,275만 원) 더 적게 번다. 가장 유리한 위치의 남성과 가장 불리한 위치의 여성 사이의 임금 격차가 무려 60퍼센트에 달한다는 얘기다.

여기서 특히 놀라운 것은 계급 임금 격차와 성별 임금 격차를 단순히 합산했을 때보다 임금 격차가 연간 약 2,000파운드(약 340만 원) 더 크게 나타난다는 점이다.[12] 이는 노동 계급 출신인 동시에 여성이라는 이유로 받는 불이익이 단순히 그 둘의 합이 아니라 그 이상

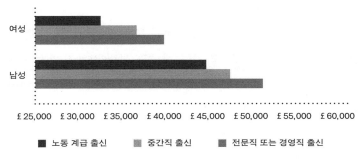

[그림 2.3] 노동 계급 및 중간직 출신 여성은 소득에서 이중의 불이익에 직면한다

여성

남성

£25,000　£30,000　£35,000　£40,000　£45,000　£50,000　£55,000　£60,000

■ 노동 계급 출신　　■ 중간직 출신　　■ 전문직 또는 경영직 출신

참고: 계급 태생별 남성과 여성의 예상 연평균 소득
출처: LFS

일 수도 있음을 시사한다.[13] 다시 말해, 서로 다른 불리한 조건들이
상호 작용하여 특정한 인구통계적 '교차점'에 위치한 사람들에게 불
이익을 줄 수 있다. 이는 상향 이동이 주로 여성에게 특히 어려운 이
유를 살펴본 광범위한 질적 연구와 일맥상통하는 결과다.[14] 이러한
연구들은 영국 문화에서 노동 계급 출신 여성이 특히 '타자'로 취급
됨을 강조한다.[15] 스테프 롤러가 지적했듯이 출신 계급에서 '탈출'
하여 존경받는 중간 계급의 지위와 정체성을 획득하려는 노동 계급
여성의 바람은 오랫동안 특히 '여성 특유의' 시기심으로 취급되고,

12　　상위 직종의 성별 임금 격차는 연평균 1만 파운드, 계급 임금 격차(특권층 출신과 노
동 계급 출신 간의 임금 격차)는 6,400파운드에 달한다는 점을 상기하자. 노동 계급 여성은 특
권층 남성보다 1만 8,900파운드 더 적게 번다.

13　　Woodhams et al(2015).

14　　Skeggs(1997); Hanley(2017); Reay(2017).

15　　노동 계급 여성이 일상적으로 나쁜 엄마(Walkerdine, 1990), 지나치게 성적인 존재
(Skeggs, 1997; Tyler, 2008), 또는 잘못된 양과 유형의 여성성을 드러내는 존재(Lawler, 2005)로
병리화되는 것을 강조했다.

허세의 징후로 병리화되어왔기 때문에 그들의 상향 이동은 많은 경우 특정한 위험을 수반한다.[16]

물론 그렇다고 해서 노동 계급 출신 여성이 결코 특권층 출신 남성만큼 벌지 못할 것이라거나 계급과 성별 자체가 소득을 결정한다는 의미는 아니다. 그러나 이는 노동 계급 출신 여성이 엘리트 직종에서 성공하는 것을 특히 어렵게 만드는 차별이나 불이익이 존재할 가능성이 높음을 시사한다.

우리는 또한 사회 이동을 경험한 장애인과 인종-민족적 소수자 집단의 구성원들에게 적용되는 이중의 불이익이 존재함을 확인했다.[17] [그림 2.4]에서는 인종-민족 집단에 초점을 맞춰 몇 가지 사항을 짚어본다. 첫째, 각 인종-민족 집단 내에 계급 임금 격차가 존재한다. 실제로 중국계, 파키스탄계, 방글라데시계, 혼합/복합 인종-민족 배경을 가진 노동 계급 출신은 해당 집단 내부에서 백인에 비해 훨씬 더 큰 계급 임금 격차를 경험한다. 둘째, 많은 사람들이 인종-민족과 출신 계급 둘 다로 인해 불이익을 받는 것으로 보인다. 예를 들어 노동 계급 출신 흑인 영국인은 특권층 출신 흑인 영국인 동료보다 평균 약 6,000파운드(약 1,020만 원), 특권층 출신 백인보다 평균 1만 1,000파운드(약 1,870만 원) 이상 소득이 적다.[18]

물론 많은 사람들이 복수의 불리한 집단에 속해 있다. 특히

---

16   Lawler(1999).

17   장애 유무, 계급 태생, 소득의 교차점을 살펴보면 정도는 덜하지만 유사한 패턴이 나타난다. 상위 직종에 종사하는 각 계급 태생 집단에서 장애인은 비장애인보다 소득이 적으며, 노동 계급 출신은 장애인과 비장애인 모두 특권층 출신보다 소득이 적다.

18   이러한 소득 차이는 3장에서 소개한 최종적인 통제를 적용하더라도 지속된다(「방법론에 관한 부록」의 [그림 A.7] 참조).

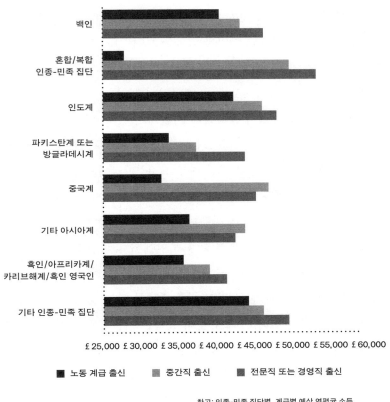

[그림 2.4] 노동 계급 및 중간직 출신 인종-민족적 소수자 집단의
구성원 다수 또한 이중의 불이익에 직면한다

백인

혼합/복합
인종-민족 집단

인도계

파키스탄계 또는
방글라데시계

중국계

기타 아시아계

흑인/아프리카계/
카리브해계/흑인 영국인

기타 인종-민족 집단

£ 25,000 £ 30,000 £ 35,000 £ 40,000 £ 45,000 £ 50,000 £ 55,000 £ 60,000

■ 노동 계급 출신   ■ 중간직 출신   ■ 전문직 또는 경영직 출신

참고: 인종-민족 집단별, 계급별 예상 연평균 소득
출처: LFS

유색 인종이면서 노동 계급 출신인 여성은 엘리트 직종에서 삼중의
불이익에 직면하는 것으로 드러났다. 예를 들어, 노동 계급 출신 흑
인 영국인 여성은 특권층 출신 백인 남성보다 상위 직종에서의 연평
균 소득이 2만 파운드(약 3,400만 원) 적다.

— 계급 임금 격차가 발생하는 곳

1장에서 우리는 엘리트 직종에 대한 접근성이 분야에 따라 크게 다르다는 점을 살펴보았다. [그림 2.5]는 계급 임금 격차의 규모에도 유사하게 의미심장한 차이가 있음을 보여준다. 가장 큰 격차는 두 분야에서 발견된다. 첫째, 전통적으로 사회적 지위가 높은 법률과 의료 분야 직종은 사회적으로 매우 배타적일 뿐만 아니라, 커리어 진전의 측면에서 특권층에게 유리하게 기울어져 있다. 이러한 현상은 아마 의료 분야에서 가장 우려스러울 것이다. 국가보건서비스National Health Service(NHS) 전반에 걸친 직무 교육 및 급여의 표준화가 이러한 종류의 소득 불평등을 불식할 것이라 기대했기 때문이다.

[그림 2.5]는 엘리트 비즈니스 부문에도 커다란 임금 격차가 존재함을 보여준다. 예를 들어 금융 분야에서 특권층 출신은 노동 계급 출신 동료보다 무려 연평균 1만 7,500파운드(약 2,975만 원)를 더 많이 번다. 그러나 계급 임금 격차가 존재하지 않는 상위 직종도 있다는 점은 주목할 만하다.[19] 예를 들어 공학은 접근성과 커리어 진전의 측면에서 모두 상대적으로 개방적이다.

[그림 2.5]가 보여주는 차이는 또한 이 책에서 주로 다룰 네 직종(회계, 건축, 연기 및 방송업계)에 대한 맥락을 제공한다. 이상의 사례 연구들을 선택한 동기에 대해서는 4장과 「방법론에 관한 부록」에서 더 자세히 다루겠으나, 여기서는 우리가 이 네 직종을 선택한 것은 [그림 2.5]에서 나타나는 패턴을 이해하기 위해서였음을 간단히

---

19   최근 사회이동성위원회가 신문 칼럼니스트의 43퍼센트가 사립학교 출신임을 밝힌 것처럼 특권층이 지배한다고 여겨지는 언론 분야에서 [그림 2.5]와 같은 결과는 놀라운 일이다(Milburn, 2014). 그러나 이는 표본 크기가 작아서 생긴 결과일 수 있다. 아니면 실제로 계급 태생에 따른 임금 격차가 존재하지 않을 수도 있다.

[그림 2.5] 계급 임금 격차는 금융, 법률, 의료 분야에서 가장 크다

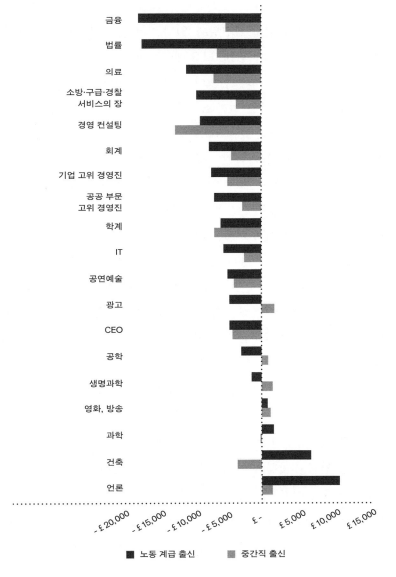

■ 노동 계급 출신   ▨ 중간직 출신

참고: 우리가 조사한 19개 엘리트 직종에서 노동 계급
또는 중간직 출신과 전문직/경영직 배경을 가진 사람
사이의 계급 임금 격차. 평균 소득 차이는 금융, 법률, 의료,
소방·구급·경찰 서비스의 장, 경영 컨설팅, 회계, 기업 고위
경영진, 공공 부문 고위 경영진, IT 분야의 노동 계급 출신과
중간직 출신 가운데 한 집단 또는 둘 다에서 통계적으로
유의한 수준으로 나타났다(p<0.05).
출처: LFS

언급하고자 한다. 즉 우리는 계급 태생이 특정 엘리트 직종에서 더 중요해 보이는 이유를 알아보고자 했다. 계급 임금 격차는 회계 분야에서 매우 높게 나타남을 발견할 수 있다. 일부 공연예술 직종에서도 상당한 임금 격차가 나타난다. LFS 데이터상의 공연예술 종사자 수는 추가적으로 세분화하기에는 너무 적지만, 2011년부터 2013년까지 진행된 대규모 온라인 설문조사인 BBC 영국계급조사에 포함된 대규모 배우(우리의 사례 연구 직업 중 하나) 표본의 평균 가구 소득 분석을 통해 해당 분야에 커다란 계급 임금 격차가 존재한다는 것을 확인할 수 있었다. 전문직 또는 경영직 배경을 가진 배우의 연평균(가구) 수입은 다른 배경을 가진 배우들보다 7,000파운드(약 1,190만 원)에서 2만 1,000파운드(약 3,570만 원) 정도 더 많다.[20]

그러나 우리가 조사한 다른 사례 연구들의 패턴은 이와는 상당히 다르다. 예를 들어 건축업계는 접근성 측면에서는 배타적이지만 일단 '들어가면' 노동 계급 출신이나 중간직 출신, 즉 사회적 상승을 이룬 사람들이 커리어를 진전시키는 데 문제가 없는 것으로 나타났다. 마찬가지로, 종종 배타적인 영역으로 묘사되는 영화와 방송업계는 실제로 (적어도 전국 수준에서는) 계급 임금 격차가 미미한 수준이었다.

우리는 영국의 엘리트 직업 전반에 걸쳐 노동 계급 출신이 심각한 계급 임금 격차를 경험하고 있음을 보여주었다. 하지만 이는 더 시급한 질문을 제기한다. 그 이유가 무엇일까? 노동 계급 출신이 상위 직종에 진출하더라도 특권층 출신보다 적은 급여를 받는다는 사실을 어떻게 설명할 수 있을까? 단순한 계급 차별의 문제일까, 아니

---

20   Friedman et al(2016).

면 서로 다른 배경을 가진 사람들 사이의 임금 격차를 보다 정당하게 설명할 수 있는 '능력주의적' 차이가 존재할까? 이제 우리의 연구는 바로 이에 대한 설명을 제공하는 블랙박스로 향한다.

3장 =

계급 임금 격차 파헤치기

"IQ를 통제했나요?" 이는 2017년 사회이동성위원회가 계급 임금 격차에 관한 우리 연구의 첫 번째 부분을 발표했을 때 자유주의 논객 토비 영이 트위터를 통해 우리에게 던진 질문이었다. 충분히 예상 가능한 반응이었다. 토비 영은 인지 능력과 인생의 결과물 사이의 관계에 대해 많은 글을 썼으며, 사회적으로 유리한 조건을 가진 사람들이 IQ가 더 높고 IQ가 후대에 유전되는 경향이 있다는 견해를 밝히는 데 거리낌이 없었다.[1] 행간을 읽어보면 토비 영의 트윗은 우리가 지금까지 연구한 결과에 회의적인 시각을 드러냈다. 그는 '그렇다, 계급 임금 격차가 존재할 수도 있지만 그것은 아마 전적으로 지능이라는 완전히 정당한 차이에 기인할 것이다'라고 말하는 듯했다. 이런 견해를 가진 사람은 토비 영만이 아니다.[2] 미국의 정치학자 찰스 머리는 오랫동안 IQ와 인종 간의 상관관계에 대해 비슷한 주장을 해왔으며,[3] 최근에는 미국 백인 노동 계급의 고생과 난관을 그들의

---

1   Belam(2018).

2   영국 사회학계에서 Peter Saunders(1995, 2003)는 사회 이동성이 계급적 위치보다 학력 및 IQ와 더 밀접한 관련이 있다고 거듭 주장했다. 그러나 Breen and Goldthorpe(2003)는 이러한 연구 결과를 뒤엎었다.

3   그의 주장은 Fischer and Voss(1996)에 의해 철저히 반박되었다.

낮은 인지 능력 탓으로 돌리는 책 『양극화Coming Apart』를 저술하기도 했다. 그리고 영국에서는 보리스 존슨 전 외무장관(이후 영국 77대 총리를 지냈다—옮긴이)이 이러한 주장을 바탕으로 "사람들은 원초적 기량 면에서, 그리고 어쩌면 영적 가치 면에서도 서로 동등한 것과는 거리가 멀기 때문에" 경제적 불평등은 그로 인한 "불가피한" 부산물이라고 주장한 바 있다.[4]

　　이런 견해는 다소 극단적으로 보인다. 사회 이동성과 지능, 유전학을 연결하는 실증적 연구는 확실히 많은 논란을 불러일으켰다.[5] 그러나 우리는 더 큰 요점을 전달하기 위해 위의 도발적인 주장으로 이 장을 열었다. 2장에서 밝힌 계급 임금 격차는 놀랍지만, 이것이 전적으로 계급 편견 및 차별에 의한 것이라고 속단해서는 안 될 것이다. 실제로 많은 독자들이 앞의 장을 읽으며 계급 임금 격차를 설명하는 각자의 논리를 세워보았을 것이다. 어쩌면 노동 계급 출신이 특권층 출신보다 그저 평균적으로 연령이 낮아서 경력을 덜 쌓았기 때문이 아닐까? 아니면 특권층 출신이 교육을 더 많이 받아서 더 우월한 자격을 바탕으로 더 높은 수입을 올리고 있는 것은 아닐까? 아니면 그들이 더 열심히 일하거나 더 나은 성과를 내기 때문이 아닐까?

4　　Johnson(2013).

5　　이 주제에 대한 사려 깊은 논의는 Plomin and Deary(2015) 및 Belsky et al(2018)을 참조하라. 여기서 교육심리학자 Leon Feinstein(2003)의 연구도 주목할 만하다. Feinstein은 아동 발달의 장기적 추세를 살펴본 결과 2세 아동의 시험 성적에 중요한 차이가 존재하나, 이런 초기의 차이는 나이가 들면서 아동의 출신 계급에 따라 크게 달라진다는 사실을 입증했다. 다시 말해, 초기 성적에 관계없이 전문직 부모를 둔 아동은 교육의 후기 단계에서 (가난한 배경을 가진 학생보다) 더 쉽게 시험 점수를 올리는 경향이 있었다. 이는 설사 아이들 사이에 유전적 차이가 존재하더라도 그 차이가 이후 고도로 계급화된 사회화 패턴에 의해 크게 확대됨을 시사한다. 이러한 사회화 패턴은 아이들이 "교육 체계에 의해 보상받고 가치 있다고 평가되는 사고방식을 발전"시키는 핵심 수단이다(Atkinson, 2015, p. 120).

　　　　계급 천장

이 장은 이런 회의적인 독자들과 직접 대화할 수 있는 기회를 제공한다. 우리는 IQ와 같은 것은 측정할 수 (혹은 측정할 의도도) 없다.[6] 하지만 계급 임금 격차가 교육적 성취, 직무 경험, 직무 교육 수준, 직무 성과 등 흔히 '능력'으로 간주되는 다른 차이들로 설명될 수 있는가는 확인해볼 것이다. 이는 면밀하게 조사하기에 타당해 보이는 기제들이다. 그러나 마찬가지로, 계급 임금 격차를 유발하는 이보다 덜 무해하거나 덜 정당한 동인이 존재할 수도 있다. 어쩌면 특권적 배경을 가진 사람들이 더 유리한 취업 기회를 잡기 위한 거주지 이전이 용이하거나, 일류 직업 또는 가장 보수가 좋은 기업에 접근하는 데 유리한 것은 아닐까?

이 장에서는 이러한 잠재적 동인을 파헤치는 작업을 시작한다. 우리는 회귀 분석과 분해법이라는 통계 기법[7]을 사용하여 네 가지 요인을 조정하거나 '통제'한다. 첫째로 인종, 성별, 연령, 장애 여부, 출신 국가 등의 인구통계적 차이가 미치는 영향을 조사한다. 둘째, 교육 정도가 미치는 효과를 살펴본다. 셋째, 근무 시간, 경험, 직무 교육 수준 등 '능력'으로 간주될 수 있는 여러 동인을 하나로 묶어서 살펴본다. 마지막으로, '능력'의 문제와 별개로 계급 태생이 영국

---

6   우리는 IQ와 같은 지능의 척도가 많은 면에서 유전이 아닌 사회화를 통해 전수되는 사회적 자질의 대리변수이며, 따라서 계급 태생과 분리될 수 없다고 본 Flynn(2012), Atkinson(2015) 및 Wilkinson and Pickett(2018)에 동의한다.

7   이를 통해 계급 태생이 서로 다른 사람들이 일과 관련하여 지닌 속성들의 차이가 상위 직종에서 나타나는 임금 격차를 설명하는지 확인할 수 있다. 보다 구체적으로 회귀 모델은 연구자가 해당 모델에 포함시킨 각 개별적·잠재적 요인으로 인해 '종속변수(이 경우에는 소득)'가 얼마나 증가(또는 감소)하는지 추정한다. 두 가지 변수가 모두 종속변수의 증가와 관련이 있고 서로 연관되는 경향이 있을 경우, 두 변수를 함께 포함하면 보통 각 변수의 독립적 효과가 더 작아진다. 이를 일반적으로 추가변수에 대한 '통제'라고 한다. 보다 자세한 설명은 「방법론에 관한 부록」의 [그림 A.1] 참조.

내 어느 지역에서 일하는지, 어떤 직종 또는 회사에서 일하는지 같은 중요한 커리어 결정에 영향을 미치는 더 문제적인 방식을 살펴본다.

　이 장에서는 특권층 출신, 중간직 출신, 노동 계급 출신 간의 일부 차이점이 앞서 살펴본 계급 임금 격차를 어떻게 '설명'하는지 보여줄 것이다. 즉 이러한 차이와 그것이 임금에 미치는 영향을 반영하면 계급 태생에 따른 임금 격차가 줄어든다. 그러나 결정적으로 중요한 것은 LFS가 제공하는 모든 측정치를 고려한 후에도 계급 태생에 따른 소득 격차가 여전히 상당한 수준이라는 점이다.

특권층에 나이 많은 백인 남성이 더 많기 때문이 아닐까?

　첫 번째로 살펴볼 차이점은 인구통계적 요소다. 앞서 언급했듯이 계급 임금 격차를 무해하게 보는 설명 중 하나는 특권층이 단순히 평균적으로 나이가 많기 때문이라는 것이다. 이는 확실히 영국의 고위 직종을 둘러싼 보편적인 정책 담론과도 부합할 것이다. 이러한 분야들은 역사적으로 엘리트의 영역이었으나 시간이 지나면서 서서히, 그리고 의식적으로 개방되고 있다고 묘사될 때가 많다.[8] 우리의 데이터에서 엘리트 직종에 종사하는 사람들은 나이가 들수록 더 많은 소득을 올리는 경향이 있음을 알 수 있었다(근무 기간이 1년 더 늘어날 때마다 평균 414파운드 증가). 만약 상위 직종에 종사하는 특권층 출신이 실제로 노동 계급 출신보다 나이가 많다면, 그들의 더 높은 수입은 단지 그들의 경험 수준이 더 우월하기 때문으로 설명할 수 있을 것이다. 그러나 우리의 데이터는 이러한 가정을 반박한다. 실제로는

8　　Cabinet Office(2009).

상위 직종에 종사하는 노동 계급 출신이 특권층 출신보다 평균적으로 나이가 더 많았다. 정확히는 약 네 살 더 많은 것으로 나타났다.[9]

이는 노동 계급 출신의 수명이 더 길기 때문이 아니다(여기서는 23~69세만을 대상으로 한다). 그보다는 시간이 지나면서 영국 노동 인구의 구조가 변화한 결과일 가능성이 더 크다. 노동 계급 일자리 수는 20세기 초부터 꾸준히 감소한 반면, '높은 자리(전문직 및 경영직 일자리)'의 수는 크게 증가했다.[10] 이는 50년 전에 태어났다면 부모가 노동 계급 직업을 가졌을 가능성이 25년 전에 태어났을 경우보다 훨씬 더 높을 것이라는 뜻이다.

다른 중요한 인구통계적 요소들도 고려해보자. 예를 들어, 상위 직종에 종사하는 특권층 출신이 백인 영국 남성일 가능성이 더 높다는 사실 때문에 계급 임금 격차가 발생하는 것일까? 앞의 장에서 능력, 성별, 인종 및 민족에 따른 불평등은 많은 경우 계급 태생에 기초한 불평등과 교차하고 중첩된다는 점을 언급했다. 특히 노동 계급 출신 여성, 장애인, 특정 인종-민족 집단 구성원은 뚜렷한 이중, 삼중의 소득 불이익이 있다는 사실을 밝혔다. 또한 출생지를 살펴볼 수도 있을 것이다. 여기서는 영국으로 이민 온 사람인지, 아니면 잉글랜드, 웨일스, 스코틀랜드 또는 북아일랜드에서 태어난 사람인지 이렇게 크게 두 가지로 나누어 살펴본다.[11]

---

9   상위 직종에 종사하는 노동 계급 출신의 평균 연령은 47.9세, 전문직 출신의 평균 연령은 43.7세였다.

10   Payne(2017).

11   상위 직종에 종사하는 이민자의 평균 소득은 다른 집단보다 높으며, 영국에서 태어난 사람 중에는 잉글랜드 출신이 평균보다 약간 더 많은 소득을 올리는 경향이 있다. 그러나 가장 눈에 띄는 점은 북아일랜드 출신 간의 계급 임금 격차가 크다는 것이다. 북아일랜드

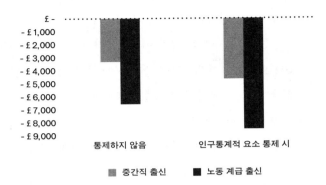

[그림 3.1] 계급 임금 격차는 인구통계적 요소를 고려하면 더욱 커진다

£ -
- £ 1,000
- £ 2,000
- £ 3,000
- £ 4,000
- £ 5,000
- £ 6,000
- £ 7,000
- £ 8,000
- £ 9,000

통제하지 않음   인구통계적 요소 통제 시

■ 중간직 출신   ■ 노동 계급 출신

참고: 중간직 및 노동 계급 출신과 전문직/경영직 출신
사이의 예상 계급 임금 격차. 인구통계적 요소(인종-민족
집단, 출생 국가, 나이, 성별 및 장애 여부)를 통제하지
않았을 때와 통제했을 때의 회귀 모델. 두 계급 태생의 임금
격차는 모두 통계적으로 유의하다(p<0.05).
출처: LFS

[그림 3.1]은 인구통계적 요소를 고려했을 때 임금 격차가 어떻게 달라지는지 보여준다. 기본적으로 이 그림은 노동 계급 출신과 특권층 출신이 둘 다 백인, 잉글랜드 출신, 같은 나이 등일 때 임금 격차가 얼마나 될지 보여준다. 놀랍게도 이 경우 계급 임금 격차가 오히려 상당히 증가한다. 성별, 인종-민족 집단, 연령, 출생 국가 등의 조건이 유사한 경우 노동 계급 출신은 특권층 동료보다 연평균 약 8,300파운드(약 1,411만 원) 적게 번다.

계급 임금 격차가 이렇게 증가하는 것은 대부분 나이와 계급 태생의 관계에 기인하는데, 계급 임금 격차에 대한 우리의 최초 보고에서는 이 점이 분명히 드러나지 않았다. 다시 말해, 나이를 통제

에서 태어난 상위 직종 종사자 가운데 노동 계급 출신은 그곳에서 태어난 동일한 민족, 성별, 나이의 특권층 출신에 비해 1만 6,000파운드 가까이 적게 번다.

하지 않으면 상위 직종에 종사하는 노동 계급 출신의 상대적 소득이 실제보다 높게 나타났다. 이는 그들의 평균 연령이 더 높아서 경험과 소득을 축적할 시간이 더 길었다는 사실이 반영되지 않았기 때문이다. 달리 표현하면, 동일한 연령대의 사람들을 비교하면 계급 임금 격차가 훨씬 더 커진다.

교육은 정말 '위대한 평등 기제'일까?

인구통계적 차이는 계급 임금 격차를 명확하게 설명하지 못한다. 그렇다면 보리스 존슨이 '원초적 기량'이라고 불렀던 '능력'의 차이는 어떨까? 이는 많은 사람들, 특히 영국 정치의 우파와 중도파가 이러한 유형의 불평등 문제를 설명해야 할 때 흔히 선택하는 메커니즘이다. 예를 들어, 성별 임금 격차를 없애기 위해 캠페인을 벌이는 사람들은 지난 수십 년간 여성이 업무 능력이 떨어진다거나, 야망이 부족하다거나, 자격이 부족하다는 통념을 불식시키기 위해 노력해왔다.[12] 의미심장하게도 이 책을 위해 인터뷰한 대부분의 권력층 인사들도 계급 임금 격차에 대한 질문을 받았을 때 본능적으로 능력주의적 설명에서 격차의 이유를 찾았다. 물론 이러한 설명이 인기 있는 이유는 쉽게 이해할 수 있다. 현 상황과 자신의 커리어 진전에 정당성을 부여하기 때문이다. 이런 논리를 적용하면 계급 불평등은 경쟁이 치열한 노동 시장에 존재하는 안타깝지만 궁극적으로는 공정한 결과로 치부될 수 있다.

가장 널리 사용되고 광범위하게 합의된 '능력'의 개념은 아마

---

12   예를 들어 Budig and England(2001), Blau and Kahn(2007), England(2010) 참조.

교육적 성취일 것이다. 교육은 오랫동안 '위대한 평등 기제', 즉 계급 태생에 뿌리를 둔 불평등을 해소하기 위한 가장 강력한 제도적 수단으로 떠받들어지곤 했다.[13] 이러한 관점에서 교육 체계와 인증된 학력의 핵심 기능은 인지된 지능, 기량 또는 심지어 IQ에 따라 사람들을 노동 시장 내 여러 다른 진로로 분류하는 것이다. 어느 정도는 교육이 이러한 역할을 해왔다. 예를 들어, 사회학자 마이크 하우트[14]가 1980년대에 미국에서 수행한 고전적인 연구에 따르면, 사람들이 대졸 학력을 취득하고 나면 출신 계급과 직업적 성공 사이의 끈질긴 상관관계가 거의 완전히 사라졌다. 이에 따르면 고등교육은 계급에 기초한 불평등을 해소하는 데 기여한다(비록 애초에 대학에 진학할 수 있는 사람들에게만 해당되겠으나). 이 가설에 따라 다음으로는 교육을 고려했을 때 계급 임금 격차가 무효화되는지 살펴보자.

앞에서 약술한 바와 같이 상위 직종 종사자 가운데 불리한 배경을 가진 사람은 특권층 동료에 비해 학력 수준이 낮은 경향이 있다. 학력 수준이 높으면 커다란 소득 프리미엄이 발생한다. 즉 대학 학위가 없는 상위 직종 종사자는 출신 배경과 무관하게 대학 학위 이상의 학력을 가진 사람보다 평균 9,350파운드(약 1,589만 원) 적게 번다. 이러한 결과를 종합해보면 계급 간 교육 정도의 차이가 계급 임금 격차를 유발하는 데 중요한 역할을 한다는 것은 분명하다.

그러나 계급 태생, 교육, 소득 사이의 관계를 살펴볼 때 주목해야 할 중요한 사실이 하나 더 있다. 모든 교육 수준에서 여전히 계급 태생별로 소득의 차이가 존재한다는 점이다. 다시 말해, 노동 계

13   예를 들어 Jefferson(1817), Mill(1859) 참조.
14   Hout(1984).

급 출신은 더 유리한 배경의 동료들과 같은 수준의 교육을 받았다 해도 여전히 훨씬 적은 수입을 올린다.[15] 이것은 중요하다. 교육적 성취, 심지어 더 높은 학력의 획득이 위대한 평등 기제가 아니라는 사실을 보여주기 때문이다. 최고 수준의 학력을 보유한 노동 계급 출신에게도 상당한 계급 임금 격차가 지속된다.

교육과 관련한 '능력'을 보다 상세하게 살펴볼 수도 있을 것이다. 예를 들어, 상위 직종에서 '성공'하는 데는 교육 수준보다는(대부분의 상위 직종에서 학사 학위는 기본이다) 출신 대학이 얼마나 높이 평가되는지, 그리고 해당 대학에 진학한 후 어떤 성적을 받았는지가 더 중요하다고 얘기되곤 한다.[16] 전문직 또는 경영직 출신 가운데 절반에 조금 못 미치는 사람이 입학하기 매우 어려운 러셀 그룹 대학[17]을 나왔지만 노동 계급 출신 중에서 해당 비율은 4분의 1이 조금 넘는 수준에 그쳤다. 그런 대학을 나오면 연간 약 4,000파운드(약 680만 원, 옥스브리지의 경우 7,000파운드/1,190만 원) 상당의 수입 프리미엄이 붙기 때문에 이것은 중요하다. 다시 말해서, 이러한 요소가 임금 격차를 유발하는 추가적인 '능력주의적' 동인을 대변한다고 주장하는 것이 가능하다. 특권층은 더 알아주는 대학에 진학하는 데 필요한 자격을 취득할 가능성이 더 높으며, 따라서 그들의 더 높은 평균 급여는 그들의 더 큰 능력이나 재능을 반영한다고 설명하는 것이다.

그러나 다시 한번, 우리의 연구 결과는 이러한 가정을 확인함과 동시에 반박한다. [그림 3.2]는 불리한 배경을 가진 사람들은 영

---

15   이에 대한 자세한 내용은 「방법론에 관한 부록」의 [그림 A.5] 및 [그림 A.6] 참조.

16   Wakeling and Savage(2015).

17   옥스퍼드, 케임브리지 등 미국의 '아이비리그'와 많은 면에서 유사한 대학들의 집합체다.

국의 최고 명문 대학에 진학하더라도 특권적 배경을 가진 사람들과 동일한 소득 프리미엄을 획득하지 못한다는 것을 보여준다.[18] 예를 들어, 옥스브리지 졸업생 중 특권층 출신은 다른 계급 출신 졸업생보다 연간 약 5,000파운드(약 850만 원) 더 높은 소득을 올린다. 이는 옥스브리지 졸업생 중에서 명문 사립학교 출신이 다른 학교 출신에 비해 영국 사회에서 가장 엘리트적인 자리에 도달할 가능성이 2배 높다는 최근 연구 결과와 일치한다.[19] 두 연구 결과 모두 특정 엘리트 경로를 따르는 데서 오는 특유의 누적 이익을 보여준다. 다시 말해서 엘리트 대학의 효과는 단일하지 않으며, (계급 특권 및 엘리트 학교 교육 측면에서) 특정 계급 태생의 개인은 일단 입학하면 엘리트 대학에서 제공하는 기회를 명백히 더 잘 활용할 수 있다. 이런 엘리트 채널의 작동은 엘리트 배경, 엘리트 학교, 그리고 케임브리지의 풋라이트 Footlights 드라마 클럽, 케임브리지 사도회Cambridge Apostles, 옥스퍼드의 벌링던 클럽Bullingdon Club 등 주요 옥스브리지 클럽 간의 지속적인 연결에서 잘 드러난다.[20]

이러한 결과는 '위대한 평등 기제'론에 대한 또 다른 엄연한 반증으로도 볼 수 있다. 옥스퍼드, 케임브리지 등 궁극의 능력주의 분류 기관으로 알려진 교육기관도 출신 계급에 따른 이점을 상쇄하

---

18 Britton et al(2016)의 연구에서도 비슷한 결과가 나왔는데, 영국에서 사회적 약자 출신 졸업생은 같은 대학에서 같은 학위를 취득한 후에도 취업률, 소득 등 고용 결과가 중간 계급 출신에 비해 훨씬 나쁘다. 우리는 여기서 석사 학위에 초점을 맞추지 않았지만 석사 학위를 소지한 사람들은 실제로 더 많은 수입을 올리며, Wakeling and Laurison(2017)은 영국에서 석사 학위를 취득하는 데 계급 계층화가 증가하고 있음을 발견했다.

19 Reeves et al(2017).

20 미국의 유사한 경로에 대해서는 Domhoff(2002) 참조.

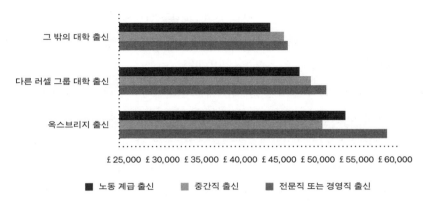

[그림 3.2] 노동 계급 출신은 명문대를 나와도 더 적은 소득을 올린다

그 밖의 대학 출신

다른 러셀 그룹 대학 출신

옥스브리지 출신

£ 25,000 £ 30,000 £ 35,000 £ 40,000 £ 45,000 £ 50,000 £ 55,000 £ 60,000

■ 노동 계급 출신   ■ 중간직 출신   ■ 전문직 또는 경영직 출신

참고: 엘리트 직업 종사자의 대학 유형별 계급 태생에 따른
예상 연평균 소득
출처: LFS

지는 못한다. 사실 많은 경우 오히려 그 이점이 부각되고 부풀려진
다. 여기서 더 나아갈 수도 있다. 우리는 응답자가 대학에서 얼마나
좋은 성적을 받았는지를 보여주는 데이터도 보유하고 있다. 대학 성
적은 영국에서 학위 등급degree classification이라 불리며, 미국 대학의
평균 학점(GPA) 제도와 유사하다. 학업적 성취의 척도로서 학위 등
급은 기량 또는 '능력'을 훨씬 더 세밀하게 측정할 수 있는 기준일 것
이다. 더 높은 학위 등급을 획득한 사람이 소득도 높았다. 1등급 학
위 소지자는 낮은 2등급 학위 소지자에 비해 연간 약 2,000파운드(약
340만 원) 더 높은 수입을 올린다.

　　하지만 여기서 두 가지 중요한 사실이 드러난다. 첫째, 노동
계급 출신은 학위를 취득할 가능성이 상대적으로 낮고 가장 알아주
는 대학에 들어갈 확률도 낮지만, 그들이 대학에서 얼마나 좋은 성과
를 내는지는 본질적으로 차이가 없었다. 그럼에도 불구하고 그들이
학업적 성취를 소득으로 전환하는 능력에는 매우 중요한 차이가 존

재했다. 두드러지는 점은 가장 높은 등급인 1등급 학위를 취득한 사람 중에서 더 많은 혜택을 누리는 쪽은 특권층이라는 사실이다. 이들은 사회적 상승을 이룬 1등급 학위 취득자에 비해 연평균 7,000파운드(약 1,190만 원) 더 높은 소득을 올린다.[21]

이러한 각각의 요인들(노동 계급 출신이 학위를 취득할 가능성이 더 낮은 것, 명문대에 진학할 확률도 더 낮은 것, 명문대에 진학하여 가장 좋은 성적을 받더라도 여전히 상대적으로 소득이 적은 경향이 있는 것)은 그 자체로도 분명히 사회학적인 의미를 지닌다. 그러나 이 장의 주요 목표는 이러한 요인들이 계급 임금 격차를 설명하는 데 얼마나 중요한지를 공식적으로 평가하는 것이다.

[그림 3.3]은 이러한 교육 관련 통제[22]를 모두 합산하여 보여준다. 이때 계급 임금 격차가 절반 가까이 감소함을 알 수 있다.[23] 이는 상당한 폭의 감소다. 그러나 해당 요소들을 제거해도 계급 임금 격차가 지속된다는 점은 의미심장하다. 우리의 모델은 노동 계급 출신이 측정할 수 있는 모든 면에서 유사한 교육 수준의 특권층 출신에 비해 여전히 상당히 더 적은 수입을 올릴 것으로 예측한다.

---

21   Crawford et al(2017)은 영국의 초기 교육 체제에서도 비슷한 효과를 발견했다. 연구팀은 가장 빈곤한 배경을 가진 7세 아동과 가장 부유한 배경을 가진 7세 아동 집단은 초기 시험 성적과 관계없이 나이가 들수록 소득 격차가 크게 벌어진다는 사실을 발견했다.

22   여기서, 그리고 다른 곳의 회귀 분석에서 사용된 모든 정확한 통제 측정값 목록은 「방법론에 관한 부록」에 실었다.

23   여기서, 그리고 이 장 전체에서 특정 요인의 집합이 임금 격차의 일부를 '설명'한다고 말할 때 우리는 블라인더-오하카Blinder-Oaxaca 분해법이라는 난해한 이름의 기법을 사용한다. 이 기법은 해당 척도들에서 노동 계급 출신이 특권층 출신과 비슷할 경우 격차가 얼마나 크거나 작을지 정확하게 말할 수 있게 해준다. 이 접근법을 사용하여 우리는 계급 태생 집단 간에 인구통계적 차이가 없는 경우 계급 태생별 임금 격차가 44퍼센트 더 커지고, 학력 차이가 없는 경우 48퍼센트 더 작아질 것이라고 말할 수 있다.

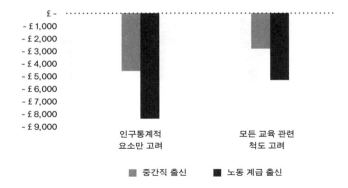

[그림 3.3] 계급 임금 격차의 약 절반이 교육적 성취의 차이에 기인한다

£ -
- £ 1,000
- £ 2,000
- £ 3,000
- £ 4,000
- £ 5,000
- £ 6,000
- £ 7,000
- £ 8,000
- £ 9,000

인구통계적   모든 교육 관련
요소만 고려   척도 고려

■ 중간직 출신   ■ 노동 계급 출신

참고: 중간직 및 노동 계급 출신과 전문직/경영직 출신
사이의 예상 계급 임금 격차. 인구통계적 요소만 통제했을
때, 인구통계적 요소와 교육적 성취를 통제한 회귀 모델의
비교. 취득한 최고 학위, 학사 학위 이상 취득자에 대해서는
학위 등급 및 출신 대학 포함. 모든 계급 태생의 임금 격차는
통계적으로 유의하다(p<0.05).
출처: LFS

그렇다면 노력, 기술, 경험은 어떤 영향을 미칠까?

물론 교육적 성취 외에도 '능력'이나 생산 역량을 나타내는 다른 지표들이 존재한다. 여기서는 LFS를 활용하여 접근할 수 있는 세 가지 지표를 살펴본다. 첫째는 근면성 또는 노력(주당 근무 시간으로 측정), 둘째는 기술(직무 관련 교육 수준으로 측정), 셋째는 경험(현 직장에서 근무한 연수와 과거에 일을 못 하게 만들었던 건강 문제의 유무)이다. 이러한 '능력'의 모든 차원은 더 높은 급여와 관련이 있다.[24] 그러나

---

24   주당 1시간 더 일하면 상위 직종에서 연평균 964파운드, 1년 더 일하면 312파운드, 지난 분기에 직무 교육을 받았다면 2,080파운드의 추가 수입이 있는 것으로 나타났다. 과거에 건강 문제가 있었던 사람은 그렇지 않은 사람보다 연간 약 1,720파운드 소득이 적었다. 그러나 이 모든 것에 인과 관계가 있는 것은 아니다. 최근 직무 교육을 받은 사람은 대개 의사와 변호사이며, 이들은 교육 때문이 아니라 직업 자체로 인해 더 많은 수입을 올린 것일 수 있다.

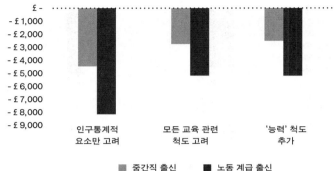

참고: 중간직 및 노동 계급 출신과 전문직/경영직 출신
사이의 예상 계급 임금 격차. 인구통계적 요소만 통제했을
때, 인구통계적 요소와 교육적 성취를 통제한 모델, 그리고
인구통계적 요소와 교육적 성취에 더해 그 외 '능력'의
척도(근무 시간, 현 직장 재직 연수, 최근 직무 교육 및
노동 인구에서 제외된 시간에 대한 지표로서 과거의 건강
문제)를 포함한 모델의 비교. 모든 계급 임금 격차는 여전히
통계적으로 유의하다(p<0.05).
출처: LFS

중요한 것은 이 가운데 계급 태생에 따라 크게 달라지는 요인이 없었다는 점이다. 특권층 출신은 주당 근로 시간이 30분 더 길고 최근에 직무 교육을 받았을 확률이 약간 더 높지만, 경험은 약간 부족했다. 다시 말해서, [그림 3.4]에서 볼 수 있듯이 '능력'에 대한 기존의 많은 지표는 본질적으로 계급 임금 격차를 전혀 설명하지 못한다.

누가 런던에서 일하는가

지금까지 우리는 계급 임금 격차가 상위 직종 종사자의 인구통계적 구성이나 일련의 '능력주의적' 척도로는 충분히 설명되지 않음을 살펴봤다. 여러 면에서 이런 요인들은 '정당'하거나 '공정'하거나 '자연스러운' 과정을 통해서든, 아니면 성별이나 인종에 의한 보다 강력한 불평등을 통해서든 임금 격차를 정당화하거나 설명하는 수단으로 볼 수 있다. 이제 관점을 전환하여 계급 태생이 사람들의 경력 궤적에 더 직접적으로 미치는 영향을 살펴보자. 이 절에서는 특히 개인의 배경이 노동 시장에서 그들이 도달하게 되는 구체적인 지점에 미치는 영향, 즉 사회학자들이 '직업 분류occupational sorting'라고 부르는 과정을 살펴본다. 이를테면 그들의 근무 지역이나 종사 직종, 그리고 어떤 유형의 기업(규모, 산업, 공공 대 민간 분야 등)에서 일하게 되는지 등이 여기에 포함된다. 이러한 분류 효과는 반드시 '무해'하지 않으며, 제약 없고 의도적인 개인의 '선택'의 결과가 아닐 수도 있다. 그보다는 계급 태생과 그에 기인한 자원이 사람들에게 주어진 선택지를 형성하는 데 크게 중요할 수 있다.

먼저 사람들의 근무 지역, 즉 지리의 영역을 살펴보자. 이는 영국의 상위 직종에서 소득을 결정하는 가장 큰 요인 중 하나가 거주지 및 근무지이기 때문이다. 예를 들어 런던 중심부에서 엘리트 직종에 종사하는 사람은 영국 내 다른 지역 평균보다 1만 6,000파운드(36퍼센트, 약 2,720만 원) 더 높은 수입을 올린다.

특히 계급 태생의 측면에서 지역에 따라 사회적 구성에 큰 차이가 존재한다. 여기서 다시 한번 런던이 두드러진다. 런던의 상위 직종 종사자는 특권층 출신일 확률이 불균형적으로 높다.[25] 이는 주로 국내 이주 패턴에 기인한다. 런던으로 이주한 국내 이주자의 56퍼센트가 전문직 또는 경영직 출신이다(영국 전체 평균은 36퍼센트).[26] 이

---

25   이 데이터는 https://daniellaurison.com/research/data-and-appendices/에서 제공된다.

26   Friedman and Macmillan(2017).

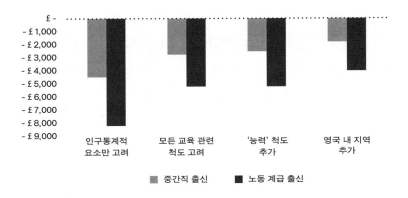

[그림 3.5] 지역별 임금 차이도 계급 임금 격차에 기여한다

£ -
- £1,000
- £2,000
- £3,000
- £4,000
- £5,000
- £6,000
- £7,000
- £8,000
- £9,000

인구통계적   모든 교육 관련   '능력' 척도   영국 내 지역
요소만 고려   척도 고려   추가   추가

■ 중간직 출신   ■ 노동 계급 출신

참고: 중간직 및 노동 계급 출신과 전문직/경영직 출신
사이의 예상 계급 임금 격차. 인구통계적 요소만 통제했을
때, 인구통계적 요소와 교육적 성취를 통제한 모델,
인구통계적 요소와 교육적 성취에 더해 그 외 '능력'의
척도를 포함한 모델, 그리고 이 모든 것에 영국 응답자의
근무 지역까지 더한 모델의 비교. 모든 계급 임금 격차는
여전히 통계적으로 유의하다(p<0.05).
출처: LFS

러한 결과는 계급 임금 격차의 주요 원인 중 하나가 지리적 분류 효
과임을 시사한다. 이를 '역逆 딕 휘팅턴 효과reverse Dick Whittington ef-
fect(딕 휘팅턴은 14~15세기 런던의 상인이자 정치인이었던 리처드 휘팅턴을
모델로 한 작품 속 캐릭터로 가난한 집안 출신이 런던에서 상업으로 크게 성공
해 정치인이자 자선사업가로 활약한 이야기를 전한다―옮긴이)'라고 명명
해볼 수 있겠다. 실제로 런던으로 이동할 가능성이 훨씬 더 크고, 더
쉽게 그렇게 할 수 있고, 수도가 제공하는 고연봉 일자리를 차지할
확률이 높은 사람은 14세기부터 전해 내려오는 유명한 이야기의 주
인공처럼 부를 찾아 대도시로 몰려드는 가난한 사람들이 아니라 특
권층 출신이다. [그림 3.5]는 근무 지역이 임금 격차의 약 23퍼센트
를 설명하고 있음을 보여준다.

적합한 자리 찾기: 직업 분류

그러나 사람들은 단순히 서로 다른 지리적 위치로 분류되는 것이 아니라 다른 직업, 회사, 부문 및 산업에 종사한다. 우리는 이런 각각의 분류 효과를 차례로 다룬다.

첫째, 지난 두 장에서 살펴봤듯이 서로 다른 엘리트 직종의 계급 구성에는 큰 차이가 있다. 의료, 법률, 금융 등의 분야는 특권층이 장악하고 있는 반면, 공학이나 IT 등의 영역은 사회적으로 더 개방적이다. 의미심장하게도 우리가 조사한 19개 엘리트 직종 중에서 더 배타적인 직종의 급여가 일반적으로 더 높았다. 예를 들어 우리의 표본에서 의사의 평균 연봉은 5만 5,000파운드(약 9,350만 원)인 반면 엔지니어의 평균 연봉은 4만 2,000파운드(약 7,140만 원)이다.

둘째, 사람들이 일하는 회사의 규모는 매우 다양하다. 이 점은 중요하다. 대부분의 분야에서 일반적으로 규모가 클수록 더 알아주는 기업이고, 채용 대상을 더 엄선하는 경향이 있기 때문이다. 그리고 그런 회사가 급여도 더 높다. 평균적으로 상위 직종에서 대기업(직원 수 500명 이상)에 다니는 사람은 소규모 회사(직원 수 25명 미만)에 다니는 사람보다 1만 4,000파운드(약 2,380만 원) 더 높은 연봉을 받는다. 중요한 점은 노동 계급 출신이 가장 규모가 큰 기업들에서 과소 대표되고, 가장 소규모 회사들에서는 과대 대표된다는 점이다.

마지막으로, 사람들은 또한 민간 부문에서 일할지 공공 부문에서 일할지 선택할 때 상당히 의식적이고 이해관계에 입각한 결정을 내리는 경우가 많다. 일반적으로 민간 부문이 훨씬 더 높은 급여를 제공하기 때문에 이는 급여 측면에서 분명한 영향을 미친다. 그렇다면 계급 임금 격차의 또 다른 가능한 동인은 노동 계급 출신이 민간 부문이 아니라 공공 부문의 상위 직종으로 분류되는 경향이 있

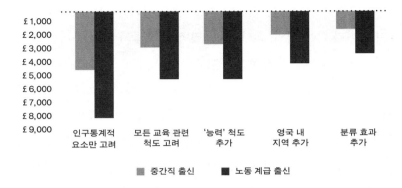

[그림 3.6] 특권층은 또한 급여가 더 높은 직업과 규모가 더 큰 기업으로 분류된다

£1,000
£2,000
£3,000
£4,000
£5,000
£6,000
£7,000
£8,000
£9,000

| 인구통계적
요소만 고려 | 모든 교육 관련
척도 고려 | '능력' 척도
추가 | 영국 내
지역 추가 | 분류 효과
추가 |

■ 중간직 출신　　■ 노동 계급 출신

참고: 중간직 및 노동 계급 출신과 전문직/경영직 출신
사이의 예상 계급 임금 격차. 인구통계적 요소만 통제했을
때, 인구통계적 요소와 교육적 성취를 통제한 모델,
인구통계적 요소와 교육적 성취에 더해 그 외 '능력'의
척도를 포함한 모델, 이 모든 것에 영국 응답자의 근무
지역까지 더한 모델, 그리고 마지막으로 앞에서 언급한 모든
통제를 포함하고 여기에 응답자의 특정 직업, 그 직업의 NS-
SEC 분류, 공공 부문인지 민간 부문인지, 그리고 산업까지
통제한 모델의 비교. 이 마지막 모델에서 중간직 출신과
전문직/경영직 출신 사이의 계급 임금 격차는 p<0.01
수준에서만 통계적으로 유의하나, 노동 계급 출신과 전문직/
경영직 출신 사이의 격차는 p<0.05에서 여전히 유의하다.
출처: LFS

기 때문일 수 있다. 그러나 실제로는 그 반대가 사실인 것으로 나타
났다. 사실상 특권층 출신은 공공 부문에서 약간 과대 대표되며 노동
계급 출신은 민간 부문에서 약간 과대 대표된다.[27]

　　이러한 분류 효과는 계급 임금 격차에 중요한 영향을 미친다.
[그림 3.6]에서 볼 수 있듯이 회사의 규모, 산업, 부문, 그리고 개인이

27　　대부분의 직종 유형은 다양한 산업 분야에 걸쳐 나타난다. 영국 정부는 다음의 아
홉 가지 산업 유형을 구분한다. 은행 및 금융, 공공 행정, 교육 및 보건, 운송 및 통신, 에너지
및 수자원, 유통 및 호텔과 음식점, 농업 및 임업과 어업, 제조업, 건설업, 기타 서비스. 이 중
2종의 산업(에너지 및 수도, 공공 부문)을 제외한 모든 산업에서 상위 직종에 종사하는 노동 계
급 출신의 비율과 평균 소득 사이에는 반비례 관계가 있다. 즉 일반적으로 노동 계급이 집중
된 산업일수록 임금도 낮다.

종사하는 특정 엘리트 직업[28]에 대한 통제를 추가하면 소득차가 더 줄어든다. 구체적으로 얘기하면 개인이 종사하는 특정 엘리트 직업은 계급 임금 격차의 18퍼센트를, 기업의 규모는 추가로 9퍼센트를 설명한다.

설명되지 않은 것에 대한 설명

이상의 분석은 계급 임금 격차의 세 가지 핵심 동인을 드러낸다. 첫째, 특권층 출신은 더 높고 인정받는 학력을 보유하고 있으며, 둘째, 런던에 거주하거나 직장을 위해 런던으로 이주할 가능성이 더 높고, 셋째, 특정 직종과 대기업으로 분류되는 경향이 있다. 중요한 것은 이러한 요인들이 모두 더 높은 급여와 관련이 있다는 점이다.

[그림 3.7]에 정리했듯이 이 장에서 살펴본 동인들을 종합하면 계급 임금 격차의 47퍼센트가 설명된다.[29] 이처럼 이러한 요인들은 영국의 엘리트 직종에서 계급 태생이 경력 궤적을 어떻게 구조화하는지에 대한 귀중한 통찰을 제공한다.[30] 하지만 동시에 이것으로는 그 차이의 절반 이상이 설명되지 않는다. 이는 어느 정도는 우리가 보유한 데이터의 한계 때문일 수 있다. 예를 들어 우리의 데이터

---

28   여기에는 매우 구체적인 직업 코드와 NS-SEC의 해당 직업 분류가 포함된다.

29   앞의 각주 23에서 설명했듯이 측정하는 변수에 따라 격차가 더 커질 수도 있고 더 작아질 수도 있다. 따라서 앞에서 보고한 각 모델의 '설명된 비율'은 우리의 전체 모델이 설명할 수 있는 47퍼센트의 격차와는 다르다. 우리가 사용한 블라인더-오하카 분해법 모델에 대한 자세한 내용은 온라인 부록 참조.

30   사회학자들은 인과 관계를 분리할 수 있을 때만 인과 관계를 주장하도록 신중한 주의를 기울이며, 일반적으로 이는 설문조사 연구로는 불가능하다. 따라서 우리는 이 분석을 토대로 이러한 요인들이 계급 임금 격차를 유발한다고 공식적으로 주장할 수 없다.

[그림 3.7] 계급 임금 격차의 동인 - 무엇이 특권층을 유리하게 만드는가?

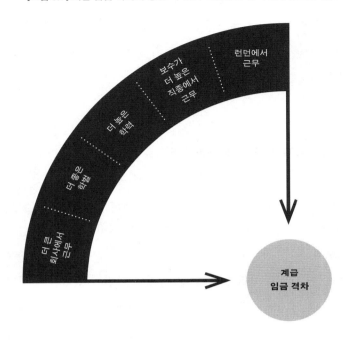

에는 사립학교 교육을 받았는지 여부나 응답자가 태어난 지역에 대한 질문이 포함되지 않았으며, 이 두 가지 요소는 출신 계급 및 소득과 관련이 있을 가능성이 높다. 그러나 일의 특성 중에는 기업 내부의 계층 구조와 역할 분담, 직장 문화, 커리어 진전에 대한 개인의 실제 경험 등 대규모 설문조사 연구로는 포착할 수 없는 것이 다수 존재한다. 따라서 이 '설명되지 않은 것'을 설명하려면 우리는 조사 방식을 바꿔 실제 현장으로 들어가 엘리트 직장 내부에서 사람들의 직장 생활을 살펴봐야 한다.

다음 장에서는 이 과정을 시작한다. 구체적으로 전국 규모의 TV 방송사, 대형 다국적 회계법인, 건축 회사, 자영업자 연기자 등 다양한 사례 연구를 소개한다. 각 사례에서 우리는 회사(또는 직업)의 사회적 구성에 대한 데이터를 수집하고 분석하는 것으로 현장 조사를 시작했다. 이는 우리의 탐구가 계속되면서 매우 많은 것을 드러내주었다. 사례 연구 결과는 많은 엘리트 환경에서 계급 임금 격차가 동일 노동에 대한 동일 임금의 문제라기보다는 노동 계급이나 중간 직 출신과 같이 사회적 상승을 이룬 사람들이 덜 유망한 부서나 직무로 수평적으로 분리되는 것 및/또는 낮은 단계나 직위로 수직적으로 분리되는 것에 더 가까움을 시사한다.

4장 =

엘리트 기업
안으로

"들리세요?" 6TV의 고위 관리자 데이브가 방송사 내 인터뷰실로 우리를 안내하며 이렇게 물었다. 가는 길에 본 각 부서의 사무실 배치는 완전히 똑같았다. 직급이나 연공서열에 따른 공간 구분이 없었고, 책상들은 각 층 중앙에 위치한 밝은 색상의 회의실을 중심으로 개방형으로 배치되어 있었다. 이런 배치는 포용적이라는 인상을 주기도 했지만, 방금 우리가 데이브에게 언급한 것처럼 지금 여기가 어느 부서인지 헷갈리게 할 것 같기도 했다. 그는 의미심장한 미소를 지었다. "들리세요?" 그는 귀에 손을 가져다 대며 다시 한번 말했다. "어느 층에 있는지 알려면 귀를 기울이기만 하면 돼요. 사람들의 억양으로 알 수 있거든요. 상류층 억양이 들리죠? 네, 여기는 외주제작국입니다."

지금까지 이 책에서 우리는 특권층 출신이 6TV와 같은 조직에 불균형적으로 높은 비율로 입사할 뿐만 아니라, 입사 후에는 상당히 더 높은 수입을 올리는 경향이 있음을 살펴봤다. 더욱 우려스러운 것은 앞에서 살펴본 것처럼 다양한 '능력주의적' 요인들을 고려하더라도 계급 임금 격차가 여전히 존재한다는 점이다.

임금 격차는 두 가지 전혀 다른 문제를 의미할 수 있다. 예를 들어, 이는 노동 계급 출신이 동일 노동(즉 동일한 수준의 업무, 같은 회사, 같은 부서)에 대해 더 적은 임금을 받는다는 것을 의미할 수 있다.[1] 하지만 데이브의 발언이 암시하듯, 이는 또한 근무 장소의 분리를 반영한 것일 수도 있다. 즉 노동 계급 출신은 6TV의 외주제작국처럼 가장 잘나가는(그리고 보수가 높은) 부서에 들어갈 가능성이 낮기 때문에 평균적으로 더 적은 급여를 받을 수도 있다. 게다가 아마도 이보다 더 중요한 것은 이러한 분리가 수직적으로 발생할 수도 있다는 점이다. 다시 말해서 노동 계급 출신은 설사 일류 기업에서 가장 잘나가는 부서에 진입했다 하더라도 해당 부서에서 높은 자리에는 올라가기 어려울 수 있다.

이렇게 서로 다른 설명들의 타당성을 검토하려면 국가 설문 데이터 분석을 넘어서는 다른 방식의 조사가 필요하다. LFS와 같은 대규모 데이터 세트는 강력한 분석 도구이지만 주목할 만한 한계도 있다. 특히 기업 내부에 존재하는 이러한 분리의 패턴을 파악하는 데 필요한 세분화된 정보가 부족하다. 이 장에서 우리는 이러한 차원을 포착하기 위해서는 실제로 엘리트 기업들의 닫힌 문 뒤로 들어가 일상에서 커리어 진전이 어떻게 이루어지는지 살펴볼 필요가 있다고 주장한다. 이 책의 나머지 장들에서는 바로 그 작업 내용을 다룰 것이다. 우리는 전국 규모의 방송사 6TV, 대형 다국적 회계법인 터너 클라크, 건축 회사 쿠퍼스[2]로 구성된 (익명화된) 세 조직에 대한 사례 연구와 자영업자 연기자들에 대한 조사를 이용한다.

---

1   법적으로 이를 '동일 임금' 원칙이라고 하며, 영국에서 이는 성별과 인종, 그 밖의 보호받는 특성과 관련하여 2010년 평등법The Equality Act 2010에 의해 법적으로 보장된다(여기서 출신 계급은 주목할 만한 예외다).

2   회사명은 모두 실제 조직의 구체적 정보를 밝히지 않는 조건으로 접근을 허용한 조직들의 가명이다.

우리가 선택한 사례들이 모든 엘리트 직종과 모든 엘리트 조직을 대표한다고 주장하려는 것은 아니다(「방법론을 위한 부록」에서 해당 사례들의 강점과 한계에 대해 상세히 논의한다). 여기서는 무엇보다도 우리가 이 사례들을 선택한 것은 2장과 3장에서 약술한 결과를 이해하기 위해서였음을 짚고 넘어가고자 한다. 앞서 살펴본 바에 따르면 계급 임금 격차는 회계와 연기 분야에서 매우 크게 나타난다. 반면 건축, 영화 및 방송 분야에서는 임금 격차의 증거를 찾지 못했다. 이처럼 우리의 선택은 계급 임금 격차를 촉진하거나 저해하는 역학 관계를 탐구하려는 바람을 반영했다.

이 장에서는 우리의 사례 연구를 소개한다. 조직의 모습, 구조, 인구통계적 구성 등 이들 조직의 성격을 이해하는 것은 이어지는 장들을 맥락화하는 데 핵심적이다. 조직에 대한 이와 같은 통찰은 또한 그 자체로 많은 것을 드러낸다. 이는 계급 임금 격차 문제에서 가장 영향력 있는 이슈가 동일 노동에 대한 동일 임금이 아님을 보여준다. 그보다 우리는 사회적 상승을 이룬 사람들이 높은 빈도로 계급 천장에 직면한다는 것을 발견했다. 그들은 급여가 가장 높은 부서에 들어갈 가능성이 상대적으로 낮았으며, 더 중요하게는 조직 구조의 최상층에 도달하는 경우가 거의 없었다.

전국 규모의 방송사 6TV

6TV는 조직의 시각적 정체성을 중시한다. 런던 북부의 조용하고 소박한 지역의 길모퉁이에 위치한 6TV 본사는 주변 건축물들을 압도하며 우뚝 솟은 대규모 건물이다. 회색 알루미늄과 유리로 덮인 건물 자체가 이색적이고 미래 지향적인 예술작품이다. L자 모양

으로 배치된 독특한 건물은 길모퉁이에서 곡선으로 커브를 이루며 양편의 '위성탑'을 연결한다. 중앙에는 건물 디자인의 가장 극적인 부분인 출입구가 있다. 거리에서 유리 가교로 이어지는 계단식 경사로를 올라가면 드라마틱하게 오목한 유리벽을 만난다. 여기서 방문객들은 시끄럽고 왁자지껄하며 늘 북적거리는 리셉션 공간으로 안내된다.

다시 말해 6TV 본사는 평범한 사무실 건물이 아니다. 건물 디자인의 추상성과 독특함이 즉각적인 시각적 신호로 작용한다. 이 건물은 6TV 브랜드가 방문객들에게 전달하고자 하는 바(혁신, 자신감, 쿨함)를 상기시키지만, 또한 그들의 엘리트성을 전달하는 역할도 한다. 6TV는 영국의 주요 TV 방송사 중 하나다. 6TV는 편성과 제작이 분리된 외주 전문 방송사publisher-broadcaster로, 자사 TV 프로그램 제작을 외부의 독립 제작사('인디indies')에 의뢰한다. 이는 6TV의 영향력이 자체 핵심 인력을 훨씬 뛰어넘어 매년 수백 개의 독립 제작사로 확장된다는 뜻이다. 6TV는 영국 5대 TV 콘텐츠 제작사 중 하나로, 이 채널의 프로그램은 다양한 플랫폼에서 방송되고 매일 수백만 명의 시청자에게 도달한다. 여러 플랫폼에서 방송되는 6TV 프로그램을 실시간으로 보여주는 리셉션 구역의 대형 화면들이 이러한 사실을 상기시킨다.

6TV 전체 직원 1,000여 명[3]의 대부분은 런던 본사에서 근무한다(런던 외 다른 지역에서 근무하는 직원은 5퍼센트에 불과하다). 6TV는 영화 및 방송업계 전반과 비교했을 때 성별과 인종이라는 직장 내 다양성의 두 가지 영역에서 좋은 평가를 받고 있다. 직원 중 흑인과 민

---

3   정확한 직원 수를 공개하면 사실상 회사의 익명성을 보장할 수 없게 될 것이다.

족적 소수자의 수는 전국 평균의 2배이며, 여성이 직원의 명백한 다수를 형성한다.[4]

그러나 출신 계급을 살펴보면 이 패턴이 역전된다. [그림 4.1]은 6TV가 업계 전반에 비해 사회적으로 상당히 더 배타적임을 보여준다. 6TV 직원의 다수(67퍼센트)가 특권층 출신이며, 노동 계급 가정에서 자란 직원은 10명 중 한 명 미만(9퍼센트)에 불과하다. 이에 대한 맥락을 제공하기 위해 6TV를 주요 경쟁사 중 하나인 BBC, 그리고 6TV에서 방송하는 대부분의 TV 프로그램을 위탁 제작하는 독립 TV 제작 부문(구어로 '인디'라고 불리는 업체들로 구성됨)과 비교해보자.[5] 6TV는 BBC보다 훨씬 더 사회적으로 배타적이다. BBC는 직원 중 노동 계급 출신이 27퍼센트로 6TV보다 3배 많고, 전문직 및 경영직 출신은 61퍼센트로 상대적으로 적다. 한편 '인디' 부문은 상위 중간 계급 출신이 65퍼센트로 6TV 직원의 계급 구성과 매우 유사하다.

6TV 직원은 각각 건물의 한 층을 차지하는 외주제작국, 마케팅 및 커뮤니케이션, 법무 및 상업, 영업, 디지털 및 트레이딩, 기술 및 전략, 그리고 인사, 재무 및 자산 등 여섯 개 주요 부서에 소속되어 있다.[6] 부서들의 규모는 다양하지만(직원 수 75명에서 150명까지),

---

4   그러나 여성은 (회사 전체 직원 중 59퍼센트인 데 반해) 고위 직원의 45퍼센트에 불과하며, BME 직원은 리더의 10퍼센트에 불과하다(회사 전체 직원 가운데는 20퍼센트).

5   6TV와 긴밀하게 협력하고 있는 독립 제작사 부문에 대한 포괄적 이해를 얻기 위해 독립 제작사 종사자들을 대상으로 동일한 후속 설문조사를 실시했다. 설문지는 영국 독립 제작사들의 상업적 이익을 대변하는 영국방송영화제작자연합Producers Alliance for Cinema and Television(PACT) 회원사들에 배포되었으며, 75퍼센트의 응답률(1,373개 응답)을 달성했다.

6   이런 부서의 일부 직원은 우리가 규정한 '엘리트 직업군'으로 분류할 수 없는 직책에 종사하고 있다. 그럼에도 우리는 6TV 직원 대부분이 어떤 식으로든 프로그램 제작에 참여하고 싶다는 이유로 그 일을 하고 있으므로 전 직원을 포함시키는 것이 합리적이라 생각했다.

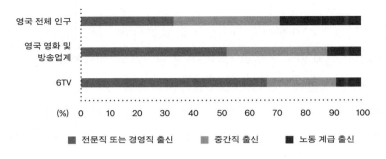

[그림 4.1] 6TV는 영국 영화 및 방송업계 전반에 비해 사회적으로 훨씬 더 배타적이다

영국 전체 인구

영국 영화 및
방송업계

6TV

(%) 0   10   20   30   40   50   60   70   80   90   100

■ 전문직 또는 경영직 출신   ■ 중간직 출신   ■ 노동 계급 출신

참고: 영국 전체 노동 인구, 영국 영화 및 방송업계, 그리고
6TV 직원의 각 출신 계급 비율
첫 두 집단의 출처: LFS
6TV 출처: 6TV 설문조사

앞에서 언급한 것처럼 처음에는 모든 부서가 대체로 동일해 보인다. 하지만 우리는 6TV의 사무실 환경이 겉으로 보이는 것처럼 평등하지 않다는 사실을 곧 알게 되었다.

　데이브가 언급했던 상류층 억양이 주를 이루는 외주제작국은 단연 가장 권위 있고 강력한 부서다. 직원 수도 가장 많을뿐더러 40명의 임원 및 부서장 중 4분의 1 이상이 외주제작국 소속일 정도로 고위직 인사가 가장 많이 포진하고 있는 부서이기도 하다. 이러한 권력은 외주 전문 방송사로서 6TV가 하는 일을 일부 반영한다. 이는 외주제작국의 커미셔너들이 6TV의 창의적인 방향뿐만 아니라, 방송 프로젝트의 제작 의뢰를 통해 독립 제작사에서 일하는 사람들 상당수의 고용까지 책임진다는 것을 의미한다.

　중요한 점은, 앞서 데이브가 언급한 것처럼 외주제작국이 단연 사회적으로 가장 배타적인 부서이기도 하다는 것이다. [그림 4.2]에서 보듯 인사, 재무 및 자산 부서의 직원 중 전문직 및 경영직 출신은 54퍼센트인 데 반해 외주제작국은 직원의 79퍼센트가 전문직 및

계급 천장

경영직 출신이다. 마찬가지로 인사, 재무 및 자산 부서 직원 가운데 노동 계급 출신의 비중은 22퍼센트인 데 반해 외주제작국은 7퍼센트에 불과하다.

공간 배치가 드러내는 평등에 대한 환상에도 불구하고, 6TV는 상당히 위계적이다. 직원 급여 등급은 '어시스턴트'[7]부터 '임원/부서장'에 이르기까지 6단계로 구성된다. 어시스턴트의 평균 연봉은 약 2만 파운드(약 3,400만 원)인 데 반해 임원의 연봉은 10만 파운드(1억 7,000만 원)가 넘는다. [그림 4.3]에서 서로 다른 급여 등급의 사회적 구성을 살펴보면 매우 현저한 계급 천장이 드러난다. 중간직 출신, 그리고 특히 노동 계급 출신은 주로 하위 및 중간 관리직에서 발견되며 고위직의 2.5퍼센트만이 노동 계급 출신이다.

그에 반해 고위직은 특권층이 장악하고 있다. 관리자의 63퍼센트가 특권층 출신으로 구성되어 있는데, 그 위의 단계(고위 관리자)에서는 이 비율이 79퍼센트로 대폭 증가한다. 여기서 천장 효과가 없어 눈길을 끄는 BBC와 다시 한번 비교해볼 만하다. BBC 고위 직원의 63퍼센트는 전문직 및 경영직 배경을, 23퍼센트는 노동 계급 배경을 갖고 있으며, 이 수치는 조직 전체와 비교했을 때 고위직에 특권층이 약간 더 많은 정도에 그친다.

6TV에서의 커리어 진전은 부서에 따라 다르게 진행되지만,

---

7   주의 깊은 독자들은 어시스턴트가 1~3장에서 분석한 '엘리트 직업군'에 속하는 직업이 아니라는 점을 알아차렸을 것이다. 전국 차원의 설문조사 데이터에서 사례 연구로 초점을 전환함에 따라, 직업 자체에 초점을 맞추던 것에서 전체 기업을 조사하는 방식으로 전환이 이루어졌다. 6TV의 어시스턴트들은 회사의 상위 계층에 속하는 것을 목표로 하는 경우가 많기 때문에 아직 '최고 직책'에 있지는 않지만 더 권위 있는 직책을 맡을 수 있는 인재 풀의 일부다. 이 책에서 질적 분석과 양적 분석이 어떻게 결합되는지에 대한 자세한 논의는 「방법론에 관한 부록」에서 확인할 수 있다.

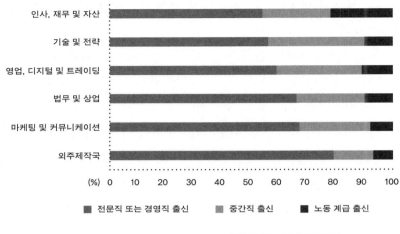

[그림 4.2] 외주제작국은 6TV에서 상류층이 가장 많이 포진하고 있는 부서다

인사, 재무 및 자산

기술 및 전략

영업, 디지털 및 트레이딩

법무 및 상업

마케팅 및 커뮤니케이션

외주제작국

(%) 0 10 20 30 40 50 60 70 80 90 100

■ 전문직 또는 경영직 출신   ■ 중간직 출신   ■ 노동 계급 출신

참고: 6TV 부서별 출신 계급 비율
출처: 6TV 설문조사

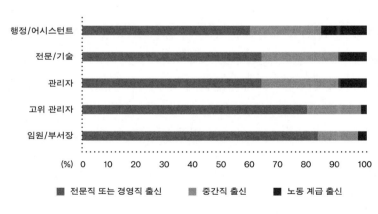

[그림 4.3] 6TV의 계급 천장

행정/어시스턴트

전문/기술

관리자

고위 관리자

임원/부서장

(%) 0 10 20 30 40 50 60 70 80 90 100

■ 전문직 또는 경영직 출신   ■ 중간직 출신   ■ 노동 계급 출신

참고: 6TV 직급별 출신 계급 비율
출처: 6TV 설문조사

인터뷰에 참여한 많은 하위 직급 직원들에게는 유감스럽게도 그들이 승진을 통해 정상에 도달하는 경우는 상당히 드물었다. 그보다는 주로 외부에서 경험을 쌓고 전문성을 입증한 사람이 고위직에 채용되는 경향이 있었다. 이는 외주제작국에서 특히 두드러진다. 6TV의 주니어 및 시니어 커미셔너는 보통 독립 제작사나 다른 방송사에서 스카우트되며, 대개는 장기간 두각을 드러내며 우수한 경력을 쌓아온 총괄 프로듀서, 시리즈 프로듀서, 크리에이티브 디렉터 또는 개발 책임자가 그 대상이다(자세한 내용은 6장 참조). 이와 관련하여 6TV의 계급 천장은 사내 부서별 분리와도 연결될 수 있다. 놀랍게도 시니어 커미셔너의 90퍼센트가 상위 중간 계급 출신이며 노동 계급 출신은 한 명도 없었다.

요약하자면, 6TV에서 특권층 출신이 상당히 과대 대표되고 있는 것은 명백하다. 또한 노동 계급 출신이 고위 관리직에 오르는 경우는 거의 없어 조직 내에 매우 명백한 계급 천장 효과가 존재한다. 중요한 것은 6TV가 편성하는 프로그램을 책임지는 외주제작국의 상층부에 계급 천장이 특히 견고하다는 점이다.[8]

---

8   이 결과는 특히 현대 영국 TV의 소위 '빈곤 포르노' 장르를 통한 노동 계급 공동체에 대한 낙인찍기 및 평면주의적 묘사, 그리고 그 잠재적 '인식론적 효과'에 대한 논쟁과 관련하여 중요한 의미를 갖는다(Jensen, 2014; De Benedictis et al, 2017). Jensen과 De Benedictis et al의 문헌에서 특히 우려하는 점은 이 분야의 커미셔너 구성이 특권층에 치우쳐 있다면 이는 제작되는 미디어 유형에 중요한 (그리고 부정적인) 영향을 미칠 수 있다는 점이다. 이러한 의심은 우리의 연구 결과를 통해 입증되었다.

대형 다국적 회계법인 터너 클라크

엘리트 조직의 공간 구성은 그 형태와 크기가 매우 다양하다. 6TV가 건축적 독창성과 추상성으로 자사의 명성을 드러냈다면, 이 책의 두 번째 사례 연구 대상인 다국적 회계법인 터너 클라크는 훨씬 더 절제된 방식을 채택하고 있었다. 터너 클라크의 근엄한 런던 사무실에 들어서자 TV 화면은 물론 심지어 색깔이라고 할 만한 것이 거의 없었다. 6TV와 달리 이곳은 놀랍도록 조용하다. 리셉션 직원들은 속삭이듯 조용한 목소리로 말하고, 직원들은 모두 정장 차림에 분주하고 진지한 모습으로 드나든다. 단아하고 탁 트인 공간에 인테리어는 깔끔하고 간소하다. 그럼에도 이곳에는 엘리트 의식의 중요한 신호도 존재한다. 우리는 도착하자마자 위층 회의실이 아니라 편안한 가구로 가득 찬 (하지만 우리의 경험상 늘 한산한) 비공식적이고 반쯤 숨겨진 리셉션 공간으로 안내받았고, 그곳에는 손님에게 한없이 다양해 보이는 무료 음료와 간식을 제공하는 전담 직원이 있었다.

터너 클라크는 130개국에서 수만 명의 직원을 고용하고 있는 세계 최대 회계법인 중 하나다. 연간 매출액은 수십억 파운드에 달한다. 이 책에서는 수천 명[9]의 직원이 근무하는 터너 클라크의 영국 지사에 초점을 맞춘다. 터너 클라크는 영국 전역에 사무소를 두고 있지만, 다수의 대규모 회계법인과 마찬가지로 고위급 인력은 불균형적으로 런던 중심부에 집중되어 있다. 고위 인력의 40퍼센트가 다양한 위치의 런던 사무소에서 근무한다. 직원의 16퍼센트는 흑인과 민족적 소수자이며, 여성의 비율은 48퍼센트다. 이는 둘 다 회계업계의 전국 평균보다 약간 높은 수준이다.

---

9   회사의 정체가 드러날 수 있으므로 정확한 수치는 밝힐 수 없다.

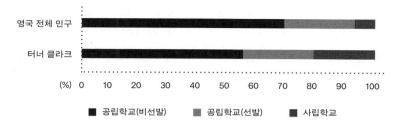

[그림 4.4] 터너 클라크에서는 사립학교를 나온 사람이 지나치게 과대 대표된다

영국 전체 인구

터너 클라크

(%) 0 10 20 30 40 50 60 70 80 90 100

■ 공립학교(비선발)   ■ 공립학교(선발)   ■ 사립학교

참고: 영국 전체 인구와 터너 클라크 직원 가운데 각 유형의
중등학교를 나온 사람의 비율
출처: 영국 전체 인구-교육부, 터너 클라크-내부 자료

    터너 클라크에서 우리는 중등 교육의 유형을 출신 계급의 대용물로 사용한다.[10] 이것은 부모의 직업보다는 정확성이 떨어지지만 출신 계급과 높은 상관관계가 있다.[11] [그림 4.4]는 영국 중등학교의 유형을 크게 사립학교independent school, 선발제 공립학교selective state school, 공립학교state comprehensive 세 가지로 구분한다. 터너 클라크 직원의 21퍼센트가량이 사립학교를 나왔으며, 이는 영국 전체 인구에서 해당 비율이 7퍼센트인 것에 비해 상당히 높은 수치다. 이 수치를 또 다른 초대형 회계법인이자 규모와 명성 면에서 터너 클라크의 경쟁사인 KPMG와 비교해볼 만하다. KPMG 직원 중 사립학교를 나온 비율은 23퍼센트로 약간 더 높기 때문에 이 점에서는 터너 클라크를 다소 긍정적으로 평가할 수 있다.[12]

10   터너 클라크 직원들의 부모가 종사하는 직업에 대한 원시 데이터는 수집할 수 없었다. 회사가 새로운 데이터의 수집을 꺼려했기 때문에 우리는 회사가 기존에 수집한 '사회경제적 배경'에 관한 데이터에 의존할 수밖에 없었다. 특히 우리는 출신 계급을 가장 잘 나타내는 대리변수로서 학교 교육의 유형을 사용했다.

11   Dearden et al(2011); Green et al(2011, 2016).

터너 클라크의 업무는 세무, 감사, 자문이라는 세 가지 뚜렷하게 구분되는 서비스 부서로 구성되어 있다(그 외에 자산, IT, 행정 등을 포함한 소규모 '지원' 부서가 별도로 존재한다). 감사 및 세무 부서에서 일하는 사람은 고객에게 실질적인 서비스를 제공하며, 일반적으로 상당히 전문적인 기술 지식에 의존한다. 감사 부서는 기업의 회계 장부를 면밀하게 조사하여 재무 상태가 사실에 부합하고 공정하게 반영되었는지 판단하며, 세무 부서는 복잡한 세금 신고 문제나 국내외 세법 문제에 관한 지원을 기업에 제공한다. 이에 반해 자문 계약 부서의 직원은 실질적인 고객 업무를 수행하기보다는 조언을 제공한다.[13]

자문 부서는 가장 잘나가고 보수가 높은 부서로, 다른 부서들에 비해 고위직 직원의 수가 더 많다(파트너의 37퍼센트, 이사의 44퍼센트가 자문 부서 소속). 중요한 것은 [그림 4.5]에서 보듯 자문 부서가 다른 서비스 부서에 비해 더 배타적이기도 하다는 점이다. 자문 부서 직원의 28퍼센트가 사립학교를 나온 반면, 다른 세 부서의 경우 그 비율은 16~20퍼센트 사이이다.

6TV와 마찬가지로 터너 클라크 사무실 내부에는 직급이나 연공서열에 따른 공간 구분이 없다. 감사 부서 파트너 캐시의 말에 따르면, 전통적으로 터너 클라크 내에서, 그리고 회계법인들 전반적으로 사무실 공간 분할은 매우 엘리트주의적이다. "파트너가 된다는 것"은 또한 자신의 사무실을 갖는다는 뜻이고, 여기에는 누가 어떤

---

12   KPMG(2016).

13   예를 들어, 자금 조달 문제를 겪고 있는 회사는 터너 클라크의 조언을 받아 가능한 해결책과 예측, 결과에 대한 자세한 목록을 제공받을 수 있다. 해당 자문에는 일회성 수수료가 청구되며, 자문을 받는 회사는 자문을 따를 것인지 버릴 것인지 선택할 수 있고 중장기적으로 자문 관계를 유지할지(또는 유지하지 않을지) 선택할 수 있다.

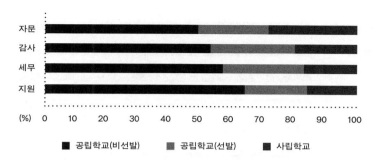

[그림 4.5] 자문 부서는 터너 클라크에서 가장 배타적인 곳이다

(%) 0 10 20 30 40 50 60 70 80 90 100

■ 공립학교(비선발)　■ 공립학교(선발)　■ 사립학교

참고: 터너 클라크의 부서별 각 유형의 중등학교를 나온
사람의 비율
출처: 터너 클라크 내부 자료

사무실을, 어떤 층의 얼마나 많은 창문이 있는 사무실을 차지하는지를 두고 벌어지는 정치가 수반되었다. "지금은 상황이 매우 다릅니다. 모든 사람이 핫 데스크(개인별로 자리를 지정하지 않고 모두가 공유하는 책상—옮긴이)를 사용하고, 파트너를 포함한 그 누구도 고정된 업무 공간을 갖고 있지 않습니다."

　하지만 이 평등 지향적 공간 구성은 매우 위계적인 경력 구조를 은폐한다. 진급은 수습 직원인 '어소시에이트(연봉 약 2만 5,000파운드/약 4,250만 원)'에서 '파트너(연봉 15만~50만 파운드/약 2억 5,500만 원~8억 5,000만 원)'에 이르는 8단계 직급에 따라 진행된다. 첫 서너 단계의 진급은 주로 필요한 경험과 훈련의 축적에 따르는 비교적 단순한 과정이다.[14] 이에 반해 중간 관리자를 거쳐 파트너로 올라가는 과정은 훨씬 더 경쟁이 치열하고 불확실하다. 오직 선택된 소수만이 이

14　특히 합격률이 매우 낮은 일련의 기술 시험을 통과해야 진급할 수 있는 감사 및 세무 부서의 경우 더욱 그렇다. 반면 자문은 일반적으로 특별한 자격 요건이 필요하지 않다.

[그림 4.6] 터너 클라크의 계급 천장

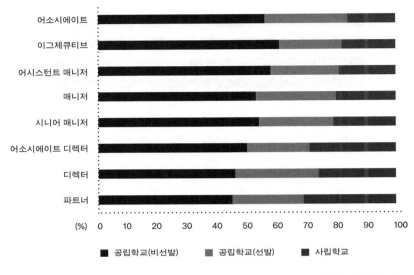

참고: 터너 클라크의 직급별 각 유형의 중등학교를 나온
사람의 비율
출처: 터너 클라크 내부 자료

길을 간다. 시니어 파트너 콜린에 따르면 그 수는 전체 직원의 3~4
퍼센트에 불과하다.[15]

　　[그림 4.6]은 터너 클라크에도 계급 천장이 존재함을 시사한
다. 어소시에이트 가운데 사립학교를 나온 사람의 비율은 17퍼센트
에 불과하지만 파트너의 경우 그 비율이 30퍼센트로 거의 2배에 달
한다. 다시 말해, (교육의 측면에서) 특권적 배경을 가진 사람이 해당
기업의 최상층에 도달할 가능성이 훨씬 더 높다.[16]

15　　이와 더불어 6TV에서처럼 파트너의 다수는 다른 회사, 특히 '빅4'로 알려진 회사
에서 횡적으로 영입된다.
16　　이것은 '빅4' 회계 기업의 파트너들이 사회적 상승을 이룬 사람일 가능성이 높다
고 주장한 Spence and Carter(2014)의 질적 분석과 다소 상충되는 결과다.

터너 클라크의 구성에 관해 두 가지 중요한 추가적인 관찰 사항이 있다. 첫째, 회사 내에 매우 분명한 '런던 효과'가 존재하며, 이는 3장에서 다룬 우리의 연구 결과와 강하게 일맥상통한다. 급여 등급 전반에 걸쳐 런던에서 근무하는 직원은 사립교육을 받았을 가능성이 훨씬 더 높다. 이러한 차이는 파트너 집단에서 특히 두드러진다. 런던에서 근무하는 파트너의 35퍼센트가 사립교육을 받았으며, 런던 외 지역에서 근무하는 파트너의 경우 22퍼센트가 사립교육을 받았다.

마지막으로 6TV와 마찬가지로 이러한 부서별, 직급별(그리고 지리적) 차원이 어떻게 연결되는지에 주목할 필요가 있다. 예를 들어, 터너 클라크에서 가장 고소득을 올리는 집단인 자문 부서의 런던 근무 파트너들을 살펴보면 해당 집단에 특권층이 가장 많이 분포되어 있음을 알 수 있다. 그들 중 42퍼센트가 사립교육을 받았으며, 이는 영국 전체에서 사립교육을 받은 사람 비율의 6배에 달한다.

요약하자면 터너 클라크에서는 (적어도 학교 교육의 측면에서) 특권층 출신이 분명히 과대 대표되어 있다. 또한 특권층 출신이 파트너 집단, 특히 자문 부서 및 런던에 위치한 가장 연봉이 높고 잘나가는 자리를 불균형적으로 많이 장악하는 등 조직 내 천장 효과가 존재한다.

─ 건축 회사 쿠퍼스

건축 회사 쿠퍼스는 다른 사례 연구 대상 기업들과 비교하여 현저하게 수수하다. 이 회사는 런던 중심부의 조용한 뒷길에 자리한 현대식 건물의 두 층을 주 사무실로 이용한다. 사무실 인테리어는 개방형이고 세련된 가구로 꾸며져 있지만 분위기는 위압적이라기보다

푸근하다. 1층 공간을 압도하는 거대한 직사각형 나무 테이블에는 디자인 잡지와 함께 건축의 미래에 대한 이 회사의 '선언문'이 놓여 있다. 현재 진행 중인 프로젝트들의 상세한 기술적 도면들이 미래 도시 경관에 대한 상상력 넘치는 비전들과 함께 벽면 공간을 두고 경쟁한다. 하지만 스튜디오는 깔끔하고 정돈된 느낌이다.

쿠퍼스의 사무실은 사교적이고 분주한 공간이다. 고객과의 미팅이나 프로젝트 회의에 참석하기 위해 현장 상주 직원들이 오가고, 주니어 건축가들은 사무실에서 함께 점심을 먹는다. 최신 도시 디자인 이슈를 논의하는 정기 세미나가 열린다. 파트너가 보조 건축가 옆자리에서 나란히 일하는 이곳에는 눈에 띄는 명백한 위계 구조는 없다. 직원들은 건축업계 특유의 '유니폼'을 고수한다. 유행을 반영했지만 여전히 프로페셔널한 분위기를 연출하는 복장이다. 격식을 차린 정장은 거의 없고, 많은 사람이 트렌디한 안경을 썼다. 심지어 가끔 눈에 띄지 않는 곳에 문신이나 피어싱을 한 사람도 있지만 크게 튀지는 않는다.

쿠퍼스는 40여 년 전 세 명의 창립 파트너가 설립했으며, 이들은 쿠퍼스의 주요 서비스 영역인 상업, 기술, 디자인을 각각 책임지고 이끌었다. 이후 쿠퍼스는 주요 프로젝트를 따내면 빠르게 인력을 충원하고 경기 침체기에는 감원하면서 유기적이고 단속적斷續的으로 성장했다. 현재 이 회사는 약 100명의 직원을 고용하고 있어 상대적으로 규모가 큰 건축 회사이며, 직원 대다수가 런던에서 근무한다.[17]

쿠퍼스는 주로 국방, 교육, 의료, 교통, 주거 개발 분야를 전

---

[17]　회사가 전 세계로 확장하는 것을 목표로 하고 있기 때문에 소수의 직원이 영국 밖에서 근무하고 있다.

문으로 한다. 최근 몇 년간 여러 유명 공항 및 버스 터미널 프로젝트를 주도하면서 큰 성공을 거뒀고 직원 수도 급속히 증가했다. 하지만 쿠퍼스는 '납품'에 중점을 둔 회사로 스타 건축가가 이끄는 포스터스(1967년 건축가 노먼 포스터가 설립한 건축 회사로 현재의 공식 회사명은 'Fosters+Partners'이다—옮긴이) 같은 저명한 건축 회사의 문화적 명망이나 디자인 중심의 부티크 스튜디오가 보유한 전문가로서의 명성은 부족하다.

아직 전문 자격을 모두 취득하지 않은 보조 건축가를 다수 고용하고 있는 쿠퍼스는 직원 평균 연령이 약 30세로, 전국 건축업계 평균 연령이 46세인 것을 고려하면 젊은 회사다. 또한 직원의 절반 가까이(43퍼센트)가 영국 밖에서 자라서 세계 각지에서 온 사람들로 구성된 기업이기도 하다. 성별 및 인종-민족적 다양성 측면에서 쿠퍼스는 건축업계 전반에 비해 나은 편이다. 쿠퍼스 직원의 41퍼센트가 여성이며(영국 건축업계 전체의 여성 비율은 26퍼센트), 인종-민족적 소수자 집단의 구성원은 20퍼센트다(영국 건축업계 전체는 9퍼센트[18]). 그러나 의미심장하게도 15명의 파트너 중 민족적 소수자는 단 한 명뿐이며, 여성은 한 명도 없다.

출신 계급의 측면에서 볼 때 쿠퍼스는 영국 전체 건축업계에 비해 훨씬 더 엘리트적이다.[19] [그림 4.7]은 쿠퍼스 직원의 대다수(74퍼센트)가 전문직 또는 경영직 출신이고 노동 계급 출신은 6퍼센트에 불과함을 보여준다.

---

18   나이, 성별, 인종에 대한 국가별 비교는 ARB(2017)에서 도출한 것이다.

19   이는 부분적으로 런던과 대규모 조직이 가져오는 효과로 설명된다. 이 두 가지는 특권층 출신 전문직 종사자들과 관련이 있다.

[그림 4.7] 쿠퍼스 직원 가운데는 이례적으로 특권층 출신이 많다

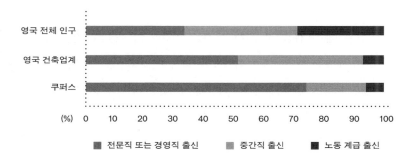

참고: 영국 전체 노동 인구, 영국 건축업계 종사자, 쿠퍼스 직원의 출신 계급 비율
앞의 두 집단 출처: LFS
쿠퍼스 출처: 쿠퍼스 설문조사

[그림 4.8] 쿠퍼스에는 계급 천장이 없다

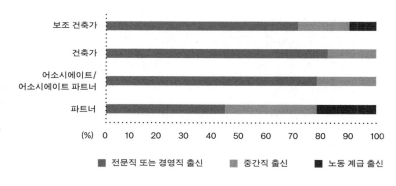

참고: 쿠퍼스 직급별 출신 계급 비율
출처: 쿠퍼스 설문조사

쿠퍼스는 창립 이래 대부분의 기간 동안 상당히 느슨한 조직 위계 구조를 유지했으나, 몇 년 전부터 좀 더 공식적인 관행과 직원 관리 과정 및 체계를 마련하기 위해 의식적인 노력을 기울여왔다. 현재 쿠퍼스에는 15명의 파트너 외에 어소시에이트 파트너, 어소시에이트, 자격을 갖춘 건축가, 보조 건축가들이 일하고 있다. 보조 건축가의 연봉은 약 2만 5,000파운드(약 4,250만 원)~4만 파운드(약 6,800만 원), 파트너의 연봉은 6만 파운드(약 1억 200만 원) 이상으로 다른 사례 연구들과 비교했을 때 직급 간 소득 편차가 적은 편이다.

인구통계적으로 특권층에 치우쳐 있음에도 불구하고 쿠퍼스에는 계급 천장이 존재한다는 증거가 없으며, 이는 건축업계 전반적으로 마찬가지다. 실제로 쿠퍼스에서는 오히려 그 반대가 더 정확하다. [그림 4.8]에서 보듯 파트너 집단의 약 절반이 중간직 또는 노동 계급 출신인 반면, 최하위 직급인 보조 건축가의 경우 중간직 또는 노동 계급 출신은 4분의 1이 약간 넘는 수준이다.

쿠퍼스의 인력 규모가 작아서 프로젝트 팀이나 부서별로 더 세분화하여 분석을 진행할 수는 없었다. 하지만 다른 사례 연구들과 달리 쿠퍼스에 사회적 상승을 가로막는 천장이 없다는 점은 다시 한 번 강조할 가치가 있다.

연기자

독자 여러분은 마지막 사례 연구가 기업이나 조직을 대상으로 하지 않았음을 눈치챘을 것이다. 이번에는 연기라는 분야를 통째로 살펴보고자 한다. 그 이유는 연기자들이 회사에 소속된 경우가 드물고 대부분 자영업자이기 때문이다. 앞서 언급했듯이 지금까지의

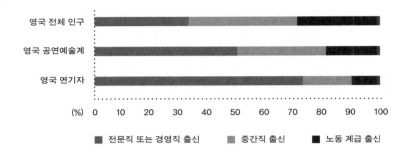

[그림 4.9] 연기자 가운데는 특권층 출신이 불균형적으로 많다

영국 전체 인구

영국 공연예술계

영국 연기자

(%) 0   10   20   30   40   50   60   70   80   90   100

■ 전문직 또는 경영직 출신   ■ 중간직 출신   ■ 노동 계급 출신

참고: 영국 전체 노동 인구, 영국 전체 공연예술계 종사자,
연기자의 출신 계급 비율
출처: 영국 전체 인구 및 공연예술계 종사자-LFS, 연기자-
GBCS

분석에서는 자영업자를 제외했기 때문에, 이번 사례 연구는 주로 우리 분석의 공백을 메우고자 하는 의도에서 진행한 것이다. 연기 분야에 초점을 맞춘 것은 다른 이유에서도 의미가 있었다. 예를 들어, 최근 많은 유명 배우들이 사회 이동성 문제에 대해, 그리고 배우 데이비드 모리시가 서서히 진행되는 "경제적 이유로 인한 노동 계급 배우들의 퇴출"이라고 부른 것에 대해 잇달아 우려를 표명했다. 사회 현실을 반영해 표현하는 연기자의 역할, 그러한 현실 반영이 다시 계급(뿐만 아니라 인종, 성별, 장애 등)에 대한 강력한 '상식적' 이해를 형성하고 재생산한다는 점을 감안하면 연기라는 영역의 중요성은 더욱 강조된다.

영국의 연기자들은 인종과 민족 면에서는 영국 전체 인구 구성과 대체로 비슷하며, 성별은 남성의 비율이 약간 더 높다. 그러나 놀랍게도 연기자의 계급 배경은 특권층이 불균형적으로 많다. [그림 4.9]에서 보듯 연기자의 73퍼센트가 전문직 또는 경영직 출신이며,

단 10퍼센트 연기자의 부모만이 준단순반복직 또는 단순반복직에 종사했다.[20]

연기 분야는 또한 계급 임금 격차가 매우 뚜렷하다. 전문직 또는 경영직 출신은 다른 계급 출신 연기자보다 연평균 7,000파운드 (약 1,190만 원)에서 2만 1,000파운드(약 3,570만 원) 더 높은 (가구) 수입을 올린다.[21] 이러한 임금 격차는 학교, 교육, 지역, 나이 등 3장에서 살펴본 여러 변수를 고려하더라도 여전히 상당하고 두드러진다.[22]

계급 임금 격차에서 계급 천장으로

우리가 선택한 사례 연구 기업들을 살펴보면 특정 조직 환경에서 출신 계급이 커리어 진전에 어떤 영향을 미치는지에 대한 중요한 통찰을 얻을 수 있다. 노동 계급 출신은 덜 잘나가는 전문 분야나 근무지로 분류될 뿐만 아니라 중간 관리직 이상으로 올라가는 데 어려움을 겪는 경우가 많고 소속 조직의 최상층에서 현저하게 과소 대

20   LFS의 표본 크기가 너무 작기 때문에 여기서는 GBCS에서 데이터를 가져왔다. 해당 데이터에 대한 자세한 내용은 「방법론에 관한 부록」과 Friedman et al(2016) 참조.

21   이러한 평균 소득 수치는 영국 배우들의 수입에 관한 다른 추정치보다 상당히 높다는 점에 유의해야 한다. 이는 보다 일반적인 GBCS 표본이 경제적으로 성공한 사람들에게 편향되어 있다는 점(Savage et al, 2013, 2015a)과 이 설문조사가 개인 소득이 아닌 가구 소득을 측정했다는 사실을 반영한다. 따라서 해당 데이터를 사용하여 영국 전체 인구 중 연기자들에 대해 추론할 때는 신중해야 한다. 그러나 설문조사에 응한 사람들이 응하지 않은 사람들과 비교했을 때 다른 속성을 더 많거나 적게 가지고 있다고 의심할 이유는 없다. 즉 우리가 얻은 결과가 전문직이나 경영직 출신 동료에 비해 적은 임금을 받는 노동 계급 출신의 응답이 불균형적으로 많기 때문이라고 보는 것은 이론적으로는 가능하지만 억지스러운 주장일 수 있다.

22   영국 연기자들의 계급 임금 격차는 Friedman et al(2016)에서 더 상세히 다룬다.

[그림 4.10] 계급 임금 격차의 동인-무엇이 특권층을 유리하게 만드는가?

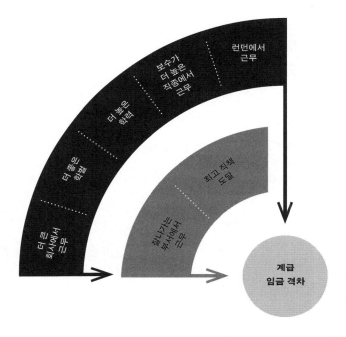

참고: 이 그림은 3장에서 식별한 계급 임금 격차의 동인과
이 장에서 식별한 동인을 종합한 것이다.

표된다. 그러나 쿠퍼스의 사례는 이러한 효과가 보편적이지 않으며, 일부 환경에서는 사회적 상승을 이룬 사람들이 적극적으로 계급 천장을 부순다는 사실을 보여준다.

이러한 수평적, 수직적 필터링 효과는 2장과 3장에서 소개한 계급 임금 격차에 대한 더 자세한 설명을 제공한다. [그림 4.10]에서 보듯 (3장에서 소개한 요인들을 포함한) 임금 격차를 유발하는 동인의 다수는 기업 내부에서 발생하고 있을 수 있다. 예를 들어 가장 높은 수준의 학력은 특권층이 가장 규모가 크고 보수가 좋으며 런던에 위치한 로펌에서 일하는 데 도움이 될 뿐만 아니라, 입사 후 로펌 내에서 가장 높은 보수를 받는 부서와 직책으로 이동하는 데에도 도움이 될 수 있다. 동시에, 이 장에서 밝힌 계급 천장 효과는 3장에서 제시한 동인으로는 충분히 설명되지 않는다. 계급 태생은 다른 방식으로도 중요하게 작용할 수 있다. 그러므로 이제 우리는 통계적 설명을 넘어 커리어 진전의 실제 경험을 조사하고자 한다. 사람들은 자신의 커리어를 어떻게 받아들이고 있는가? 사회적 상승을 이룬 사람들은 멘토나 후원자의 도움을 받을 가능성이 낮고, 임금 인상을 요구하는 것을 더 주저할까? 그리고 억양, 발음, 자기표현 등 계급 배경의 체화된 표식이 재능이나 능력의 표식으로 부당하게 오인되고 있을까?

다음 장들에서는 위의 네 가지 사례를 넘나들며 다양한 계급 배경을 가진 사람들을 대상으로 진행한 175건의 인터뷰에 기초하여 바로 이러한 질문들에 답해보고자 한다.

5장 =

엄마 아빠 은행

우리는 런던에서 가장 유명한 웨스트엔드 극장 중 한 곳에서 네이선을 인터뷰했다. 그는 이 극장에서 큰 예산을 들여 준비한 가을 연극에서 주연을 맡았고, 그의 연기는 아주 좋은 평가를 받고 있었다. 이는 그의 화려한 연기 경력에서 가장 최근에 획득한 영예일 뿐이었다. 이제 40대 중반인 네이선의 이력서는 무대와 스크린에서 호평받은 배역들로 가득하다. 그는 로열 셰익스피어 컴퍼니가 상연한 연극에서 주연을 맡았고, 할리우드 블록버스터 영화들에도 출연했으며, 영국 영화 및 TV 예술 아카데미[1] 수상 경력에 빛나는 TV 프로그램에서 주요 인물로 등장했다. 최근 전국에 발행되는 한 신문의 문화면에 소개된 네이선은 보기 드문 비범한 재능을 가진 인물로 칭송받았다. 본인 스스로의 평가는 그보다 겸손했다. 그는 성공이 "각고의 노력을 기울이는 것"과 "좋은 결정을 내리는 것"에 달려 있다고 말한다. 특히 중요한 것은 확신이 들지 않는 연기 프로젝트를 거절하는 일이었다고 한다. 그는 "자신을 희생하면서까지 해야 하는 직업은 없습니다"라고 우리에게 말했다.

---

1   British Academy of Film and Television Arts(BAFTA). 미국 에미상 시상식의 영국 버전이다.

마찬가지로 배우이자 40대인 짐은 네이선과 대조된다. 우리는 몇 주 후 런던의 또 다른 유명 극장에서 짐을 인터뷰했다. 하지만 짐은 그 극장에 걸린 연극에서 어떤 역할도 맡고 있지 않았다. 사실 그는 아무 일도 하고 있지 않았고, 6개월가량 일이 없는 상태였다. 그러나 짐 또한 인상적인 이력의 소유자였다. 20대와 30대 때 TV와 연극에 꾸준히 출연했으며, 몇 년 전에는 TV 드라마에서 비중 있는 역할을 맡았다. 그러나 4년 후 그가 맡은 등장인물이 퇴출되었고, 그는 새로운 현실에 적응하는 데 어려움을 겪었다.

"제게 주어지는 역할의 비중이 계속 작아지고 보수도 점점 줄어들었어요." 그는 최근에 연기를 그만두기로 결정했다고 말하면서 이렇게 설명했다. "기정사실이었지요. 하지만 여전히 상심이 큽니다. … 어떻게 보면 내가 실패했다는 뜻이니까요."

짐의 사연은 특수한 사례가 아니다. 연기는 세상에서 가장 불안정하고 경쟁이 치열한 직업 중 하나로 잘 알려져 있다.[2] 이 두 남자의 경력을 액면 그대로 비교하면 많은 이들이 네이선이 그저 더 재능 있는 배우라는 결론에 도달할 것이다. 또는 그가 더 열심히 일했거나 더 나은 결정을 내렸다고 여길 것이다.

이것은 어느 정도 사실일 수 있다. 그러나 이런 틀에 박힌 판단은 누가 성공했는가를 설명할 때 가장 자주 사용되는 도구가 '능력주의'라는 사실을 반영하기도 한다.[3] 이 책의 머리말에서 설명했듯이 '능력'의 의미와 정의는 상당히 모호하다.[4] 그러나 일상에서 능

2　　Dean(2005); Friedman et al(2016); Beswick(2018).

3　　Littler(2017).

4　　Mijs(2016)는 '능력주의적'으로 간주되는 특성들이 역사적으로 끊임없이 변화해왔을 뿐만 아니라 특정 시기에 능력을 증명할 기회는 능력주의적이지 않은 요인들에 의해 결

력주의는 네이선과 짐 같은 사람들이 경험한 서로 다른 결과를 설명하고 정당화하기 위해 자주 이용된다. 재능에 노력을 더하면 항상 빛을 발할 것이라고 말이다. '능력주의'의 주요 원칙은 종종 학계에서 '인적 자본'이라는 개념을 통해 공식화된다. 인적 자본은 일반적으로 개인의 자격, 경험, 직무 교육의 합을 계산하여 측정하며 많은 사람들이, 특히 경제학에서 개인의 생산력과 그에 따른 소득 잠재력을 결정하는 주요 요인으로 간주하곤 한다.[5]

그러나 인적 자본론의 가장 큰 문제점 중 하나는 사람들이 진공 상태에서 활동하고, 직장 생활이 외부의 영향과 단절되어 있으며, 커리어 진전이 전적으로 그들이 가진 기술, '능력', 행동에 의해 좌우된다고 암시한다는 점이다. 다시 말해 이는 우리가 성공과 실패가 전적으로 개인의 책임인, 능력주의에 기초한 개인주의 시대에 살고 있음을 의미한다.[6]

우리의 현장 조사 결과는 이러한 견해에 도전한다. 일례로, 네이선과 짐의 이야기로 돌아가 두 사람이 연기자로서 어떤 길을 걸어왔는지 쭉 살펴보면 상충되는 내러티브가 부상한다. 네이선의 경우를 보자. 부모가 둘 다 성공한 문화계 전문가인 네이선은 런던에 있는 매우 비싼 사립학교에 다녔다. 대학 졸업 후에는 여러 연기학교로부터 입학을 거절당했다. 그럼에도 연기자의 길을 걷기로 결심한 그는 런던에 있는 가족의 집으로 돌아가 "공짜로 혹은 그저 식비만

정되는 경향이 있으며, 능력의 정의가 일부 집단에 유리하게 작용하는 반면 다른 집단에는 불리하게 작용한다는 사실을 설득력 있게 보여주었다. 이처럼 그는 능력주의적 이상은 실현 불가능한 약속이라고 주장한다.

5   Becker(1962); Coleman(1988); Groot and Oosterbeek(1994); Piketty(2014).

6   Littler(2017).

댈 정도의 보수를 받고" 닥치는 대로 연기 일을 하기 시작했다. 네이 선은 이 첫 몇 년간이 그의 미래를 결정한 시기였다고 말한다. 가장 열심히 일한 시기였을 뿐만 아니라, 이때 "최고의 신진 감독"을 만나 함께 일하기로 한 결정이 탁월한 선택이었음을 훗날 확인했기 때문 이다.

네이선이 (종종 무보수인) 연기 프로젝트에 집중하면서 열심히 일할 수 있었던 것, 그리고 (유급인 일자리를 포함하여) 일자리를 거절 해가면서 올바른 결정을 내릴 수 있었던 것은 물론 부모의 경제적 지 원이 있었기 때문이다. 네이선의 부모는 상당한 액수의 생활비를 대 줬을 뿐만 아니라 유리한 위치의 거주지를 무료로 제공하여 연기 노 동 시장의 극도의 불안정함으로부터 그를 보호했다.

짐의 궤적도 다른 방식으로 읽을 수 있다. 짐의 아버지는 트 럭 운전기사였고 어머니는 동네 선술집에서 일했다. 짐은 부모님의 조언을 따르지 않고 늦깎이 학생으로 뉴캐슬의 연기학교에 다닌 후 런던으로 이주했다. 이후 15년 동안 성공적인 경력을 쌓았지만("대부 분의 연기자들보다는 확실히 상황이 나았어요") 돈 걱정이 끊이지 않았다. 그래서 연속극에 장기 출연해달라는 제의를 받았을 때 그는 어려운 결정에 직면했다. 연속극 출연은 한편으로는 "처음으로 재정적 안정 을 찾을 수 있는 기회"였으며, "마침내 모기지 대출을 받는 것 같은 평범한 일을 할 수 있게 되는 것"을 의미했다. 그러나 다른 한편으로 이는 그가 좋아하지도 않고 "존중"하지도 않는 프로그램에 출연하 는 것을 의미하기도 했다. 결국 재정적 필요가 승리했고, 짐은 그 역 할을 맡았다. 그러나 캐릭터("거칠고 억센 노동 계급 출신의 전형인 동시 에 동성애자인 캐릭터") 묘사를 두고 제작진과 갈등이 발생했다. 짐에 게 이는 자신에게 "마약상, 마약 중독자, 폭력적인 괴짜" 등 얄팍하고 희화화된 노동 계급 배역만 주어지는 오랜 문제의 연장선상에 있는 일이었다. 그는 이렇게 설명했다.

그 노동 계급 프로그램을 만드는 것은 중산층 사람들이었고, 줄거리 중 일부는 아주 터무니없었어요. 제가 "제 캐릭터가 하는 말과 행동이 다 이상하다고요"라고 말해도 그들은 들을 생각도 없었다고요. 그들이 내게 그렇게 심각하게 생각하지 말고 "그냥 카메라 앞으로 가서 그 빌어먹을 대사를 해요"라고 말했던 것을 기억합니다.

짐에게 이러한 좌절은 난감한 문제였다. 그가 맡은 역할은 그의 정치적 신념과 상충했지만, "청구서를 지불하기 위해" 일해야 하는 상황이었기 때문에 배역을 거부하는 것, 심지어 부분적인 이의를 제기하거나 의구심을 표명하는 것조차 쉽지 않았다. 그는 우리에게 이렇게 말했다. "그들의 규칙에 따라야 합니다. 이의를 제기하면 골칫거리에 까다로운 사람이라는 평판을 얻게 되고, 그런 자신을 선택하는 것이 리스크가 큰 일이 되기 때문에 아무 말도 할 수 없다는 것을 알게 되었어요."

짐과의 대화에서 인상적이었던 것은 자신의 배우 경력에 가해진 제약에 대한 뚜렷한 분노, 그리고 그런 제약에 대처하는 과정에서 그가 느낀 깊은 무력감이었다. 돈 문제가 이 이야기 전체를 관통했다. 네이선의 경우와 마찬가지로 돈은 짐의 커리어에 어떤 선택지가 존재하는가에 근본적인 영향을 미쳤다. 그러나 짐에게는 돈이 조력자 역할을 하지 않았다. 그보다는 그의 커리어 진전에 궁극적으로 해로운 일련의 결정을 내리게 했고, 결국 그가 직업을 완전히 포기하도록 강요했다.

우리가 네이선의 성공을 깎아내리거나, 그가 재능 있는 배우가 아니라고 암시하기 위해 이런 이야기를 하는 것이 아님을 다시 한번 강조한다. 우리의 목표는 그저 네이선과 짐이 각자의 '능력'을 실현하거나 현금화하는 능력이 그들이 가진 경제 자본에 달려 있었다는 점을 강조하는 것이다. 실제로 사례 연구 전반에 걸쳐 우리는 엘리트 직종에서 가장 빨리, 가장 멀리 나아가는 사람들은 거의 대부분 다른 사람으로부터 상당한 도움을 받았다는 강력한 증거를 발견했다. 다시 말해, 특히 커리어 초기 '인적 자본'의 축적은 '엄마 아빠 은행'에 접근할 수 있는지 여부에 크게 좌우된다.

이 장에서 살펴보듯, 이러한 종류의 재정적 후원은 불확실하고 불안정한 엘리트 노동 시장에서 특히 중요하다. 이 책에서는 주로 연기와 방송업계의 사례 연구에 초점을 맞춘다. 하지만 우리는 이런 과정이 컨설턴트, 변호사, 소설가, 언론인, 예술가, 심지어 일부 학자에 이르기까지 다른 많은 자영업 엘리트 전문가에게 적용될 것이라 생각한다.[7] 이런 분야에서 경제적 완충 장치는 많은 경우 어떤 유형의 업무를 전문 분야로 삼을지, 어디에서 일할지, 리스크 감수와 창의적인 자기표현 등에 어떻게 접근할지 등 커리어상에 존재하는 선택지에 영향을 미친다.[8] 특히 특권층이 상속 또는 증여받은 자금은

---

[7] 예를 들어 법정 변호사는 고가(1만 2,000~1만 8,000파운드)의 대학원 교육 과정을 거쳐야 할 뿐만 아니라 법학원Inns of Court 중 한 곳에서 선배 변호사 밑에서 일하는 최종 수습 기간pupillage을 거쳐야 한다. 이 기간 동안 그들은 일반적으로 매우 낮은 급여(연간 약 1만 2,000파운드)를 받으며, 생존을 위해 외부 재정 자원에 의존하는 경우가 많다(Freer, 2018).

[8] 물론 재정적 지원이 어떤 종류의 위험을 감수하는지를 결정하는 유일한 요인은 아니며, 심지어 위험을 감수하는 데 중요한 유일한 계급 관련 요인도 아니다. 예를 들어, 많은 재정적 지원을 받고 자란 사람은 현재 실질적인 재정적 자원이 없더라도 위험을 감수하는 태도/습관이 형성될 수 있다.

계급 천장

종종 커리어를 시작할 때 중추적인 윤활유 역할을 하여 선택의 자유
를 부여하고 더 유망한 커리어 경로로 이동할 수 있게 해준다. 뿐만
아니라 도움이 되는 인맥을 형성하는 데 집중하거나, 착취적인 일자
리를 거부하고 리스크가 따르지만 가능성 있는 기회를 잡을 수 있게
하는 등 장기적인 커리어 진전에 도움을 준다.

　　또한 우리는 이러한 자원이 대체로 대중의 시야에서 벗어나
있고, (종종 심지어 가까운 친구 사이에서도) 거의 언급되지 않거나 별것
아닌 것으로 취급되기 때문에 그와 같은 강력한 힘을 발휘한다고 본
다. 이는 어느 정도는 의식적인 것으로, 자신이 가진 특권을 별것 아
닌 것으로 취급하여 자신의 '평범함'을 강조하려는 더 넓은 노력의
일환이다.[9] 인터뷰 결과, 많은 사람들이 자신의 행위 주체성이 다른
사람들의 자원에 의해 어떻게 뒷받침되고 있는지를 보지 못해 그런
부분을 인식조차 하지 못하고 있음이 드러났다.

가족의 재산

　　영국의 문화 및 크리에이티브 산업Cultural and Creative Indus-
tries(CCI)에 속한 직업들이 극도로 불안정하다는 것은 잘 알려진 사
실이다.[10] 해당 업계 전반에 만연한 저임금 또는 무임금 조건과 극
심한 경쟁에 대해 이미 많은 연구가 이루어졌다.[11] 이런 불안정성은
'긱 이코노미gig economy'의 오랜 선구자인 연기자를 대상으로 한 사

9　　Savage et al(2015a); Jarness and Friedman(2017).

10　　Hesmondhalgh and Baker(2011); Allen et al(2013); Banks et al(2013); Banks(2017).

11　　요약은 Oakley and O'Brien(2015) 참조.

례 연구에서 특히 극명하게 드러났다.[12] 나이, 성별, 인종-민족, 계급 태생에 관계없이 모든 배우와의 인터뷰에서 불확실성, 극도의 피로, 불안의 경험이 두드러졌다. 이를 가장 확연하게 보여준 것은 아마 '연기자라는 직업에서 성공이란 무엇인가'라는 질문에 대한 답일 것이다. 우리는 연기자들이 이 주제에 다양한 견해를 내놓을 것으로 예상했지만 응답은 놀라울 정도로 획일적이었다. 그들은 하나같이 성공이란 단순히 '일을 하고 있는 것'이라고 말했다. 존이 언급했듯이 "연기자는 세상에서 가장 살아남기 힘든 직업 중 하나임에 틀림없어요. 이 일로 먹고살 수 있다면 성공한 겁니다." 불확실성이 만연한 이 업계에서 성공은 그 일을 할 수 있는 기본적인 능력, 그리고 꾸준히 일할 수 있는 능력에 달려 있었다.

　　연기자들이 유사한 도전에 직면하긴 했지만 그들이 모두 같은 입장인 것은 아니었다. 특히 이 직업에서는 자신의 소득 이외에 활용할 수 있는 경제적 자원이 있는 연기자가 막대한 이점을 얻는다는 사실이 인터뷰를 통해 밝혀졌다. 재력에 기댈 수 있는 사람이 연기자 생활을 더 쉽게 할 수 있다는 사실에는 이견이 없었다. 가족의 부를 이용할 수 있는 것은 연기자의 경험에 무수한 방식으로 영향을 미쳤다. 첫째, 노동 시장의 불안정성이 상당 부분 차단되었다. 네이선에게 이 보호막은 경력 초기, 즉 입지를 다지기 위해 노력하던 시절에 특히 중요했다. 하지만 정상에 오른 소수를 제외한 모든 배우에게 이는 보다 영구적으로 필요한 요소였다. 특히 부모의 지원은 연기 활동을 쉬는 기간에 생계를 유지하기 위해 다른 일자리를 찾아야 하는 상황을 막아주는 중요한 역할을 했다. 부모님이 둘 다 의사인 앤

12　　Watson(2017).

디는 자신이 배우로서 살아남을 수 있었던 데는 경제적 여유가 없을 때 '엄마에게 전화할 수 있었던 것'이 큰 영향을 미쳤다고 설명했다. "이상적인 상황은 아니죠. 하지만 어머니가 아니었다면 어떻게 이 일을 계속할 수 있었을지 상상도 안 됩니다. 절대 불가능했을 거예요." 다른 특권층 출신 배우들과 마찬가지로, 앤디에게도 경제적 생존뿐만 아니라 노동 시장의 요구에 보다 신속하게 대응하고, 배역을 완벽하게 준비하며, 오디션에 즉시 응할 수 있고, 다른 일을 하느라 피곤하거나 지치지 않게 해주는 데 이 안전망은 매우 중요했다. 그는 다음과 같이 설명한다.

내일 오디션을 보러 오라는 전화를 받았는데 대본을 외워서 해야 한다는 거예요. 그렇다면 오디션 직전까지 매 순간 대본을 외우고 소화하는 데 몰두해야 합니다. 외부의 지원이 없었다면 불가능했겠지요.

가족의 지원은 많은 경우 다소 민감한 주제였지만, 대부분의 배우는 자신이 운이 좋았다고 인정했다. 이는 덜 유리한 조건의 동료와 자신을 자연스럽게 비교하는 순간에 드러나곤 했다. 예를 들어 토미는 매우 부유한 집안 출신으로 엘리트 사립학교를 나왔다. 그는 20대 중반에 일이 없는 기간이 계속되어 연기를 그만뒀다가 장기간 여행을 한 후 최근 연기를 다시 시작하는, 다른 연기자들은 누리기 어려운 사치를 누렸다고 설명했다.

저는 런던 중심부에 있는 아파트에 살고 있기 때문에 서른 살에 다시 업계에 발을 들여놓을 수 있었던 셈이에요. 집세를 받는 또 다른 아파트도 소유하고 있어요. 내게는 돈, 자산, 자본이 있습니다. 이건 몹시 불공평하죠. 제 친구는 주택조합이 제공하는 세가 저렴한 거주지에 살면서 온갖 종류의 일자리를 찾느라 애를 먹습니다. 그 친구는 케임브리지대학을 나왔는데도 지도와 껌을 팔고 세차를 합니다. 집세를 낼 돈을 벌어야 하기 때문에 돈이 안 되는 배역은 거절할 때도 있고요. 제가 지금 시작해서 성공적인 커리어를 쌓는다면 불공평하다는 것, 저도 알아요. 정말 불공평하죠.

앤디와 토미의 이야기는 일감이 거의 또는 전혀 없는 기간에 살아남을 수 있고, 집세를 내지 않아도 되는 위치 좋은 집에 살 수 있으며, 더 일반적으로는 기회가 생겼을 때 최대한 경쟁력을 확보할 수 있는 등 경제 자본이 제공하는 안정성의 많은 부분을 잘 보여준다.

여기서 경제적 안전망이 거의 또는 전혀 없는 상황에서 경력을 쌓아야 하는 배우들과의 대비가 두드러진다. 이 응답자들에게 경제적 불안정은 고질적인 문제였다. 예를 들어 레이는 잉글랜드 북부의 노동 계급 출신이다. 졸업 공연에서 좋은 에이전트를 확보한 그는 다른 많은 배우들과 마찬가지로 런던으로 이주했다. 처음 9개월 동안은 꾸준히 일이 들어왔지만, 몇 달 동안 일이 끊기자 재정적으로 궁지에 몰렸다. 금전적인 도움을 받는 호사를 누리지도 못하는 처지에 "해결이 불가능할 정도로 높은" 임대료에 직면한 그는 어쩔 수 없이 연기가 아닌 다른 정규직 일자리를 얻어야 했다. 그는 이로 인해 곤란한 상황에 처하게 되었다고 설명했다. 연기와 무관한 "고단한" 직업이 "연쇄 효과"를 내고 있다는 것을 알았지만 살아남기 위해서는 어쩔 수 없이 그 일을 해야 했다. 그는 자신의 처지를 이렇게 정리했다. "커다란 혼란의 요소가 존재합니다. 저는 마치 낙하산 없이 스카이다이빙을 하는 기분입니다."

계급 천장

돈이 결정한다: 타입캐스팅에 대한 대응

경제적 후원은 특권층이 다수의 전문 분야에서 경력을 쌓는 데 구체적인 이점을 제공한다. 하지만 이러한 이점이 단지 소득 능력이나 커리어 진전에 국한된 것은 아니다. 많은 경우 연기 분야에서 재정적 지원은 배우들이 타입캐스팅typecasting 같은 노동 시장의 유해한 측면에 어떻게 대응하는지에 영향을 미친다는 점에서 더 중요하다. 우리는 서로 다른 계급 배경을 가진 여성과 인종-민족적 소수자 배우가 타입캐스팅 관행에 어떻게 대처했는지에 특히 주목했다.

모든 배우가 적어도 어느 정도는 '타입캐스팅'된다는 점은 언급할 가치가 있다. 다시 말해, 그들이 오디션을 보도록 권유받고 실제로 따내는 배역은 특히 나이, 성별, 인종, 지역 및 계급 측면에서 그들의 실제 인구통계적 특성을 반영하는 사회적 '유형'을 따르는 경향이 있다. 대부분의 인터뷰 참여자는 이러한 타입캐스팅이 실제로 그들이 비교 우위를 갖는 일련의 역할을 제공한다는 점에서 분명한 효용이 있다고 보았다. 그러나 일부 '타입', 특히 백인 남성 중산층 배우가 연기 노동 시장에서 더 나은 보상을 받는다는 인식도 널리 퍼져 있었다.[13] 다른 연구에서도 밝혀졌듯이[14] 해당 배우들은 백인 남성 중산층 캐릭터의 과잉 공급으로 인해 득을 보는 경향이 있다. 뿐만 아니라 이런 역할은 대체로 더 다양하고, 더 복잡하고, 더 다면적이기 때문에 더 중심적이며 보수도 더 높다.

이와 대조적으로 이런 우세한 '타입'에 속하지 못한 배우들은

---

13   Friedman and O'Brien(2017)과 Saha(2017a, b)는 이를 확장하여 영국 문화 산업에서 BME 노동자의 제한된 창작 기회를 보다 폭넓게 살펴본다.

14   Ahmed(2016).

타입캐스팅을 훨씬 더 문제가 많은 과정으로 묘사했다. 그 이유는 크게 두 가지였다. 첫째, 노동 시장에서 이런 배우들은 선택할 수 있는 배역의 풀이 훨씬 작고, 그들의 '타입'이라고 여겨지는 배역은 부차적이고 보수가 낮은 경향이 있다. 뿐만 아니라 이들은 자신이 캐스팅된 역할이 종종 희화화되고 정치적으로 퇴보적인 성격을 가진 역할이라는 데 분노와 절망감을 표출하는 경우가 많았다. 예를 들어, 중국계 영국인 릴리(중간직 출신)는 셀 수 없이 많은 "모욕적인" 아시아인 등장인물을 연기한 경험에 대해 이야기했다. "아시아인은 주로 영어를 이해하지 못해서 웃음을 주는 인물로 등장하고, 저는 '아, 또 야?' 하는 심정이 돼요." 마찬가지로 노동 계급 출신 데릭은 이렇게 농담했다. "나는 경찰 연금을 받아야 합니다. 경찰을 너무 많이 연기했거든요."

　　하지만 우리에게 특히 흥미로웠던 부분은 서로 다른 '타자화된' 배우들이 타입캐스트의 제약에 대응하는 방식이었다. 대부분은 체념한 채 수용한다는 견해를 표명했지만, 상당한 규모의 소수는 타입캐스팅에 저항하거나 거부하고자 적극적인 노력을 기울였다. 여기서 우리는 연기자의 가족 배경에서 비롯된 경제적 자원이 종종 그들이 저항할 수 있는 능력에 영향을 미친다는 점에 주목했다. 이를 설명하기 위해 매우 다른 계급 배경을 가진 여성 연기자 세 명의 이야기를 살펴보자.

　　첫 번째는 몰리다. 몰리는 백인이고, 주식 중개인인 아버지, 교직원인 어머니와 함께 런던의 부유한 지역에서 자랐다. 사립교육을 받았고, 런던에서 가장 명망 높은 연기학교 중 한 곳에 입학했다. 연기학교를 졸업한 후 3년 동안 전업 배우로 일하며 몰리는 자신이 "중산층 공주 역할의 연속"이라고 묘사한 배역에 오디션을 보고 종종 캐스팅되었다. 그중 다수가 비중 있는 역할이었지만, 좁은 범위 안에서 재등장하는 여성 인물이 대부분이었다.

저에게 주어진 배역은 모두 다소 수동적이고 기능적이며 아름다운 여성으로, 흥미롭고 복잡하고 재미있는 남성들의 구애를 받는 역할 이었어요. 큰 좌절감이 들었어요.

몰리는 이 역할 제한에 "도전"하기로 결심하고 직접 연극 대 본을 쓰기 시작했다. 몰리는 런던의 부모님 집으로 다시 들어가서 부 모님의 재정적 지원에 의지해 1년 동안 연기를 쉬면서 여성의 섹슈 얼리티에 관한 1인극을 직접 쓰고 공연했다. 몰리는 작품의 기획 의 도를 이렇게 설명했다.

극장에 앉아 있는데 여성 등장인물이 무대로 걸어 나와 여성의 섹 슈얼리티에 대해 말하면 정말 좋을 것 같다는 생각이 들었어요. 자 기 모순적이고 의외인 여성 캐릭터가 필요하다고 생각했습니다. … 그건 분명히 실험이었고, 대사는 항상 "이런 말을 해도 될까?" 싶은 것이었지만 대답은 항상 "그렇다, 이런 말은 반드시 해야 한다"였어 요. 이는 사람들이 여성에 대해 생각하는 방식을 바꾸는 뭔가 다른 것을 해보자는 분노에서 나온 것이었습니다.

몰리의 연극은 자신에게 주어진 제한된 여성 타입캐스트를 비판하고, 중산층 여성상에 대한 전통적 묘사를 정면으로 반박하는 여성 주인공을 만들기 위한 직접적인 시도였다. 그 연극은 비평가들 과 대중 사이에서 큰 성공을 거두었다. 이는 몰리가 황금 시간대 TV

시리즈의 각본과 출연을 의뢰받게 된 직접적인 계기가 되기도 했다. 몰리는 요즘도 가끔 다른 사람이 대본을 쓴 작품의 오디션을 보지만 이제는 배역 선택에 훨씬 더 '까다로워졌으며', 글을 쓰면서 자신이 연기하는 캐릭터에 대한 '통제력'과 '자율성'이 훨씬 더 커졌다고 설명했다.

> 사람들이 내 말에 귀 기울여주는 작품을 연기할 때 자신이 파워풀하게 느껴지는 것이 정말 좋습니다. 내가 중요하다고 여기는 것들을 다루고 변화를 가져오는 것… 좀 재수 없게 들리죠. (웃음) 하지만 이것이 배우의 근사한 점입니다. 사람들이 내 말을 듣고, 내 말을 듣기 위해 돈을 지불하고, 영향을 받기를 원한다는 점이요. 그래서 '내가 만들면 그들이 보러 올 것이라고 생각되는 아이디어'가 떠오르기만 한다면 연기는 굉장히 매력 있는 일이에요. '나 좀 봐 하며 드레스를 입고 호숫가를 뛰어다니는' [타입캐스트] 배역 대신 말이죠.

몰리가 연기 노동 시장에서 자신에게 주어진 타입캐스트 배역의 협소함에 효과적으로 저항할 수 있는 자리를 찾은 것은 분명하다. 이는 의심할 여지없이 많은 노력과 업계 동료들에게 널리 인정받는 글쓰기 재능 덕분이다. 하지만 우리가 특히 주목하는 부분은 몰리가 자신을 정치적으로 표현하고, 글쓰기 재능을 '현금화'하기 위해 어떻게 커리어를 다른 방향으로 틀 수 있었는가 하는 점이다. 여기서 가장 중요한 것은 몰리가 이 과도기에 생활비와 첫 연극을 무대에 올리는 비용을 가족의 경제적 자원으로 충당할 수 있었다는 점이다.

미아의 경우는 몰리와 현저하게 달랐다. 미아는 스코틀랜드에서 자랐고 아버지는 전기공, 어머니는 주부였다. 웨일스의 연기학

계급 천장

교를 졸업한 후 영화배우로서 비록 중간중간 끊어지기는 했지만 재정적으로는 성공적인 경력을 쌓았다. 하지만 미아는 자신의 커리어가 지극히 일차원적인 캐릭터를 연기하는 것에서 벗어나지 못했다고 설명했다. 이는 대규모 예산이 투입된 영화에서 헤로인에 중독된 어머니를 연기하면서 시작되었다.

> 그 후로 저는 항상 노동 계급 출신의 피해자로 캐스팅되었습니다. 늘 그랬어요. 이렇게 말할 수 있겠네요, 만약 드라마 〈다운튼 애비〉에 출연한다면 제겐 분명히 하인 역할이 주어졌을 겁니다. (웃음) 맹세컨대 저는 영화에서 열다섯 번 정도 아이를 잃었어요. 매 맞는 아내, 마약 중독자 또는 자신의 잘못이나 부주의로 인해 아이를 잃은 사람 등의 역할을 했죠.

미아의 타입캐스트에서 중요한 점은 그것이 명확하게 계급화된 동시에 젠더화되었다는 점이다. "강한 스코틀랜드 억양"을 가진 여성인 미아는 수동적인 여성 캐릭터를 계속 연기해야 했던 몰리의 분노를 공유했지만, 미아에게 주어진 노동 계급 캐릭터는 훨씬 더 제한적이었다. 실제로 미아는 노동 계급 여성이 "예외 없이 상층 계급 남성 작가들이 지어낸" 범죄 혹은 피해자 역할과 연결되는 방식에 특히 분노했다. 몰리와 마찬가지로 미아도 배우 생활 초기에 타입캐스팅에 저항하기 위해 적극적인 조치를 취했다. 미아는 더 다양한 역할을 맡기 위해 수없이 많은 오디션을 보았지만 하나같이 결실을 맺지 못했다. 이 경험을 통해 미아는 제안받은 배역을 거절하고, 자신에 대한 캐스팅 에이전트들의 인식을 바꾸는 지난한 과정을 시작하는 것만이 유일한 저항 방법이라는 결론에 도달했다. 하지만 몰리와 달리 미아는 이를 위해 외부의 재정적 지원에 의존할 수 없었다.

좀 더 용기를 내서 "더 이상 이런 역할은 맡지 않겠다"라거나 "이런 식으로 연기하게 해주지 않으면 이 역을 맡지 않겠다"라고 말할 수 있으면 좋겠지요. 하지만 바라는 만큼 용감하게 행동할 수 없을 때가 많습니다. 특히 런던에서 생계를 유지하려면요. 그리고 짐작하시다시피 지금 제게 다른 선택지가 넘쳐나는 게 아니거든요.

마지막으로 중간직 출신(아버지는 행정직, 어머니는 매장 직원)인 50세 데버라의 사례를 보자. 데버라는 스코틀랜드에서 연기학교를 졸업한 후 잉글랜드 북부에서 10~15년 동안 일했다. 데버라는 미들랜드(잉글랜드 중부) 억양, 성별, 혼합 인종을 중심으로 한 자신의 타입캐스트가 연기자로서의 커리어를 결정짓고, 궁극적으로 제한하는 특징이 되었다고 설명했다.

저는 흑인 캐릭터 배우인데, 솔직히 우리를 위한 기회는 많지 않습니다. 저는 간호사 배역을 엄청 많이 맡았어요. 세인트 조지 병원의 전체 간호사 수보다 더 많은 간호사 역할을 연기했어요.

30대 중반 무렵, 데버라는 자신의 타입캐스트에 더욱 적극적으로 저항하기로 결심했다.

그러다 보니 지겨워지기 시작했고, 내게 주어진 대사가 "몇 분 후에 의사 선생님이 진찰해드릴 겁니다"뿐인 역할이라면 더 이상 하지 않기로 결심했어요. … 그런 스토리텔링은 혼합 인종 여성으로서의 제 삶을 전혀 반영하지 않는다고 느꼈거든요.

몰리와 마찬가지로 데버라도 이에 도전하는 가장 좋은 방법은 글쓰기라고 여겼다. 처음에는 극작가로서 어느 정도 성공을 거두었지만 "많은 벽에 부딪혔다." 데버라는 한 가지 중요한 전환점이 있었다고 설명했다.

데버라 ☞ [런던의 한 대형 극장 스튜디오에서] 저에게 희곡을 써달라고 요청했어요. 그런데 희곡 담당자가 나중에 그 요청이 흐지부지된 후 내민 변명은 다른 흑인 배우, 남성 배우가 비슷한 주제의 희곡을 썼기 때문이라는 거예요. 하지만 그 사람이 쓴 건 오순절 뮤지컬이었어요! 저는 지극히 중산층다운 남자와 노동 계급 출신인 흑인 소녀의 관계에 대해 썼는데 아마 그가 받아들이기에는 너무 어려운 주제였던 것 같습니다. 반면 오순절 뮤지컬은….
샘 ☞ … '우리'가 흑인의 목소리에서 기대하는 그런 것인가 보죠?
데버라 ☞ 바로 그거예요. 그것이 줄곧 작가로서 제가 한 경험이었어요. 작업을 의뢰하는 사람들을 만나다 보면 백인 엘리트를 훨씬 잘 이해하게 되거든요. 실제로 제가 자신의 정체성에 의구심을 품은 중산층 혼합 인종 여성에 대한 이야기를 하고 싶다고 말해도 의뢰가 들어오는 것은 항상 빈곤한 노동 계급을 소재로 하는 드라마, 아프리카의 전쟁 이야기, 미국 흑인의 역사죠.

데버라가 타입캐스팅에 저항한 것은 자신의 경력을 지배해온 희화화되고 인종화, 젠더화된 역할을 거부하는 명백한 정치적 결정이었다. 하지만 몰리와 달리 데버라의 프로젝트는 대부분 실패했다.

데버라는 오히려 이것이 자신의 경력에 부정적인 영향을 미쳤다고
여긴다. 최근 몇 년 동안 일자리가 "말라버렸고", 데버라는 이제 마
트에서 거의 풀타임으로 일하고 있다.

> 제 잠재력을 완전히 발휘하지 못했다는 사실에 좌절감을 느껴요. 제
> 능력을 알아봐 주는 사람이 드문 것도 문제지만, 제게는 특정 수준
> 의 계급이 주는 자신감이 부족하기 때문이기도 합니다. 저에게는 그
> 런 자신감이 없어요. … 저는 누군가에게 다가가서 "제게 이런 근사
> 한 아이디어가 있습니다"라고 말하기보다는 구석에서 중얼거리겠
> 죠. 앞으로 나아가는 데 방해가 되는 성격입니다.

우리는 여기서 미아와 데버라의 이야기를 몰리의 이야기와
나란히 배치하여 노동 계급 배우, 특히 여성 배우나 여성이면서 흑
인이나 민족적 소수자(BME)인 배우가 흔히 직면하는 직업적 굴레를
강조하고자 했다. 그들은 자신에게 요구되는 젠더화, 인종화, 계급화
된 역할의 전형에 자주 반대하지만, 그런 배역을 거부할 수 있는 능
력은 제한된 배역 공급과 경제적 필요에 의해 약화된다. 이와 대조
적으로 몰리는 경제적 완충 장치가 배우들이 타입캐스팅에 도전하
도록 용기를 줄 수 있음을 보여주는 예시다. 물론 경제적 지원이 없
었다면 몰리가 타입캐스팅에 도전하지 않았을 것이라고, 또 그렇게
하는 데 성공하지 못했을 것이라고 단언할 수는 없다. 하지만 어느
정도 확실하게 말할 수 있는 것은 그 길이 훨씬 더 어려웠으리라는
것이다.

— 새는 파이프라인: 분류, 분리, 정체

우리가 강조하고자 하는 더 폭넓은 요점은 엘리트 직종 전반에 걸쳐 다양한 배경을 가진 사람들 사이의 물질적 격차가 그들이 선택할 수 있는 길에 깊은 영향을 미쳤다는 것이다. 연기 분야에서는 많은 경우 이것이 상당히 노골적으로 드러나지만(실제로 누가 연기자일을 하며 버틸 수 있느냐), 다른 사례 연구 대상인 방송업계에서는 경제적 이점이 감지하기 더 어려운 (하지만 똑같이 중요한) 역할을 했다.

이를 이해하기 위해서는 4장에서 살펴본 6TV의 확연한 계급 천장을 상기하는 것이 중요하다([그림 4.3]). 이는 6TV의 방송 프로그램 제작을 결정하는 부서인 외주제작국에서 가장 두드러진다. 해당 부서 고위 직원의 90퍼센트가 상위 중간 계급 출신이며, 노동 계급 출신은 한 명도 없다.

우리가 진행한 인터뷰는 이 놀라운 발견을 설명하기 위해 먼저 방송계의 '크리에이티브 경로'가 무엇이며, 어떤 사람이 해당 경로를 밟을 수 있는지 이해할 필요가 있음을 시사했다. 크리에이티브 경로를 밟는 사람들은 일반적으로 '러너runner'[15]에서 시작하여 프로듀서나 연구원 역할로 승진하고, 여기서 성공한 사람들은 시리즈 프로듀서나 감독으로 일한다. 중요한 것은 개인이 (보통 일이 단기적이고 산발적인) 이 경로를 따라 수년간 경험을 쌓은 후에야 6TV 등의 외주제작국에서 일할 수 있는 인재로 고려되는 적절한 '풀'에 도달할 수 있다는 점이다.

우리가 인터뷰한 거의 모든 응답자는 처음 일을 시작했을 때는 TV 프로그램을 제작하고 감독하고 프로듀싱하는 크리에이티브

---

15   TV 프로그램 제작 과정에서 러너는 기본적인 사무 업무를 보는 신입 직책이다.

경로를 밟고 싶다는 야망이 있었다고 말했다. 이렇게 초기 지향점은 유사했지만, 인터뷰를 통해 들어보니 사회적 상승을 이룬 사람 중에는 의도적으로 이 '크리에이티브' 경로를 밟지 않기로 결정했거나 커리어 초기 또는 중반에 이 경로에서 벗어난 경우가 많았다.

궤적은 특히 사람들이 노동 시장에 진입하면서 갈라지기 시작했다. 노동 계급 출신 다수가 크리에이티브 경로에 수반되는 심각한 경제적 불확실성을 이해하기 시작하면서 기대치를 빠르게 재조정했다. 좀 더 구체적으로는 무급 또는 저임금의 신입 러너 일을 계속해야 하는 현실이나 터무니없이 높은 런던 거주 비용을 조달할 걱정이 크리에이티브 경로를 포기하고 업계 내에서 보다 '안정적인' 역할을 추구하기로 결정하게 된 주요 요인으로 자주 언급되었다.

노동 계급의 한부모 가정에서 자란 6TV의 커뮤니케이션 매니저 케이트는 대학에서 방송 프로그램 제작을 꿈꿨지만, 러셀 그룹 대학에서 1등급 학위를 받고 졸업한 후에도 그 꿈이 "손에 닿지 않는 것"처럼 느껴졌다고 말했다.

이제 와서 바꾸지는 않을 거예요. 지금의 제 일을 사랑하고 이 일은 저에게 잘 맞습니다. 하지만 처음에 제가 그 [크리에이티브] 경로로 가기를 원했느냐고 물으시는 거라면, 제가 그것을 손에 넣을 수 있는 목표라 느꼈는지 물으시는 거라면 네, 당연히 그랬습니다. 그것보다 더 바라는 직업은 없었을 거예요.

어떤 사람들은 크리에이티브 경로를 밟아 '인디' 부문에서 성공적인 커리어를 쌓았으나, 이후 6TV에서 경제적으로 더 안전한 업무로 수평 이동하거나 하향 이동했다. 예를 들어, 흑인 영국인이자 잉글랜드 북부 하위 중간 계급의 비교적 빈곤한 가정에서 자란 한나는 20대 때 유명한 샤이니 플로어shiny-floor[16] 예능 프로그램에서 잇달아 인정받는 등 매우 유망한 제작자의 길을 걸었다. 그러나 동시에 프리랜서 노동 시장의 무자비함과 불안정성 속에서 "끊임없는" 취약함을 느꼈다. 한나는 외부의 재정적 지원이 없으면 "늘 돈이 되는 일을 할 생각을 하게 되고 커리어 관리가 불가능하다"라고 설명했다. 10년이 지난 후 한나는 6TV에서 인사 담당자를 구하는 구인 광고를 보고 이제 직업을 바꿀 때가 되었다고 결심했다. 하지만 이 수평 이동은 마지못해 내린 결정이었다. 당시 한나는 그 일에 승진의 여지가 별로 없다는 것을 알고 있었고, 그 이후 자신의 커리어가 정체되어 있다는 사실을 인정했다. "확실히 막다른 길입니다. 한 번 이 일을 시작하면 사람들이 나를 인사 담당자로만 보고 다른 일을 했다는 건 잊어버리거든요." 이렇게 새는 파이프라인이 특권층 출신에게 주는 이점은 자주 공공연하게 인정되었다. 전문직/경영직 출신의 시니어 커미셔너 데이브는 이렇게 설명했다.

> 대비책이 없는데 3개월 동안 일을 하지 못한다면 끝장입니다. 반면 저처럼 집안이 부유한 편이고, 세금 제도가 어떤 식으로 작동하는지 잘 알고, 커리어 초기에 문제가 생겨도 언제든 부모님이 구제해줄 수 있다면 얘기가 달라지겠죠. 제 말은… 저는 매우 운이 좋았어요.

이처럼 거의 모든 인터뷰 응답자가 방송계의 크리에이티브

---

16   고가의 스튜디오 공간에서 라이브로 녹화되는 대규모 예산의 가벼운 엔터테인먼트 쇼를 가리키는 용어다.

경로가 유리한 배경을 가진 사람들이 압도적으로 이득을 보는 쪽으로 구성되어 있다는 것에 공감했다. 이를 가장 효과적이고 명료하게 요약한 것은 잉글랜드 남서부 시골의 노동 계급 출신 앨리스였다. 앨리스는 한나와 마찬가지로 마지못해 크리에이티브 경로를 포기하고 상대적으로 급여가 낮은 6TV의 정규직 주니어 스크립트 편집자로 취직했다(현재 6년째 근무 중). 외주제작국의 고위직 인사들에 관해 이야기하면서 앨리스는 그들의 계급 특권으로 인해 그들 스스로, 그리고 다른 사람들이 종종 재능으로 오인하는 누적 이익[17]의 과정이 시작된다고 설명했다.

> 그들은 모두 정말 재능 있는 사람들이에요. 문제는 그게 아닙니다. 그들이 그렇게 할 수 있는 이유는 프로젝트를 거치며 점점 더 많은 경험을 쌓고 배울 수 있는 기회를 가졌기 때문입니다. 그들은 저와 비슷한 위치에서 시작했을지는 몰라도 그동안 그 모든 경험을 쌓았고, 기회가 주어졌고, 그걸 잡을 자신감이 있었기 때문에 제가 올라갈 수 있는 위치보다 100만 배나 높은 위치에 올라간 거예요. … 반면 저는 뭐든 해낼 수 있을 거라 생각하며 시작했지만 실상 지금은 그 목표를 향해 나아가기 위해 싸울 에너지가 있는지 모르겠어요.

이러한 직업 분류 과정은 방송업계에 존재하는 계급 천장의 핵심 동인에 해당한다. 이는 사회적 상승을 이룬 사람들 가운데 6TV 등의 크리에이티브 부서에서 고위급 직책에 올라갈 만한 사람으로 고려될 수 있는 적절한 '풀'에 실제로 도달하는 인재는 극소수

---

17   누적 이익이라는 개념에 대한 자세한 논의는 DiPrete and Eirich(2006) 참조.

에 불과하다는 의미다. 대신 많은 경우 그들은 불가피하게 스스로 경로를 이탈하여 덜 불안정한 업계로 이동하면서 창의적 재능을 제대로 실현하지 못한다.[18]

특권을 과소평가하고 있는 것은 아닐까?

이 장에서 우리는 유리한 배경을 가진 사람들 중 일부가 자신의 경제적 특권을 인정하고, 그것이 자신의 커리어 진전을 촉진하는 역할을 했다는 사실을 인식하고 있음을 보여주었다. 그러나 그렇게 인정하는 사람은 드물었다는 걸 강조해야겠다. 많은 사람들이 삶의 일부 영역에서는 특권을 인정했지만 다른 영역에서는 무시했다. 이 장의 서두에서 소개한 네이선이 보여줬듯이, 상위 중간 계급 배경의 사람들은 자신과 주변인들의 커리어 진전을 주로 '능력'의 문제로 치부하면서 그것이 재능, 더 중요하게는 노력의 결과라고 서술하는 경향이 있었다.[19] 이들은 또한 사회적 상승을 이룬 인터뷰 참여자에 비해 자신의 직업이 '능력주의적'이라고 여기는 비율이 훨씬 높았으며, 데이브와 달리 자신이 이룬 성공의 정당성에 의문을 제기하는 일도 거의 없었다. 뿐만 아니라 인터뷰 과정에서 이들이 마침내 특권에 대해 입을 열 때면 분위기가 상당히 거북해졌다.[20] 그들은 눈을 피하

18   우리의 데이터에서는 직접 확인할 수 없지만, 페어드 피어스Paired Peers 프로젝트 (Bathmaker et al, 2018)는 노동 계급 졸업생들이 런던에 거주할 경제적 여유가 없어 런던 바깥의 커리어 진전 기회가 적은 일자리로 걸러지는 경우가 많기 때문에 이런 현상이 많은 경우 공간적 차원을 가진다는 것을 보여준다.

19   그들은 간혹 '운'에 대해 이야기하기도 했지만, 이는 주로 특권이라는 주제를 비껴가기 위한 방법처럼 보였다.

거나 말을 더듬는 등 종종 눈에 띄게 불편한 기색이었다.

　부모님의 돈에 대한 이야기는 특히 민감한 주제였다. '엄마 아빠 은행'을 인정하는 사람들조차도 대체로 추상적이고 일반화된 방식을 취했으며, 구체적인 수치를 언급하는 경우는 거의 없었다. 6TV의 주니어 커미셔너 피터는 방송 제작 분야에 진입하기 위해 노력하던 시기에 부모님이 "도움"을 줄 수 있어서 "운이 좋았다"라고 말했다. 마찬가지로 배우 엘리는 런던 아파트를 구입할 때 부모님으로부터 증여받은 돈에 대해 이야기하면서 "지원"과 "기증"이라는 단어를 계속 사용했지만, 구체적인 금액에 대한 질문에는 "밝히고 싶지 않다"라고 답했다.[21] 인터뷰 참여자들은 저임금 또는 무급 노동의 경제적 현실이나 실직 기간에 대해 길게 이야기하는 경우가 많았는데, 특권층 출신의 경우 그런 기간은 대충 얼버무리고 일 자체에 대한 이야기에 더 집중하는 경향이 있었다.

　이는 어느 정도는 그저 자신이 가진 유리한 경제적 조건을 인식하지 못했기 때문일 수도 있다. 연구에 따르면 유리한 집단에 속한 사람은 조건이 비슷한 주변 사람들과 자신을 비교하기 때문에 그 유리함을 제대로 인식하지 못하는 경우가 많다. 따라서 그들은 자신이 '보통'이며, '평균적'이거나 '평범'하다고 여긴다.[22] 게다가 부모의 지원이 대개 안전망 제공 정도에 그치는 방송, 연기 등 불확실하

20　　Sayer(2009, p. 200)가 언급했듯이 영국에서 계급에 대한 논의는 "종종 어색하고 방어적, 회피적이며 그 질문이 마치… 그들이 자신의 계급 지위를 갖는 것이 합당한지, 또는 자신이 다른 사람에 비해 열등하거나 우월하다고 생각하는지"에 대한 질문으로 취급된다.

21　　여기서 사회적 상승을 이룬 배우와 6TV 직원의 대조가 확연했다.

22　　Dorling(2014)은 상위 1퍼센트의 하위층이 상위 1퍼센트의 상위층을 보며 자신이 '가난하다'고 느끼는 점과 관련하여 이 이야기를 썼다(Savage et al, 2001; Hecht, 2017 참조).

고 불안정한 세계에서는 인터뷰 참여자들이 자신을 특별히 운이 좋거나 부유하다고 여기지 않는 것이 어쩌면 당연할지도 모른다.

적어도 이들 중 일부는 자신의 경제적 특권을 인지하고 고려하지만, 그에 대해 이야기하는 것은 불편해할 가능성이 높다. 특히 꼬치꼬치 캐묻는 사회학자를 상대로는! 일하지 않고 얻은 부의 혜택을 받는 것과 지배적인 능력주의 규범을 고수하는 것 사이에는 상당한 긴장이 존재하기 때문이다. '엄마 아빠 은행'은 한 사람이 거둔 성공의 도덕적 정당성의 핵심을 타격한다. 사회학자 레이철 셔먼은 이를 '부로 인한 불안anxieties of affluence'이라고 칭한다.[23] 셔먼과 마찬가지로, 우리는 특권층이 특히 '엄마 아빠 은행'에 대해 직접적인 질문을 받았을 때 종종 자신의 특권을 과소평가하거나 정당화하기 위해 애쓴다고 본다. 이러한 성향은 세 가지 방식으로 나타났다.

첫째, 인터뷰 참여자들은 가족의 돈이 어디서 유래했는지에 대해 이야기하면서 그것을 정당화의 수단으로 활용하는 흥미로운 행태를 보였다. 자신의 배경을 그들 자신의 출신이 아닌 부모, 심지어 조부모의 출신에 기초하여 사회적 상승이라는 측면에서 이야기하는 이들이 많았다. 6TV의 임원 패트리샤는 사립교육을 받았다. 어머니는 교사였고 아버지는 대규모 제조업체의 이사였다. 그럼에도 패트리샤는 자신의 배경을 '노동 계급'이라고 말했다.[24] 그러면

---

23   Sherman(2017).

24   이는 드문 일이 아니다. 영국 인구의 60퍼센트가 자신이 노동 계급에 속한다고 보지만, 사회학자들이 노동 계급으로 분류하는 직업에 종사하는 사람은 실제로 약 3분의 1에 불과하다. 또한 전문직 및 경영직 종사자의 47퍼센트가 스스로를 노동 계급으로 인식한다 (Evans and Mellon, 2018). 미국 등 다른 나라에서는 이러한 패턴이 역전되어 노동 계급 직종에 종사하는 경우에도 자신을 중간 계급으로 인식하는 경우가 많다(Hout, 2008).

서 자신의 어린 시절에 대해 이야기하는 대신 웨일스 서부의 가난한 노동 계급 출신인 부모님의 상승 궤적에 대해 자세히 이야기했다. 인터뷰 내내 패트리샤는 자신의 정체성이 부모님의 정체성과 불가분의 관계에 있다고 여기면서 자신의 배경을 부모님의 관점에서 계속 설명했다. 이는 자신의 특권을 과소평가하는 동시에, 부모님의 돈(그리고 사립학교 교육, 아파트 보증금, '방송업계 입문'을 도와준 것 등을 통한 암묵적 증여)이 능력주의적 정당성을 지닌 것으로 보이게 하는 장치로 작용했다.

어떤 이들은 더 많은 금전적 도움을 받은 동료들에 관한 이야기로 대화를 유도하여 자신의 특권을 과소평가했다. 이는 증여를 일반적인 관행으로 정상화하는 동시에 더 많은 특권을 가진 사람들과 자신 사이에 도덕적 경계를 긋는 방법이었다. 6TV의 주니어 커미셔너 대니얼은 부모님이 모두 교사였다. 부모님은 그가 러너로 방송업계에 입문한 후 2년간 재정적으로 많은 도움을 주었고, 그는 형의 런던 아파트에서 월세를 내지 않고 살기도 했다. 하지만 대니얼은 20대 중반부터 "완전히 혼자 힘으로 벌어 생활"했다는 사실을 매우 자랑스러워했다. 그는 이렇게 말했다.

저는 방송업계 사람들 대부분과는 확실히 좀 다른 범주에 속한다고 느낍니다. 그래서 사람들이 저를 보고 중산층 출신이니 당연히 꽤 많은 특권을 누렸으리라 짐작하는 것, 그러면서 "잘나가는 건 당연지사겠죠"라고 말하는 것이 정말 싫어요. 처음에는 부모님이 집세 등에 도움을 주셨으니까 어느 정도는 그랬죠. 하지만… 방송업계 친구들 중에는 부모님이 집 보증금을 대신 내주거나, 아직도 휴대폰 요금을 대신 내주는 친구들이 많거든요! 그러면 저는 어 잠깐, 나는 그렇지 않은데… 이건 모두… 전 진짜 열심히 일했다고요.

마지막으로, 일부 인터뷰 참여자들은 그들의 행위 주체성에 가해진 제약을 강조했다. 자신의 손이 은유적으로 묶여 있어서 어쩔 수 없었다며 돈에 대한 대화를 회피했다. 많은 이들이 금전적 증여나 부모의 지원을 선택의 여지가 없는 것으로 묘사했다. 배우 잭의 표현을 빌리자면 돈이 "그들에게 던져졌"고, 6TV 마케팅 매니저 루스의 표현을 빌리자면 부모가 그것을 "고집"했다. 재정적 지원을 거부한다면 부모의 기분을 상하게 하거나 관계에 문제를 유발할 수 있었다. 이 사람들이 어떤 방식으로든 이로 인해 자신의 특권이 상쇄된다고 주장한 것은 아니었고, 대부분 체념적이고 숙명론적 태도로 그것을 받아들였다. 6TV의 스크립트 편집자 케이트는 이렇게 말했다. "제 말은, 받지 않겠다고 말할 수도 있었겠죠. 하지만 그랬다고 해도 아무것도 바뀌지 않았을 겁니다."

물론 특권에 대해 생각하는 것과 특권에 대해 이야기하는 것을 완전히 분리하기는 어렵다.[25] 예를 들어 패트리샤와 대니얼 같은 사람이 전략적으로, 또는 무의식적으로 자신의 특권을 과소평가하는 것인지는 알 길이 없다(우리는 이 두 가지가 복합적으로 작용한 것으로 추정하지만). 하지만 우리는 어느 쪽이든 이러한 과소평가가 계급 임금 격차에 중요한 영향을 미친다는 점을 강조하고자 한다. 즉 '엄마 아빠 은행'의 진정한 가치는 직장 생활에서 거의 회자되지 않으며, 그것이 개인의 궤적에 미치는 왜곡된 영향은 대중의 시야에서 숨겨진 채로 남아 있다.

25   Jerolmack and Khan(2014).

쿠퍼스와 터너 클라크에서는 돈이 덜 중요하다

지금까지 '엄마 아빠 은행'이 서로 다른 계급 배경을 가진 엘리트 직종 종사자의 직업 궤적을 형성하는 다양한 방식을 살펴보았다. 그러나 이는 직종에 따라 크게 다르게 나타난다는 점을 다시 한 번 강조해야겠다. 독자 여러분은 이 장에서 사례 연구 중 두 가지(터너 클라크와 쿠퍼스)를 아직 다루지 않았음을 눈치챘을 것이다. 이는 회계와 건축이라는 직업을 이해하는 데 '엄마 아빠 은행'이 전혀 중요하지 않기 때문이 아니다. 예를 들어, 경제 자본은 건축 분야의 진입 장벽을 이해하는 데 중추적 역할을 할 가능성이 높다. 쿠퍼스의 많은 직원들은 건축 분야에서 경력을 쌓는 데 수반되는 막대한 경제적 비용과 리스크, 그리고 이것이 부유한 배경을 가진 사람들에게 유리하게 작용한다는 점에 대해 이야기했다. 여기서 가장 주목해야 할 점은 7년에 걸친 긴 건축 교육 과정을 마치는 데 드는 학비와 생활비, 재료비 및 현장 실습 등의 추가 비용을 누가 감당할 수 있느냐의 문제다.[26]

마찬가지로 우리가 진행한 인터뷰는 '엄마 아빠 은행'이 회계 업계에서 나타나는 지리적 분류 효과, 즉 특권층이 업계 전반과 터너 클라크 모두에서 (급여가 더 높은) 런던으로 쏠리는 경향에 중요한 역할을 할 수 있음을 시사했다. 예를 들어, 런던 외 지역에서 일하는 터너 클라크의 수습 어소시에이트 중 13퍼센트가 사립학교를 나온 반면, 런던 내 어소시에이트 중에서는 거의 2배에 달하는 25퍼센트가 사립교육을 받았다. 우리의 인터뷰는 이것이 그저 무해한 '개인의

---

26   이는 쿠퍼스에 특권층 출신 해외 건축가의 비율이 높은 것과도 관련이 있다. 이들은 런던으로 이주하는 위험을 감수하는 데 경제 자본이 지니는 중요성에 대해 이야기했다.

선택' 문제가 아님을 시사한다. 예를 들어, 터너 클라크의 수습 직원 다수는 자신이 런던 외 지역에서 일하기로 '선택한' 이유가 주로 생활비, 특히 주거비에 대한 걱정 때문이었다고 말했다.[27]

쿠퍼스와 터너 클라크에서 커리어 구축의 이러한 차원들은 확실히 중요하다. 하지만 동시에 우리는 이 두 조직에서 가족의 부가 상대적으로 훨씬 덜 강하게 작용하며 커리어 진전에 최소한의 영향력만 미친다는 점을 강조하고자 한다. 이는 해당 분야들이, 특히 회계 분야가 대체로 정규직 및 평균 이상의 수입을 제공하는 상당히 안정적인 업계라는 점에 기인한다. 간단히 말해, 일단 업계에 진입하고 나면 대부분의 회계사와 건축가는 출신 배경에 관계없이 외부 지원 없이도 마음 편히 커리어를 쌓을 수 있다. 여기서 연기와 방송, 그리고 그 외 많은 불안정한 엘리트 직종과의 대조가 두드러진다. 대부분이 저임금을 받으며 프리랜서나 단기 계약직으로 일해야 하는, 이처럼 경쟁이 치열한 업계에서는 '엄마 아빠 은행'이 경력 초기의 만성적인 불안정에 대응하는 데 근본적인 영향을 준다. 이는 일부 사람들에게는 보이지 않는 손이 되어주는 반면, 부지불식간에 다른 많은 사람들에게 부당한 불이익을 가한다.

하지만 도움의 손길이 항상 뒤에서, 혹은 아래에서 오는 것은 아니다. 마찬가지로 꼭 재정적 지원이나 후원의 형태로만 이루어지는 것도 아니다. 많은 엘리트 직종, 예를 들어 회계, 건축 등 보다 전통적인 직종에서는 아래보다는 위로부터 지원이 이루어질 가능성이

---

27   대부분이 이론적으로는 인턴 월급으로 런던에서 생활할 수 있다는 사실을 인정했기 때문에 이것이 반드시 경제적인 생존에 관한 것은 아니었다. 그러나 동시에 많은 사람이 아파트나 주택 보증금을 댈 가족의 자금이 없다면 런던에서 경력을 쌓거나 가족을 부양하는 것은 불가능하다고 설명했다.

높다. 그리고 경제적 지원이 아니라 비공식적 후원의 형태인 사회적 지원이 이루어질 가능성이 높다. 다음 장에서 살펴보듯 이러한 형태의 후원 이동sponsored mobility은 정상에 오르고자 하는 사람들에게 필수 조건이 되는 경우가 많다.

계급 천장

6장 =

도움의 손길

1960년, 미국의 선구적인 사회학자 랠프 H. 터너는 『미국 사회학 리뷰』에 선견지명이 돋보이는 글을 썼다.[1] 그는 이 글에서 '후원 이동sponsored mobility'과 '경쟁 이동contest mobility' 개념을 소개했다. 경쟁 이동에서 성공은 선수의 참가 자격을 제한하지 않는 오픈 토너먼트에서 받은 상에 비유할 수 있으며, 이 경우 모든 선수가 동등한 입장에서 경쟁할 때만 시합이 공정하다고 판단된다. 여기서 승리는 반드시 개인의 노력으로 이루어져야 하며, 가장 만족스러운 결과는 반드시 가장 똑똑하거나 가장 많이 배운 사람의 승리가 아니라 가장 그럴 자격이 있는 사람의 승리다. 터너는 이러한 맥락에서 거북이가 토끼를 이기는 것이 가능하고, 또 중요하게 여겨진다고 썼다. 반면에 후원 이동에서 개인이 정상에 오르는 과정은 이미 고위직에 있는 사람들이 누군가를 선택하여 세심하게 엘리트 세계로 영입하는 식이다. 따라서 커리어 진전은 기존의 엘리트가 그들이 원하는 자질 또는 그들이 가치 있다고 여기는 '능력'이 후보자에게 있다고 판단하는가에 따라 성사되거나 거부된다. 터너가 언급했듯이 이러한 유형의 "상향 이동은 각 후보자가 한 명 이상의 회원에게 후원을 받

1   Turner(1960).

아야" 회원 자격이 생기는 프라이빗 클럽에 들어가는 것과 같다.[2]

터너는 영국이 후원 이동의 전형적인 사례라고 보았다.[3] 그의 글은 구시대적인 '올드 보이 네트워크'의 이미지를 떠올리게 했다. 터너에 따르면 영국에서 엘리트 채용은 서로를 위해 '영향력을 행사하는 학연'에 의존하며, 그러한 관계는 '사립학교public school'[4], 옥스브리지 대학, 그리고 프라이빗 회원제 클럽의 공유된 경험에 뿌리를 두고 있다. 하지만 많은 사람들이 이런 '올드 보이 네트워크'의 힘이 지난 60년 동안 상당히 약화되었다고 여긴다. 실제로 다수의 사람들이 중고등 교육의 확대, 지주 귀족의 쇠퇴, 절대적 사회 이동률의 증가, 2세대 페미니즘의 성과 등의 상쇄적인 힘이 엘리트의 폐쇄성을 근본적으로 잠식했다고 주장했다.[5]

그렇다고 해서 오늘날 당신이 누구를 아는지가 더 이상 중요하지 않다는 말은 아니다. 엘리트 직종에서 인맥의 힘을 보여주는 연구는 풍부하다.[6] 그러나 최근 수십 년간의 연구는 사회학자 마크 그래노베터가 제시한 유명한 개념인 '약한 연결'의 힘에 초점을 맞추

---

2   의미심장하게도 Turner(1960, p. 856)는 경쟁 이동이 이후 '아메리칸 드림'의 개념과 연관되었음에도 불구하고 경쟁 이동을 후원 형태의 이동보다 반드시 옹호하지는 않았다. 주목할 만한 것은 그가 경쟁 이동의 미덕에 대해 양가적인 입장을 취했다는 점이다. 예를 들어 그는 이렇게 말했다. "경쟁의 규범은 상식, 기술, 진취성, 대담함, 성공적인 위험 감수를 통해 중간 정도의 지능을 가진 사람이 거둔 승리가 가장 지능이 뛰어나거나 최고의 교육을 받은 사람의 승리보다 더 높이 평가됨을 의미한다."(Turner, 1960, p. 856)

3   하지만 Whitely et al(1991)은 이후 미국에서도 유사한 효과를 발견했다.

4   영국의 'public school'은 가장 엘리트적이고 명문인 사립학교를 의미한다. 국가가 운영하는 학교(미국의 공립학교)는 'state school'이다.

5   Heath(1981); Savage and Williams(2008).

6   Lin(1999); Burt(2000); Watts(2004).

는 경향이 있었다.[7] 약한 연결이 강조하는 바는 특히 높은 위치에 있는 사람들과 여러 비공식적인 직업적 인맥을 쌓는 것, 좋은 '네트워커'가 되는 것의 중요성이다. 이러한 연결은 또한 취업 기회를 촉진하고 직업적 평판을 구축하는 데 중요한 '사회 자본'의 원천인 것으로 나타났다.[8]

이런 유동적이고 피상적인 연줄에 기초한 네트워킹 모델은 우리 인터뷰에서도 분명히 드러났다. 하지만 그것은 성공하기 위해 필요한 것이 무엇인지 물었을 때 사람들이 꼽은 일반적인 요소 중 하나로서 다소 추상적 의미로 언급되는 경우가 많았다. 그에 반해 사람들이 실제로 자신이나 주변 사람들의 커리어 진전에 관한 더 풍부하고 생생한 이야기를 들려주었을 때는 훨씬 더 강한 사회적 유대의 중요성이 드러났다. 이 장에서 살펴보듯이 이러한 관계는 터너가 처음 제시한 후원 이동 개념과 매우 유사한 방식으로 작동한다. 즉 높은 자리에 있는 개인이 후원자 역할을 하며, 경력 초기 단계의 수혜자를 선택하여 그들이 상승 궤도에 오를 수 있도록 적극적으로 발판을 마련해준다. 물론 후원이 작동하는 방식은 직종에 따라 중요한 차이가 있다. 어떤 경우에는 후원자가 수혜자를 고속 승진시킨다. 다른 경우에는 후원자가 '마음에 드는 후배'에게 유리한 조건을 확보하기 위해 채용이나 승진 절차를 교묘하게 우회한다. 둘 중 어느 쪽이든 이 장에서 우리는 랠프 터너의 후원 이동 개념이 영국에서 누가 정상에 오르는지 이해하는 데 매우 큰 중요성이 있다고 주장한다.

그러나 오늘날의 후원은 단순히 올드 보이가 원하는 틀에 들

---

7   Granovetter(1973).

8   Lee(2011).

어맞는 사람을 고르는 음성적인 과정이 아니다. 우리가 설명한 것처럼 이는 많은 경우 정상화된 관행이다. 그렇다고 해서 후원이 (일부 분야에서는 이 용어가 사용되기도 하나) 반드시 그런 명칭으로 불리는 것은 아니다. 그 대신에 우리는 흔히 '인재 매핑talent mapping' 또는 '파트너 재질partner material'의 식별 등 비즈니스 업계에서 모호한 유행어로 표현되는 목표 충족을 가장하여 후원이 이루어진다는 사실을 발견했다. 이러한 관행은 대체로 인재 발굴이라는 중립적인 형태로 제시되나, 후원 관계가 업무 성과에 기초하여 구축되는 경우는 드문 것으로 드러났다. 그보다는 거의 항상, 적어도 처음에는 문화적 공감대를 바탕으로 구축된다.[9] 이는 의도하지 않았으나 많은 엘리트 직종에서 중요한 진급 기회가 개인의 역량뿐만 아니라 계급-문화적 유사성에 뿌리를 둔 '거울에 비친 능력'에 달려 있다는 뜻이다.[10]

— **파트너가 되는 길: 경험의 축적**

'인재 매핑'은 터너 클라크에서 파트너들을 대상으로 진행한 거의 모든 인터뷰에 등장한 흥미로운 기업 용어다. 우리가 이것이 실제로 무엇을 의미하는지 묻자 자문 부서의 파트너 마크는 "미래의 파트너를 찾는 것"이라고 설명했다. 그러나 '매핑mapping'이라는 단어는 어떤 형식화된 시스템을 암시하는 반면 현실은 훨씬 더 주먹구구식이었다. 우리는 파트너들이 "유망한" 후배 직원을 발굴하여 후

---

9   이 결과는 네트워크 형성, 특히 강한 관계(Lizardo, 2006)와 초기 관계(Lewis and Kaufman, 2018)의 형성에서 취향의 중요성을 보여주는 최근의 사회학 문헌을 반영한다.

10   사회학자들은 이러한 역학을 '동종 선호', 즉 인종, 성별 및/또는 출신 계급이 비슷한 타인을 선호하는 경향이라고 부른다(McPherson, 2001).

원하도록 권유받는다[11]는 사실을 알게 되었다. 그러나 이 과정은 공식적으로 등록되거나 규제되지 않는다. 대신 파트너들은 자신만의 방식으로 재능 있는 후배 회계사를 '발굴'할 자율성을 부여받고, 그들이 파트너가 되도록 '이끌어주기'를 권유받는다.

이것은 새로운 관행이 아니었다. 실제로 후원은 파트너 자신들의 궤적에서 핵심적인 논지였다. 특히 특권층 출신의 경우 후원자의 존재가 커리어 경로에서 큰 비중을 차지했다. 이러한 관계는 멘토링, 지지, 조언의 원천이었을 뿐만 아니라, 특정 유형의 업무를 할당하거나 특정 고객을 넘겨주거나 진급에 필요한 경험을 제공하는 상황을 꾀하는 등 경력 궤적을 가속시키거나 지지하는 데 매우 적극적인 역할을 했다. 전문직/경영직 출신의 세무 부서 파트너 제임스는 다음과 같이 매우 시사적인 사례를 제공했다.

> 당시 파트너였던 마틴이 "자네 이걸 꽤 잘하는 것 같아, 이걸 시도해봐, 저걸 시도해봐, 이 일도 한번 추진해보지"라며 저에게 많은 기회를 줬습니다. 한때 그분이 이런 말을 했던 것을 기억합니다. "자네는 아직 준비가 안 됐지만 내가 어떻게 할 생각인지 말해주겠네. 우리는 앞으로 2~3년 동안 이 역할을 할 수 있는 사람을 찾아볼 거야. 아마 대형 회계법인에서 근무했고 은퇴할 나이이지만 우리 회사에 와서 계약직으로 일할 수 있는 사람이 해당되겠지. 자네는 그로부터 많은 것을 배울 수 있을 거야. 그렇게 지내다 보면 내가 장담은 못하지만 3년 후에 자네를 영입할 수 있을 걸세."

---

11   공식적인 요건은 아니었지만 인터뷰에 응한 파트너들은 회사의 성공을 위해서는 파트너로 승진시킬 사람을 현명하게 결정해야 한다고 입을 모았다.

여기서 중요한 것은 마틴과 같은 후원자가 어떻게 단독으로 한 사람의 경력 궤도를 바꿀 수 있었는가 하는 부분이다. 그는 제임스를 '파트너 경로'라 불리는 고속 승진 경로에 올려놓았다. 터너 클라크는 파트너들이 승진 결정에 개입하거나, 영향력을 행사하거나, 다른 식으로 영향을 미칠 수 있도록 허용하여 이러한 후원을 가능하게 했다. 우리가 진행한 인터뷰 참여자 다수가 이것이 상당히 일반적인 관행이라고 말했다. 감사 부서의 파트너 제인의 말처럼 이는 "공공연한 비밀"이었다. 파트너들은 자신이 승진시키고 싶은 사람, 세무 부서 파트너 캐런의 표현처럼 "아끼는 후배"를 승진시키기 위해 "객관적인" 성과 지표나 평가를 우회하거나 무시했다.

의미심장하게도 사람들은 후원자가 중개한 기회에 대해 이야기할 때면 거의 항상 누군가가 '인재를 발견했다'거나 '나를 믿어줬다'는 식으로 기술이나 역량에 대한 보상의 측면에서 말했다. 그러나 우리가 특히 주목한 부분은 이러한 관계가 애초에 어떻게 확립되었는가 하는 점이었다. 일상적인 업무 관계를 후원할 가치가 있는 유대 관계로 바꿔놓은 요소는 무엇이었을까? 여기서 우리는 이러한 관계가 업무에 좌우되는 경우는 거의 없다는 사실을 발견했다. 그보다는 그들이 공유하는 여가 활동, 취향, 유머 감각 등 문화적 연관성이나 유대감을 바탕으로 형성되는 경우가 거의 대부분이었다. 앞서 언급한 제임스와 그의 후원자 마틴의 이야기로 돌아가보자.

제 생각엔 단순한 업무 관계를 넘어서는 유대감이 존재했어요. 우리는 나이 차이가 있었으니까 친구라고 하기에는 좀 무리일 겁니다. 하지만 그저 '서로에게서 무엇을 얻어낼 수 있을까?'를 넘어서는,

계급 천장

일종의 키워주기였습니다. 그리고 그 과정을 돕는 것들이 있었다고 생각합니다. 우리가 두세 번 함께 스키 여행을 갔을 때 이런 일들이 시작되었다고 볼 수 있겠네요. … 유대감이 형성되죠. 누군가와 일주일 동안 함께 지내다 보면 유대 관계가 형성되고 단순한 업무 관계 이상이 됩니다.

지식과 관심사에서 공통점을 찾는 것은 딱히 부적절하거나 미심쩍은 일이라고 여겨지지 않는다. 연구에 따르면 실제로 이는 두 사람이 만났을 때 일반적으로 가장 먼저 하는 일이다. 이와 같은 유사점을 발견하는 일은 신뢰와 편안함을 촉진하고 개인과 개인을 결속시키는 강력한 정서적 접착제 역할을 한다.[12] 그러나 계급 배경과 문화적 취향, 싫어하는 것, 관심사, 라이프스타일 사이에 명확한 상관관계가 존재한다는 학문적 연구 결과가 이미 오래전에 확립되었다.[13] 실제로 후원자들은 이러한 관계가 '동종 선호', 즉 비슷한 사람에게 끌리는 과정에서 기인함을 대부분 인정했다.[14] 예를 들어, 특권층 출신인 자문 부서 파트너 나이절은 최근 후원 대상자와의 관계에서 '음주'가 핵심적인 윤활유 역할을 했다고 설명했다.

제가 그동안 쭉 멘토링을 해온 사람이 있는데 지난 크리스마스에 파트너로 승진했어요. 그는 저와 매우 닮은 사람입니다. 그를 데리고

---

12   DiMaggio and Mohr(1985); Gigone and Hastie(1993); Mouw(2003); Vaisey and Lizardo(2010); Griffiths and Lambert(2011); Lambert and Griffiths(2018).

13   Bourdieu(1984); DiMaggio(1987); Bennett et al(2009).

14   이 아이디어는 Rivera(2012)에서 자세히 설명한다. 보다 일반적인 내용은 McPherson et al(2001) 참조.

다니고, 그가 할 일을 제안하는 것은 어렵지 않았습니다. 업계의 비결을 전수해주기도 쉬웠어요. 그는 술을 좋아하는 사람이어서 큰 어려움이 없었습니다.

세무 부서 파트너이자 역시 상위 중간 계급 출신인 조는 한 걸음 더 나아가, 동종 선호와 그의 후원 의지 사이의 연관성을 직접적으로 인정했다.

아이러니하게도 제가 가장 일을 잘한다고 생각하는 사람은 저와 가장 닮은 사람인 것 같아요. 유머 감각이나 업무에 접근하는 방식이 비슷한 사람이요. 하지만 이건 어쩌면 제가 그들을 이쪽으로 밀어붙이고, 같은 길로 인도했기 때문일 수도 있습니다.

이러한 유사성을 인정했음에도 불구하고, 사람들은 대개 의도적인 편애가 아니냐는 의심과는 거리를 두고 싶어 했다. 대부분은 후원 관계가 자연스럽고 유기적으로 발전하는 것이라고 설명했다. 그럼에도 불구하고 우리는 터너 클라크 내부에 광범위하게 존재하는 이러한 동종 후원 사슬로 인해 비록 의도하지는 않았으나 많은 진급 기회가 단지 능력에 따른 것이 아니게 되었다고 본다. 사회학자 로런 리베라[15]가 입증했듯이 "문화적 유사성은 단순한 호감의 원천이 아니라 '능력'을 평가하는 근본적인 기반이 되기도 한다. 실제로, 의식적으로든 무의식적으로든 게이트 키퍼들은 타인을 평가하고 가치 있는 보상을 배분할 때 문화적 유사성을 이용할 수 있다."

---

15   Rivera(2012, p. 1018).

터너 클라크 직원 중 사회적 상승을 이룬 사람들, 특히 여성 및/또는 인종-민족적 소수자 집단의 구성원은 파트너가 되는 경로를 이와는 전혀 다르게 묘사했다. 「방법론에 관한 부록」의 [표 A.1b]에서 알 수 있듯이,[16] 그들은 대개 더 늦은 나이에 파트너가 되었고, 파트너가 되기까지의 평균 근속 기간이 거쳐온 모든 직위 등급에서 상당히 더 길었다. 주목할 만한 점은 이들이 "자신만의 길을 개척"(롤라, 노동 계급 출신), "그 자체로 인정받는 전문성"을 입증(레이먼드, 중간직 출신), 지속적으로 "목표를 달성"(제스, 노동 계급 출신) 등 보다 개별적인 방식의 경험 축적을 강조했다는 것이다. 의미심장하게도 그들의 이야기에서 후원자는 거의 등장하지 않았다.[17] 그 이유는 그들이 후원 이동의 가치를 이해하지 못해서가 아니다. 다음 사례들이 보여주듯, 후원 이동은 많은 경우 특권층 출신, 특히 남성에게 불균형적으로 유리한 메커니즘이었다.

그들은 적격자로 보이고, 조직에 잘 어울리고, 자신감이 넘칩니다. 이런 창창한 젊은 남자들이 들어와서 아주 자신만만하게 행동하면 윗사람들이 그들을 자신의 휘하로 데려가죠. 그러고는 프레젠테이션 같은 자리에 데려가서 기회를 만들어줍니다. 그들이 빛날 기회를

16   「방법론에 관한 부록」의 [표 A.1a-1d]를 보면 사회적 상승을 이룬 터너 클라크의 파트너들은 평균 연령이 높고 특권층 출신 동료에 비해 '가속화' 궤적을 밟았을 가능성이 훨씬 낮다는 점이 두드러진다.

17   따라서 사회적 상승을 이룬 직원들이 겪는 주요한 문제는 '가시성'이었다. 즉 그들의 업무가 고위급 게이트 키퍼들에게 인정받을 동일한 발판이 주어지지 않는다는 사실이었다. 수습 직원 제니(노동 계급 출신)는 이렇게 설명했다. "상급자의 인정을 받는 것이 정말 중요합니다. 한 프로젝트를 오랫동안 하게 되면 가시성이 줄어들죠. 여러 명의 관리자에게 인정받아야 합니다. 모두가 그 사실을 알고 있어요."

주는 거예요.

—마티나(자문, 노동 계급 출신)

저는 경쟁 상대도 안 되는 거죠. 실제로도 그럴 수 없었고요. 그러니 저는 훨씬 더 열심히 일해야 했다는 것이 제 생각입니다. … 지금 있는 곳에 도달하기 위해서요. 왜냐하면 전 아버지의 인맥을 내세울 수도, 학연을 이용할 수도 없었기 때문입니다. 그런 건 제게 아예 가능하지 않았으니까요.

—베브(자문, 중간직 출신)

따라서 후원자는 터너 클라크에서 특히 중요한 역할을 한다. 그들은 '파트너 경로'에 오르는 데 도움이 되는 방식으로 업무를 할당할 수 있을 뿐만 아니라, 종종 파트너 집단에 입성하고자 하는 사람을 밀어주는 중요한 상급자가 되어준다. 이러한 관계는 실력 있는 인재를 발굴하고 보상하려는 진정한 열망을 전제로 함에도 불구하고 매우 주관적이며, 많은 경우 문화적 친숙함을 바탕으로 형성된 강한 개인적 유대감을 반영한다.[18]

방송업계는 꽤 중세적이다: 6TV에서의 후원과 비공식적 채용

방송업계에서 경력을 쌓을 때 필요한 인맥의 힘에 관해서는 이미 많은 연구가 이루어졌다.[19] 이들 연구는, 그래노베터의 용어를

---

18   이러한 결과는 특정 동료와 함께 일하기로 한 직원의 결정을 이해할 때 호감이 유능함보다 더 강력하다는 것을 발견한 Casciaro and Lobo(2008)의 연구에 의해 뒷받침된다.

빌리자면 '약한 연결'이 특히 중요한 역할을 하는 이 얄팍하고 피상적인 산업에 대한 묘사에 주로 주목했다. 우리의 연구는 6TV 직원의 경력 초창기에 이런 연결이 하는 역할을 부분적으로 뒷받침한다. 폭넓은 비공식적 인맥은 분명 인턴십이나 가벼운 구두 추천을 통해 '발을 들여놓을 수 있는 기회'를 제공했다. 하지만 고위직으로의 승진에서는 강한 연결이 훨씬 더 중요한 것으로 나타났다. 고위 경영진의 경력은 대체로 가까운 인맥이 경력을 가속하는 데 매우 적극적인 역할을 했던 몇 번의 결정적인 순간이 좌우했다. 6TV의 시니어 커미셔너 마크는 이 책의 머리말에서 이렇게 설명했다. "방송업계는 꽤 중세적이라고 할 수 있어요. 후원자가 있고, 수습생 시절을 거쳐야 하죠. 후원자를 나열하는 것으로 제 경력 전체를 거의 다 설명할 수 있을 정도입니다."

터너 클라크에서와 마찬가지로 이러한 후원 관계는 거의 모든 경우 여가 활동, 취향, 유머를 공유하는 계급-문화적 매칭 과정에 기반을 두고 있었다. 이는 방송업계 업무의 비공식적 성격, 특히 단기적이고 강도 높은 제작 과정에 의해 촉진되는 경우가 많았다. 커미셔너 레이철과 소피는 이러한 환경에서 후원 관계가 어떻게 형성되는지 아래와 같이 설명한다.

> 그 프로그램을 제작하기 위해 우리는 호주와 뉴질랜드로 10일 동안 여행을 해야 했어요. 음, 이야기를 나누다가 정치에 대한 그의 관심이 드러났지요. 나의 관심도 드러났고요. 그렇게 시작됐어요.
> ─레이철(외주제작국, 전문직/경영직 출신)

19   Lee(2011); Grugulis and Stoyanova(2012).

러너에서 리서처로 승진한 것은 큰 도약이었거든요. 그 직책을 처음
맡고 몇 달 후 제인에게 "제가 잘해낼 줄 어떻게 아셨어요?"라고 물
었던 것을 기억합니다. (웃음) 제인은 "네가 잘해낼 줄은 나도 몰랐
어. 그냥 같이 일하면 재미있을 거라고 생각했지"라고 대답했어요.
제 생각에 이 업계는 사교성, 그러니까 업무 외 시간의 재미에 대한
기대가 있는 것 같아요. … 외과의사인 제 친구는 자기가 좋아하는
사람들과 모든 시간을 함께 보낼 것이라고 기대하지 않지만 이 업계
사람들은 그것을 기대하거든요.

—소피(외주제작국, 전문직/경영직 출신)

　이 인용문들이 보여주듯이, 후원자는 6TV의 거의 모든 커미
셔너와 고위직 임원들의 경력 궤적에서 중요했다. 또한 터너 클라크
에서와 마찬가지로 후원 관계는 대부분 문화적 공감대를 전제로 했
다. 그러나 소피가 보여주었듯 몇 가지 중요한 차이점도 존재한다.
방송업계 업무의 비공식적이면서도 강렬한 성격은 '재미'와 사교성
이 중시되는 전반적인 기풍과 결합해 방송업계 후원의 성격을 상당
히 독특하게 만든다.
　　또한 두 회사에서 후원자가 수혜자를 지원하는 방식에는 중
요한 차이가 있었다. 후원자가 주로 후배 직원을 '영입'했던 터너 클
라크와 달리, 6TV의 커미셔너는 거의 전적으로 외부에서 조달되었
다. 다시 말해 '수평적 고용'이었다. 독자는 고위급 직원의 90퍼센트
가 전문직 또는 경영직 출신인 외주제작국에 6TV의 천장 효과가 집
중되어 있음을 기억할 것이다. 커미셔너 역할을 해내기에 가장 적합
한 인재 풀(독립 제작사의 임원)에는 노동 계급 출신이 3배 더 많다는
점을 고려하면 이는 특히 극명한 격차다.[20]

이러한 현상을 어떻게 이해해야 할까? 한 가지 설명은 외주 제작국의 고위직 채용 과정이 종종 의도치 않게 더 특권적인 사회경제적 배경을 가진 사람에게 유리하게 작동한다는 것이다. 이는 어떤 의도적인 차별의 결과가 아니다. 6TV에 공공연한 계급 우월 의식이 있다는 증거는 발견되지 않았다. 또한 이는 종종 면접 상황과 결부되는 일종의 '무의식적 편향'으로 축소될 수도 없다. 그보다 우리는 후원, 또는 적어도 강한 개인적 유대 관계가 그 과정의 핵심이라고 본다.

확실히 고위직 커미셔너 채용 관행은 두드러지게 비공식적이다. 이 과정은 통상적으로 다음과 같이 구성된다. 먼저 커미셔너들이 자신의 인맥과 업계 정보, 또는 6TV '인재 매니저'의 헤드헌팅 제안을 바탕으로 후보자 목록을 작성한다. 그런 다음 많은 경우 비공식적으로 커피나 술을 같이 하는 자리에서 그들의 의사를 타진한다. 이런 자리는 때로 공식적인 면접으로 이어지지만, 대체로 그저 해당 개인에게 직접 접근하여 일자리를 제안한다. 중요한 점은 일반적으로 채용 과정을 감독하는 6TV의 인사 부서가 이러한 유형의 채용에서는 배제된다는 것이다. 여기서는 고위 커미셔너들이 거의 완전한 자율성을 갖는다.

이는 이유 없이 생긴 관행이 아니다. 실제로 인터뷰 참여자들은 이러한 관행이 타당한 세 가지 이유를 제시했다. 첫째, 프로그램 제작을 외주 줄 때 극심한 재정적 리스크와 평판 관련 위험이 존재하

---

20   독립 제작사('인디') 부문에 종사하는 사람들을 대상으로 한 후속 조사에서 경영진의 28퍼센트가 노동 계급 또는 중간직 출신인 것으로 나타났다(6TV 외주제작국 경영진의 경우 10퍼센트).

고,[21] 둘째, 프로그램 제작 프로젝트는 대부분 시간에 매우 민감하기 때문에 고위 인력 채용 결정이 아주 신속하게 이루어져야 하며, 셋째, 커미셔너의 업무는 고도로 협업적이기 때문에 후보자의 대인 관계 기술, 즉 팀과 잘 어울리는 능력이 매우 중요하다. 따라서 많은 사람들이 이러한 모든 위험을 완화하기 위해서는 신뢰할 수 있는 존재, 즉 시니어 커미셔너 로저가 언급했듯이 "결과를 낼 수 있는" 사람에게 맡기는 것이 방법이라고 얘기한다.[22]

그러나 이로 인한 부작용 중 하나는 시니어 커미셔너 마이클이 인정한 것처럼 "신뢰성을 호감도와 혼동"하여 의도치 않게 자신과 비슷한 사람을 뽑게 된다는 것이다. 터너 클라크에 비해 6TV에서는 이러한 논의에서 후원과 관련한 표현이 덜 명시적이었다. 그러나 대부분의 커미셔너는 자신이 뽑은 사람들이 보통 본인이나 채용 과정에 직접 관여한 누군가와 밀접한 관계를 맺고 있는 업계 관계자였다고 인정했다. 전문직/경영직 출신 커미셔너 제임스는 다음과 같이 부연했다.

저도 다른 사람들과 마찬가지로 그런 경향에서 자유롭지 않습니다. … 거기에는 이유가 있어요. 몇 년 동안 이 일을 하다 보면 많은 일이 잘못될 수 있다는 걸 알게 되고, 통제할 수 없는 일에 방어벽을 세우고 싶어져요. 그렇게 하는 방법 중 하나는 확실하게 자리 잡은

---

21   '신제도주의 이론neo-institutional theory'으로 알려진 사회학 학파에 따르면 이러한 불확실성의 문제는 문화 상품 생산을 특징짓는 핵심 요소이며, 따라서 문화 산업 조직 내에서 이루어지는 조치는 이러한 우려를 완화하고 해결하기 위한 노력이 주를 이룬다(DiMaggio and Powell, 1983; Bielby and Bielby, 1994; Godard and Mears, 2009).

22   이는 Pfeffer and Leblebici(1973)가 제조 기업에서 발견한 것과 유사하다.

회사와 함께 일하고, 마음 맞는 사람들과 함께 일하는 것입니다. 비슷한 배경, 비슷한 관심사를 가진 사람들과요. … 솔직히 말해서 대개의 경우 유능함과 남들과 잘 지내는 것은 밀접한 관련이 있어요. 일종의 악순환이라고 생각합니다.

따라서 터너 클라크와 6TV에서 후원은 가장 높은 평가를 받고 가장 연봉이 높은 위치에 오르는 데 중요한 역할을 한다. 6TV에서 이는 첫째, (특히 외주제작국에서) 채용 과정의 비공식성으로 인해 개인의 인맥이 채용 결정에 중요한 영향을 미치는 것이 허용되고, 둘째, 방송 업무의 특징인 리스크와 불확실성 때문에 충성심과 신뢰성에 대한 요구가 많기 때문이다. 이러한 특성들은 부분적으로 '능력주의'나 실적 등 측정 가능한 역량과 관련이 있긴 하지만, 또한 '신뢰'를 바탕으로 흔히 자신과 비슷한 사람을 채용하려는 후원자의 경향을 강화하고 정당화하는 역할을 하기도 한다.

— **반대의 상황: 쿠퍼스에서의 후원**

지금까지 우리는 위로부터의 후원이 특권층에게 유리하게 작용하는 경향이 있음을 살펴보았다. 그러나 필연적으로 그런 식이어야 할 이유가 있는 것은 아님을 인식하는 것이 중요하다. 랠프 터너가 애초에 주장한 후원 이동 모델은 권력을 가진 사람들이 자신이 다른 사람에게서 보고 싶어 하는 자질, 또는 '유능하다'고 인식하는 자질을 기반으로 상향 이동을 결정한다는 단순한 개념을 전제로 한다. 터너가 보기에 이 과정은 이미 특권을 누리고 있는 사람들에게 특권을 부여하는 방식으로 작동했으나, 이는 아마도 그가 기존의 엘리트 고위직 인사들이 대부분 유리한 배경을 가진 사람들이라고 가정했기 때문일 것이다. 그렇다면 이러한 가정이 성립하지 않는 엘리트 직종이나 조직에서는 어떨까?

이런 점에서 건축 회사 쿠퍼스에 주목할 필요가 있다. 건축 분야에는 특정한 일대일 '스승-제자' 기반의 경력 발전 모델에 따라 후원이 이루어지는 오랜 역사가 있다.[23] 이러한 후원의 사슬은 오늘날에도 여전히 일반적이며, 대부분의 건축 회사가 소규모이기 때문에 경력 초기에는 대체로 선임 건축가 밑에서 일하게 된다.[24] 후원은 쿠퍼스 직원들의 경력 이야기에서 중요한 주제였다. 우리는 이러한 일대일 관계가 얼마나 만연하며, 때로 그 정서적 깊이가 얼마나 깊은지에 놀랐다.

그러나 쿠퍼스의 파트너 중 절반가량은 중간직 또는 노동 계급 출신이라는 점도 기억할 가치가 있다. 이 회사의 후원자와 수혜자가 들려주는 실제 후원 사례는 터너 클라크나 6TV와는 상당히 달랐다. 쿠퍼스의 사례들도 대체로 계급-문화적 유사성이라는 동종 선호적 유대감에 뿌리를 두었으나, 이는 대개 (더 특권적인 배경을 가진 사람이 아니라) 덜 특권적인 배경을 가진 사람들에게 유리하게 작용했다. 때로 그것은 공유된 지역적 정체성("그도 북부 지방 출신") 또는 업무 외 취미의 공유로 인한 연결 등 더욱 교묘하게 계급적인 방식으로 언급되었다. 그러나 일부 내러티브는 고위 직원들이 후배 직원에게서 자신의 모습을 보고 구체적인 형태의 도움과 지원을 제공하는,

23　　Stevens(1999).

24　　또한 실무 건축가들이 건축학교에서 학생들을 가르치면서 자신의 사무실에서 일할 '최고의' 학생들만 뽑아가려고 시도하는 경우도 드물지 않다.

상당히 의도적인 후원 양식을 따르는 것처럼 보였다.

구체적인 설명을 위해 여기서 게리와 아민의 관계를 살펴보자. 파트너 중 한 명인 게리는 요크셔 지방의 노동 계급 가정 출신이었다. 그는 계급이라는 주제에 대해 자신의 의견을 열렬히 개진했고, 미디어에서 노동 계급 사람들이 묘사되는 방식과 사회 계급이 그의 가족에 부과한 한계에 대해 명백한 분노를 표출했다. 게리가 자신의 '오른팔'이라고 칭한 아민은 이제 회사의 파트너가 되었으며 역시 노동 계급 출신이다. 파키스탄계 영국인으로 글래스고 출신인 아민과 백인 영국인으로 시골 출신인 게리 사이에는 현저한 차이점이 있지만, 두 사람 다 돈이 빠듯한 환경에서 자랐으며 그럼에도 불구하고 건축업계에 입문하여 성공했다. 또한 아민의 표현을 빌리자면 게리가 그를 "휘하로 거둬들여" 커리어를 상당히 노골적으로 후원했음이 명백했다. 아민은 힘들게 대학을 졸업한 후 쿠퍼스에 입사했다. 15년쯤 지난 지금도 그는 아직 정식으로 건축가 자격을 취득[25]하지 못했다. 게리는 이러한 형식적인 한계를 무시하고 아민에게 일반 사무 업무를 시작으로 프로젝트 매니저, 궁극적으로 상업 전략을 담당하는 파트너로 승진시키는 등 지속적으로 경력 기회를 제공했다.

구체적인 업무 기회도 중요했지만 이 관계에서 드러난 가장 중요한 논지는 게리가 제공한 정서적, 심리적 지원이었다. 게리는 아민이 불안감을 극복하도록 돕고 스트레스로 힘들어할 때 그를 지원했다. 아민은 자신과 게리를 내성적인 사람이라고 묘사하며, 게리의 모범을 따라 자신도 억지로라도 외향적으로 변해야 한다는 것에 대

25　'건축가'라는 전문 직함은 보호를 받는다. 건축가 등록 기관Architects Registration Board(ARB)은 건축 교육의 세 가지 시험을 모두 통과한 사람들의 명부를 관리한다. 영국에서 이는 보통 대학 5년, 전문 실무 2년 등 최소 7년이 소요된다.

해 길게 이야기했다. 아민은 또한 게리가 자신이 건축 교육을 마칠 수 있도록 격려했으며, 추상적이고 미학적인 측면에서 어려움을 겪을 때 개입해주었다고 설명했다.

제가 학위 논문을 쓰는 과정에서 게리는 굉장한 도움을 주었어요. 그는 저를 예술의 세계로 인도해주었지요. 예술과 건축. 저에게는 그 모든 것이 새로웠고, 우리는 함께 여러 갤러리를 방문했습니다. 정말 멋진 여정이었고, 그 여정이 끝날 무렵 저에게는 보는 눈이 생겼습니다.

이 책의 더 넓은 주장의 맥락에서 보면 이러한 유형의 후원은 좀 더 선뜻 호의적으로 바라볼 수 있을 것이다. 게리는 아네트 라루가 '문화의 안내자'[26]라고 칭한 역할을 수행하며 아민이 엘리트 직업을 무사히 헤쳐 나갈 수 있도록 돕고, 자신의 힘으로 그의 사회 이동성을 촉진하고자 했다.[27]

하지만 동시에 이러한 유형의 후원이 지닌 관계적 함의를 이상화하지 않고 같은 방식으로 뜯어보는 것이 중요하다. 이러한 관계는 여전히 동종 선호에 뿌리를 두고 있으며, '자연스러운' 또는 '유기적인' 문화적 공통성에 의해 공고해진다. 후원자에 의해 성공적으로 영입되고 육성된 수혜자 한 명당, 혼자 스스로 길을 만들어가야 하는

---

26   Lareau(2015).

27   사회 이동성은 게리의 입에서 거론되는 말은 전혀 아니었다. 실제로 그는 1980년대에 진행된 개혁 이후 건축업계가 실질적으로 능력주의에 따라 기능하게 되었다고 생각했다. 그럼에도 불구하고 그는 현대의 사회 이동성 담론에 잘 부합하는, 지역 학교에서 진행되는 아웃리치outreach 활동을 자랑스럽게 여겼다.

운이 덜 좋은 사람이 여럿 존재한다.

실제로 일대일 유대 관계의 중요성은 그것이 부재할 때 가장 명확하게 드러났다. 쿠퍼스에서 이러한 현상은 특히 우리가 인터뷰한 여성들 사이에서 두드러졌다. 건축업계가 유리 천장이 가장 심한 직종 중 하나임은 널리 알려진 사실이다.[28] 전반적인 성별 대표성의 측면에서 모범 사례 중 하나로 꼽히는 쿠퍼스도 다르지 않았다. 15명의 파트너 중 여성은 한 명도 없었다. 여성 직원들의 경력 이야기에서 멘토링과 후원은 흔히 언급되긴 했으나 주로 경력 초반인 젊은 건축가들의 경우였고, 아직 실질적인 혜택으로 이어지지 않았다.

세라는 시사하는 바가 많은 사례를 제공해주었다. 세라의 배경은 중간 계급이었지만(세라는 사립교육을 받았고, 아버지는 엔지니어가 되어 사회적 상승을 이루었다), 이러한 특권은 세라가 업계 고위 인사들과 관계를 형성하는 데 도움이 되지 않았다. 세라는 자신의 커리어를 전적으로 스스로 주도해 발전시켜왔다고 말했으며, 20년의 경력 동안 멘토가 있었던 적도, 상급자들에게서 의미 있는 지원을 받은 적도 없다고 설명했다. 그보다 세라는 특히 경력 초기에 건축업계가 "자기중심적인 남성들의 클럽"이었다고 묘사했다.

그럼에도 불구하고 세라는 매우 성공적인 커리어를 쌓았다. 20대와 30대에 여러 건축 실무 분야에서 입증 가능한 전문성을 쌓기 위해 열심히 노력했고, 그 결과 (파트타임으로 일하면서 어린 자녀를 키우는 등) 여러 난관을 딛고 6년 전 유명 기업에서 파트너가 되었다. 그러나 궁극적으로 그 성공은 (특출 나긴 하지만) 일시적인 것이었다. 최근 세라는 폭압적인 남성 파트너의 비윤리적 행동으로 인해 다니던

28   De Graft-Johnson et al(2005); Britton et al(2016).

회사를 떠나기로 '선택'했고, 쿠퍼스에서 현재의 직책을 맡기 위해 직위 강등을 감수했다.[29]

세라의 이야기는 지지와 후원 없는 커리어 진전이 얼마나 취약한지 보여준다. 세라는 명백히 열심히 일했고, 전문성을 쌓았으며, 심지어 기대 이상의 성과를 냈다고 할 수 있는데도 그 성공은 상급자(주로 남성)의 개인적 지원이 뒷받침되지 않아 항상 취약할 수밖에 없었다.

따라서 쿠퍼스의 사례는 후원과 계급 천장에 대한 우리의 주장에 중요하고도 미묘한 차이를 제공한다. 이는 후원 이동이 반드시 계급적 특권층의 전유물이 아님을 보여준다. 그런 경우가 많긴 하지만 후원은 대개 동종 선호에 기초한 과정이며 다양한 인구통계적 특성을 중심으로 형성될 수 있다. 쿠퍼스의 경우, 후원과 관련하여 가장 명백한 패자는 노동 계급 출신이 아니라 모든 배경의 여성들이다.[30]

인맥과 불평등

다수의 학술 문헌이나 정책 문헌은 커리어의 성공에 영향을 미치는 인맥의 힘에 초점을 맞춘다. 따라서 조직 내 불평등을 해소하려는 사람들은 불리한 집단의 약한 유대 네트워크를 강화하고, 동시

---

29 최근의 연구는 많은 엘리트 노동 시장에서 이러한 과정이 만연함을 밝혔다. 이 연구들에서 여성은 정규직이나 치열한 커리어에 덜 헌신한다는 인식에 기초한 광범위한 '헌신 페널티'에 직면하는 것으로 나타났다(Budig and England, 2001; Correll et al, 2007). 의미심장하게도 이러한 헌신 페널티는 남성들이 특권적 배경에 의해 얻는 계급 기반 이점을 여성에게서는 앗아간다(Rivera and Tilcsik, 2016).

30 예를 들어 쿠퍼스에는 노동 계급 출신 여성이 한 명도 없으므로 이중의 불이익이 존재하리라는 점을 주목할 만하다.

에 특권층이 활용하는 인맥을 다양화하려는 시도에 주력하는 경우가 많다. 영국의 영향력 있는 다양성 운동가 데버라 윌리엄스는 "우리 모두 주소록을 교환하기만 하면 된다"라고 주장했다.

이러한 목표는 분명 훌륭한 것이지만, 우리의 연구에 따르면 고위직 인맥의 불평등은 이보다 훨씬 더 강한 유대의 패턴화에 뿌리를 두고 있을 수 있다. 이 장에서는 이러한 형태의 후원이 커리어를 빠르게 발전시키는 역할을 하며, 종종 투명하지도 않고 책임을 묻기도 쉽지 않은 '뒷문back-door' 경로를 제공한다는 점을 살펴봤다. 물론 후원이 성공을 보장하지는 않지만 상당한 이점을 제공하는 것은 사실이다.

후원자가 중개하는 기회는 거의 항상 '재능의 발견' 또는 '잠재력에 대한 보상'이라는 말로, 즉 '능력'을 기초로 한 것으로 정당화된다. 하지만 우리는 이러한 도움의 손길이 많은 경우 문화적 공감대와 문화적 매칭에 뿌리를 두고 있음을 밝혔다. 인재 발굴에 관해 이야기한 후원자들이 솔직하지 않다고 암시하려는 것이 아니다. 그보다는 문화적 유사성이 '능력'과 재능을 판별하는 기본적인 기준이 되는 일이 매우 흔하다는 것이 문제다. 이는 단순히 개별 후원자와 수혜자가 공유하는 특정한 문화적 유사성만을 의미하는 것이 아니라, 특정 엘리트 직종에서 지배적인 광범위한 행동 규범과 관련이 있을 수 있다. 다음 장에서는 이러한 행동 규범이 우리가 사례 연구를 실시한 다양한 직종에서 어떻게 작동하는지 살펴본다. 우리는 이러한 규범이 많은 경우 특정 인물이 적합한지 혹은 부적합한지를 판단하는 본능적인 감각을 지배한다고 본다.

7장 =

적합성

"소피는 자기선전에 능숙하더군요. … 그 사실을 노골적으로 드러내지 않으면서 말이에요. 그렇지 않나요?" '미래 리더' 심사위원단은 심사위원장 사이먼의 의견에 나직이 동의를 표했다. 그들은 두 사람의 지원자 소피와 마틴의 상대적인 장점에 대해 논의하고 있다. 두 사람은 방송업계의 '떠오르는 스타'를 선발하여 고위직으로 키우기 위해 지원, 멘토링, 인맥을 제공하는, 방송업계에서 가장 명망 높은 1년짜리 중간 경력 제도에 선발되기 위해 경쟁하고 있다. "반면 마틴은… 정말 인상적이긴 했지만 좀 걸리는 점이 있죠? 우리가 찾는 사람인지 확신이 가지 않네요." 마크가 말을 이었다.

　　서류상으로 볼 때 소피와 마틴이 보유한 자격은 매우 유사했다. 두 사람 모두 경력 초기에 빛을 발했다. 사립교육을 받은 상위 중간 계급 출신 백인 영국인[1] 소피는 다큐멘터리 제작자로 일하면서 인상적인 이력을 쌓았다. 흑인 영국인이며 노동 계급 출신인 마틴은 이미 수차례 수상 경력이 있는 극작가다. 심사위원단은 소피와 마틴이 둘 다 선발될 자격이 충분하다는 데 동의했지만 둘 중 한 사람만

---

[1]　　미래 리더 프로그램은 사회 이동성을 촉진하고자 했기 때문에 면접을 진행하기 전에 모든 지원자의 학교 교육 및 부모 직업에 대한 데이터를 수집했다.

골라야 했다.

    이틀 동안 치열하게 진행된 인터뷰를 관찰하는 일도 이제 막바지에 이르렀다. 수백 명의 지원자 가운데 선정된 30여 명의 최종 후보 대부분은 보유한 전문성과 지식은 서로 달라도, 경력과 성취라는 면에서 누가 더 낫다고 말하기 어려운 쟁쟁한 이력의 소유자들이었다. 따라서 면접이 핵심이었다.

    오랜 토론 끝에 심사위원단은 결국 소피의 손을 들어주었다. "모든 것을 고려했을 때 소피가 더 적합한 인물이라고 봅니다." 사이먼이 심사위원단 토론을 마무리하며 말했다. 사이먼은 그 '적합함'이 무슨 뜻인지 자세히 설명하지 않았지만 행간을 읽는 것은 어렵지 않았다. 소피는 면접장에 들어서자마자 미로 같은 건물 분위기가 1990년대 인기 TV 게임쇼를 연상시킨다는 농담을 던져 패널들의 환심을 샀다. 즉시 분위기가 바뀌었다. 몇 시간 동안 면접에 집중하느라 긴장했던 패널들이 눈에 띄게 편안해하는 것이 보였다. 소피는 계속해서 심사위원단과 잘 알려지지 않은 다른 게임쇼들에 대한 농담을 주거니 받거니 하며 화기애애한 분위기를 이어갔다. 소피는 분명 면접 자체도 잘 봤다. 규격화된 질문에 대한 소피의 답변은 자신감 넘치고 명료했으며 박식함을 잘 드러냈다. 하지만 무엇보다 인상적이었던 것은 첫 2분간의 상호 작용이 미친 지속적인 영향력이었다. 격식을 차리지 않는 소피의 편안한 태도와 아는 사람들만 아는 유머는 곧바로 심사위원단과 정서적 에너지를 형성하여 친근하고 호의적인 면접 분위기를 조성했다.

    마틴의 경험은 매우 달랐다. 정장 차림으로 들어선 그는 혼자만 정장 차림인 걸 눈치채고는 시작부터 눈에 띄게 불편해했다. 소피와 마찬가지로 마틴도 심사위원단과 농담을 주고받으며 분위기를 풀고자 시도했다. 하지만 그의 농담은 아무런 호응도 얻지 못했다. 그가 역경을 극복한 이야기는 심사원단에게 깊은 인상을 남겼지만, 동시에 그의 이런 투지가 면접에서 불리하게 작용하는 것 같았다. 그는 열정적이고 진지한 태도로 말했다. 한 심사위원에 따르면 그의 스타일은 "약간 공격적"이었다. "그 사람은 좀 너무 진지했어요." 또 다른 심사위원이 결론을 내렸다.

'적합성'과 같은 불분명하고 모호한 개념은 사회과학 설문조사에 등장하지 않는다. 공식 고용 데이터에도 포함되어 있지 않다. 구인 광고의 자격 조건에서도 찾아볼 수 없다. 그러나 이상의 예시가 보여주듯 적합성은 노동 시장에서 특정한 사람들이 앞서 나가는 이유를 파악하는 데 매우 효과적일 수 있다. 실제로 이 장에서 우리는 이것이 영국에 존재하는 계급 임금 격차의 핵심 동인 중 하나임을 보여줄 것이다.

행동 규범의 습득은 우리가 살펴본 모든 직업에서 출세하기 위해 필요한 핵심 요소다. 이는 당신이 출세하기에 '적합한 유형'의 사람이자 조직에 어울리는 사람이라는 신호를 보내는 주요한 방법이며, 고위직 의사 결정자들은 응당 그런 사람에게 보상한다. 그러나 중요한 것은 이러한 규범이 실상 많은 경우 엘리트 직업의 업무와 크게 관련이 없으며, 능력이나 성과 또는 지능을 측정하는 데 특별히 신뢰할 만한 척도가 아니라는 점이다. 오히려 우리는 그런 규범이 대개 '유리 구두glass slipper'를 대변한다고 본다. 즉 이런 규범 때문에 어떤 사람들에게는 직장이 자연스럽게 녹아 들어갈 수 있는 곳이지만 어떤 사람들에게는 불편한 곳이 된다. 특히 이런 규범은 이와 같은 직장 문화에 어울리거나 적응하는 데 종종 어려움을 겪는 노동 계급 출신에게 문화적 장벽으로 작용하는 경우가 많다.

— **유리 구두**

우리 대부분은 직업에 따라 다른 정체성을 갖게 된다는 사실을 인식한다. 학자는 은행가와 다른 모습이고, 오디션에서 허용되는 행동이 회의실에서는 통하지 않을 수 있다. 더 시급한 질문은 왜 그런가이다. 이러한 규범은 어디에서 비롯되었을까? 그리고 우리에게 특히 중요한 질문은, 이런 규범이 일부 사람들에게 불공평한 이점을 부여하는가이다. 이런 질문들을 살펴보기 위해서는 먼저 '유리 천장'과 관련한 통찰을 바탕으로 그것을 더 발전시킨 은유인 '유리 구두' 개념을 소개하는 것이 유용할 것이다. 미국 학자 캐런 애쉬크래프트가 소개한 '유리 구두'의 은유는 실제 업무와 거의 관련이 없는데도 특정 직업이 어떤 사람들에게는 자연스럽게 어울리고, 어떤 사람들에게는 불가능하거나 힘든 것으로 여겨지는 내재된 특성이 존재하는 것처럼 보이는 현상을 포착한 표현이다.[2] 마치 신데렐라의 구두처럼, 많은 엘리트 직종에 대한 대중의 이해에는 꼭 가장 재능 있거나 숙련되거나 유능하지 않더라도 그 직업에 더 '자연스럽게' 어울린다고 여겨지는 특정 사람들의 이미지가 녹아 있다. 애초에 공주 역할에 신발 사이즈가 중요한 이유가 있겠는가? 작은 발은 신데렐라를 최고의 후보자로 만든다. 그 일이 신데렐라를 위해 만들어진 신발을 중심으로 정의되었기 때문이다. 다른 한편으로 유리 구두의 은유는 '의붓 자매'의 존재를 통해 당신을 위해 만들어지지 않은 직장 문화에 적응하거나 적응한 척하는 일의 어려움도 포착한다. 따라서 직종별 '유리 구두'는 과거에 주로 어떤 유형의 사람들이 그 일을 했는지, 일터에서 어떻게 행동하는 것이 '올바른' 방식인가에 관한

---

2   Ashcraft(2013).

그들의 생각이 시간이 흐르며 어떻게 내재화되고 심지어 제도화되었는지 그 역사를 담고 있다.[3]

최근 수십 년간 많은 직종의 경영 지침이 합리성과 자기 절제에 대한 강조를 지양하고, 직장에서의 자기표현과 '개인적 특성', 그리고 진정성의 중요성을 강조하는 쪽으로 옮겨 가면서 유리 구두 개념의 가치도 증가했다.[4] 피터 플레밍이 설명하듯, 오늘날 직장인들은 "자기 그대로의 모습을 허용하면 동기 부여와 생산성 상승으로 이어질 것"이라는 전제에 기초한 '너 자신답게 행동하라'는 경영 방침을 만난다.[5] 그러나 유리 구두는 진정한 정체성의 어떤 표현들이 다른 표현들보다 더 쉽게 보상받는다는 것을 입증함으로써 이러한 '상식'이라는 주문mantra을 바로잡는 데 유용한 개념이다. 모든 사람이 직장에서 자기 자신을 있는 그대로 드러낼 수 있는 것은 아니다.

유리 구두가 중요한 이유는 물론 그것이 특정 직업 종사자 중에서 누가 스스로 그 직업에 '적합'하다고 혹은 적합하지 않다고 느끼는지에 영향을 미쳐, 결국 누가 앞서 나가는가라는 문제에서 실질적인 차이를 만들 수 있기 때문이다. 이는 니콜라 잉그램과 킴 앨런이 부르디외의 이론을 바탕으로 일종의 '사회적 마법social magic'이라고 보았던 현상, 즉 직장에서 중요하게 여겨지는 가치와 문화적 조화

---

3   노르베르트 엘리아스의 고전적 저서 『문명화 과정The Civilizing Process』(2000)은 지배적인 행동 규범의 자의적 성격과 시간에 따른 지속적인 변화를 설명하는 데 유용하다. 그는 다음과 같이 언급한다. "우리의 선악 판단, 우리의 초자아의 필수적인 부분으로서 우리 안에 뿌리 내린 다수의 행동 규범과 정서는 기득권층의 권력과 지위 야망의 잔재이며, 그들의 권력 기회와 지위 우월성을 강화하는 것 외에 다른 기능은 없다."(2000, p. 523)

4   Boltanski and Chiapello(2007); de Keere(2014).

5   Fleming(2009).

를 이룰 수 있는 구조적 특권을 보유한 사람을 마치 '물 만난 물고기'처럼 '자연스럽게' 보이도록 하는 결과를 낳는다. 그런 사람은 어떤 내재적 기술 또는 그러한 특성을 발전시킬 수 있었던 사회적 세계와 무관한 객관적 기술을 가진 사람처럼 보이게 되는 것이다.[6]

애쉬크래프트의 연구는 미국에서 직업 정체성이 주로 백인 남성에게 이점을 제공하는 현상을 탐구하는 데 초점을 두었다. 최근 경영학자 루이즈 애슐리의 선구적인 연구가 유리 구두 개념을 영국 독자들에게 소개했는데, 애슐리는 이 개념이 계급 배경에도 적용됨을 보여주기 시작했다. 투자은행 관련 직업에 대한 접근성을 살펴본 연구에서 애슐리는 특정한 복장 규범이 은행에서 일하고자 하는 지원자의 적합성을 판단하는 데 여전히 아주 강력한 영향을 미친다는 사실을 입증했다. 은행에 지원한 사람은 정장에 넥타이, 심지어 신발까지(갈색이 아닌 검은색이어야 한다) '그 업계 사람처럼 보여야' 한다. 해당 업계 채용 담당자들은 대졸자 면접 때나 인턴 기간에 이런 요소가 종종 자신의 판단에 큰 영향을 미친다는 사실을 인정한다. 마찬가지로 어떤 경우에는 기술적인 능력이 뛰어나더라도 특정한 행동, 말투, 복장 등으로 인해 은행가가 되기에 부적합한 사람으로 판단될 수 있다.

애슐리는 이러한 '문화적 역량'의 요소들이 중간 계급의 사회화에 뿌리를 두고 있으며, 주로 특권층 백인의 가정환경을 통해 주입됨을 보여준다. 따라서 이 백인 중간 계급의 '기준'을 벗어난 사람들

---

6   Ingram and Allen(2018), Bourdieu(1990b, p. 119) 참조. 더 일반적으로는 Lawler and Payne(2017, p 214)의 다음과 같은 언급을 참조할 수 있다. "사회적 마법은 애초에 그것을 생산하는 사회관계를 은폐함으로써 일부 사람들에게 가치를 부여하는 차이를 그들이 자연스럽게 지니고 있었던 것처럼 보이게 한다."

은 "이 상당히 복잡한 규범을 해독하고 헤쳐 나가는 데 아주 높은 수준의 에너지를 할애해야 하며, 이로 인해 최상의 상태에서 업무를 수행하는 능력이 저해될 수 있다."[7] 애슐리의 연구는 언뜻 보기에 피상적이고 누구나 쉽게 취할 수 있는 것처럼 보이는 정체성의 문제가 계급 불평등을 재생산하는 데 중요한 역할을 한다는 것을 보여주는 중심축이 되었다.

영국의 엘리트 직장에서 '유리 구두'가 어떻게 사회적 마법을 부리는지를 밝혀내는 연구가 시작되는 데 애슐리가 중요한 역할을 한 것은 분명하다. 그러나 애슐리의 연구는 접근의 문제, 즉 '진입'하기 위해 애쓰는 사람들에 국한된다. 이 장에서 우리는 해당 개념이 누가 더 높은 자리에 올라가는지를 이해하는 데도 마찬가지로 혹은 더욱 중요하다고 주장한다. 적합성 개념은 입사 또는 채용과 같은 구체적인 순간(예를 들어 대졸자 면접)에도 분명 중요하지만, 우리는 이것이 직장의 보다 일상적인 업무를 구조화하는 데에도 구석구석 힘을 발휘한다고 본다. '유리 구두'의 힘, 즉 한 개인이 소속 분야의 지배적인 이미지에 적합한지 아닌지가 가장 분명하게 드러나는 곳은 바로 이런 사무실에서의 일상적 상호 작용, 고객 프레젠테이션, 오디션 또는 제안 회의 자리이기 때문이다. 이 장에서는 주로 이런 상황을 중점적으로 살펴본다. 이를 통해 우리가 사례 연구한 직종들에서 '유리 구두'가 어떤 모습으로 나타나며 그 윤곽과 경계, 그리고 결정적으로 이것이 서로 다른 계급 배경을 가진 사람들의 경력에 어떤 영향을 미치는지를 보여줄 것이다.

[7]   다양한 참고 문헌으로는 Ashley(2010), Ashley and Empson(2013, 2016), Ashley et al(2015) 등이 있다.

당신은 파트너 재질인가? 회사 생활에서 '세련됨'의 힘

터너 클라크에서 진행한 인터뷰에서는 성공에 관한 거의 모든 대화에 '파트너 재질partner material'이라는 용어가 등장했다. 파트너 재질로 점 찍히는 것은 회계사 경력 초기, 주로 5~6년 차에 이루어지며, 그렇게 선택된 사람은 보통 다양한 단계의 중간 관리 직급을 통과하며 고속 승진하게 된다.

따라서 '파트너 재질'로 선별된 사람에게는 정상으로 가는 거의 보장된 경로가 제공된다. 여기서 자연스럽게 이런 질문을 하게 된다. '파트너 재질'이란 어떤 모습이며, 그것을 어떻게 알아보고 평가할까? 이와 관련하여 터너 클라크의 현직 파트너 다수는 회계사가 되기 위해 필요한 역량과 그 이상의 상층부에 도달하는 데 필요한 역량을 구분했다. 이러한 구분은 종종 기술적인 것을 넘어설 수 있는 사람, 즉 회계사 자격을 취득하는 데 필요한 '핵심적인' 계산 및 산술 기술(예를 들어 회계 기준 및 복잡한 세금 코드에 대한 지식)을 넘어설 수 있는 사람을 중심으로 한다. 경력 초기에는 이런 실질적인 기술이 중요하지만 직급이 올라갈수록 인간적 매력, 신뢰감, 흡인력 등 보다 모호한 '부드러운' 기술이 필요해진다.[8] 전문직/경영직 출신의 감사 부서 파트너 콜린은 이렇게 설명했다.

> 처음에는 다 기술적인 거죠. 기술적으로 탁월해져야 하고, 기본적으로 파트너들의 뒤를 받쳐줄 수 있어야 합니다. 그러나 나중에 기술적인 건 다 아는 시점이 오면 그것이 덜 중요해집니다. … 관리자급

---

[8]   이는 '빅4' 회계법인의 파트너들이 중요하게 여기는 속성에 대한 Spence and Carter(2014)의 연구에서도 확인할 수 있다.

이 되면 그걸 넘어서야 하는 시점이 오지요.

우리는 기술적인 것을 넘어서는 것이 많은 경우 개인의 자기표현과 커뮤니케이션 스타일에 좌우된다는 사실을 알게 되었다. 세무 부서 파트너 매튜의 표현을 빌리자면 이는 "외모와 말투가 그 역할에 걸맞은 것", 자문 부서의 수습 직원 레베카의 표현을 빌리자면 "유능하다는 이미지를 투사하는 것"에 달려 있었다(둘 다 전문직/경영직 출신). 이러한 자질은 흔히 포괄적인 의미의 '세련됨'으로 요약된다. 그리고 우리는 이 세련됨의 개념이 회계업계의 '유리 구두'를 이해하는 데 핵심적인 부분이라고 본다.

세련됨에는 여러 가지 차원이 있다. 첫 번째는 억양과 말투, 특히 용인 발음Received Pronunciation(RP)에 대한 선호도다.[9] 상위 중간 계급 출신의 자문 부서 파트너 로버트는 이렇게 말했다.

언어와 발화는 굉장히 큰 비중을 가진 차별화 요소입니다. 아마도 제 신경을 거스르는 몇 안 되는 요소 중 하나일 겁니다. … 사람들이 부정확한 문법 혹은 그와 비슷한 것을 사용하면 이는 제게 무언가에 대한 매우 명백한 식별자로 작용합니다. 날것 그대로의 사투리라든가….

세련됨은 또한 외모, 복장, '에티켓'에 관한 것이기도 하다. 대부분의 대기업과 마찬가지로 터너 클라크에는 '현대적이고 프로다

9   일반적으로 '여왕의 영어' 또는 'BBC 영어'라고도 불리는 RP는 잉글랜드, 특히 남동부 지역의 상위 중간 계급이 사용하는 표준화된 발음과 억양을 가리킨다. 자세한 내용은 8장 참조.

운' 명시적인 복장 규정이 존재한다. 이 가이드라인은 "그날의 일정에 맞는 옷차림, 기업 브랜드에 맞는 옷차림"이라는 지침을 제시한다. 이는 물론 매우 모호한 조언이다. 특히 복장에 대한 기대치가 더 불투명하고 더 엄격하게 평가되는 여성에게는 더욱 맞추기 어려운 기준이다. 최근에 파트너가 된 베브(중간직 출신)는 직장의 남성 상사들이 자신이 입은 옷의 '적절성'을 기준으로 자신을 평가한다는 느낌에 수년간 시달렸다고 설명했다.

> 예전이라면 직소Jigsaw나 리스Reiss 매장에서 정장을 구입하고 어떻게든 맞춰보려고 했을 텐데… 모르겠습니다. 저는 이제 그따위 것들은 모두 포기했어요. 이제 난 그냥 이렇게 입을 거야 하는 식이죠.

그러나 가장 중요한 것은 세련됨이 특정한 커뮤니케이션 스타일에 관한 것이라는 사실이다. 우리가 얻은 결과는 미국의 전문 서비스 기업들에서 '세련됨'이 가진 힘에 대해 쓴 로런 리베라의 연구 결과를 강력하게 반영한다. 리베라는 대졸자 면접을 회상하며 이렇게 썼다. "세련됨이란 편안해 보이는 동시에 면접관을 편안하게 만드는 것이다. 대화를 주도하면서도 대화의 규범이나 상대방이 발언할 시간을 주는 규범을 지키고, 열정을 드러내되 선을 넘지 않고, 자신감 있어 보이지만 거만해 보이지 않는 것이다."[10] 세련됨의 이런 측면들(상호 작용 시의 침착함, 절제된 표현, 체화된 편안함 등)은 터너 클라크에서 성공하는 데 필수적인 요소이기도 했다. 실제로 우리는 이런 종류의 요령 있는 커뮤니케이션 스타일의 힘이 직업에 대한 접근

---

10   Rivera(2015, p. 172).

성보다 커리어 진전의 측면에서 더 강력할 수 있다고 본다. 확실히 그것은 회의, 평가, 고객 프레젠테이션 및 친목 행사에서 상호 작용을 원활하게 하는 등 매일의 직장 생활을 성공으로 이끄는 핵심 요소로 보였다. 그리고 의미심장하게도 세련됨의 중요성을 가장 명확하게 설명하는 사람들은 자신에게 그것이 부족하다고 느끼는 이들인 경우가 많았다. 노동 계급 출신의 자문 부서 파트너 필립은 다음과 같이 설명했다.

> 회의를 할 때 어떤 사람들은 언제 발언해야 하는지 자연스럽게 알고 있어요. 그러니까, 회의에서 실제로 발언할 수 있으려면 게임에 대한 훈련을 받아야 해요. 저는 이것이 제가 정말로 못하는 일 중 하나임을 알게 되었습니다. 발표할 내용이 정해져 있으면 잘 해낼 수 있어요. 하지만 10~12명의 동료들과 둘러앉은 자리에서는 언제 대화에 끼어들고 개인적인 일화를 풀어놓아야 할지 모르겠어요. 보면 예외 없이 더 상류층(더 나은 단어가 떠오르지 않네요) 집안에서 자란 사람이 더 편하게 이야기하더라고요. 어떤 얘기를 하는지가 관건이라기보다는 자신의 얘기를 어떻게 전달하는지, 어떻게 대화하고 상호 작용하는지, 일종의 언어적 신호와 자신을 표현하는 방식이 중요합니다.

세련됨은 지금까지 논의한 영역들 가운데 어느 하나로 축소될 수 없다. 그보다는 필립이 여기서 설명한 것처럼 그것은 패키지, 즉 다른 사람들이 본능적으로 알아차릴 수 있는 어떤 것, 또는 감사 부서 파트너 마틴(전문직/경영직 출신)의 표현대로 "그저 밖으로 발산되는" 역량으로 간주된다. 그는 종종 부하 직원들에게 주요 고객과의 미팅을 주도하게 하여 세련됨을 '테스트'한다고 말했다. "점심식사에 데리고 나가서 그들이 어떻게 하는지 살펴봅니다. … 대화에 참여하는지, 자신감이 있는지, 편안하게 상호 작용하는지 등등. 저는 총기가 있는 사람, 호감 가고 세련된 사람, 친밀감을 형성할 수 있는 사람을 원합니다."

세련됨을 소유했느냐는 누군가를 파트너로 '영입'하기 위한 전제 조건이었다. 이는 '적합성'의 핵심적인 측면이었다. 그러나 사람들은 대개 이 세련됨이 어떤 공식적이거나 투명한 방식으로 평가되지 않음(그리고 실제로 그렇게 평가할 수도 없음)을 인정했다. 대신 전문직/경영직 출신의 자문 부서 파트너 제임스가 털어놓았듯이 이는 보통 암묵적인 방식으로, 종종 비공식적인 상황에서 평가된다.

좀 이런 식이죠. … 그 남자는 같이 한잔할 수 있는 사람인가? 물론 여자일 수도 있고요. 그리고 사실 흥미로운 점은… 누군가를 영입할 생각이 있지만 아직 마음을 정하지 않은 경우에 사용하는 표현이 있습니다. "맥주 반 잔만 같이할 사람"이라는 표현이에요. (웃음) 그 사람과 딱 그 정도의 시간만 같이 보내고 싶다는 얘기죠! 이는 다른 많은 의미를 담은 표현입니다.

세련됨이 파트너가 되는 데 중추적인 역할을 한다고 할 때 이는 계급 배경과 어떤 관련이 있을까? 많은 사람들은 이런 종류의 사회적 기술을 어떤 사람들은 선천적으로 가지고 있고 어떤 사람들은 그렇지 않다고 여긴다.[11] 그러나 일부 사회학자들은 이에 강하게 반

---

11   예를 들어 Lexmond and Reeves(2009, p. 54)는 "성격적 역량character capabilities(전념, 자기 조절, 공감 능력)이 인생의 기회에 중요한 기여를 한다"라고 언급한다.

박한다. 예를 들어, 리베라는 회사 생활에서 세련된 자기표현을 할 수 있도록 뒷받침하는 특성들은 특권적인 성장 과정과 밀접한 관련이 있다고 강력히 주장했다.[12] 이는 우리의 데이터에서도 명확하게 드러났다. 노동 계급 배경을 가진 터너 클라크 소속 인터뷰 참여자들은 거의 모두가 세련됨에 대한 지배적인 기대치에 적응하는 데 어려움을 겪었거나 이런 점에서 열등감을 느낀다고 답했다.[13] 많은 이들이 특히 '직장에서 자신을 거침없이 드러내라'는 회사의 명시적인 권장 사항과 자신의 남다른 점을 관리하거나 숨겨야 했던 경험 사이의 모순을 지적했다. 게다가 많은 사람들이 이렇게 결함으로 여겨지는 속성이 여러 중요한 업무 환경에서 자신에게 불리하게 작용했다고 여겼다.[14] 노동 계급 출신인 두 파트너의 이야기가 이를 효과적으로 보여준다.

레이먼드는 최근 파트너가 되긴 했지만, 평균에 비해 10년가량 늦은 45세가 되어서야 이에 도달했다. 그리고 두 번째 도전에서야 성공했다. 첫 번째 시도에서 탈락한 후 한 시니어 파트너가 그에게 "그저 파트너로 적합하지 않는 느낌" 때문에 떨어진 거라고 넌지시 알려주었다. 그런 다음 그는 복장에 대해 조언해주었다.

---

12   Rivera(2015). 리베라는 Ashley et al(Ashley et al, 2015; Ashley and Empson, 2017)과 같은 다른 연구자들과 마찬가지로 주로 부르디외의 체화된 문화 자본 개념에 의지한다.

13   9장에서 상향 이동 경험의 이러한 측면과 다른, 보다 감정적인 측면을 살펴본다.

14   이는 노동 계급 출신 수습 직원들 사이에서도 중요한 주제였다. 그들에게는 직무 기술서 이상의 중요성을 지닌, 업무의 그림자 같은 요소로서 세련됨에 관한 특정한 혼란이 있었다. 야스민은 다음과 같이 말했다. "그저 일에만 전념할 수는 없다. 물론 나는 주목받으려고 노력한다. … 사교 활동은 [터너 클라크] 내부와 외부 사람들과의 관계에서 큰 차이를 만들어낸다. 모두가 당신이 특정한 방식으로 행동하기를 기대한다. … 방심할 수 없다."

그분이 이렇게 말했던 것을 기억합니다. "캐주얼하게 입지 말게, 그냥 하지 마, 레이. 격식을 좀 덜 차리고 싶으면 넥타이를 생략하라고. 이건 자네에 대한 사람들의 인식에 도움이 될 거야." … 그리고 또 다른 하나가 뭐였더라? 아, 우리는 노트북 같은 걸 가지고 다니기 때문에 전 직원이 회사에서 백팩을 지급받았어요. 그분은 "레이, 그 배낭은 버려. 자네한텐 제대로 된 서류 가방이 필요해"라고 말했습니다.

이와 대조적으로 폴은 첫 번째 시도에서 파트너가 되는 데 성공하긴 했다. 그러나 그는 자신이 '영입'되었을 때 세련됨이 부족하다는 '지적'을 받았다고 설명했다. 파트너들은 이 문제를 해결하기 위해 그에게 외부의 '존재감 코치presence coach'를 붙여주기로 결정했다.

분명히 엄청난 비용이 들었을 겁니다. 저는 제가 크로커다일 던디(호주의 코미디 영화 주인공으로 정글에서 악어 사냥꾼으로 살다가 대도시 뉴욕으로 와서 다양한 에피소드를 겪는다—옮긴이)가 된 것 같은 기분이라고 농담하곤 했어요. "내가 자리를 떠난 후에 [코치님이] 내가 뭔가 훔쳐 가지는 않았는지 확인하겠지!"라고 말하곤 했죠. 저는 세계에서 가장 큰 회계법인 중 하나의 파트너가 되었지만 아직도 의아할 때가 있어요. 내가 그저 그런 척하고 있는 건지, 아니면 그 이상의 무엇인가가 있는 건지 말이에요.

물론 특권층 출신이라고 해서 세련된 분위기를 내는 능력이 당연히 주어지는 것은 아니며, 앞서 설명했듯이 많은 경우 성별이나 인종 같은 요소도 중요하다.[15] 하지만 여기서 핵심은 남들에게 세련됨을 장착한 것으로 비치는 것이 노동 계급 출신에게 특히 어렵다는 사실이다. 그들은 명백하게 불리한 입지에서 시작하며, 지배적인 행동 규범을 실행할 때 '실수'를 저지르고 있다는, 좀체 사라지지 않는 불안감으로 동요하는 경우가 많다.

　이 '유리 구두'의 뿌리를 이해하기 위해 역사적 배경을 살펴보자. 회계업계에는 훨씬 더 긴 역사를 관통하는 세련됨의 개념이 존재한다. 여기서 세련됨은 절제되고 교양 있는 '신사'라는 특정한 선례가 존재한다. 특권적 계급 배경과 밀접한 관련이 있는 이러한 젠틀함의 숙달, 그에 수반되는 적절한 행동, 가치, 여가 활동은 19세기와 20세기 초 영국 금융 산업, 특히 시티오브런던에서 커리어를 진전시키는 데 핵심적인 역할을 했다.[16] 이는 고용주에게 자신의 엘리트 신분을 알리는 중요한 수단으로 작용했으며 C. 라이트 밀스의 유명한 글처럼 이미 기득권을 가진 신사들에게 '그 사람도 당연히 우리 중 한 명'임을 알리는 표식 역할을 했다.[17] 이 게이트 키퍼들은 비공식 인맥을 이용하여 노동 시장에서 이런 '올드 보이'들에게 이점을 부여했다.

　물론 이 신사 모티브의 많은 좌표들, 특히 귀족의 행동 양식과 관련된 좌표들은 오늘날에 이르러 약화되었다.[18] 예를 들어, 1980년대와 1990년대에 몇몇 논평가들은 시티오브런던이 '미국화'되면서 채용 절차를 능력주의에 기초한 방식으로 의식적으로 전환하고,

---

15　　이와 관련하여 영국 엘리트 직업의 '신체 규범'을 다룬 Puwar(2004) 참조.

16　　Honey(1977)와 Scott(1991) 참조. 시티오브런던은 뉴욕의 월스트리트와 유사하게 금융업계 활동이 집중된 런던 중심부 지역이다.

17　　Mills(1999).

18　　Thrift and Williams(2014).

전통적인 '귀족 가문' 이미지를 지양하게 되었다고 주장했다. 이는 역사학자 데이비드 키나스턴의 표현처럼 '계급 없는 새로운 시티오브런던'의 도래였다.[19] 그러나 옛 시티오브런던과 새로운 시티오브런던 사이에 명확한 선을 긋는 것은 너무 단순한 접근이다.[20] 구체적인 학력 및/또는 기술 능력이 더 강조될 수는 있겠으나, 앞에서 설명한 바와 같이 상층 직위에서의 성공은 여전히 덜 투명한 특성들과 밀접하게 연관되어 있다. 이런 맥락에서 세련됨은 겸손함, 절제되어 있으면서도 프로페셔널한 복장, 체화된 편안함의 능숙한 결합을 특징으로 하는 신사다움을 특정한 방식으로 재해석한 것으로 볼 수 있다.

　세련됨은 터너 클라크 내부의 전 영역에서 모두 중요하지만, 특히 자문 부서에서 일하는 사람들에게 그 중요성이 더 크다는 점을 덧붙일 필요가 있다. 여기에는 두 가지 이유가 있다. 첫째, 자문 부서에서 근무하는 사람들은 세무나 감사 업무를 하는 사람들과 동일한 기술 시험(합격률이 매우 낮은 편이다)을 통과할 필요가 없다. 둘째, 이들이 제공한 자문의 품질을 고객이 직접 평가할 수 있는 다른 형태의 신뢰할 만한 정보가 부족하기 때문에, 자문 부서에서는 자기표현과 인상 관리가 특히 중요하다. 이러한 '지식의 모호성'[21]은 (더 쉽게 평가할 수 있는 기술적 능력과 달리) 중요한 파급 효과를 가질 수 있다. 애슐리가 논의한 바와 같이[22] 이러한 불확실성은 능력이 있다는 이미지를 주는 것, 개인의 전문성에 대한 신뢰를 구축하는 것을 중시하

19　Kynaston(2012).

20　McDowell(1997).

21　Ashley and Empson(2013).

22　Anderson-Gough et al(1998) 및 Alvesson(2001)의 '기술-행동 스펙트럼'에 대한 논의도 참조.

게 만든다. 이를 성취하기 위해 세련됨은 입증 가능한 역량을 효과적으로 대체하거나 대리할 수 있는 중요한 무기가 된다. 중간직 출신의 감사 부서 파트너 닐은 자문 부서 사람들에 대해 이렇게 말했다.

어드바이저는 어떤 사람들이고 컨설턴트는 또 어떤 사람들일까요? 직접 경험하고 해봤다고 말로 하는 사람들입니다. 말솜씨는 좋지만 그 배후의 심도 있는 이해나 깊이 있는 기술 지식을 반드시 갖추고 있지는 않지요. 막연하고 뜬구름 잡는 얘기들이 난무한답니다. 감사 부서에서는 사람들이 당신이 완벽한 기술 전문가이기를 기대하기 때문에 그런 걸로는 버틸 수 없습니다.

적절한 이미지를 보여주는 것은 적어도 부분적으로는 설득 행위로 작용하며, 세련됨의 표식은 고품질의 조언을 제공한다는 신호가 된다.[23] 이는 '유리 구두'의 또 다른 매우 중요한 차원을 보여준다. 엘리트 직종에서 중요한 것은 단지 당신이 무엇을 알고 있는지가 아니라 당신이 누구인지, 그리고 어떻게 자신을 표현하는지이다. 그리고 이는 다시 당신이 무엇을 알고 있다고 여겨지는지에 영향을 미친다. 자문 부서와 같이 지식을 평가하기 어렵고, 따라서 성과를 평가하기 어려운 부서에서는 이미지, 미사여구, 행동 규범의 숙달에 특히 더 많은 프리미엄이 부여된다.[24]

23   Moore et al(2016, p. 86).

24   Pfeffer(1977).

학습된 비격식성

사람에 따라 세련됨이 쉬울 수도 있고 아닐 수도 있겠으나, 적어도 회계업계의 행동 규범은 비교적 공식적으로 정해져 있고 복장, 외모, 행동에 대한 명확한 기대치가 존재한다.[25] 다른 곳에서는 이러한 규범이 투명하지 않은 경우가 많다.

6TV에서는 기업적 세련됨이라는 개념이 거의 영향력을 행사하지 않는다. 실제로 다수의 인터뷰 참여자가 6TV를 선택한 이유로 복장과 외관에 대한 공식적인 기대치가 없는 것을 꼽았다. 대부분의 인터뷰 참여자는 6TV의 뚜렷한 비격식성을 강조했으며, 고위직 인사 다수가 이러한 비격식성을 임원 리지의 말처럼 "누구나 환영"하는 곳, 또는 마케팅 책임자 나이절의 말처럼 "당신이 되고 싶은 사람이 될 수 있는" 곳으로서 6TV가 가진 개방성을 나타내는 뚜렷한 신호로 꼽았다. 이는 근무 환경에 대한 우리의 초기 관찰에서 분명히 확인되었다. 여기서 터너 클라크와의 대조가 두드러졌다. 6TV에서는 정장 차림을 한 사람이 보이지 않았다. 대신 버킷햇(벙거지 모자─옮긴이), 하와이안 셔츠, 닥터마틴 신발, 오버사이즈 안경, 점프슈트, 윙클피커(끝이 뾰족한 구두─옮긴이), 셸슈트(지퍼 달린 상의와 밴딩 팬츠로 구성된 나일론 재질의 트레이닝복─옮긴이) 등이 눈에 띄었다.

그러나 이런 '힙한' 비격식성은 많은 사람들이 생각하듯 사회적 평준화의 수단이 아니었다. 오히려 미묘하고 정교하며 '아는 사람만 아는' 코드로 기능했다. 우리는 이를 학습된 비격식성studied informality이라고 부른다. 세련됨과 마찬가지로 여기에는 다양한 차

---

25 많은 다른 기업과 마찬가지로 터너 클라크는 직원들에게 적절한 '복장 규정'을 공표하고, 심지어 저녁 식사 예절과 같은 지침도 제공한다.

계급 천장

원이 존재한다. 첫째는 복장이다. 복장은 전통적인 유니폼의 형태를 취하지 않는다. 그보다는 세 명의 인터뷰 참여자가 설명했듯이 좀 더 불분명한 스타일을 중심으로 한다.

> 다른 방송사에서 일하는 사람이 제게 이렇게 말한 적이 있어요. "6TV 사람들은 티가 나요." 나는 "그게 무슨 말씀이세요?"라고 물었죠. 그 사람은 "옷 입는 스타일부터 달라요"라고 대답하더군요. 확실히 6TV만의 방식, 어떤 크리에이티브한 분위기가 존재합니다. … [자신의 발을 가리키며] 이 운동화를 보세요. 운동화이지만 스마트한 운동화, 그게 바로 6TV입니다.
> — 마사(외주제작국, 전문직/경영직 출신)

> 이를테면 티셔츠에 청바지를 입고 나타나도 사람들이 당신이 게을러서 대충 입은 것이 아니라 유행에 맞춰 그렇게 입은 것임을 알 수 있는 차림이어야 합니다. … 어떻게 하면 그렇게 할 수 있는지 정확히 설명하긴 힘들지만 직접 보면 알 수 있죠.
> — 피터(마케팅 및 커뮤니케이션, 전문직/경영직 출신)

> 집단에 소속되려고 노력하는 부분이 있죠. 저도 제가 왜 이렇게 입는지 모르겠어요. 아마 유니폼이지 않을까요? 시티오브런던에서 일하면 정장을 입듯이요. 저는 이것이 제 취향이라고 생각하지만, 동시에 저는 한 가지 스타일로 옷을 입는 사람들 사이에서 괴짜처럼 보이지 않으면서도 패셔너블하게 보이려고 노력하고 있습니다.
> — 마크(외주제작국, 전문직/경영직 출신)

따라서 학습된 비격식성을 특정한 복장으로 국한시킬 수는 없다. 이는 상위 중간 계급 출신이 '보면' 알 수 있는 접근 방법, 옷 입는 방식, 그리고 정의할 수 없는 스타일에 가깝다. 학습된 비격식성은 어떤 옷을 입느냐를 넘어서는 문제이다. 이는 또한 유머, 말투, 비언어적 의사소통을 포함한 자기표현 방식에 대한 특정 지식을 요구한다. 사람들이 우리의 인터뷰에 접근하는 방식에서도 이는 분명하게 드러났으며, 우리가 조사한 다른 직업군과 확연한 차이를 보였다. 6TV에서는 인터뷰 중에 욕을 하거나, 농담을 하거나, 테이블이나 소파에 발을 올려놓거나, 악수 대신 포옹으로 인터뷰를 마치는 참여자가 많은 것이 인상 깊었다. 다시 말해서 학습된 비격식성은 직장과 연관된 것 이외에 대인 관계에서 보이는 친밀성 수준 또한 시사한다. 이러한 관례는 상대적으로 피상적으로 보일 수 있으나, 시니어 커미셔너(전문직/경영직 출신) 레이철 등 많은 이가 이러한 관례에 숙달되는 것이 업계에서 매우 실제적이고 중요한 자산이라고 강조했다.

> 대화가 통하는 사람인 것이 정말 중요합니다. 그리고 네, 유머감각
> 도 좀 있고 그 유머가 유쾌해야 합니다. 심각하지 않은 태도가 필요
> 하고요. 연기를 하는 것이기 때문에 정말 피곤하죠. 우리는 무대 위
> 에 있습니다. 자연스럽게 행동하는 것 같아 보여도 실은 신중하게
> 계산된 거죠. … 이건 사실 기술이에요.

우리는 학습된 비격식성이 방송업계의 유리 구두를 구성하는 핵심 요소라고 본다. 세련됨과 마찬가지로 이 비격식성의 중요성은 텔레비전 제작에 내재하는 지식의 모호성과 직결된다. 예를 들어, 인터뷰 참여자들에게 "훌륭한 6TV 커미셔너의 조건은 무엇인가요?"

계급 천장

라고 물었을 때 받은 다양한 답변에서 이 점이 명백하게 드러났다. 답변은 모호하거나 장황한 경우가 많았고, 필요한 핵심 역량에 대한 합의가 거의 존재하지 않았다. 이것은 직무 교육, 전문 지식, 자격증에 대한 의견, 특히 영화 및 방송 관련 학위 소지자에 대한 우월 의식에서 두드러졌다. "만약 이력서에 자격증이나 학위 따위가 적혀 있다면 전 솔직히 그 사람을 고용하는 것을 꺼렸을 겁니다." 커미셔너 조시(전문직/경영직 출신)가 말했다. "이 일은 지식이 아니라 기술이에요. 방송업계에서 성공하는 방법을 '배울' 수는 없거든요."

실제로 6TV의 경영진과 커미셔너들이 직면하는 주요 과제 중 하나는 업계의 최종 '제품(다큐멘터리, 드라마 시리즈, 시트콤 등)'이 대부분 최종 시청자가 소비하기 훨씬 전에 제작되어야 하기 때문에 신규 프로그램의 성공 가능성을 예측하기 매우 어렵다는 것이다. 따라서 커미셔너 등의 핵심 직원은 방영을 검토 중인 프로그램의 가치와 잠재력을 평가하고, 추가 개발을 위해 어떤 프로그램을 선정하고 홍보할지 결정함으로써 이러한 불확실성에 대처하기 위해 (그리고 궁극적으로 줄이기 위해) 고용된다.[26] 다수의 임원은 구체적이거나 신뢰할 수 있는 지식이 없는 상황에서 커미셔너가 아이디어를 제시하는 방식과 그것이 어떻게 포장되었는지가 특히 중요하다는 점을 인정했다. 이러한 포장을 위해서는 학습된 비격식성을 아는 것이 필수적이다. 6TV의 시니어 크리에이티브 임원 케리(전문직/경영직 출신)와의 허심탄회한 대화에서 이 점이 잘 드러났다.

---

26   문화 생산 분야에서 어떤 제품이 성공할지 알 수 없다는 불확실성은 문화 생산에 관한 연구에서 강력한 주제다. 특히 Escarpit and Pick(1971), Hirsch(1972, 2000), Coser et al(1982), Bielby and Bielby(1994), Faulkner and Anderson(1987), Gitlin(2000) and Peterson and Anand(2004) 등 '신제도주의 이론'의 접근 방식을 채택하는 연구자들 사이에서 그러하다.

여긴 아주 비상식적인 직장입니다. 하루에도 20번 정도 절벽에서 뛰어내린다는 느낌이 들거든요. 제가 젤리의 역사에 관한 프로그램을 만들기로 결심했다고 해보죠. 하지만 그게 성공할지는 전혀 알 수 없어요! 물론 제가 데이터를 검토하고 인사이트팀에서 성공 가능성을 확인해주었을 수도 있지요. 하지만 실제로 흥행하는 건 전혀 예상치 못한 프로그램일 때가 많아요. 그래서 우리가 하는 일은 리스크가 매우 높습니다. 이런 상황을 고려할 때 위험을 완화하기 위해 몇 가지 조치를 취할 수 있습니다. … 그중 하나는… 음… 제가 같이 일하기 어려운 사람들은 매우 내성적이거나, 자기 뜻을 명료하게 표현할 능력이 없는 사람들이에요. 때로는 이런 면모가 각자의 사회적 배경과 잘 맞아떨어진다고 확신합니다. 제 말은, 제가 옥스브리지 출신이라는 점을 감안하면 별로 안 좋게 들리겠지만, 우리끼리 통하는 언어라는 게 있어요. … 같은 배경을 가진 사람들과 이야기하는 것이 확실히 더 쉽습니다. 서로를 이해하니까요.

이 이야기는 불확실하고 일정에 민감하며 압박이 심한 의사결정 환경에서는 학습된 비격식성 같은, 겉보기에 무해해 보이는 행동 규범을 능숙하게 따르는 능력을 공유하는 것이 실제로 의사소통을 원활하게 하고 상호 이해의 폭을 넓히는 데 결정적일 수 있음을 잘 보여준다. 케리의 솔직한 성찰은 또한 세련됨 같은 학습된 비격식성이 중요한 방식으로 계급화되어 있음을 보여준다. 이런 이야기를 한 사람은 케리만이 아니었다. 예를 들어, 많은 사람들이 노동계급 출신이 특히 그런 규범을 익히기 힘들어하고, 이것이 직장의 여러 중요한 상황에서 그들에게 불리하게 작용한다는 점을 인지하게 되었다고 말했다. 커미셔너 제임스(전문직/경영직 출신)는 이렇게 설명했다.

일종의 불문율이 있습니다. 그것을 의식적으로 준수하든 하지 않든 간에 저는 인지하고 있지요. 예를 들어 누군가가 아이디어를 제안하러 왔을 때 특정한 방식으로 제안하지 않으면⋯ 직감적으로나 본능적으로 거부하게 됩니다. 왜냐하면⋯ 글쎄요, 적절한 언어로 표현된 것이 아니기 때문에, 혹은 게임판에 속하지 않은 사람⋯ 또는 게임을 이해하지 못하는 사람이 제안한 것이기 때문입니다. 그래서 일종의⋯ 게임의 규칙을 이해하는 사람을 신뢰하게 되는 거죠. 그리고 저도 그 일부임을 전적으로 인정합니다.

이는 사회적 상승을 이룬 사람들이 어떻게, 그리고 왜 학습된 비격식성 때문에 고전하는지를 인터뷰 참여자들이 정확하게 설명하기 어려워했음을 보여주는 예다. 대신 그들은 모두 그 개인들이 그저 '게임의 규칙을 이해하지 못하거나', '같은 언어를 사용하지 않는다'는 본능적인 문화적 단절감을 붙들고 씨름했다. 이 장벽은 양쪽 모두에서 느껴졌다. 노동 계급 및 중간직 출신도 마찬가지로 이를 설명하기 어려워했다. 이들은 외부에 있다는 느낌 또는 사회적, 문화적으로 배제된 느낌으로 묘사하는 경우가 많았다. 아래에서 두 사람이 자신의 경험을 설명한다.

제가 느끼기에 저런 배경을 가진 사람들은 농담 스타일이나⋯ 회의에서⋯ 자기들끼리 아는 농담을 한다거나⋯ 뭔가 서로 아는 사람들이 모인 일종의 클럽 같은 게 존재하는 것 같아요.

— 케이트(마케팅 및 커뮤니케이션, 노동 계급 출신)

주로 회의실에 들어설 때 "나는 여기 있을 자격이 없는 사람이다"라고 생각하게 돼요. 그들은 다 서로 아는 사이인 것 같고… 그들이 서로 모르는 사이인 건 알지만 그냥 그런 느낌을 받아요. 저는 그런 회의를 견딜 수가 없어요. 그들은 모두 호그와트 같은 곳을 같이 다닌 사람들 같아요. … 내가 들어갈 수 없는 상류층 클럽이요.

— 클레어(전략, 중간직 출신)

중요한 것은 이런 이야기들이 딱히 명확하고 일관성 있는 장벽을 가리키고 있지 않다는 점이다. 그보다 이는 근본적으로 이질적으로 느껴지는, 방송계의 미묘하지만 매우 강력한 존재 방식에 대한 증언이다. 더욱이 이러한 행동 규범이 성공적으로 실행되면 많은 인터뷰 참여자들이 표현했듯이 모두가 '서로를 알고 있다'는 인상을 주는 듯하다(실제로는 그렇지 않더라도).

또한 이러한 이야기에 필연적으로 등장하는 요소는 학습된 비격식성을 수행할 때 '실수'를 범하는 것에 대한 근본적인 불안감이었다. 회의에서 욕을 곁들여야 할 적절한 시점이 언제인지, 어떻게 적절한 농담을 던져야 하는지, 또는 언제 긴장을 풀어야 할지를 모른다는 것에 대한 불안감이 존재했다. 많은 인터뷰 참여자들은 이런 종류의 실수가 종종 윗사람들에게 자신이 지나치게 '밀어붙이는' 또는 '공격적인' 사람으로 읽히는 결과를 낳았다고 설명했다. 스크립트 어시스턴트 키런(노동 계급 출신)이 설명했듯이 "저는 업계에 취업하기 위해 분투해야 했지만 아이러니하게도 지금은 그 노력이 제 발목을 잡고 있습니다!"[27]

6TV에서 비격식성을 잘못 해석하는 것의 위험성은 우리가 대화를 나눈 사람들 가운데 노동 계급이면서 동시에 인종-민족적

소수자 집단 출신이 가장 크게 느꼈다.[28] 그들에게는 피부색이 계급-문화적 차이의 가시성을 키운다는 강한 인식이 존재했다. 인도계 영국인 자비드는 6TV 입사 첫 해를 회상하며 반농담조로 말했다. "제 피부색이 갈색이라서 더 눈에 띄었을 거예요. 제가 참 형편없는 신발을 신고 다녔으니 이해는 하지만(웃음), 만약 제가 백인이고 형편없는 신발을 신고 다녔다면 사람들이 알아채는 데 더 오래 걸렸겠죠." 흑인 영국인 메리 등 또 다른 이들은 인종-민족적 차이로 인해 더 두드러지는 그들의 억양과 어휘에 대한 불안감, 즉 '노출된' 느낌에 대해 다음과 같이 설명했다. "언어를 사용할 때 자신의 의견을 주장하는 방식과 관련해서 그런 느낌을 받았어요. 제가 유일한 흑인인 경우가 많았기 때문에 제가 말을 시작하면 사람들이 그 큰 회의실에서 몸을 앞으로 기울이곤 했어요."[29] 이런 인종과 계급 간의 교차점을 가

27   이러한 경험은 5장에서 살펴본 '분류' 과정의 종류에도 영향을 미쳤다. 예를 들어, 노동 계급 출신의 6TV 직원 중 상당수는 재정적 안정이라는 이유만으로 덜 크리에이티브한 분야로 이직한 것이 아니라, 이런 분야가 경로 또는 커리어 트랙이 더 투명하거나 행동 규범에 덜 의존하는 것으로 알려져 있기 때문에 이직했다. 예를 들어 아이카(노동 계급 출신)는 6TV에서 법률 및 규정 준수 업무를 담당했다. 아이카는 "방송의 더 기술적인 측면"을 전문 분야로 선택한 이유가 그 핵심 역량이 더 명확하고 방송계 다른 직업들보다 사교나 연줄에 덜 의존하는 분야로 보였기 때문이라면서, 나머지 분야는 "내게 그리 쉬워 보이지 않는다"라고 설명했다.

28   Rollock et al(2011), Rollock(2015), Wallace(2016)는 영국의 흑인 공동체가 보유한 문화 자본이 흑인에 대한 정형화된 계급적 가정에 기초한 교육 및 직업 환경에서 어떻게 잘못 전달되고, 지배적인 백인 게이트 키퍼에 의해 어떻게 부정되는지 탐구한 바 있다.

29   이렇게 앞으로 몸을 숙이는 반응은 단순히 주의 깊게 경청하는 것으로 해석될 수도 있으나, 이런 행동을 특정 사람이나 특정 집단의 구성원에게만 보일 때는 일종의 '미세공격'으로 해석될 수 있다. 이는 표면적으로는 노골적인 차별이나 적대로 보이지 않지만, 그럼에도 불구하고 수신자에게 그가 남과 다르며 이곳에 소속되지 않았음을 알리는 상호 작용의 한 형태다(Basford et al, 2014).

장 적절하게 설명한 사람은 몇 년 전에 조직을 떠난 노동 계급 출신이자 흑인 영국인인 전직 커미셔너였다. 이 사람은 다른 여러 사람의 인터뷰에서 언급되었는데, 하나같이 그의 스타일, 행동, 비격식성의 방식이 6TV와 왠지 어울리지 않는다는 이야기를 했다.

> 그는 늘 야구 모자를 거꾸로 쓰고 운동복 바지를 입고 돌아다녔습니다. … 모두 그가 정말 멋있다고 생각했어요. 진심으로요. 하지만 그 사람은 6개월밖에 못 버텼어요. … 마치 그는 다른 언어를 구사하는 것 같았습니다. 그는 도무지 들어올 길을 찾을 수 없었어요. 이는 우리 조직이 그를 받아들이려는 의지가 부족해서가 아니었습니다. 우리는 진정으로 그가 이곳에 있기를 바랐고, 진심으로 그가 잘 지내길 원했습니다. 하지만 아무래도 그는 나머지 사람들과 다른 방향으로 걷고 있는 것 같았고, 서로가 교차하는 순간을 찾을 수 없었습니다. 이에 대한 해결책이 무엇인지 모르겠습니다. … 그 사람을 태우려고 열차를 멈출 수는 없으니까요, 무슨 말인지 아시죠?
> ― 리지(임원, 전문직/경영직 출신)

이 글은 사회 이동을 가로막는 장벽으로서 학습된 비격식성을 다루는 것이 얼마나 어려운 일인지 잘 보여준다. 리지가 설명했듯이 6TV 내 많은 사람들이 이런 규범이 지능이나 능력과 거의 또는 전혀 관련이 없음을 알고 있지만 이런 규범은 여전히 업계 전반을 지배하고 있으며, 이는 '열차를 멈추려는' 의지와 노력을 저해한다.[30]

30   사회학자 말리크 매슈는 트위터에 쓴 글에서 다음과 같은 적절한 인용문으로 이 과정을 포착했다. "좋은 의도를 가진 사람들은 종종 악의 없이도, 하지만 충분히 효과적으로 불평등한 시스템을 지속시킨다."

헛소리 간파하기: 실용적인 건축가들의 회사 쿠퍼스

앞서 살펴본 다른 직종들과 달리, 건축 분야에서는 영국 전체와 사례 연구 회사인 쿠퍼스 내부를 살펴볼 때 계급 천장의 증거가 거의 존재하지 않는다는 점을 상기해볼 가치가 있다. 실제로 쿠퍼스의 파트너 중 절반이 노동 계급 또는 중간직 출신이었다. 이 눈에 띄는 차이의 이유를 살펴보자.

한 가지 단서는 전문 지식과 기술의 중요도에서 찾을 수 있다. 건축에서는 매우 모호한 형태의 미적 지식도 중요하긴 하지만 건물 설계, 시공, 납품 같은 보다 기술적인 측면도 마찬가지로 중요하다. 주목할 점은 이러한 실용적인 기술이 쿠퍼스에서 특히 중요하다는 것이다. 대규모 국방 및 운송 프로젝트를 주로 수행하는 이 회사에서는 전문 기술을 보유한 사람이 높은 지위를 누릴 수 있도록 보장한다. 시니어 파트너 폴(전문직/경영직 출신)의 말을 빌리자면, 쿠퍼스는 궁극적으로 "실용적인 건축가들"로 구성된 회사다.

> 그렇습니다, 우리는 매우 창의적입니다. 네, 우리는 건축가이니까요. 하지만 우리는 이 일에 실용적으로 접근합니다. 우리는 현실적인 문제들도 해결합니다. 우리는 그저 몽상가가 아닙니다.[31]

이러한 기술 측면에서의 숙련은 종종 회사 내부(그리고 건축업계 일반)에 폭넓게 자리 잡은 '완벽주의'에 대한 강조, 매우 꼼꼼한 일처리, 또는 야심 찬 건축 어시스턴트 마틴의 말처럼 "아무도 시키지

---

[31]   폴은 의도적으로 설계와 이론에 중점을 둔 명문 대학보다는 "건설의 기초를 배우는" 좀 더 기술적인 학위를 제공하는 대학에서 젊은 건축가를 채용한다고 덧붙여 설명했다.

않았는데도 시간을 더 쓰는 것"과 관련이 있다.

여기서 터너 클라크와의 대조가 두드러진다. 앞서 우리가 회계 분야에서 기술 지식만으로 올라가는 데는 한계가 있고 명확한 천장이 존재함을 설명했다면, 쿠퍼스에서는 기술 지식이 모든 직급에서 핵심이다. 실제로 회사를 설립할 때 기술 전문성은 세 명의 창립 파트너가 각각 책임을 맡은 세 축 가운데 하나였다(나머지 두 축은 상업적 이슈와 디자인). 의미심장하게도 기술 파트너는 여전히 회사에서 가장 인정받는 인물로, 한 창립자는 그를 "디테일의 1인자"라는 말로 묘사하기도 했다.

고도의 기술력이라는 통화currency, 즉 우리가 기술 자본[32]이라고 부르는 것은 경력 초기인 직원들의 이야기에서 가장 명확하게 드러났다. 엘레나는 '복잡한 기하학적 모델링'을 지원하는 특정 '스크립팅 도구'를 개발할 계획에 대해 열정적으로 이야기했으며, 마틴은 '하이퍼루프 운송' 전문가가 되고 싶다는 포부를 밝혔다. 두 사람 모두 파트너들이 이런 종류의 기술 전문성을 개발하도록, 그리고 각자 '틈새시장'을 찾거나 '전문 분야'를 마스터하도록 적극 장려하고 있다고 설명했다. 마찬가지로 중간직 출신의 건축 어시스턴트 코너는 자신이 존경하는 인물을 설명할 때 기술 전문성을 특히 강조했다.

가끔 위층의 [파트너] 몇 명과 함께 프로젝트를 진행할 때면 한 발 뒤로 물러나 "와!" 하고 감탄할 때가 있습니다. 10년 후 제가 그분들의 나이가 되었을 때 저도 그렇게 할 수 있으면 좋겠다고 생각해요.

---

32   10장에서는 우리의 기술 자본 개념이 Bourdieu(2005)의 개념을 기반으로 하여 구축되었다는 사실과 해당 개념이 다양한 직업과 기업에 걸쳐 나타나는 계급 천장의 중요한 차이를 이해하는 데 어떻게 도움이 되는지 더 자세히 설명한다.

계급 천장

… 그들이 머릿속에 암기하고 있는 것들, 건물의 작동 방식, 모든 것의 복잡한 세부 사항들을 보면 "저분은 어떻게 저렇게 할 수 있지?" 하는 생각이 들어요.

이것이 사회 이동성에 왜 중요할까? 이런 종류의 기술 지식은 방송사 외주제작국이나 금융 자문에서 강조하는 역량보다 훨씬 더 투명하고, 학습 및 평가가 가능하며, 특권적 배경을 통해 전수될 가능성이 적기 때문이다.[33] 사실 이는 세련됨이나 학습된 비격식성 같은 계급화된 행동 규범의 발달에 대항하는 역할을 할 수도 있다. 예를 들어, 쿠퍼스 직원들은 건축 분야의 기술을 마스터하고, 시간과 노력을 투자하고, 이후 입증 가능한 전문성을 개발하는 상당히 단순한 과정을 묘사한다. 이때 불투명한 행동 규범에 대한 이야기는 거의 등장하지 않는다.

물론 기술적 노하우라는 것이 꼭 지식의 적용에 국한된 것만은 아니다.[34] 코너가 한 말에서 드러나듯이 이는 지혜와 권위 있는 전문성을 나타내는 매우 상징적인 역할도 한다. 그러나 기술 지식의 이 덜 명백한 측면조차도 특권적 배경과는 그리 긴밀히 연결되지 않는다. 예를 들어, 건축에 처음 관심을 갖게 된 계기를 묻는 질문에 쿠퍼스 직원 중 상당수는 물건을 조립하는 방법에 대한 실용적인 관심이나 건물 건축의 복잡성을 발견했을 때 느꼈던 어린아이 같은 경탄을 떠올렸다. 다시 말해, 기술 지식의 이런 상징적 요소들은 특별히 사회적 배타성을 띤 것으로 보이지 않는다.

33   10장에서 기술 자본의 상속 가능성에 대해 더 자세히 살펴본다.
34   Rivera(2016) 참조.

여기서 고려해야 할 추가적인 요점이 있다. 터너 클라크의 고객들은 자신이 상담받는 분야에 대한 상세한 지식을 가지고 있는 경우가 드물지만, 쿠퍼스는 그 반대다. 쿠퍼스의 고객은 보통 자신들도 건축가 또는 엔지니어로 일하고 있어 동일한 지식 기반을 공유하므로 수행 성과를 확실하게 평가할 수 있는 위치에 있다. 따라서 이곳에서 세련됨이나 비격식성을 교묘하게 이용하는 것은 실제로 역효과를 낼 수 있다. 경험이 풍부한 어소시에이트 에이먼은 이를 다음과 같이 간결하게 요약했다. "[우리 고객들은] 어떤 헛소리도 간파할 수 있습니다."

심지어 특히 '현장에서는' 노동 계급 출신으로 비치는 것이 이점이 될 수 있다는 증거도 있었다. 많은 사람들이 '귀하신 건축가'라는 고정관념을 탈피하기 위해 고투했다고 설명했다. 전문직/경영직 출신의 파트너 폴은 새로운 건설 현장에 발을 들이기 전에, 자신이 드물게 착용하는 야광 보호 장비를 일부러 더럽힌다는 것을 인정했다. 건축 어시스턴트 마틴은 자신의 북부 지방[35] 억양을 자랑스럽게 사용한다고 설명했다. "솔직히 말해서 이것이 제가 우위를 점하게 해준다고 생각해요."

쿠퍼스에 존재하는 유리 구두의 기술적 측면이 우리가 사례 연구를 진행한 다른 기업들보다 이 회사를 사회적으로 개방적인 곳으로 보이게 하는 것은 분명하다. 하지만 이런 칭찬을 너무 과장하지 않는 것이 중요하다. 이 회사의 전반적인 구성은 여전히 특권층에 크게 치우쳐 있으며, 건축 분야 일반도 마찬가지다(2장 참조).[36] 또한 우

---

35   영국에서 지역 억양은 종종 노동 계급 배경을 나타내는 지표로 간주되며, RP로 알려진 전형적인 상위 중간 계급의 억양과 흔히 대치된다. 8장에서는 억양의 중요성에 대해 더 자세히 살펴본다.

리의 사례 연구 기업들 외의 동종 업계 다른 회사들, 특히 좀 더 명망 있는 디자인 중심[37] 건축 회사에는 계급 천장이 존재할 수 있다.[38]

　　게다가 독자 여러분은 쿠퍼스에 심각한 유리 천장이 존재한 다는 사실을 기억할 것이다. 이 회사의 파트너 15명 중 여성은 한 명 도 없다. 이는 거대한 성별 임금 격차[39]를 포함하여 여성이 직면하는 수많은 문제가 이미 충분히 연구된 건축업계 전반에 존재하는 불평 등이다.[40] 따라서 쿠퍼스의 유리 구두는 계급보다 성별에 더 큰 영향 을 받는다.[41] 좀 더 구체적으로는, 건축은 직업이 아니라 소명이라는 역사적 신화[42]를 반영하듯 인터뷰 참여자들은 쿠퍼스에서 성공하기

36　　이 책의 범위를 벗어나지만, 건축대학이 특정한 사람들을 배제하는 역할을 하고 있다는 사실은 이러한 점에서 관련이 있다. Stevens(1999)는 사회적 이점을 유지하는 데 교육이 하는 역할, 특히 건축학교가 특권을 재능으로 오인하는 방식에 대한 설득력 있는 설명을 제공한다.

37　　'디자인 중심' 회사라는 개념은 건축에서 중요하다. 우리가 인터뷰한 건축가들은 대체로 특정 회사가 '디자인 중심'인지 아닌지에 대해 강한 의견을 가지고 있었지만, 외부의 연구자들에게는 그 기준이 항상 명확해 보이지는 않았다. '디자인 중심' 회사로 자리매김하는 것은 전문성에 대한 명성을 제공하며, 주로 혁신적이고 최첨단이며 상업적인 측면이 적은 일을 하는 부티크 스튜디오 및 사무소를 칭한다.

38　　이는 이전에 그런 회사에서 근무했던 쿠퍼스 직원의 상당수가 하는 추측이었다. 예를 들어, 쿠퍼스에서도 유망한 상업 개발 프로젝트에 참여하는 사람은 세련된 사교 기술이 필요하다는 인식이 존재했다.

39　　건축 분야에 종사하는 여성은 다른 많은 직업에서보다 더 일찍부터 성별 임금 격차를 경험하며, 그 격차도 더 심하다(Britton et al, 2016).

40　　스튜디오 마스터와 건축 심사위원의 절대 다수가 남성이라는 점, 남성적 및 여성적 능력에 대한 제한적이고 편향된 고정관념, 현장과 실무에서의 무신경한 성차별 등이 여기에 포함된다(Graft-Johnson et al, 2005; Fowler and Wilson, 2012).

41　　예를 들어, 10장에서 자세히 살펴보겠지만 쿠퍼스에서 기술 자본의 성과는 중요한 방식으로 젠더화되어 있다.

42　　Cuff(1992)와 Fowler and Wilson(2004) 참조.

위한 핵심 요소가 회사에 헌신하는 것이라는 데 만장일치로 동의했다. 그러나 이는 특정한 형태의 헌신이었다. 즉 출세를 위해 일하는 것이 아니라 건축가라는 직업을 소명으로 여기며 일하는 태도가 요구된다. 이런 고결한 태도를 바탕으로 한 경력 발전은 필연적으로 더디며, 프로젝트를 끝까지 완수하려는 굳세고 부단한 헌신을 바탕으로 한다. 우리는 이를 '꾸준한 성실함patient diligence'이라고 표현한다.

그러나 꾸준한 성실함에 대한 강조가 남성에게 유리하게 작용한다는 사실도 확연했다. 남성 직원은 장시간 근무와 풀타임 근무를 훨씬 더 쉽게 해낼 수 있었던 반면, 많은 여성 직원은 가족을 돌보는 책임과 꾸준한 성실함을 동시에 수행해내는 데 어려움을 겪었다. 예를 들어 상위 중간 계급 출신인 소피아는 최근 짧은 출산 휴가를 마치고 직장에 복귀했으며, 프로젝트 건축가의 자리를 유지하려면 이것이 반드시 필요한 일이었다고 설명했다. 중간직 출신의 어소시에이트 폴라는 아쉬운 목소리로 덧붙였다.

이제 막 자녀를 둔 [여성] 동료가 몇 명 있는데, 그들은 파트타임으로 일할 때는 진급을 아예 포기합니다.

따라서 이 유리 구두라는 개념은 계급과 관련된 표식들과는 무관할 수 있다. 그러나 쿠퍼스에서의 경력 발전이 순전히 중립적인 기술 역량이나 학습 가능한 비즈니스 기술에만 기초한다는 인식을 꾸준한 성실함 같은 규범이 반박한다는 점은 여전히 중요한 부분이다. 다시 말해 계급 천장을 부수는 것이 반드시 유리 천장을 부수는 것을 의미하지는 않는다.

계급 천장

— '능력'은 모호하다: '적합성'의 횡포

사람들이 성별, 인종 등 특정 범주에 따른 임금 격차를 생각할 때 중심 이슈는 주로 차별이다. 즉 일부 사람들이 노동 시장에서 편파적인 대우를 받고 있는가 아닌가 하는 문제다. 이는 종종 게이트 키퍼가 의식적으로든 무의식적으로든 일부 사람들에게 다른 사람들보다 더 많은 특혜를 주는, 상당히 개별화된 조건으로 이해된다. 이 장은 이 문제를 더 복잡하게 만든다. 마틴이 '미래 리더' 심사위원단으로부터 차별을 받았는가? 그럴 수도 있을 것이다. 하지만 이 장에서 드러내고자 한 것은 마틴의 운명이 심사위원들의 '직감', 즉 누가 적절한 인물이라고 느꼈는지, 누가 잘 들어맞았는지, 누구를 '우리 중 하나'라고 느꼈는지 등에 따라 결정되었다는 점이다. 우리는 또한 적합성 개념이 종종 분야별로 다르며, 행동 규범이 여러 엘리트 직종들 간에 반드시 일치하는 것은 아니라는 사실도 입증했다.

그럼에도 불구하고 모든 직종에서 이러한 규범이 '객관적인' 기술, 재능, 기량 등 '능력'의 지표로 오인되고 있다는 증거가 존재한다.[43] 우리가 살펴본 규범 중 일부는 업무 성과와 상관관계가 있다고 볼 수도 있겠으나, 대부분은 전혀 그렇지 않았다. 예를 들어 복장, 억양, 취향, 에티켓에 대한 기대는 재능이나 지능을 측정하는 확고한 척도가 될 수 없다.

가장 중요한 것은 주로 누가 '적합'하다고 인식되는지, 따라서 누가 앞서 나가는지에 대한 명확한 패턴 또한 존재한다는 점이다. 우리의 데이터는 그 대상이 지배적인 행동 규범을 가장 편안하게 받

---

43   부르디외는 특정 직업 또는 조직 영역에서 작동하는 이러한 강력하고 당연시되며 아무 의심 없이 받아들여지는 규칙이나 규범을 '독사doxa'라고 칭한다(1990b).

아들이고 능숙하게 활용하는 특권층임을, 즉 터너 클라크의 모토를 빌려 말하자면 '자신의 전부를 업무에 투입할 수 있다'고 느끼는 사람들임을 거듭 드러냈다. 이는 특권층이 그런 규범을 '자연스럽게' 체화하고 있고, 따로 학습하지 않아도 이미 알고 있다는 인상을 줄 수 있기 때문이다. 그리고 마치 신데렐라의 유리 구두처럼, 많은 엘리트 직종의 집단적 이미지가 바로 그런 사람들의 모습을 바탕으로 형성되었기 때문에 마법처럼 그들이 '자연스럽게' 적합하고 유능해 보이는 것이다. 이는 차별의 범주에 속하지 않을 수도 있다. 하지만 명백히 불공평하다.

계급 천장

8장 =

정상에서의 전망

6TV에는 다른 모든 회의보다 중요한 회의가 하나 있다. '크리에이티브 어셈블리Creative Assembly'는 그것을 처음 만든 최고 크리에이티브 책임자Chief Creative Officer(CCO)가 붙인 이름대로 여러모로 6TV의 핵심적인 의사 결정의 장으로 자리 잡았다. 매주 열리는 이 회의의 목적은 6TV에 제안되었거나 시범 방송된 프로그램을 검토하고, 각각의 상대적 가치에 대해 토론하는 것이다. 회의는 시니어 커미셔닝팀을 주축으로 진행되지만, 다른 부서의 직원들도 돌아가며 초대를 받아 각자 의견을 개진하도록 장려된다. CCO에 따르면 이는 "다양한 관점과 아이디어의 충돌"을 유도하기 위함이다. 그는 "비슷한 사람들이 아니라 다른 배경을 가진 다양한 유형의 사람들을 참여시켜 집단 지성과 창의력을 추구하는 것이 목표"라고 설명했다.

크리에이티브 어셈블리의 설립 목적 자체는 분명 훌륭하다. 이는 장벽을 허물고 다양한 목소리, 특히 다양한 계급 배경을 가진 사람들의 목소리를 수용하려는 진정성 있는 시도였다. 하지만 우리의 인터뷰 결과, 이 아이디어는 여러 가지 면에서 심각한 역효과를 낸 것으로 드러났다. 크리에이티브 어셈블리는 기존의 위계를 흔들어놓기는커녕 이미 선택된 자들의 도가니가 되어버렸고, TV 프로그램에 관한 논의는 고위 커미셔너들이 경영진에게 자신의 문화적 기량을 선보이기 위한 시합이 되어버렸다. 여기서의 성공은 특정한 인텔리 감성을 보여줄 수 있느냐에 달려 있었다. 회의 참가자들은 적절한 문화적 레퍼런스를 흘리기 위해 각축을 벌이면서 점점 더 난해하고 현란한 미적 감상을 과시한다. "일종의 과시 게임이에요." 시니어 커미셔너 레이철(전문직/경영직 출신)은 이렇게 설명한다.

> 그러니까 거짓말 탐지기에 관한 TV 프로그램을 논하는 회의에서 존 스타인벡의 『생쥐와 인간』 얘기가 나오는 이유가 뭘까요? 6TV에서 프로그램을 제작하기 위해 위대한 미국 소설Great American Novel에 대해 알아야 할 필요는 없잖아요.

노동 계급 출신에게 크리에이티브 어셈블리는 6TV에서 그들이 직면하는 천장을 적나라하게 상기시키는 자리이자, 뚫고 들어갈 수 없고 소외감을 느끼게 하는 엘리트 문화의 경연장이다. 커미셔너 빌은 많은 이들이 느끼는 감정을 단적으로 표현했다. 그는 이런 회의가 늘 극심한 이질감을 불러일으킨다고 설명했다. "항상 그런 순간이 있어요. 주위를 둘러보며 '나는 이 클럽의 일원이 아니구나'라고 생각하는 순간이요. 예를 들어, 지난 회의에서는 커미셔너 두 명이 갑자기 고전문학을 언급하기 시작했어요. … 고대 그리스 작품이었던 것 같아요. … 라틴어도 좀 섞여 있었고요. 그래서 이런 생각이 들었죠. … 여긴 내 나와바리gaff[1]가 아니야!"

우리가 6TV의 상층부에서 뚜렷한 장벽을 감지한 것은 아마 놀라운 일이 아닐 것이다. 4장에서 설명했듯이 6TV에는 매우 극명

---

1   '집' 또는 '가정'을 뜻하는 영국 속어.

한 계급 천장이 존재해 노동 계급 출신은 극소수만 조직의 최상층에 도달한다. 이런 천장 효과는 이와 유사한 보이지 않는 장벽이 중간 관리자와 신성시되는 파트너 집단을 분리하고 있는 터너 클라크에 서도 동일하게 나타난다. 이 두 기업이 이러한 현상의 유일한 사례일 가능성은 별로 없다. 오히려 2장과 3장에서 언급한 전국적인 계급 임금 격차는 많은 경우 이와 유사한 '최상층' 효과, 즉 이사나 경영진 으로 승진할수록 점점 더 심하게 나타나는 계급 배경에 따른 수직적 분리에 기인할 가능성이 높다.

이 장에서는 특히 이 천장의 동인에 초점을 맞춘다. 물론 앞 서 논의한 다수의 메커니즘은 이와 관련이 있다. 예를 들어, 행동 규 범(7장)과 가족이 제공하는 재정적 완충 장치(5장)는 둘 다 누적 효과 가 있어서 정상급 직위에 도달할 수 있는 사람과 없는 사람을 가른 다. 마찬가지로 후원(6장)은 매직 서클magic circles[2]에 도달하는 데 결 정적인 역할을 하며, 특히 파트너가 되려면 다른 사람에 의해 '영입' 되어야 하는 기업 환경에서는 더욱 그렇다.

그 밖에 우리의 현장 조사에 따르면 다수의 엘리트 직종 최상 층에는 대개 노동 계급 출신에게 불리하게 작용하는 특유의 조직 문 화가 존재한다. 공식적이고 명시적인 채용 가이드라인에 의한 제약 이 덜하고[3] 후보자가 과잉 공급된 상황에서 이런 고위직에 오르는

---

2   영국에서 흔히 사용되는 표현으로, 일반적으로 조직의 최상층에 있는 소수의 사람 들로 구성되며 비밀 정보를 받거나 중요한 결정을 내릴 수 있는 특권을 가진 집단을 뜻한다.
3   2017 사회이동성지수Social Mobility Index 결과에 따르면 '고위직 채용'의 경우 기 업들은 직급이 낮은 사람을 채용할 때와 동일한 다양성 모니터링을 거의 실시하지 않으며, 대체로 헤드헌팅 회사에 아웃소싱한다. 헤드헌팅 회사는 다양한 인재를 구해달라는 지침을 받았을 때조차도 회사의 현재 인구통계적 구성을 조사하여 비슷한 외모와 억양을 가진 사 람들을 대상으로 후보를 선정하는 경우가 많다.

일은 기존 임원 문화에 익숙하다는 '신호'를 보내는가에 크게 좌우되며, 이미 엘리트 직책에 있는 사람들은 이런 신호를 보내는 후보자를 알아보고 보상한다.

이 장에서는 임원 문화의 두 가지 핵심적인 차원을 살펴본다. 먼저, 임원 환경에 만연한 사내 문화 규범의 힘을 탐색한다. 특히 6TV 외주제작국 내의 고상한 문화와 연기자에게 기대되는 계급화된 억양을 살펴보면서, 이러한 규범이 종종 '울타리'로 기능하여 상류층 문화를 습득했거나 배운 사람들에게 큰 이점을 제공함을 보여준다. 둘째, 임원 문화의 외부 응대 측면, 즉 누가 대중 또는 고객 앞에서 조직을 대표하기에 가장 적합한 사람, 다시 말해 '중후함'을 지닌 사람으로 여겨지는지 살펴본다. 이를 위해 특히 터너 클라크 자문 부서의 고객 매칭 프로세스를 살펴본다. 우리는 이 과정 또한 특권층에게 이점을 준다고 본다. 기존 파트너들은 문화적 유사성으로 인해 고객에게 친숙하다고 여겨지는 후배 직원을 영입하는 경향이 있기 때문이다. 본능적으로 적절한 커뮤니케이션 스타일을 알고, 함께 즐길 적절한 문화 또는 스포츠에 익숙하고, 세금과 같은 민감한 문제에 접근하는 방식을 아는 직원들 말이다.

엘리트는 어떻게 정상을 봉쇄하는가

학자들은 오랫동안 임원 환경의 배타적 성격에 대해 논의해왔다. 이러한 논의에서 주로 쟁점이 되는 것은 엘리트 채용 과정이 사회학자들이 '사회적 봉쇄social closure'라고 부르는 것을 얼마나 유발하는가 하는 점이다.[4] 일반적으로 이 봉쇄라는 개념은 종종 이러한 역할의 게이트 키퍼가 되곤 하는, 이미 엘리트 직위에 있는 사람들이 자신이 자격이 있다고 판단하는 한정된 범위의 사람들만 기회에 접근할 수 있도록 제한하는 절차라고 이해된다. 여기서 자격은 대개 인지된 엘리트성의 '신호'[5]로 작용하는 특정한 개인적 특성, 성향 또는 지식에 기초한다. C. 라이트 밀스는 미국의 권력 엘리트에 대해 다음과 같은 유명한 말을 남겼다. "임원 경력을 자세히 살펴볼 때마다 우리는 같은 집단에 속한 남성들이 재차 서로를 선택하는 것을 발견한다."[6]

이는 기회가 근본적으로 반경쟁적이거나 공정하지 않은 방식으로 할당된다는 의미에서, 다시 말해 게이트 키퍼가 의지하는 결정적인 신호가 대개 개인의 성과나 직무 관련 기술, 경험 등과 전혀 무관하다는 점에서 흔히 '기회 독식opportunity hoarding'이라 불린다. 즉 게이트 키퍼에게 선택되기 위해서는 C. 라이트 밀스의 말을 빌리자면, "이미 성공한 사람들의 기준에 순응하는 것… 높은 사람들과 어울리기 위해서는 그들처럼 행동하고, 그들처럼 보이고, 그들처럼 생각"해야 한다는 의미다.[7]

영국의 맥락에서는 앞서 살펴본 바와 같이 이러한 엘리트 신호가 전통적으로 상류층 '신사'와 연결되어 있었다. 이 문화적 정체성은 부분적으로 단순히 '올바른' 혈통, 즉 '좋은 집안' 출신인가의 문제였다. 하지만 이는 또한 영국의 명문 엘리트 사립학교(영국에서는 혼란스럽게도 이를 흔히 'public school'이라고 부른다[8])에서 받는 특정한

---

4   Parkin(1979), Weber(1992), Tilly(1999), Weeden(2002) 참조.

5   게이트 키퍼들은 이러한 신호를 인식하여 그 신호를 보내는 개인들에게 아웃사이더에게는 허용되지 않는 고위직에 접근할 수 있는 권한을 제공한다(Bol and Weeden, 2015).

6   Mills(2000, pp. 64~67, 278~283).

7   Mills(2000, p. 141).

엘리트 교육을 통해 한층 더 의도적으로 주입되기도 했다. 이렇게 가정과 학교 교육이 결합해 특정한 행동, 가치관, 여가 활동 등 특유의 존재 방식을 만들어냈다. 이는 어떤 하나의 특성이나 관행으로 환원될 수는 없지만, 그럼에도 기득권 엘리트층에게 명백한 신호로 작용하여 잠재적 합격자를 식별할 수 있게 한다.[9]

최근 연구에 따르면 영국의 사립학교는 실제로 '올드 보이들'을 엘리트 직위로 밀어 올리는 데 여전히 탁월한 능력을 보유하고 있다. 오늘날에도 아홉 개 명문 사립학교('클래런던 스쿨Clarendon Schools'로 통칭) 졸업생은 유서 깊은 영국 엘리트 명부인 『후즈 후Who's Who』에 등재될 확률이 다른 학교 출신보다 94배나 높다. 또한 이들은 여전히 옥스퍼드, 케임브리지 등 소위 '능력주의' 교육 기관을 거치지 않고도 엘리트 집단에 진입할 수 있는 놀라운 능력을 보유하고 있다.[10] 최고 수준의 학력 없이도 성공할 수 있는 이 능력은 직장에서 엘리트 신호로 작용하는 뚜렷한 비교육적 자원을 영국의 사립학교가 지속적으로 전수하고 있음을 시사한다.

그러나 영국에서 사립학교 졸업생이 지속적인 이점을 누린다고 해도 그들은 여전히 영국의 엘리트 직업 종사자 10명 중 한 명도 되지 않는 소수에 불과하다. 다시 말해 계급 천장의 작동은 부유층의 유리한 조건을 훨씬 넘어선다. 여기서 우리는 정책 분석가 리처드 리브스의 연구를 반영하여 상위 중간 계급이 지닌 특권의 보다 '보

---

8   미국인에게는 불분명할 어떤 역사적 이유로 인해 영국에서는 최상위 엘리트 사립학교를 'public school', 그 외 사립학교를 'private school', 그리고 누구나 무료로 다닐 수 있고 정부에서 자금을 지원하는 학교를 'state school'이라고 부른다.

9   Stanworth and Giddens(1974); Scott(1991); Maxwell and Aggleton(2015, 2016).

10   Reeves et al(2017).

편적인' 형태가 인생의 기회를 원활하게 만드는 데 얼마나 중요한지 짚어본다.[11] 리브스는 명문 대학 기여 입학과 비공식적 인턴십 할당 등 미국 상위 중간 계급이 불공평하게 기회를 축적하는 다양한 방법을 밝혔다.[12] 그러나 리브스 등의 학자들은 이런 일상적인 형태의 계급 특권이 훗날 어떻게 작용하는지, 특히 사람들이 최고 직위에 진입하고자 할 때 어떻게 작용하는지에 대해서는 침묵한다.

우리가 얻은 통찰의 원천 중 하나는 사회학자 오마르 리자르도의 연구, 특히 문화가 엘리트의 사회적 봉쇄 과정과 어떻게 연관되는지에 대한 분석이다.[13] 리자르도는 부르디외의 이론을 바탕으로 미국에서 서로 다른 문화적 취향이 어떻게 개인의 인맥을 형성하고 유지하는지 살펴본다. 그는 특히 사회 자본이라는 개념, 즉 높은 자리에 있는 사람들과의 인맥이 가치 있는 자원을 확보하기 위해 (이 책의 맥락에서는 자신의 커리어를 발전시키는 데) 어떻게 동원될 수 있는지 살펴봤다. 그는 대중문화에 대한 관심이 사회적 연결의 원천이 될 수 있다고 주장한다. 대중문화가 다양한 사회적 배경을 가진 사람들을 아우르며 약한 유대를 촉진하는 상호 작용 도구를 제공하기 때문이다. 한마디로 이런 종류의 문화적 소재는 '최소한의 공통분모를 가진 대화거리'를 제공한다.[14] 리자르도는 이와 대조적으로 고상한 취향, 특히 지적인 태도를 특징으로 하는 취향은 사회적 가교보다는 울타리 역할을 한다는 사실을 보여준다. 이러한 보다 '정통적인' 취향은 그것을 즐기기 위한 미적 도구를 제공하는 특권적 양육(및/또는

11   Reeves(2018).

12   Reeves(2018).

13   Lizardo(2006).

14   DiMaggio(1987, p. 443), Lizardo(2006, p. 781)에서 인용.

8장 = 정상에서의 전망   247

교육)을 받은 사람들만 누릴 수 있다는 점에서 '희소한' 편이기 때문에 더욱 배타적이며, 제한된 집단, 특히 직장에서 높은 지위에 있는 사람들 간의 유대감을 강화하는 경향이 있다. 이처럼 리자르도는 무해해 보이는 개인의 문화적 정체성의 표출(무엇을 좋아하고 싫어하는가)이 어떻게 특권적 배경을 가진 사람들이 권력의 네트워크를 공고히 하고, 엘리트 직업의 상층부를 봉쇄하는 중요한 수단이 되는지에 대한 유용한 설명을 제공한다.

헤겔이라니! 외주제작국의 고상한 문화

우리는 6TV로 되돌아가 영국의 계급 천장에 대한 조사를 시작한다. 독자 여러분은 6TV의 천장 효과가 경영진이 과도하게 많이 소속되어 있으며 고위 커미셔너의 90퍼센트가 전문직 또는 경영직 출신인 외주제작국을 통해 주로 발현된다는 사실을 기억할 것이다. 5장에서 설명한 바와 같이, 이는 부분적으로 노동 계급 출신이 리스크가 큰 TV 제작 업무를 계속할 만한 재정적 자원을 갖추지 못해 경력 초기 또는 중반에 크리에이티브 직무에서 이탈하는 것과 관련이 있다. 또한 이는 새로 임명된 사람들이 기존 커미셔너들과 개인적 친분이 있는 경우가 많은 외주제작국의 채용 관행이 지닌 비공식성과도 연관이 있다. 여기서 우리는 세 번째 동인, 즉 외주제작국의 상층부를 지배하는 고상한 문화를 소개한다.

인터뷰를 진행하면서, 참여자들이 외주제작국에서 근무하든 아니든 상관없이 외주제작국의 문화를 특징짓는 방식이 상당히 인상 깊었다. 학습된 비격식성은 회사 전체에 널리 퍼져 있지만 외주제작국에는 좀 더 독특한 규범이 존재했다. 인터뷰 참여자들은 우리에게 모든 커미셔너가 공유하는 특성이 있다면, 그것은 바로 고상한 문화에 대한 능숙함과 선호라고 말했다. 그렇다고 해서 모든 커미셔너가 똑같은 문화적 취향을 가지고 있는 것은 아니었으나, 이들은 문화에 대해 이야기하는 특정한 방식, 일련의 언어적 도구, 그리고 부르디외가 말한 '미적 성향aesthetic disposition', 즉 문화의 소비는 어렵고 까다로워야 하며 지적 숙고가 필요하다는 신념을 공유했다.[15] 이는 다시 업무 환경에서 방송계에 대해 이야기하는 매우 특정한 방식에 영향을 미친다. 시니어 커미셔너 린지의 표현을 빌리자면 이는 "올바른 방식, 세련되고 예술적인 방식으로 이야기할 수 있는 것"이다. 전문직/경영직 출신의 주니어 커미셔너 대니얼이 이를 좀 더 자세히 설명했다.

> 우리는 매우 고상한 취향을 갖고 있습니다. … 여기서 일하려면 조금 더 고상해야 하고, 고상하게 생각해야 한다는 기대가 존재합니다. 그런 우월 의식이 있어요. … 조금만 대중적인 제안을 해도 사람들이 움찔하며 거부감을 드러내는 걸 볼 수 있죠.

커미셔너 마크가 '단일 문화monoculture'라고 표현한 이와 같은 임원 문화는 앞서 언급했듯이 크리에이티브 어셈블리에서 가장 명확하게 드러났다. 하지만 그 중요성은 이 한 가지 상황 너머로 널리 확장된다. 커미셔닝은 본질적으로 심의하는 과정이며, 따라서 제안부터 초기 개발, 파일럿, 제작, 방송에 이르기까지 주요 결정은 일반적으로 최종 승인 전에 여러 차례 회의를 거쳐 이루어진다. 인터뷰

---

15   Bourdieu(1984). 뒤의 10장에서 미적 성향의 중요성에 대해 자세히 설명한다.

참여자 중 한 명인 레이철의 경험은 이 고상한 감성의 힘을 완벽하게 보여주었다. 레이철은 '인디' 부문에서 일하다가 최근 시니어 커미셔너로 임명되었다. 헤드헌터를 통해 스카우트되었기 때문에 공식적인 채용 절차를 거치지 않았다. 중요한 것은 레이철도 그 자신의 표현에 따르면 "탄탄한 중산층 배경(부모님 모두 성공한 전문직 종사자)"이었다는 점이다. 커미셔닝 업무를 새롭게 시작한 레이철은 해당 부서의 문화적 특수성을 매우 잘 의식하고 있었다.

> 첫 번째 대규모 커미셔닝 회의가 끝난 후 몇몇 사람들이 저에게 이메일을 보내 이렇게 말했던 걸 기억합니다. "당신이 우리 회사에 와서 정말 기쁩니다. 바로 적응하시네요." 바로 그겁니다. 저도 실제로 만족스러웠어요. 이 모든 똑똑한 사람들과 함께 일할 수 있으니까요. 사람들이 모두 정말 친절하고 분위기도 진짜 좋아요. 위압감은 느끼지 못했습니다. 하지만 그건 제가 같은 언어를 사용하기 때문이겠죠. 저는 레퍼런스를 알아듣습니다. 게다가 저는 "있죠, 저는 그 드라마가 진부한 표현으로 가득 차 있다는 사실조차 눈치채지 못하고 그냥 울었어요"라고 말할 수 있을 만큼 자신감이 있어요. 그러면 그들은 웃음을 터트리고, 아무 문제가 되지 않아요. 무슨 말인지 아시나요? 나 자신을 증명할 필요를 느끼지 못하기 때문입니다. 하지만 다른 누군가는 그렇게 해야 한다고 느낄 수 있겠죠.

우리가 대화를 나눈 많은 임원들에게 이 고상한 미학을 구사할 수 있는 능력이 단순히 비교적 자의적인 취향을 반영하고 강화하는 것만은 아니라는 점을 인지하는 것이 중요하다. 뜻밖에도 많은 사람들이 이를 매우 중요한 기술이자 생산적인 역량으로 여겼다. 시니어 커미셔너 잭(전문직/경영직 출신)의 표현을 빌리자면 이러한 "지적 비평" 문화는 "좋은 TV 커미셔닝에 필수적이다". 여기서 우리는 이 견해에 꼭 이의를 제기하지는 않을 것이다. 연구자인 우리는 고상한 성향이 기술이나 가시적인 생산성의 원천으로 타당한지 여부를 판단할 수 있는 업계 경험이 있는 척하지 않을 것이다.

하지만 이러한 견해에 대해 우리가 강조하고 싶은 점이 두 가지 있다. 첫째, 기술이나 생산성과의 관계와 무관하게, 우리의 현장 연구 결과는 고상한 문화에 부여된 가치가 6TV의 계급 천장과 밀접하게 연관되어 있음을 시사했다. 주로 노동 계급 출신이 이러한 방식의 논의에서 배제되었다고 느끼기 때문이다. 많은 사람들에게 이는 그들이 속하지 않은 임원 문화의 전형이었다. 그리고 흔히 중요한 상황에서 위압감을 느끼거나 기여할 수 없다는 느낌으로 나타났다. 예를 들어 앨리스는 외주제작국의 스크립트 편집자였다. 청소부와 병원 포터였던 부모님과 함께 공영주택 단지에서 자란 앨리스는 6TV에서 몇 년간 근무했으며, 신입급인 드라마 어시스턴트로 시작해 지금의 자리까지 올라왔다. 하지만 어느 정도 위로 올라갔음에도 불구하고 앨리스는 외주제작국의 윗사람들과 문화적 거리감이 컸다고 말했다. 이런 다르다는 느낌을 잘 보여준 대화를 소개한다.

앨리스 ☞ 저는 여러 명의 외주제작국 에디터와 일했습니다. 초창기에는 '나는 절대 저런 일을 할 만한 능력이 없을 거야'라고 생각했어요. 그저 그걸 무의식적으로 받아들였던 것 같아요. 저는 결코 적임자가 될 수 없을 거라고요.

인터뷰 진행자 ☞ 왜요?

앨리스 ☞ 글쎄요, 조금 위축감을 느낀 것 같아요. 제 생각에 우리 부서의 일정 직급 이상의 사람들은 큰 회의에서 비웃음을 당할까 봐 모두 약간 긴장하지 않나 싶어요. 물론 외주제작국 에디터들은 전혀 그렇지 않죠. … 그들은 무슨 얘기든 다 꺼낼 수 있고, 다들 웃고 넘어갈 수 있거든요. 하지만 매주 한 가지만 발언할 거라면 괜찮은 내용이어야 합니다. 그러니까 자유롭게 브레인스토밍을 할 수 없어요. 저도 가끔 대본에 관한 아이디어가 떠오르지만 그들이 하는 식으로 그것을 표현할 수 없습니다. 마치 그들은 아이디어를 표현하는 특별한 단어를 보유하고 있는 것 같아요.

인터뷰 진행자 ☞ 취향을 표현하는 것에서요?

앨리스 ☞ 네, 많은 부분이 취향입니다. 현재 방영 중인 다양한 영화나 드라마에 대해 자신의 감정, 느끼는 그대로의 감정을 명확하게 표현할 줄 알고, 또 자각하고 있어야 해요. 무슨 일이 일어나고 있는지 알아야 하고, 최신 시사 정보는 반드시 알고 있어야 합니다. 관련된 내용을 많이 알고 있어야 해요. 그리고 제대로 된 프로그램, 쿨한 프로그램을 시청해야 합니다. 한 존경받는 임원이 리얼리티 TV를 시청하는 것이 쿨하다고 말하면 다들 "맞아요, 쿨합니다"라고 말할 것이고, 그러면 저도 긴장을 풀고 "사실 저도 좋아합니다"라고 말할 수 있지요.

앨리스는 6TV에서 고상한 미학이 가진 조직 장악력과 그로 인해 바깥으로 내쳐진 느낌, 뉘앙스 및 언어적 유창함 혹은 정통성이나 '쿨함'의 규칙을 언제 구사해야 하는지에 대한 본능적 이해가 없다는 데서 오는 마비 상태를 생생한 이미지로 그려낸다. 우리는 이 고상한 문화적 성향이 출신 계급과 강하게 연결된다고 본다. 많은 독자가 그 이유를 당연히 궁금해할 것이다. 여기서 우리는 부르디외의 논의에 뿌리를 둔 방대한 연구 결과를 바탕으로, 정통 '고급' 문화에 대한 선호와 그에 수반되는 어휘 및 미적 감상을 구사하는 능력이 계급 배경과 밀접하게 연관되어 있다고 강조한다.[16] 이는 중간 계급 부모가 자녀에게 '고급 예술'에 대한 지식과 경험 등 가치 있는 문화적 '도구'를 심어주는 초기 사회화 과정에서 시작된다. 예를 들어, 그들은 집에서 문화적 주제에 대해 이야기하거나 자녀를 박물관, 극장, 미술관에 데려갈 가능성이 더 높다. 그리고 자녀에게 정통 문화를 소개하는 데 그치지 않고 특정한 방식으로 보고 듣는 법, 특정한 미적 렌즈를 사용하는 법, 앨리스의 말처럼 특정한 비평 어휘를 '표현하는' 법, 그리고 궁극적으로 문화에 대해 이야기할 때 자연스러운 자신감을 발산하는 법도 가르친다. 이러한 역량을 학술 문헌에서는 흔히 '체화된 문화 자본embodied cultural capital'이라고 부른다(다시 말해 이런 것들이 신체적 특성과 마찬가지로 개인에게 내재되어 있다는 의미다[17]). 우리의 분석 결과, 이렇게 체화된 문화 자본은 외주제작국의 문화에 적응할 수 있는 매우 강력한 '신호'로 작용하는 것이 분명했다.[18]

하지만 여기서 강조해야 할 중요한 두 번째 사항이 있다. 고상한 문화는 노동 계급 출신에게 장벽으로 작용하는 데서 그치지 않는다. 이것이 창의적인 의사 결정 과정에 더하는 가치에 대해 특권층 출신을 포함한 대다수의 인터뷰 참여자들이 의문을 제기하거나 심

---

16   Bourdieu(1984).

17   Bourdieu(1977, p. 94, 1984, p. 437). 보다 일반적으로, 부르디외는 어린 시절 일련의 사회경제적 조건에 장기간 노출되면 억양, 어조, 몸짓, 자세 등 신체 안팎에 흔적이 남는다고 주장한다.

18   이는 미적 성향에 대한 능숙함을 특히 가장 크리에이티브한 미국 광고업계 조직 문화의 핵심으로 파악한 Koppman(2016)의 연구와도 일맥상통한다.

지어 이의를 제기했다. 여기서 이 장의 앞부분에서 소개한 시니어 커미셔너 레이철의 이야기로 돌아가 보자. 레이철은 이런 종류의 고상한 신호에 매우 회의적이었으며, 이러한 신호가 프로그램과 관련한 대화를 '실제 사람들이 관심을 갖는 것'에서 멀어지게 하는 경우가 많다고 주장했다.

> 6TV에서 프로그램을 제작하기 위해 위대한 미국 소설에 대해 알아야 할 필요는 없잖아요. 정말, 정말 그럴 필요가 없어요. 여기서 TV 프로그램을 만들기 위해 알아야 할 것은 세상에 관심을 가져야 한다는 사실입니다. 실제 사람들이 관심을 갖는 것이 무엇인지, 그것을 그들에게 어떻게 다시 보여줄 것인지를 알아야 한다는 말입니다.

이런 의견을 가진 사람은 레이철뿐만이 아니었다. 인터뷰에 응한 14명의 커미셔너 중 10명이 고상함에 대한 지향이나 토론 방식이 프로그램을 제작하거나 의뢰할 때의 효과적인 의사 결정과는 큰 관련이 없다고 언급했다. "우리는 TV에 대해 이야기하고 있습니다, 헤겔이 아니라요!" 임원 롤런드가 외쳤다. 사람들은 이러한 공유된 미적 감각이 주로 '폼 잡기'의 기능을 수행한다고 생각했다. 시니어 커미셔너(중간직 출신)인 캐런은 이렇게 설명했다.

> 말하는 방식을 보면… 사람들이 똑똑하게 보이려고 그렇게 말하는 것 같아요. 실제로 그렇다기보다는… 그것도 폼 잡기의 일종이겠지요. … 말하는 방식이 현란해요, 확실히. 그러니까, 회의실에 있는 사람들 중에서 누군가는 어떤 단어를 이해하지 못한다는 걸 의식하고 있지요. "알고 계시는지 모르겠지만 저 케임브리지를 나왔어요"라

고 말하는 고유한 방식이죠. 그렇게 한다고 해서 나쁠 건 없지만 한 편으론 꼭 그렇게 할 필요가 있을까 하는….

위의 인용문은 고상한 미학이 엘리트의 '신호', 즉 특권층이 서로를 알아볼 수 있게 하는 (자의적이지만 강력한) 표지로 기능하는 방식을 보여준다. 커미셔너 데이브(전문직/경영직 출신)를 포함한 다른 사람들은 여기서 한 걸음 더 나아가 이러한 '무의미한 지적 과시'가 노동 계급 출신에게 불필요한 장벽으로 작용한다고 주장했다.

같은 언어로 말해야 해요. 저는 진심으로 흑인이거나 장애가 있어도 여전히 중간 계급일 수 있고 여기서 잘 지낼 거라고 생각합니다. 여기 있는 그 누구도 인종차별주의자는 아니니까요. 그건 사실입니다. 중간 계급이라면 인종이 무엇이든 상관없이 같은 언어로 말할 수 있습니다. 어떤 장애를 갖고 있든 상관없습니다. 하지만 계급은 완전히 다른 문제예요. 우리가 말하는 이런 이야기를 바꾸려면 노동 계급 사람들이 들어오게 해야 합니다. 가난한 사람들이 들어와야 해요. 그것이 바로 우리에게 필요한 일입니다. 그리고 가장 어려운 일이고요. 그들이 가장 '타자'거든요.

물론 이는 복잡한 문제다. 방송 제작은 문화를 생산하는 일이기 때문에 왜 이 프로그램 대신 저 프로그램을 제작하려고 하는지, 특정 프로그램이 다른 프로그램과 비교해서 어떤지 논의하는 것은 TV 커미셔너가 되는 데 분명히 중요한 일이다. 그러나 인터뷰 결과는 이런 창의적 토론에서 어떤 문화적 형식이 중시되는지에 대해 상당히 강한 감정이 존재함을 시사했다. 토론이 진행되는 방식(그리고 그 후 상급자에 의해 평가받는 방식)이 더 특권적인 배경을 가진 사람들에게 상당히, 그리고 어쩌면 불공평할 만큼 유리하게 작용한다는 느낌도 팽배한 것으로 나타났다.

발화로 드러나는 계급 구분: 표준 발음의 힘

지금까지 우리는 고상한 문화와 미학에 대한 능숙함이 방송사의 상층부에서 강력한 신호 도구로 작용한다는 것, 심지어 이러한 수준에서 이루어지는 제작 결정이 고급 예술 문화와 거의 관련이 없는 경우에도 그렇다는 것을 설명했다. 그러나 때로 엘리트 신호는 누군가가 무엇을 알고 좋아하는지에 관한 것이라기보다는 단순히 그 사람이 어떤 방식으로 말하고 그 사람의 발화가 어떻게 들리는지에 관한 것일 수도 있다. 여기서 우리는 억양의 문제로 되돌아가야 한다. 영국에서 언어와 억양은 오랫동안 계급 구분과 관련이 있었으며,[19] 전통적으로 상위 중간 계급의 보다 표준화된 RP[20](구어체로 '여왕의 영어' 또는 'BBC 영어'라고도 한다[21])에 대비되는 노동 계급의 다양한 지

---

19   Coupland and Bishop(2007). 보다 일반적인 내용은 http://accentism.org 참조. Baratta(2018)도 참조.

20   '용인 발음Received Pronunciation'이라는 용어는 1869년 언어학자 A. J. 엘리스가 만들었지만 이것이 사회적 엘리트의 억양을 설명하기 위해 널리 사용된 것은 음성학자 대니얼 존스가 『영어 발음 사전』 제2판(1924년)에서 이 용어를 채택한 후의 일이다. 여기서 'Received'의 정의는 '일반적으로 받아들여지는 지혜received wisdom'에서처럼 '인정된' 또는 '승인된'이라는 이 단어의 원래 의미를 전달한다. 용인 발음의 기원은 19세기 영국의 사립학교 및 대학으로 거슬러 올라간다. 실제로 처음에 존스는 사회적으로 배타적인 이 새로운 억양을 묘사하기 위해 '사립학교 발음public school pronunciation'이라는 용어를 사용했다.

21   RP가 가장 큰 탄력을 받은 시기는 1922년 BBC 초대 사장이었던 리스 경이 이것을 방송 표준으로 채택했을 때였다. 이것이 바로 'BBC 영어'라는 용어의 기원이다. 리스는

역 억양이 존재했다.[22] 실제로 7장에서 설명했듯이 RP는 터너 클라크와 6TV에서 지배적인 행동 규범을 구성하는 중요한 요소다.[23]

그러나 일반적으로 억양, 특히 RP가 정상에 오르는 데 가장 직접적인 영향을 미치는 분야는 연기이다. 이는 RP가 일반적으로 고전적인 연기 연습을 할 때 발성의 시작점으로 간주되기 때문이다. 응답자들은 이러한 정당화 과정이, 프레이저(노동 계급 출신)의 표현을 빌리자면 "끊임없이 RP의 중요성을 주입하는" 연기학교에서부터 시작된다고 말했다. 이후에 그것은 노동 시장으로 확장되어, 비중 높은 역할에 대한 구인 광고(특히 연극 분야) 대부분이 '자연스러운 RP 화자'일 것을 명시하거나 오디션 과정에서 이를 강력하게 암시한다.

물론 이는 '자연스러운' RP 억양을 갖고 있지 않다고 여겨지는 노동 계급 배우에게 분명한 장벽이다. 북동부 지방의 '조디Geordie' 억양을 구사하는 에이든은 자신의 커리어에서 거듭 장애물로 작용한 RP의 규범적 힘을 경험했다. 그는 고전극, 특히 셰익스피어 작품에서 자신처럼 지역 억양을 가진 배우들은 주인공을 돋보이게 하고 주인공과 대조되는 보조 캐릭터, "관객의 지지를 받기 위해 우스꽝스러운 짓을 해야 하는 작은 코미디 배역"에 국한되는 경향이 있다고 설명했다. 에이든은 일자리를 얻기 위해 부모님께 물려받은 전통을 계

RP 억양으로 말하는 표준 영어가 영국 안팎에서 가장 널리 이해되는 영어가 될 것이라고 믿었다.

22   RP는 대체로 지리적 경계를 초월한다고 여겨지지만, 특히 잉글랜드 남부의 상위 중간 계급 집단과 결부된다.

23   부르디외가 이를 자신이 '언어 자본'이라고 칭한, 문화 자본의 중요한 하위 집합으로 보았다는 점에 주목할 필요가 있다. 이는 "권위 있고, 학문적이고, 부르주아적인 언어 사용 능력을 입증할 수 있는 능력"을 뜻한다(Bourdieu and Passeron, 1977, pp. 108~110).

속해서 "조롱"하도록 요구받는 과정이 "매춘처럼 느껴질 정도로" 매우 불쾌했다고 말했다. 아무도 에이든에게 큰 배역을 위한 오디션에서 지역 억양을 쓰지 말라고 명시적으로 얘기한 적은 없었지만, 10년간의 경험을 통해 그는 "내가 나고 자란 지역의 억양을 쓰면 실제로 스스로 일자리를 포기하는 것"과 마찬가지라는 것을 배웠다. 노동 계급 출신인 데릭도 비슷한 이야기를 했다.

> 아무 연기자나 셰익스피어를 읊조린다고 되는 것이 아니라 "명확한 목소리"를 가진 사람이어야 해요. 요즘도 여전히 그렇습니다. "RP여야 함" 또는 "실제 RP 억양을 가진 사람이어야 함"이라는 조건이 붙어 있어요. 내가 RP를 못 하는 것은 아닙니다. 대부분의 배우가 할 수 있어요. 하지만 그게 자신의 본래 억양이어야 하는 거죠. 이유는 없습니다. 만약 지방 억양이 있는 셰익스피어 캐릭터를 내세운다면 그건 늘… 관심을 끌기 위한 장치 같은 거예요.

. . .

RP의 힘은 단순히 주연 배역이 중산층 캐릭터에 편중되게 하는 결과에 그치지 않는다. 이는 또한 어떤 배우가 타입캐스팅을 피해 '정해진 유형을 벗어나는 역할'을 맡을 수 있는가에 관한 것이기도 하다. 정해진 유형에서 벗어나는 것은 배우가 그 직업에서 정상에 올랐음을, 그들의 연기 재능이 그 자신이 속한 인구통계적 좌표를 뛰어넘었음을 나타내는 중요한 신호로 간주된다. 하지만 우리는 '고전적인' 연기 교육에서 RP의 제도화가 중요한 이유도 바로 여기에 있다고 본다. RP는 종종 영국 배우의 '중립적인' 목소리로 간주되기 때문에 '자연스러운 RP'는 RP를 넘어서는, 또는 유형을 벗어난 연기를 하기 위한 적절한 출발점으로 여겨지는 경우가 많다. 인터뷰 대상자들의 이력서를 면밀히 살펴본 결과 이런 사실이 분명하게 드러났다. 여기서 가장 일관되게 '유형을 벗어나는' 배역을 연기한 사람들은 특권층 출신의 '자연스러운 RP 발화자', 특히 백인 남성이었다.

토미가 그 대표적인 사례다. 토미의 아버지는 큰 기업의 CEO였고 어머니는 은퇴한 무용수였다. 그는 사립교육을 받고 런던 최고의 연기학교를 다녔으며, 네 살 때부터 런던 최고의 웨스트엔드 극장에서 전문적으로 연기를 시작했다. 그는 매우 다양한 경력을 쌓았다. 로열 셰익스피어 컴퍼니, 런던의 웨스트엔드, 황금 시간대 TV 드라마, 컬트 TV 코미디, 비주류 신체극, 심지어 몇 편의 오페라에도 출연하는 등 다양한 환경에서 주연을 맡았다. 그가 연기한 인물은 셰익스피어 연극에 등장하는 왕의 변덕스러운 측근부터 러시아인 동성애자 전쟁 포로, 주부의 10대 연인에 이르기까지 다양했다. 런던 출신인 올리도 마찬가지로 다양한 경력을 갖고 있었다. 두 유명 배우의 아들로 태어난 그는 할리우드와 웨스트엔드에서 하위 중간 계급 출신의 사무원, 보헤미아의 왕, 폭력적인 남편, 건방진 학생 등 다양한 배역을 맡아 폭넓게 활동했다.

우리가 만난 노동 계급 출신 배우들의 이력서는 이와 매우 다른 모습이었다. 「방법론에 관한 부록」의 [표 A.1d]에서 볼 수 있듯이 그들 대부분은 특권층 인터뷰 참여자들과 같은 수준의 성공을 거두지 못했다. 그리고 5장에서 자세히 살펴보았듯이 이러한 배우들이 맡은 역할은 심하게 희화화되고 정치적으로 퇴행적인 노동 계급 캐릭터에 국한된 경우가 많았다.

따라서 설사 영국에서 RP가 배우의 '중립적인' 목소리가 된 것이 무해한 직업적 관행으로 보일 수 있더라도, 우리가 진행한 인터뷰들은 시간이 지남에 따라 RP가 학자 너멀 퓨워가 '신체 규범'이라고 부른 것으로 자리 잡았음을 보여준다.[24] 여기서 신체가 의미하는 바는 육체적, 물리적인 것이다. 신체 규범은 RP가 암묵적으로 중산층의 목소리, 음정, 어조를 가진 연기자가 더 높은 비율로 더 비중 있는 배역을 차지할 '자연스러운' 권리를 더 많이 갖게 하는 방식을 가리킨다. 반면, 노동 계급 배우의 지역 억양은 종종 일자리를 구하는 데 문화적 장벽으로 작용하며, 그들을 정당하게 인정받을 만한 '자연스러운' 언어적 자원이 부족한 외부인으로, 퓨워의 말을 빌리자면 '공간 침입자space invaders'로 낙인찍는다.

고객과의 문화적 유사성

계급 천장은 고위직 환경에서 지배적인 내부 문화 규범과 확실히 큰 관련이 있다. 그러나 높은 직책에 수반되는 대외 업무 차원 또한 특정 유형의 사람에게 유리하게 작용할 수 있다. 예를 들어, 터너 클라크에서는 많은 직원이 '파트너'가 되기 위해 시험을 통과하고 성과 목표를 달성하고 필요한 경력을 쌓지만, 관리 부서 파트너 콜린에 따르면 실제로 '파트너'[25]가 되는 사람은 (신입 직원의) 3~4퍼센트에 불과하다. 7장에서 살펴봤듯이 경력 초기에 '파트너 재질'로 인정받는 것 외에도, 파트너 자리에 오르기 위한 가장 핵심적인 역량은 비즈니스를 확보하고 유지하는 능력이다. 이는 1990년대 이후 회계 업계 전반의 변화, 특히 크리스 카터와 크로포드 스펜스가 '상업주

---

24   Puwar(2004).

25   회계업계에서는 일반적으로 파트너 직위에 도달하는 것이 성취의 정점으로 간주된다. 터너 클라크와 같은 대규모 기업의 파트너들은 회사의 공동 소유주이며, '지분 파트너'로서 수익을 공유할 자격을 갖는다.

의 포용의 불가피성'이라고 부른 것과 그에 따른 '고객을 왕으로 모시는' 정신의 출현을 반영한다.[26] 과거에는 전문화된 기술 개발 등 다양한 경로를 통해 터너 클라크의 파트너가 될 수 있었지만(이를테면 '기술 파트너'), 이제는 이것이 보다 사업가적 능력을 요하는 업무로 대체되었다. 이처럼 터너 클라크와 같은 대형 다국적 기업의 파트너들은 갈수록 서비스 판매와 신규 고객 발굴을 통한 수익 창출자 역할을 수행하고 있다.[27] 기본적으로 이는 '파트너 자리에 오르는 것'이 회계사의 외부 인지도, 특히 고객과의 관계 또는 향후 이러한 관계를 구축할 잠재력과 관련이 있음을 의미한다. 따라서 파트너 후보자가 '고객을 잘 다룬다' 또는 '대고객 부서에 적합한 인물'[28]이라는 판단은 특히 업무 대부분이 '고객 대면'인 자문 부서에서 정상에 오르는 데 핵심적인 요소다. 여기서 자문 부서의 파트너 자리가 특권층 출신이 가장 과대 대표되는 집단이라는 사실을 떠올려볼 만하다. 회사 전체적으로 사립교육을 받은 구성원의 비율은 24퍼센트인 데 비해 자문 부서는 해당 비율이 42퍼센트에 달한다. 우리는 이 두 가지 패턴이 서로 무관하지 않다고 본다.

'고객을 잘 다루는 사람'으로 여겨지는 데는 7장에서 설명한 자기표현, 즉 일정 수준의 '세련됨'을 발산하는 것에 부여되는 프리미엄이 어느 정도 영향을 미친다. 그러나 파트너처럼 보이고 들리는

---

26   Spence and Carter(2014, p. 950). Anderson-Gough et al(1998)과 Robson et al(2007)도 함께 참조.

27   Kornberger et al(2010)과 Spence and Carter(2014, p. 950) 참조.

28   Ho(2009)는 미국 월스트리트 금융에 대한 민족지적 연구에서 마찬가지로 기업이 유리한 사회적, 교육적 배경을 가진 사람들을 우대하고 이들을 고객과 직접 소통하는 '프런트 오피스' 역할에 배치하는 경향이 있음을 발견했다.

데 필요한 것에 대한 구체적인 논의에서 자주 언급되는 또 다른 외양적 속성은 '중후함'이었다. 중후함에 대한 묘사는 세련됨과 겹치는 점이 많았으나, 일반적인 전문성의 아우라(진지함, 세련된 외모, 말을 잘하는 것)보다는 고객과의 관계에서 흔히 특정한 '존재감'이라고 일컬어지는 자질에 더 큰 방점이 찍혔다. 시니어 자문 파트너 나이절은 "이것은 권위와 지혜를 전달할 수 있는 능력"이라고 말했다. 또한 자문 부서 파트너(전문직/경영직 출신) 로저는 이렇게 부연 설명했다.

> 중후함이란 존경받을 수 있는 능력입니다. 그런 면모를 갖춘 사람은 일을 잘 처리할 수 있을 거라고 여겨지는 것이죠. 그런 사람은 외모도, 느낌도, 말투도 파트너 같습니다. 네, 어떻게 말하고 어떤 인상을 주는지에 따라 중후함이 달라지죠. 이는 획득하는 것이라기보다 존재감에서 비롯됩니다.

여기서 의미심장한 것은 로저가 '남자'가 가진 역량[29]이라고 칭한 근본적으로 젠더화된 개념으로서의 중후함, 그리고 이 중후함이 그저 어떤 사람은 애초부터 가지고 있지만 어떤 사람은 '획득'할 수 없는 본질적인 능력이라는 주장이다.[30]

그러나 성공적인 고객 관계가 단순히 중후함을 투사하는 것만은 아니다. 많은 인터뷰 참여자들은 그 비결이 감사 부서 파트너 제이슨이 설명한 것처럼 "[고객을] 빠르게 읽고 그들의 필요를 이해

---

29   Wajcman(1998).

30   우리는 이 중후함의 개념이 7장에서 살펴본 세련됨 및 기타 다른 유형의 행동 규범과 마찬가지로 특권적인 양육과 밀접하게 연관되어 있다고 본다.

하는"연결과 공감 능력이라고 말했다. 자문 부서 파트너 주디의 표현을 빌리자면, 이는 종종 "시장을 반영하는 방법을 아는 것"이라는 특정 비즈니스 언어로 표현된다. 그러나 더 깊이 파고들었을 때 대부분의 파트너는 그 효과적인 '반영'이 많은 경우 파트너와 고객 간의 '문화적 매칭'이라는 상당히 단순한 과정에 달려 있다는 사실을 인정했다. 경험이 풍부한 세무 부서 파트너(전문직/경영직 출신) 매슈는 이렇게 설명했다.

> [고객 관계는] 거슬리는 점이 없어야 합니다. 결국 사람은 타인과 공감해야 하기 때문이에요. 이것은, 음, 저는 쌍방향이라고 말하려 했지만 실제로는 고객이 비용을 지불하는 사람들이기 때문에 사실상 고객의 필요와 스타일에 우리가 맞춰야 합니다.

이렇게 매우 계산된 적응 과정 때문에 파트너들은 새로운 사람을 영입하려 할 때 대체로 다룰 수 있는 고객 유형을 기준으로 잠재적 후보자를 선별했다. 시니어 자문 파트너 제인(전문직/경영직 출신)은 자신이 영입한 몇 명의 파트너들에 대해 이렇게 설명해주었다.

> 제가 누군가를 보고 '저 사람은 파트너 재질인가?' 하고 생각할 때 저는 특정 유형 또는 고객 집단의 맥락에서 그것을 고려하고 있을까요? 아마도 그럴 겁니다. 우리는 돈을 벌기 위해 존재하는 기업이며, 그러기 위해서는 고객의 신뢰를 얻어야 합니다. 따라서 우리는 누가 특정 유형의 고객을 상대할 것인지 신중하게 결정합니다. 왜냐하면 아시다시피 옳든 그르든 궁극적으로 사업에 최선의 이익이 되는 것이 관건이니까요.

터너 클라크의 모든 부서에서 고객 매칭 문화가 감지되긴 했으나, 이는 특히 자문 부서에서 일하는 사람들 사이에서 가장 공공연하게 인정되었다. 물론 자문은 거의 전적으로 고객과 대면하는 업무이기 때문에 고객이 특히 중요하다. 하지만 여기서 고객 매칭에 붙는 프리미엄은 자문 업무의 성격과도 관련이 있다. 7장에서 살펴보았듯이 자문 부서의 고객은 대개 자문의 품질을 평가할 수 있는 신뢰할 만한 정보가 부족하며, 이로 인해 애슐리의 표현을 빌리자면 '지식의 모호성'이 높아진다.[31] 앞서 우리는 이러한 모호성에 대처하기 위해 자문 부서 사람들이 특정한 자기표현의 세련됨과 중후함을 지닐 것으로 기대된다고 설명했다. 이처럼 조직은 사실상 비즈니스를 수주하고 유지하기 위한 설득 행위에 필수적이라 간주되는 특정한 고객에게 미적 경험을 제공할 수 있는 사람들을 모집하고 있다.[32] 이러한 모호함은 세련됨뿐만 아니라 고객과의 *끈끈한* 대인 관계를 통해 해결될 수 있다. 제인은 이에 대해 다음과 같이 설명한다.

형식적인 수준을 넘어 관계를 발전시킬 수 있는 능력이 필요합니다. 사람들의 신뢰를 얻는 것뿐만 아니라 그 사람에 대한 이해가 중요하기 때문입니다. 우리의 업무는 비즈니스 조언을 해주는 것일지 모르나 실제로는 상대방에 대한 이해도 요구되며, 그러한 대화를 나눌 수 있는 능력, 즉 연결 능력이 매우 중요합니다. 우리가 하는 일의 규모를 고려할 때 필연적으로 지극히 개인적인 일들을 다루게 되기 때문입니다.

31 Ashley and Empson(2013); 더 일반적으로는 Alvesson(2001)도 참조.
32 Brown and Hesketh(2004, p. 157).

중요한 점은 이러한 매칭 과정이 인터뷰 참여자들의 계급과 명시적으로 연결되는 경우는 거의 없었다는 것이다. 위의 인용문이 보여주듯 이는 '신뢰', '친밀감'의 구축이나 '형식적인 것을 넘어서는 것'과 같은 좀 더 개인화된 혹은 심리적인 용어로 묘사될 때가 많았다. 그럼에도 불구하고 고객과 정서적 친밀감을 형성하는 능력은 종종 공유된 계급-문화적 배경과 관련이 있다는 중요한 징후도 존재했다. 예를 들어, 대부분의 사람들이 문화를 이용해 강한 유대감을 형성하는 것, 리자르도의 용어를 빌리자면 문화 자본을 사회 자본으로 전환하는 것의 중요성을 인정했다.[33] 다음 예에서 알 수 있듯이 문화적 유사성과 친숙함은 고객을 상대할 때 적절한 커뮤니케이션 스타일, 접대에 어울리는 문화 또는 스포츠 환경, 세금 같은 민감한 문제에 접근하는 방식을 본능적으로 파악하는 데 유용할 수 있다.

> 우리 고객층은 주로 백인, 중년, 중간 계급, 사립학교 출신입니다. 따라서 파트너 후보자들 가운데 누구를 승진시킬지 고려할 때 고객에 대한 기초 정보를 중심으로 적합도를 알아볼 겁니다. … 만약 고객이 은행이나 투자은행이라면, 유감이지만 그런 분야에 적합한 사람이어야 하는 거죠. 따라서 비슷한 배경이 분명히 도움이 될 겁니다. 신뢰할 수 있는 조언자로서 역할을 해내고자 한다면 말이에요.
> ─나이절(자문, 전문직/경영직 출신)

사람들은 "그 사람은 고객에게 정말 잘 먹혀든다"라는 표현을 자주

---

33   이와 같은 자본의 전환은 6TV에서와는 약간 다르다는 점을 짚고 넘어갈 만하다. 터너 클라크의 파트너들은 고객과의 상호 작용에서 미적 성향이나 문화에 대한 지적 토론보다는 토론할 적절한 문화적 주제나 접대할 이벤트에 대한 감각에 더 의존한다.

사용하는데, 흥미롭게도 이는 다른 방향에도 적용될 수 있습니다. 입사 초기 업무는 매입 장부 사무원, 경리 원장 사무원 등 노동 계급 직원들과 같이 하는 일이 많거든요. 만약 거기서 너무 상류층 티를 내면 살아남지 못할 겁니다. 마찬가지로 그들이 [지위가 높은] 고객과 잘 어울리고 최고 경영자가 그들을 좋아한다면, 그들이 적절한 억양으로 말하고 적절한 옷차림을 하고 적절한 용어를 사용하기 때문일 겁니다.

—벤(자문, 노동 계급 출신)

[고객은] 같은 눈높이에서 대화할 수 있는 사람을 찾습니다. 왜냐하면 매우 개인적인 문제를 다루기 때문입니다. 몇 세대에 걸쳐 이어온 가업에 관한 문제일 수도 있고, 심지어 상속세 같은 문제일 수도 있습니다. 고객들은 아마 업무에서만이 아니라 자기 삶에서도 그런 문제에 대한 이해가 있는 사람과 이야기하고 싶어 할 겁니다.

—콜린(감사, 전문직/경영직 출신)

여기서 중요한 점은 파트너들이 상위 고객들의 출신 계급을 반드시 다 아는 것은 아니지만, 위에서 보듯 그들 대다수가 특권층 출신일 것이라는 상당히 일반적인 가정이 존재한다는 사실이다. 실제로 이러한 가정은 우리가 확보한 전국 범위 데이터에 의해 강하게 뒷받침된다. 해당 데이터는 터너 클라크의 전형적인 고객(중견 기업 및 큰 기업 소유주, 금융 및 은행권 고위 관리자)이 특권층에 크게 치우쳐 있음을 보여준다.[34]

---

34   Friedman et al(2015) 참조; Laurison and Friedman(2016).

그러나 다시 한번, 고객 매칭에 부여되는 이 프리미엄은 친밀감을 활용할 수 없는 파트너 및 파트너 지망생에게 제약을 가한다. 다시 말해 문화는 이들을 들여보내지 않는 울타리 역할을 한다. 그 결과 그들은 종종 '리스크가 더 큰 인물'로 간주되고 승진 기회가 축소되어 이사 또는 시니어 매니저 등 '차선의 자리'까지만 올라가는 경우가 많다. 이런 직책도 인정받는 자리이고 보수도 좋지만, 파트너 집단이라는 매직 서클 바깥에 위치한다. 이러한 현상은 사회적 상승을 이룬 여성들 사이에서 특히 두드러졌다. 중간직 출신의 이사 베스는 자신은 특권층 남성 동료들처럼 문화적 접점, 즉 "상류층 학교"에 뿌리를 둔 엘리트 스포츠나 "고루한 회원제 클럽"을 이용할 수 없었다고 설명했다. 베스는 대부분의 고객을 상대할 때 "공감을 불러일으킬 수 있는 이야기를 하는 방법을 배워야" 했다. "그들은 저를 이해하지 못하니까요." 또한, 사회적 상승을 이룬 사람은 터너 클라크의 파트너가 된 후에도 계급-문화적 차이가 고객과의 상호 작용에서 여전히 장벽으로 작용한다는 느낌을 받았다. 자문 부서의 파트너 폴(노동 계급 출신)의 경우가 그랬다.

오늘 오후에 …[주요 고객 이름]을 만나기로 했습니다. 그는 나를 보고 기대와 달라서 놀랄 거예요. 충분히 예상 가능한 일입니다. 그는 더 나이가 들어 보이고, 흰머리가 더 많고, 더 상류층 억양으로 말하는 사람을 기대했을 겁니다. 그것이 저의 시작점이 될 거예요. 그 방에 들어설 때 저는 앞서 그 방에 들어갔던 다른 회사 사람들보다 열등한 위치에서 시작한다는 것을 인지하고 있습니다. 이는 제가 하는 말이 다른 사람이 하는 말보다 더 나은 것이어야 한다는 뜻입니다.

6TV의 고상한 문화, 연기에서 RP의 강조, 그리고 터너 클라크의 고객 매칭이 모두 커리어 진전을 가로막는 계급적 장벽으로 작용한다는 데에는 의심의 여지가 없다. 이 각각의 사례는 특권층이 어떻게 문화 자본을 사회 자본과 교환하여 엘리트 직업에서 정상에 오르고 그 자리에 머무르는 데 직접적으로 도움을 받는지 보여준다. 그러나 더 복잡한 문제는 이러한 행위가 기회 독식 또는 사회적 봉쇄의 한 형태에 해당하는지 여부다. 그리고 그것이 반反경쟁적인 방식으로 기회를 창출하고 있는가가 핵심 질문이다. 간단히 말해 이것이 이러한 직종에서 효과적으로 업무를 수행하는 데 필요한 정당한 관행일까? 응답자들 사이에서 이 부분에 대해서는 의견이 분분했다는 점을 강조해두어야겠다. 기존 최고위층의 마음속에는 누가 더 성공적인 파트너 또는 커미셔너가 될지 채용 결정의 명확한 근거가 존재한다. 그들은 자신이 해당 직무에서 무엇이 요구되는지에 관한 중요한 비공식적 정보를 가지고 있기 때문에 그에 부합하는 지원자를 선발할 수 있다고 생각한다. 그러나 우리는 이 장에서 살펴본 어떤 사례에서도 지능, 역량 또는 '능력'을 판단하는 신뢰할 수 있는 척도와 정상에 오르는 데 필요한 속성 사이에 특별한 연관성이 있다고 보기는 어려웠다는 점을 강조하고자 한다.

높은 자리

마지막으로, 뚜렷한 계급 천장이 존재하지 않았던 연구 사례인 쿠퍼스로 다시 돌아가 보자. 앞에서 우리는 쿠퍼스에서 나타나는 상대적으로 공평한 결과를 설명하기 위해 계급이 강하게 반영된 행동 규범의 부재, 혹은 특권층보다 오히려 불리한 배경을 가진 남성들에게 유리한 경향이 있는 후원 사슬에 대해 살펴봤다. 하지만 우리는 또 다른 중요한 동인인 임원 문화도 고려할 가치가 있다고 본다. 쿠퍼스를 특히 6TV 및 터너 클라크와 함께 논하기 위해 우리는 쿠퍼스 내부 및 외부의 문화가 이들 회사와 주요한 측면에서 어떻게 다른지 살펴보겠다.

우리가 수행한 현장 조사를 전체적으로 되돌아보면 쿠퍼스의 사내 문화는 명백히 다른 사례 연구들의 환경과 꽤 많이 다르다. 쿠퍼스의 사내 문화는 더 포용적이고, 더 개방적이며, 더 협력적이었다. 물론 세 조직의 경영진 모두 이러한 덕목을 내세우긴 했다. 그러나 이런 미사여구는 우리가 더 많은 하위 직급 직원들을 만났을 때, 특히 익명으로 진행된 인터뷰에서 그들이 자유롭게 말할 수 있었을 때 그 허울이 벗겨졌다. 반면 쿠퍼스에서는 이러한 정서가 우리의 관찰 및 인터뷰에 응한 직원들 모두의 의견과 일치했다.

솔직히 말하면 저는 아마 이곳 분위기 때문에 돌아왔을 겁니다. 다른 이들 때문에 위축되지 않았고, 우리 모두가 업무를 분배받는다고 느꼈거든요. 저는 이 회사가 단순히 결과물을 내는 곳이 아니라 배우기에 좋은 곳이라는 것을 알고 있었습니다.
— 아미르(건축 어시스턴트, 노동 계급 출신)

프로젝트 과정이 모두 준비되면 신입 직원들이 파트너들 옆에 배치되고, 기획 부서 파트너들이 정기적으로 와서 모든 사람이 잘하고 있는지 확인하고 프로젝트에 대해 이야기해줍니다. 저는 시작 단계부터 제가 프로젝트 안에 들어와 있다는 느낌을 확실히 받았습니다.
— 댄(건축 어시스턴트, 전문직/경영직 출신)

매우 포용적인 분위기입니다. 아이디어를 얘기하면 경영진은 실제로 귀를 기울이고… 그저 립 서비스에 그치는 것이 아니라… 좋은 아이디어가 있으면 실제로 직원의 말에 귀를 기울이려고 노력합니다. 당신이 파트2, 파트1 등 어떤 위치에 있든 말입니다.

— 엘레나(건축 어시스턴트, 전문직/경영직 출신)

이러한 포용성은 부분적으로는 회사의 규모(대부분의 직원이 서로 이름을 부를 정도), 개방형 사무실 구조(파트너와 직급이 낮은 직원이 나란히 배석), 회사 업무의 협업적 성격에서 비롯할 수 있다. 하지만 가장 많이 언급된 요인은 사실 게리라는 한 사람이었다. 세 명의 창립 파트너 중 한 명이자 현재 매니징 파트너인 게리가 이러한 관행을 주도한 인물로 드러났다. 그는 회사를 대표하는 '얼굴'이자 채용을 주도하는 책임자였으며, 직원들에게 일상적으로 가장 눈에 띄는 고위급 인사였다. 그래서 게리는 조직 문화의 톤을 결정하는 인물로 인식되었다.

우리는 게리의 출신 계급과 세계관이 그가 경영에 접근하는 방식에 어떤 영향을 미쳤는지 가설을 세워볼 수 있다. 게리는 요크셔의 노동 계급 한부모 가정에서 태어났다. 시골 지역의 공영주택 단지에서 자란 그는 11 플러스(선발제 공립학교나 일부 사립학교에 진학하기 위해 11세 학생들이 선택적으로 응시하는 시험—옮긴이) 시험을 통과하고 지역 그래머 스쿨에 진학했다. 집안 형편이 넉넉하지 않았기 때문에 16세에 학업을 마치고 취직해 가족을 부양해야겠다고 생각했다. 하지만 어머니는 화를 내며 이 계획에 반대했고, 그가 학업을 계속하고 대학에 진학할 수 있도록 희생을 감내했다. 그리하여 게리는 2차 대전 이후 전문직과 경영직이 광범위하게 확대된 시기에 그 혜택을 받은 노동 계급 출신 '그래머 스쿨 소년'의 한 명으로서 이후 전형적 사례로 신화화된 사회 이동의 여정을 밟았다.[35]

직장에서 게리는 자신의 정치 성향이나 출신 계급을 노골적으로 드러내지는 않았으나,[36] 우리가 대화한 다른 많은 사람들보다 계급 문제에 대해 더 큰 통찰을 보여주었다. 6장에서 살펴본 바와 같이 확실히 그는 덜 특권적인 배경을 가진 여러 남성 직원들의 커리어 진전에 중요한 역할을 했다.

우리가 강조하고자 하는 바는 계급 천장과 관련하여 임원 문화가 중요하다는 점이다. 최고 경영진은 진급자들의 게이트 키퍼로서, 그리고 일상적인 관리 스타일을 통해 조직의 가치를 보여준다. 이러한 개인들이 서로 다른 사회적 배경을 가진 사람들의 다양한 재능에 진정으로 열려 있고, 그저 '말'이 아닌 '행동'의 복잡성을 직접 구현할 때 다른 사람들에게 실질적인 영향을 미칠 수 있다. 사회 이동성의 측면에서 정책적 개입은 대부분 개인을 '고치려는' 시도, 즉 불리한 배경을 가진 사람들이 더 많은 열망과 야망을 갖도록 '유도하는' 방법에 초점을 맞춘다.[37] 그러나 경영진 문화를 주의 깊게 살펴보면 이 결핍 모델의 약점이 드러난다. 이 장에서 살펴본 바와 같이 조직 문화, 특히 최고위층 문화는 다양한 사람들의 야망을 실현

---

35   게리는 기회가 확대되는 시기의 사회적 상승의 가능성(과 고통)을 보여주는 중요한 글인 리처드 호가트의 자서전 『교양의 효용The Uses of Literacy』(2009)을 떠올리게 한다.

36   건축업계가 이제 공정한 경쟁의 장이 되었다고 여기는 그는 전문 서비스 기업에서 더 쉽게 받아들이는 사회 이동성이라는 현대적인 용어를 회피했다.

37   Thaler and Sunstein(2009) 참조. 넛지 유닛Nudge Unit이라고도 알려진 행동통찰팀 Behavioural Insights Team은 넛지 이론을 사회 이동성을 포함한 여러 분야의 영국 정부 정책에 적용하기 위해 내각사무처 내에 설립된 조직이다.

하는 데 큰 원동력이 되기도 하고 방해물이 되기도 한다. 예를 들어, 6TV의 고상한 커미셔닝 문화에 대해 어떤 사람은 자기 집처럼 편안함을 느끼지만 다른 많은 사람들, 특히 노동 계급 출신은 소외감과 무력감을 느낀다.

이와 대조적으로 쿠퍼스는 출신 계급에 관계없이 임원 문화가 조력자 역할을 하는 것으로 보이는 조직의 한 사례다. 그중에서도 특히 게리는 '높은 자리'를 만들고, 의식적이든 아니든 그런 자리에 접근하기 위해 계급화된 앎의 방식을 교묘하게 이용하지 않아도 되게끔 행동한다. 물론 이러한 대비를 지나치게 강조하거나 쿠퍼스를 이상화하지 않는 것이 중요하다. 이 회사는 모든 분야에서 다양성을 포용하지는 않았고, 여성 직원의 공정한 승진을 촉진하지도 않았다. 그럼에도 이 회사가 장시간 근무를 요구하거나 폭압적인 감독, 불쾌한 비난의 문화가 있다고 알려진 다른 건축 회사들, 특히 엘리트 디자인 중심 회사들에 비해 크게 호의적으로 평가받는다는 점도 주목할 만하다. 따라서 우리는 쿠퍼스와 일반적인 건축업계를 다시 한번 신중하게 구분해야 한다.

쿠퍼스가 다른 회사와 차별화되는 부분은 사내 문화만이 아니다. 고객 관계는 터너 클라크에서와 마찬가지로 쿠퍼스에서도 핵심이다. 그러나 7장에서 살펴본 바와 같이 이들의 고객(따라서 인구통계적) 구성에는 중요한 차이가 있다. 터너 클라크의 파트너들은 주로 사업 소유주 또는 금융 분야의 고위 인사들을 고객으로 둔 반면, 쿠퍼스의 건축가들은 일반적으로 시니어 엔지니어 또는 건축 환경 전문가 같은 보다 기술적인 고객과 상호 작용하며, 종종 대규모 협업 팀에서 일한다. 이처럼 관계의 성격 또한 달랐다. 정서적 유대감, 문화적 친숙함 등 터너 클라크에서 중요했던 상호 작용의 요소를 쿠퍼스의 고위급 직원들은 거의 언급하지 않았다. 쿠퍼스의 고객 관계는 보다 기능적이고 훨씬 덜 친밀했다.

7장에서 우리는 이런 차이 및 기술력에 대한 강조가 쿠퍼스에서 어떻게 이미지와 세련됨에 붙는 프리미엄을 낮출 수 있는지 살펴보았다. 우리는 이것이 고객 매칭에도 영향을 미친다고 본다. 쿠퍼스가 진행하는 프로젝트의 협업적 특성으로 인해 이러한 방식으로 개인을 매칭하는 것이 불필요할 뿐만 아니라 두 집단의 사회적 구성도 이를 방해한다. 1장에서 상세히 설명한 다양한 엘리트 직업군의 구성을 상기해보면 쿠퍼스의 고객은 터너 클라크의 평균적인 고객보다 훨씬 덜 특권적인 배경을 가진 사람들일 가능성이 높다는 것을 알 수 있다. 파트너 데이비드(중간직 출신)는 이렇게 말했다.

> 저희는 매우 부유한 개발자나 로스차일드 가문 같은 고객층을 확보하고 있지 않습니다. 우리 고객은 대부분 정부 기관이거나 엔지니어링에 바탕을 둔 기업입니다. 그리고 엔지니어링 분야는 주로 블루칼라 노동자로 사회적 유형이 훨씬 더 협소할 겁니다.

이러한 구성상의 차이는 문화가 연줄의 원천으로 기능하는 방식이라는 측면에서도 중요하다. 리자르도가 언급했듯이 터너 클라크 같은 회사에서 발생하는 경영진과 고객 간의 고상한 문화 교환은 특권층 사이에서 배타적이고 강력한 유대 관계를 형성할 가능성이 높다. 반면 쿠퍼스에서는 고객과의 관계가 업무의 기술적 측면에 훨씬 더 기반을 두고 있으며, 문화적 취향의 상호 작용 기능은 단순히 잡담과 사교의 윤활유 역할에 그쳤다.[38]

거울에 비친 '능력'

이 장과 앞 장에서 드러난 것은 엘리트 직업에서 '능력'을 명확하게 식별하기 어렵다는 점이다. 그렇다고 해서 우리의 사례 연구에서 기존의 '능력' 지표가 중요하게 여겨지지 않았다는 이야기는 아니다. 그런 지표들은 중요하다. 개인이 앞서 나가기 위해서는 의심할 여지없이 확실한 학위 등을 갖추고 관련 경험을 쌓으며 열심히 노력해야 한다. 그러나 이 모든 직종에서, 특히 상층부에서 공통적으로 나타나는 것은 이러한 '객관적인 장점'이 특정한 방식으로 활성화되어야 한다는 점이다. 즉 권력 있는 위치의 사람들이 알아보고 그 가치를 인정하는 방식으로 수행되어야 한다. 앞서 살펴본 바와 같이 그 방식이란 많은 경우 가장 높은 자리(터너 클라크와 6TV의 매우 특권적인 배경을 가진 리더들부터 쿠퍼스의 불균형적으로 남성에 편중된 리더들에 이르기까지)에서 아래로 전수되는 조직 문화에 '적합하도록' 자신의 '장점'을 포장하는 것이다. 그렇다면 이는 고위층 의사 결정자들 사이에서 적합하다는 신호로 작용하는, 상대적으로 임의적인(그리고 고도로 계급화된) 행동 규범이나 문화적 선호 및 취향을 체화할 수 있음을 보여주는, 즉 얄팍하게 가려진 '거울'에 비친 '능력'에 관한 것이다.

이 장과 앞 장에서는 또한 사람들의 '능력' 수행이 인정받지 못할 때 어떤 일이 일어나는지, 그리고 지배적인 행동 규범을 수행할 때 계속해서 '실수'를 저지르고 있다는 기분에서 오는 불안과 양가감정에 대해서도 가볍게 언급했다. 하지만 아직 우리는 사회적 상승

38 　Erickson(1996)의 고전적인 연구도 대중문화가 직장에서 계급 간의 상호 작용과 조화를 돕는 가교로 활용된다는 점에서 유사한 효과를 발견했다.

을 이룬 사람들이 자신의 성과가 충분한 결과로 이어지지 못한다고
느낄 때 어떤 결정을 내리거나 행동을 취하는지 거의 알지 못한다.
이것이 우리의 실증적 연구 마지막 장의 주제다.

9장 =

자기 제거

우리는 터너 클라크 런던 본사의 거대한 회의실에서 자일스와 이야기를 나누고 있다. 자일스는 이 회사의 최고위층 파트너 중한 명이다. 그는 사립교육을 받았으며, 부모님은 둘 다 의사다. 인터뷰는 이제 막바지에 이르러 우리가 지금까지 발견한 내용에 대한 자일스의 의견을 묻는 단계에 도달했다. 우리는 영국 회계업계에서 심각한 계급 임금 격차가 지속되고 있음을 설명하고 터너 클라크의 계급 천장에 대해 간략히 소개한 다음, 이 책에서 지금까지 살펴본 비공식적 후원, 행동 규범, 배타적 임원 문화 등의 요인을 나열했다. 자일스의 표정은 납득하지 못하는 기색이 역력했다. 우리가 말을 마치자 그는 크게 심호흡을 하고 자신의 생각을 말해야 할지 고민하는 듯잠시 침묵했다. 마침내 그가 입을 열었다.

무슨 말씀인지 이해합니다만… 중요한 것을 놓치고 계신 것 같습니다. 사람들은 이런 말을 하는 것을 꺼릴지도 모르겠지만 자기 검열의 요소가 분명히 존재합니다. 여러분이 얘기한 그런 요인들과 "내능력이 부족한 것 같아 다른 부서로 수평 이동했다"를 어떻게 구분할 수 있을까요?

자일스는 지금까지 우리가 한 분석이 '공급'보다는 '수요'의 문제에 크게 치우쳐 있어 문제라고 보았다. 우리가 사회적 상승을 가로막는 다양한 장벽에 대해서는 자세히 파고들면서 더 높이 이동한 사람들이 계급 천장과 어떻게 연관되어 있는지는 간과했다는 얘기였다. 그들의 행동, 결정, 포부는 어떠한가? 자일스의 경험에 의하면 더 중요한 것은 바로 이 '공급'의 문제였다. 그는 파트너 자리에 도달하기 위해서는 그것을 "진정으로 원해야 하고", "자신을 내세우는 것이 더 편안해야 하며", "확신에 찬 토론"을 해낼 수 있어야 한다고 부언했다. 그리고 사회적 상승을 이루려는 사람들이 "항상 그런 건 아니지만 때때로 그런 것을 회피할 때가 있다"라고 주장했다.

이는 자일스 한 사람만의 견해가 아니다. 이 프로젝트를 진행하면서 우리가 이야기를 나눈 사람들 가운데, 특히 고위직에 있는 사람(주로 특권층 출신의 백인 남성) 중에는 계급 천장에 대한 자일스의 견해를 공유하는 사람이 많았다. 이런 정서는 정치 및 정책 영역에도 강하게 반영되어 있다. 이런 맥락에서 사회 이동성 문제를 해결하기 위한 가장 일반적인 전략은 많은 경우 개인을 '뜯어고치고', 불리한 배경을 가진 사람들이 자신감과 자존감을 높여 '열망을 키울 수 있도록' 개입하는 데 집중한다.[1] 이는 의식적으로 의도했든 아니든 본래 출신보다 상향 이동한 사람들이 특권적 배경을 가진 사람들과 같은 방식으로 '린인lean in(적극적으로 기회에 달려들다—옮긴이)'[2]하기만 하면 결과가 훨씬 더 공평해질 것임을 암시한다. 특정 방식으로 읽으면 이런 관점은 계급 천장을 정당화하는 데 쓰일 수 있다. 노동 계급

---

1   APPG on Social Mobility(2012).

2   Sandberg(2015).

출신은 단순히 추진력, 야망, 회복력이 부족한 것이고, 따라서 그들이 더 적게 벌거나 정상에 도달하지 못하는 것은 놀라운 일이 아니라는 식으로 읽을 수 있기 때문이다. 우리는 이 주제에 대한 자일스의 견해를 확실히 그렇게 이해했다.

우리는 계급 천장을 '공급 측면'에서 설명하는 몇 가지 경험적 근거를 실제로 발견했다. 출신보다 높은 사회 계층으로 이동한 사람이 특권층 출신에 비해 리더의 자리를 선뜻 추구하지 못한다는 증거를 찾을 수 있었다. 그렇다고 이런 경향이 모든 사람, 또는 대다수에게 적용되는 것은 아니었다. 그러나 인터뷰 참여자 중 상당수, 특히 아주 원거리의 상승 궤적을 경험한 사람들은 그들의 경험, 성과, 기술을 고려할 때 흔히 예상할 수 있는 방식으로 커리어 발전을 추구하지 않았다.

그러나 우리는 이런 현상이 자신감이나 열망에 본질적인 계급 차이가 존재함을 시사한다는 의견에 강력히 이의를 제기한다. 대신 이 장에서는 사회적 상승을 이룬 사람들이 엘리트 직종에서 종종 '자기 제거self-elimination' 행위를 저지른다는 것을 설명하고자 한다. 이 용어는 일반적으로 부르디외와 관련이 있으며, 프랑스 교육 체계 내의 계급 불평등에 대한 그의 분석과 특히 관련이 있다. 부르디외는 주로 계급과 긴밀하게 얽힌 우리의 존재 조건에 의해 어린 시절에 형성된 성향dispositions이 미래의 성공 가능성에 대한 인식에 영향을 미쳐 사람들의 행동을 이끈다고 보았다. 그는 노동 계급 어린이가 자기 가치에 대한 부정적인 감정을 내면화하여 교육 시스템을 거부하는 것을 대표적인 예로 들었다. 부르디외는 이런 학생들이 실패를 '예상'하고 교육 시스템에서 '스스로를 제거'하는 것은 '객관적인 성공 가능성에 대한 무의식적인 추정'에 근거를 둔 것이라고 주장한다.[3]

이와 같은 방식으로 노동 계급 출신은 접근 가능한 것과 접근 불가능한 것('우리'를 위한 것과 그렇지 않은 것)을 구분[4]함으로써 "가능성을 현실로 만들어가는 과정의 공범자가 된다."[5]

그러므로 여기서 핵심은 출신 계급이 사람들의 행동과 미래 전략에 상당히 근본적인 방식으로 영향을 미치지만, 노동 계급 출신의 경우 이것이 열망이나 야망의 '결여'를 의미하지는 않는다는 점이다.[6] 그보다는 불리한 배경을 가진 사람들은 종종 매우 현실적인 '수요 측면'의 장벽을 본능적으로 예상하여 상향 이동에서 스스로를 배제하는 계산을 한다. 의미심장하게도 이러한 예상은 앞으로 다가올 일에 대한 걱정이나 불안 등의 감정적 반응을 동반한다.

부르디외는 자기 제거의 개념을 주로 교육 분야에 적용했다. 하지만 우리는 자기 제거의 개념이 엘리트 노동 시장에서 고군분투하는 사람들의 결정과 전략을 이해하는 데도 마찬가지로 중요하다고 본다. 사회적 상승을 이룬 사람들은 주로 세 가지 방식으로 스스로를 제거한다. 첫째, 일부 사람들은 단순히 구체적인 진급이나 승급 기회를 잡지 않기로 결정한다. 둘째, 다른 일부 사람들은 더 미묘한 방식으로 리스크를 회피하여 경력 궤적을 늦추거나 덜 알아주는 쪽으로 자신을 이끌어 간다. 셋째, 또 다른 일부는 가장 명망 높은 임원 자리에 성공적으로 진입하지만, 그 후 게임의 규칙에 따라 행동하기를 거부한다.

---

3   Bourdieu(1977, p. 495, 1990a).

4   핵심은 10장에서 더 자세히 정의하고 살펴볼 부르디외의 하비투스 개념이다.

5   Bourdieu(1990b, p. 65).

6   Bull and Allen(2018); Allen et al(2013).

따라서 우리는 자기 제거를 계급 천장의 중요한 동인으로 본다. 그러나 이러한 공급 측면의 메커니즘이 교육이나 코칭을 통해 수정하거나 '보충'할 수 있는 단순한 개인적 '결여'가 아니라는 점을 강조하고자 한다. 그보다 자기 제거는 수요 측면에 세워진 장벽과 불가분의 관계에 있다. 즉 자기 제거는 이 책에서 지금까지 살펴본 많은 문제에 대한 반응 또는 예상이다.

또한 자기 제거의 문제는 더 넓게 보면 사회적 상승을 꾀하는 동안 매우 긴밀하게 뒤따르는 깊은 감정적 각인을 드러낸다. 그러한 각인의 영향은 자신이 얼마나 멀리 왔는지, 무엇을 성취했는지를 상기시키는 정도에 그치기도 하지만, 인터뷰에 응한 대다수의 사람들은 '성공'하기 위해 상당한 정신적 대가를 치렀다. 우리는 상승 여정이 종종 어렵고 불편하며 심지어 고통스러웠음을 알게 되었다. 이러한 감정적 비용을 이해하는 것은 매우 중요하다. 이는 어떤 사람들이 정상에 오르고 싶어 하지 않는 이유를 설명할 수 있는 숨겨진 상처[7]일 뿐만 아니라, 사회 이동성을 맹목적으로 숭배하는 당대 정치적 수사의 한계를 드러낸다.

기회를 회피하기

우리의 사례 연구 전반에 걸쳐 출신보다 더 높은 계층으로 이동한 인터뷰 참여자들은 명백한 기회를 거절하거나 무시하거나 회피한 경우가 많았다. 이는 주로 경력 초기에 가장 보수가 좋거나 명성이 높은 커리어 경로에 오를 수 있는 길을 선택하지 않는 식으로

---

7   Sennett and Cobb(1972); Hanley(2017).

나타났다. 예를 들어, 캐런과 프랭크는 가장 연봉이 높거나 잘나가는 디자인 커리어를 쌓을 수 있는 명문 건축대학인 유니버시티 칼리지 런던(UCL)과 케임브리지가 '나 같은 사람'을 위한 학교가 아니라는 이유로 지원을 '회피'했다. 마찬가지로, 터너 클라크의 감사 부서 파트너 레이먼드(중간직 출신)는 터너 클라크 입사 초기에 "낮은 계급 출신 특유의 예민한 반응을 보인" 탓에 주요 파트너들과 함께 중요한 고객을 위해 일할 수 있는 기회를 여러 번 "망쳤다"고 설명했다. 그는 이렇게 말했다. "나는 그들이 너무 거만하고 도도하다고 생각했어요. '너 나를 함부로 재단하고 있지?'라고 생각하곤 했고요. 하지만 돌이켜보니 그것은 놓쳐버린 기회였고, 그런 생각은 모두 제 머릿속에서 나온 것이었어요."[8]

그렇게 기회를 놓치는 일은 또한 이후 경력에서, 특히 인터뷰 참여자가 주요 임원 역할에 진입하기 직전에도 발생했다. 쿠퍼스의 창립 파트너이자 쿠퍼스를 노동 계급 출신 건축가들에게 포용적인 곳으로 만든 사람으로 널리 인정받는 게리가 이에 대한 주목할 만한 예를 제공했다. 앞서 언급했듯이 게리는 요크셔의 노동 계급 가정 출신이다. 그는 건축 분야에서 오랫동안 성공적인 경력을 쌓아왔으며, 쿠퍼스에서 가장 고위직에 있는 인물 중 하나다. 하지만 쿠퍼스 내에서의 성공에도 불구하고 게리는 건축업계 내 자신의 입지에 확신을 갖지 못했다. 그는 최근 몇 년 동안 건축 분야의 전문 단체인 영국왕립건축가협회(RIBA)와 교류하면서 건축계의 상층부 인물들과 갈수록 더 많이 어울리기 시작했다고 설명했다. 게리는 건축가협회에서

---

[8]   Wilkinson and Pickett(2018)은 노동 계급 배경을 가진 사람이 직장과 기타 환경에서 자신에 대한 타인의 판단을 매우 큰 스트레스를 주는 '사회-평가적 위협'으로 인식하는 이 과정에 대해 폭넓게 다룬다.

중요한 홍보대사 역할을 맡았고, 이를 통해 영국을 대표하는 건축가들이 속한 여러 클럽에 초대받기도 했다. 그는 이러한 초대를 수락하는 것이 자신의 커리어를 발전시키고 귀중한 네트워크를 구축하기 위한 핵심 요소임을 충분히 인식하고 있으면서도 이를 번번이 거절했다.

> 아주 상류층 사람들을 만나게 되는데, 때로 제가 그런 자리에 어울리지 않는다고 느낍니다. 건축가협회나 젠틀맨스 클럽 같은 곳에 가입해달라는 초대를 받았지만, 저는 제가 그런 곳에 속할 만한 사람인 것 같지 않아서 항상 거절했어요. … 그런 곳들 아시죠. 그런 곳은 저와 어울리지 않아요. 제 마음 한구석에는 아직까지도 모두 각자 어울리는 자리가 있다고 생각하는 부분이 있는 것 같습니다.

중요한 것은 게리의 이러한 결정이 포부나 야망의 부족 때문이 아니라는 점이다. 그보다는 감정적인 자기 보호에서 비롯된 것으로 보이는 자기 제거 행위였다. 게리는 (건축업계의 엘리트 클럽과 협회 회원 자격을 통해) 건축업계의 정상에 오르는 것은 뚜렷한 불편함, 즉 '마땅히 있어야 할 자리를 벗어난 느낌'을 불러오리라 예상했고, 그래서 커리어 진전을 거부했다.[9]

---

[9]   부르디외는 이렇게 비합리적으로 보이는 '결정'을 주된 하비투스의 구조적 영향에 근거한 전적으로 합리적인 것으로 본다. 예를 들어, 그는 하비투스가 "체계적인 '선택'을 통해 최대한 익숙한 환경을 제공함으로써 위기로부터 스스로를 보호하는 경향이 있다"라고 언급했다(1990b, p. 61).

— **안전한 길을 택하기**

자기 제거가 구체적인 기회의 포기에 관한 것만은 아니다. 어떤 경우에는 경력에 뒤따르는 일반적인 리스크 회피와 조심스러움의 형태로 더 자주 나타났다. 이는 3장과 5장에서 논의한 일종의 '분류' 효과와 밀접한 관련이 있었다. 즉 사회적 상승을 이룬 사람들은 종종 그들이 '더 안전한' 경력 경로라고 묘사한 쪽을 선택했다. 이런 선택은 (5장에서 살펴본 바와 같이) 경제적 안정에 관한 것이기도 하지만, 많은 경우 다른 조직으로 이직하기보다는 한 조직에서 '승진하는 것'에 관한 것이기도 했다. 6TV의 인사 담당 임원인 브리짓은 웨일스 남부 출신으로 아버지는 용접공, 어머니는 보육사였다. 이제 60대 초반인 브리짓은 자신의 경력을 매우 자랑스러워하며 6TV에 헤드헌팅되기 전까지 두 대형 기업의 인사 부서에서 어떻게 승진을 성취했는지 자세히 설명했다. 인터뷰 내내 브리짓은 자신의 커리어에 매우 만족한다는 인상을 주었다. 하지만 인터뷰를 마칠 무렵 좀 더 편하게 얘기하게 되자 자신의 배경과 그것이 커리어 전략에 미친 영향을 솔직하게 이야기하기 시작했다. 브리짓의 어조가 완전히 바뀌었다. 자신의 경력 이야기를 다시 시작하면서 사실 "더 멀리 나아갔어야 했고", 자신이 항상 "너무 조심스러웠다"라고 말했다. 항상 "중간 수준의 회사"를 선택했다며, "무작정 도전해보지 않은" 스스로를 자책했다. 그러면서 이렇게 요약했다.

기꺼이 위험을 감수하는 것에 뭔가 특별한 점이 있는지 생각해보곤 해요. 제 말은, 제가 감수할 만한 리스크를 실제로 감수했느냐는 거죠. 아시다시피 저는 FTSE(Financial Times Stock Exchange의 약자로 영국의 파이낸셜 타임스와 런던증권거래소가 공동 설립한 FTSE 인터내셔널

계급 천장

에서 발표하는 세계 주가 지수—옮긴이) 100기업의 그룹 인사 책임자가 아닙니다. 제게 그럴 능력이 있을까요? 모르겠어요, 분명히 생각은 해봤죠. 하지만 제가 그런 곳에서 일하려고 노력해본 적이 있느냐고 요? 아니오, 안 해봤어요. 그것은 많은 것을 말해줄 겁니다.

이는 분명히 게리가 표현한 것과는 매우 다른 형태의 자기 제거다. 브리짓은 기회를 거부했다기보다는 추구하지 않았다. 브리짓이 생각하기에 자신의 배경은 스스로를 '중간 수준'의 역할로 분류하여 내심 항상 열망하던 높은 곳에 오르지 못하게 하는 리스크 회피성향을 자신에게 남겼다.

터너 클라크의 세무 파트너 벤(노동 계급 출신)에게 이는 속도와 더 깊은 연관이 있는 문제였다. 벤은 50세를 훌쩍 넘겼고, 최근에 파트너가 되긴 했지만 이는 터너 클라크에서 통상 파트너가 되는 평균 나이보다 최소 20년은 늦은 것이었다. 벤은 이를 전적으로 자신의 '잘못'이라고 생각했다. 그는 업무의 보다 전략적인 측면, 즉 "승진을 따내기 위한 구체적인 방법"을 탐색하는 것에 지속적으로 불편함을 느꼈다고 설명했다.[10]

그건 마치 나 자신에게 자격이 없는 것 같다는 느낌입니다. 만약 내가 그로스브너호텔에서 열리는 블랙타이 이벤트에 간다면 나는 분명히 다른 손님들보다는 서빙하는 직원들에게 더 친밀감을 느낄 거예요. 그것이 내 성공을 가로막았다고 생각하지는 않지만 확실히 항

---

10   이런 종류의 감정은 Lamont(2000)의 연구에서 인터뷰에 참여한 사람들이 자주 표출했다.

상 일을 더 어렵게 만들었습니다. 이해되시나요? 그리고 가끔은 모든 것이 조금만 더 순조로웠더라면 지금쯤 제가 터너 클라크의 경영 파트너가 되었을지도 모른다는 생각을 하곤 합니다. 무슨 말인지 아시겠죠?

더 나아가는 것은 무리다

물론 모든 인터뷰 참여자가 높은 직책을 선택하지 않거나 그런 자리에서 제외된 것은 아니었다. [표 A.1a-1d]에서 보듯 실제로 사회적 상승을 이룬 인터뷰 참여자 중 상당수가 자신의 직업에서 정점이라 할 만한 곳에 도달했다. 하지만 흥미롭게도 우리는 심지어 여기에서도 종종 자기 제거의 요소가 작동하는 것을 감지했다. 예를 들어 빌은 6TV의 시니어 커미셔너였다. 그의 아버지는 지역 공장에서 제도사로 일했고, 어머니는 버스 차고지에서 사무원으로 일했다. 그는 커리어가 진척됨에 따라, 특히 (6TV와 그 이전에 다른 방송사에서) 커미셔너가 되고자 노력하면서, 그의 표현에 따르면 "중간 계급이 되어야 하고, 필요한 경우 일종의 게임을 해야 한다"는 것을 배웠다고 설명했다. '게임을 하는 것'에는 억양을 바꾸고, "자신의 배경에 대해 절대 이야기하지 않고", 8장에서 설명한 고상한 임원 문화를 따라 하는 등 상당히 정교한 문화적 모방 과정이 포함되었다. 그는 이렇게 설명했다. "게임에는 일정한 규칙이 있고, 게임을 하려면 그 규칙을 따라야 한다는 것을 이해한 거죠. 적절한 언어를 배우고, 적절한 옷을 입고요. 신분을 나타내는 망토를 입은 것이나 다름없어요."

많은 면에서 이 전략은 성공적이었다. 빌은 이제 6TV에서 가장 존경받는 커미셔너 중 한 명이 되었다.[11] 하지만 이러한 동화 과정에도 한계가 없지는 않았다. 빌은 10년 가까이 같은 직책을 맡았으며, 아래에서 놀랍도록 명료하게 설명하듯이 자신의 경력에서 분명한 한계에 도달했다고 느꼈다.

> 자신을 표현하는 방식에 어느 정도 변화를 줄 수는 있습니다. 하지만 그것으로는 멀리 가지 못해요. 그래서 저는 이제 그 어느 때보다 [제 배경에 대해] 더 많이 이야기하고 생각하게 되었고, 아마도 그것이 제가 여러분과 이야기하고 싶었던 이유 중 하나였을 겁니다. 마치 그런 게 있는 것 같아요. 나와 비슷한 배경을 가진 다른 사람들도 그런지 궁금합니다. 저는 사람들과 잘 어울리지 않고, 업계 사람들과는 한 번도 따로 어울린 적이 없거든요. 저는 파티나 클럽에 가지 않아요, 그리고 제 마음 한구석에서는 사실… 그들이 모두 개자식이라고 생각합니다. (웃음) 그들과 시간 낭비하고 싶지 않아요. 내게는 예전부터 알고 지낸 친구들과 가족이 있고, 그것이 제게 진짜이고 중요하게 느껴집니다. 반면 이쪽은 게임처럼 느껴지곤 합니다. 저는 역할을 맡은 것이니까요. 그래서 저는 하루 종일 함께 일한 사람들과 같이 술에 취하고 싶은 마음이 없어요. 아주 솔직하게 말하자면 저는 이 클럽의 진정한 회원이 아니라고 말하고 싶어요. 저는 요령을 익혀서 이곳에 들어왔고 게임을 배웠다고 말하지만, 결국 지금까지도 제대로 된 회원, 정식 회원이라고 느끼지 않습니다.

여기서 우리는 심지어 6TV의 상층부에서도 자기 제거가 다

---

11   이는 노동 과정 자체가 개인에게 의미 있는 성향을 형성하는 경향이 있음을 지적한 오랜 사회학 문헌과 일맥상통한다(Burawoy, 1982).

시 등장하는 장면을 보고 있다. 빌은 이 매직 서클에 진입하는 데 성공했지만, 최정상에 오르기 위해서는 직업 생활뿐만 아니라 개인 생활에서도 동화를 이뤄야 하고 방송계 직종의 '사교적인' 측면을 완전히 받아들여야 한다고 설명한다. 하지만 이 연기를 사교 생활에까지 확장하는 것은 빌에게 너무 과한 요구였고, 그가 삶에서 '진짜'이고 '중요하다'고 묘사한 모든 것에 대한 실존적 배신을 요구하는 일이었다. 이처럼 빌은 계급-문화적 동화의 한계, 그러한 모방은 "어느 지점까지만 가능하다"는 감각을 강조한다. 그러나 의미심장하게도 이 제한은 다른 사람들이 부과한 것이 아니다. 그보다 이는 완전한 정체성 변화를 받아들이기 꺼려하는 빌 자신의 의지가 반영된 결과이다.[12]

빌의 이야기에서 고려해야 할 또 다른 사항이 있다. 이 이야기는 동화의 한계를 강조할 뿐만 아니라, 빌의 표현처럼 '요령'을 유지하기 위해 얼마나 많은 소모적인 감정 노동이 수반되는지를 보여준다. 이 감정적 각인을 그 자체로 이해하는 것이 중요하다. 아래에서 이에 대해 좀 더 자세히 살펴보자.

상승을 위한 감정적 비용

많은 사람들은 사회적 상향 이동이 긍정적인 경험이라고 생각한다. 사회적 상승을 이룬 사람은 능력을 이용해 성공한 '승자', '역경을 딛고' 성공한 근사한 인물로 흔히 묘사된다. 대중문화는 이

---

12   이는 Bourdieu(2008, p. 510)가 말한 '계승의 모순contradictions of succession'을 잘 보여준다. 사회적 상승을 이룬 사람은 '성공을 실패로서', 자신을 키워주고 형성한 가족과 친구들에 대한 배신으로서 경험한다.

러한 영웅적인 이야기, 특히 앨런 슈가, 닥터 드레, 조 바이든 같은 '성공한 노동 계급 소년'이라는 젠더화된 비유로 가득하다. 영향력 있는 학술 연구도 상향 이동이 원활하고 간단하다는 생각을 확고히 굳혔다.[13]

그러나 우리는 인터뷰 참여자들 사이에서 상향 이동이 종종 매우 평탄치 않은 감정적 기복을 야기한다는 증거를 발견했다. 여기서 중요한 것은 (보편적인 정치 수사학에서 가장 찬사받는) 원거리의 사회적 상승을 이룬 사람들이 특히 감정적 어려움을 겪는 경우가 많았다는 점이다. 이들은 하나같이 엘리트 직장에서 불안감과 열등감에 시달린다고 보고했다. 터너 클라크의 신임 매니징 파트너 필립은 상당히 가난한 노동 계급 출신이었다. 그는 고향인 미들랜즈의 작은 시골 회계법인에서 일하다가 터너 클라크의 중간 관리직으로 자리를 옮긴 이후 계속해서 극심한 자괴감에 시달렸다고 말했다.

비교적 최근까지도 내 어깨 위에 "너는 들통나고 말 거야"라고 속삭이는 목소리가 있었어요, 결국에는 내 정체를 들키고 말 거라고요. 그리고 시험에서 떨어지는 꿈을 반복해서 꾸었어요. 그 꿈을 생생하게 기억합니다. 제가 자격을 취득하는 날이었는데 합격하지 못했고, 그게 발각되었죠. 제가 마침내 이 문제에 대해 누군가에게, 이곳 커리어 코치에게 말했을 때 그는 이런 식이었습니다. "그 문제를 반드

---

13   현재 학계에서는 이 주제에 대한 학술적 논쟁이 활발히 진행 중이다. Goldthorpe et al(1980), Marshall and Firth(1999), 최근 Chan(2017, 2017)의 연구는 사회적 상승을 이룬 사람들이 순조로운 심리적 전환을 하는 경우가 많다는 사실을 발견했지만, Castagne et al(2016), Hadjar and Samuel(2015) 등 다른 연구자들은 다른 종류의 (질적 및 양적) 데이터를 활용하여 이러한 경험이 더 어렵고 복잡하며 심지어 심리적으로 불안정할 수 있다고 반박한다.

시 극복하셔야 합니다."

이런 계속되는 불안감, 극단적인 형태의 '가면 증후군imposter syndrome'은 원거리의 사회적 상승을 이룬 사람들 사이에서 비교적 흔하게 나타났다. 필립의 경우처럼 이러한 감정은 엘리트 회사로 급부상하거나 높은 자리로 승진한 후와 같이 갑작스러운 상향 이동의 '순간'[14]에 시작되는 경우가 많았다. 그들의 인생에서 이 갑작스러운 변화는 종종 지속적인 감정적 잔여물, 즉 자신이 '그럴 자격이 없다'거나 '사기꾼' 같다는 의구심, 또는 몰락이 임박했다는 느낌을 남겼다. 이는 주로 새로운 직장이나 동료들의 문화에서 느끼는 이질감, '물밖에 나온 물고기'라는 느낌, 그리고 7장과 8장에서 설명한 행동 규범에 동화되거나 그것을 모방하지 못할까 봐 느끼는 불안감에 뿌리를 두고 있었다.

하지만 이는 성별 차이가 컸다.[15] 예를 들어 갓 터너 클라크의 수습 직원이 된 제니는 백인 영국인으로 어머니는 주부, 아버지는 택

14　이전 연구에서 Friedman(2016)은 위로 올라가던 과정에서 급작스럽게 폭발적 상승이 일어나고, 불안정함과 정서적 동요를 경험하게 되는 상향 이동의 중요한 '순간'을 식별했다. 부르디외의 용어로 표현하면, 이러한 이동의 순간은 하비투스가 갑자기 그것이 처한 장의 객관적 구조와 조화를 이루지 못하는 '히스테리시스 효과hysteresis effect'를 유발한다. 부르디외는 이러한 순간에 뒤따르는 '지연' 속에서 하비투스가 새로운 장에 적응하려고 시도할 때 개인이 종종 태생과 도착지의 장에 존재하는 사람들의 '부정적 제재'(Bourdieu and Passeron, 1977)와 싸워야 한다고 주장한다.

15　Skeggs(1997)와 Reed-Danahay(2004)를 비롯한 많은 저자들은 상향 이동이 여성에게 특히 감정적으로 문제가 되는 방식을 탐구했다. Lawler(1999)가 언급했듯이 남성의 상향 이동은 노동 계급 소년이 성공하는 영웅적 서사를 통해 오랫동안 정당화되어왔으며, 따라서 남성의 하비투스는 더 광범위한(그리고 사회적으로 허용되는) '가능한 궤적의 공간'을 갖추고 있을 수 있다.

시 운전기사였다. 처음에 제니는 터너 클라크에 다니는 것이 즐겁다고 말했다. 하지만 인터뷰가 진행되면서 점점 더 많은 불안감을 나열했다. 복장("다른 사무실에 가는데 무엇을 입어야 할지 모르겠어요. 우리 브랜드를 잘못 대표하고 싶지 않아요.")부터 고객 관계("선을 넘지 않기 위해 늘 걱정합니다. '그들이 내가 가족이나 휴일 계획에 대해 물어보길 원할까?' 나는 과하게 행동하고 싶지 않습니다.")에 이르기까지 다양했다. 제니의 일상적인 직장 생활은 혹독한 자기 통제 과정을 요구했다. 가장 중요한 것은 세련됨을 추구하기 위해 자기표현을 조절하려는 시도였다.

> 저는 사회적 기술이 부족합니다. 특정 사람들 앞에서는 어떤 말을 할지 신중하게 고려해야 해요. 어떤 사람들은 그냥 생각나는 대로 말하고, 그럴 수 있는 어휘력을 가지고 있지만 저는 항상 사람들에게 어떤 말을 어떤 식으로 할지 매우 의식합니다. 제 발음도요. 대화를 시도하다가 할 말이 다 떨어지면 어색한 침묵이 흐르죠. 그러면 머릿속으로 내가 이 사람과 과연 어떤 공통점이 있는지, 그들이 저를 완전히 바보는 아니라고 생각하게 만들 수 있는 말은 무엇일지 생각하고 있어요. 그리고 제가 힘든 건 주말에 무엇을 했는지, 아이들은 잘 있는지, 그런 화제들이에요. … 침묵이 계속되는 동안 제 머릿속에는 이 모든 생각이 맴돌아요.

여기서 눈에 띄는 점은 제니가 이러한 계급 간 대화의 어색함을 개인적 실패의 문제로 받아들이고("그것이 제 문제라는 걸 알아요"라고 말했다), 자신이 객관적인 사회적 '기술'로 보이는 것을 갖추지 못했다는 감정적 부담을 짊어지는 방식이다.

어떤 이들은 제니보다 (그러한 임의적인 행동 규범의 힘을) 덜 흔쾌히 받아들이고, 더 분노했다. 흑인 영국인인 나탈리아는 6TV에서 몇 년간 근무한 사원급 직원으로, 노동 계급 출신이라는 이유로 노골적인 차별을 받았다고 느낀 몇 안 되는 인터뷰 참여자 중 하나였다 (버밍엄의 "거친 공영주택 단지"에서 자랐다[16]). 나탈리아는 자신의 배경을 자랑스러워했고, 그것이 자기 정체성의 변하지 않는 측면이라고 여겼다. "이게 바로 저라는 사람이에요." 나탈리아는 설명했다. "그건 바꿀 수 없는 부분입니다." 지난 5년 동안 두 번이나 승진을 못 한 이유에 대해 "내가 어떤 사람인지가 [직속 상사들을] 불편하게 만들었고, 사람들은 편한 것을 좋아하기 때문"이라고 말했다. 제니와 달리 나탈리아는 동화를 거부했다. "많은 사람들이 억양, 옷차림, 사회적 교류 등에 문화적으로 적응하면서 자신도 그들의 일원으로 느껴질 때까지 그런 척을 합니다. … 그저 그 사람들과 더 많은 공통의 화제를 갖기 위해서요. 다시 말하지만, 이건 모두 그들을 편하게 해주려는 것입니다. 솔직히 저는 신물이 나요." 나탈리아는 분명히 매우 화가 나 있었고, 곧 눈물을 보이며 인터뷰를 중단했다. "죄송해요, 감정적으로 하려던 것은 아니었지만 제겐 상처예요. [6TV는] 다양성을 옹호한다고 말하지만… 제겐 전혀 그렇게 느껴지지 않습니다."

상향 이동에 소모되는 감정적 비용은 주로 직업적 '적합성'이라는 고충을 헤쳐 나가는 과정에 집중되는 경향이 있으나, 그러한 도전은 또한 자신이 본래의 문화적 세계에도 완전히 소속되지 못한다는 느낌 때문에 악화되곤 한다. 이는 종종 두 세계 사이에서 진퇴양난에 빠진 느낌, 문화적 노숙자가 된 느낌으로 표현되곤 했다.[17] 더글러스는 스코틀랜드 북부의 노동 계급 가정 출신 배우였다. 현재 런

---

16   익명성을 보장하기 위해 나탈리아의 프로필 일부를 변경했다.

던에 살고 있는 그는 주로 웨스트엔드 극장에서 일하는 것으로 생계를 유지했다. 그는 커리어를 통해 얻은 지위와 돈에도 불구하고 여전히 "왠지 모르게 중간에 갇힌 느낌"을 받는다고 설명했다.

저는 이 이상한 영역에 살고 있습니다. 그 세계, 연기 세계, 중산층 세계의 일부가 아니며 더 이상 제 출신 지역의 일부도 아닙니다. 따라서 저는 매우 고립된 인물입니다. 저를 진정 사랑하고 아끼는 사람들은 제가 탈출한 것을 기뻐하지만 저를 이해하지는 못합니다. 그런 점에서 일종의 고립감이 있어요. 저는 동일시나 위안 또는 안전한 곳을 찾기 어려운 이상한 영역에 있어요. 나 혼자인 셈이에요.

여기서도 가장 분명하게 드러나는 것은 이렇게 상반된 정체성의 근원을 조화시키는 데 필요한 감정적 노동, 즉 더글러스가 언급한 것처럼 '위안을 찾기 위한' 노력이다. 이는 일종의 감정적 곡예 행위에 해당하며, 이 개인들은 위를 바라볼 때는 불안감이나 자괴감을 표현하다가도 자신의 출신 계급을 향해 아래를 바라볼 때는 죄책감과 소외감에 휩싸이곤 했다.[18] 실제로 많은 사람들이 우리의 인터뷰를 통해 평소에는 생각하지 않거나 의도적으로 억눌러왔던 생각과 감정을 수면 위로 불러올리면서 카타르시스를 느꼈다고 언급했다.

17   Friedman(2014, 2016) 참조.

18   부르디외는 '자아 분열'이라는 정신분석학적 개념(Fourny and Emery, 2000; Steinmetz, 2006)을 바탕으로, (자신도 경험했다고 느꼈던) 이러한 하비투스의 어긋남이 종종 고통스럽게 분열된 자아, 즉 '쪼개진 하비투스'를 만들어낸다고 주장했다. "그러한 모순적인 명령은 자신에 대해 양가적이 되도록 만들고… 자체적으로 분열된 하비투스를 생산하고, 자기 자신에 대한 일종의 이중적 인식과 다중적 정체성을 야기하기 마련이다."(Bourdieu and Accardo, 1999, p. 511).

우리가 이러한 감정을 강조하는 것은 이들이 완전히 불행하다거나 심리적 장애를 가지고 있음을 보이려는 것이 아니다. 오히려 우리와 대화를 나눈 사람들은 이러한 다양한 감정을 용감하게, 심지어 성공적으로 조율하고 있었다.[19] 실제로 그들 중 일부는 이러한 이중 정체성이 때때로 여러 다른 유형의 고객이나 동료와 상호 작용할 때 '코드 전환'을 할 수 있는 카멜레온 같은 능력을 제공하기 때문에 특유의 이점이 있다고 말하기도 했다.[20] 그러나 성공적으로 관리하고 있는지 아닌지를 떠나서 이러한 일련의 감정을 조화시키는 것은 사람의 진을 빼놓는 무거운 부담이라는 점을 강조하고자 한다. 특히 스트레스가 많은 커리어를 헤쳐 나가기 위해 노력하는 동안에는 더 그렇다.

사람들이 실제로 사회 이동을 경험하는 방식을 이해하는 것은 두 가지 이유에서 중요하다. 첫째, 계급 천장과 직접적으로 관련된 상당한 '기회비용'이 존재한다는 점이다. 상대적인 시각에서 보면, 사회적 상승을 이룬 사람들은 특권적 배경을 가진 사람들은 겪지 않아도 되는 역풍에 맞서 싸우느라 감정적 에너지를 소모하는 경우가 많다. 이는 불공평할 뿐만 아니라 이들을 더욱 불리하게 만든다.

둘째로, 이러한 감정적 각인은 계급 천장의 동인이라는 역할을 넘어 그 자체로도 중요하게 인식되어야 한다. 서론에서 언급했듯이 지배적인 정치적 수사는 사회 이동성을 사회적 병폐에 대한 만병통치약처럼 물신화하는 경향이 있다. 실제로 이 책의 중심 주제가

---

19   이것을 '카멜레온 하비투스'(Abrahams and Ingram, 2013)로 해석하는 것은 무리이겠으나, 우리는 '두 세계 사이'에 존재하는 것이 많은 인터뷰 참여자들에게 독특한 성찰과 자기 분석 능력을 부여했다는 저자들의 주장에 동의한다(Bourdieu, 2007).

20   Hey(1997).

(엘리트 직종에 초점을 맞춤으로써) 이러한 의제를 더 확고히 한다고 보는 사람도 있을 것이다. 하지만 우리의 연구 결과는 지배적인 정치적 수사에도 불구하고 상향 이동이 사회 전반에서 흔히 간주하는 것처럼 무조건 긍정적인 힘이 아님을 매우 분명하게 보여준다. 실제로 단순히 경제적, 직업적 성취가 아니라 정서적 삶의 질이라는 렌즈를 통해 보면 '성공적인' 사회 이동이라는 것은 훨씬 더 불확실하다. 심지어 계급 천장을 성공적으로 돌파한 경우에도 말이다.

10장 =

계급 천장:
사회 이동성에
대한
새로운 접근법

지금까지 이 책을 통해 우리가 발견한 주요 내용들이 명확하게 전달되었기를 희망한다. 정리하자면 상위 직종에서 노동 계급 출신이 특권층 동료보다 더 적은 임금을 받는데, 이는 '능력'에 대한 통상적인 척도로는 부분적인 설명만 가능하다. 그보다 더 강력한 동인은 계급화된 자기표현이 '재능talent'으로 오인되고 있다는 점, 역사적으로 특권층에 의해 형성된 직장 문화, '엄마 아빠 은행'의 지원, 그리고 계급-문화적 동종 선호에 기초한 후원 이동에 뿌리를 두고 있다.

이러한 연구 결과뿐만 아니라 우리의 접근법에서 중요하고 혁신적이라고 생각되는 부분에 대해서도 설명하고자 한다. 먼저 이런 종류의 논의는 사회학 이론 및 문헌과의 지속적인 협업을 요하며, 따라서 다소 다른 문체가 필요함을 밝힌다. 이 책의 대부분은 계급, 이동성, 노동 사회학의 전문가가 아닌 사람들을 대상으로 했으나, 이 장에서는 좀 더 직접적으로 동료 학자들을 대상으로 글을 쓰고자 한다. 우리는 학술계 바깥의 독자가 원할 경우 이곳에서 결론(11장)으로 쉽게 건너뛸 수 있도록 책을 구성했다. 하지만 동시에 우리는 모든 독자가 이 장의 내용도 읽어주시기를 부탁드린다. 계급과 이동성에 대한 학술적 논의는 난해할 수 있으나 근본적으로 우리가 계급을 어떤 의미로 사용했는지, 사회 이동성이 어떻게 측정되어야 하는지,

그리고 계급 태생이 노동 시장의 일부 영역에서 다른 영역보다 더 중요한 것처럼 보이는 이유는 무엇인지 등 이 분야에 시간과 노력을 들인 모든 사람이 관심을 가질 만한 질문을 다룬다.

우리는 이 장에서 피에르 부르디외의 핵심 개념인 하비투스[1], 자본[2], 장field[3]이 이러한 근본적인 질문을 다루기 위한 강력한 사고 도구를 제공한다고 주장한다.[4] 앞으로 설명하겠지만 부르디외의 관점은 실제로 이 책 전체에 걸쳐 매우 중요한 역할을 했으며, 우리의 연구 설계와 결과 분석 방식에 영향을 미쳤다. 하지만 이 뼈대는 (가독성을 높이기 위해!) 지금까지 대부분 암시적으로 남겨져 있었다. 이제 우리는 여기서 부르디외에게서 영감을 받은 사회 이동성에 대한 '계급 천장' 접근법을 보다 명확하게 서술하고, 그것이 지금까지 이동성 분석을 방해해온 몇 가지 한계를 어떻게 해결할 수 있는지 제시한다. 이 장은 세 부분으로 구성되어 있다. 첫 번째 부분에서는 우리의 계급 천장 접근법이 학계에서 주류를 이루는 이동성 분석에서 대개는 벗

---

1   Bourdieu(1998, p. 81)는 하비투스를 "세계 또는 그 세계의 특정 부문(장)의 내재적 구조를 통합하고 그 세계에 대한 인식과 그 세계에서의 행동을 구조화하는 사회화되고 구조화된 신체"로 정의한다.

2   부르디외의 자본 개념은 경제학에서 사용하는 자본의 화폐적 개념보다 더 넓은 개념으로 화폐적, 비화폐적, 유형적, 비유형적 형태를 취할 수 있는 '일반화된' 자원이다(Anheier et al, 1985, p. 862).

3   Bourdieu(1999, p. 46)는 장을 다음과 같이 정의한다. "사회적으로 구조화된 공간, (지배하는 자와 지배당하는 자가 있고, 해당 공간 안에서 지속적이고 영구적인 불평등 관계가 작동하는) 힘의 장이며, 이 힘의 장을 변화시키거나 보존하려는 투쟁의 장이기도 하다. 그 세계 내부의 모든 주체는 자신의 상대적인 강점, 즉 그 장에서 자신의 위치와 결과적으로 자신의 전략을 규정하는 힘을 이용하여 다른 주체와 경쟁한다."

4   부르디외의 사회적 실천에 대한 이해는 '(하비투스 × 자본) + 장 = 실천'이라는 방정식으로 잘 알려져 있다(Bourdieu, 1984).

어나 있는 두 가지 연구 전통의 영향을 크게 받았음을 설명한다. 특히, 표준 이동성 분석의 요소들을 유리 천장이라는 페미니즘 개념과 엘리트 채용에 관한 연구의 더 오래된 전통과 통합함으로써, 우리는 계급 구조 최상위층의 봉쇄 과정에 대한 개념적 초점을 유지하면서 사회 이동성에 대한 대규모의 대표성을 띤 분석을 제공할 수 있었다.

둘째, 우리는 이러한 방식으로 이동성 분석을 전환하려면, 즉 누가 '진입하는가'에 초점을 맞추던 기존 방식에서 벗어나 누가 '성공하는가'에 초점을 맞추려면 부르디외의 이론적 렌즈가 필요하다고 주장한다. 여기서 우리는 두 가지 구체적인 요지를 제시한다. 먼저, 부르디외적 접근법을 채택하면 개인이 직장에 가져가는 자원 또는 '자본'을 제대로 파악할 수 있으며, 이것이 어떻게 사람들의 이동 궤적에 종종 장기적인 파급 효과를 미치는지 보여줄 수 있다(그리고 그 이유를 설명할 수 있다). 다음으로, 진입에서 성공으로 접근 방식을 바꾸면서 우리는 또한 이러한 접근법이 단일 변수 지표를 넘어 계급 태생과 계급 도착지에 대한 더 다양한 차원의 측정을 가능케 함을 설명할 수 있다.

마지막으로 이 장의 세 번째 부분에서는 방향을 바꿔 우리가 사회 이동성을 개인의 자원이나 행위 주체성이라는 프리즘뿐만 아니라 개인이 진입하고 통과하는 특정 직업 공간, 즉 부르디외의 '장'에 의해 매개되는 경험으로 이해함을 설명한다. 특정 직업 환경은 표준 이동성 분석에서는 보통 등한시되지만, 우리는 이 요소가 계급 천장을 이해하는 데 필수적이라고 본다. 개인이 각자의 계급 배경에서 물려받은 자본이 노동 시장에서 자동으로 이점을 부여하는 것은 아니기 때문이다. 그보다 해당 자본은 보다 장에 특화된 형태로 변환되어야 한다. 그러려면 게이트 키퍼나 권력 있는 사람들이 해당 통화를 알아보고 그 가치를 인정해야 한다. 우리의 연구 결과에 따르면 이는 많은 경우 직업 환경이 두 가지 유형의 문화 자본, 즉 체화된 문화 자본과 기술적 문화 자본을 보상하는 정도에 따라 달라지는 것으로 나타났다.

6장, 7장, 8장에서 살펴본 바와 같이 체화된 문화 자본(널리 인정받는 취향, 판단의 범주, 신체적 자기표현 등)은 주로 특권적 환경에서 이루어진 양육을 통해 주입되기 때문에 상위 중간 계급 출신이 엘리트 직업에서 우위를 확보하는 강력한 (그러나 숨겨진) 수단으로 작용한다. 이와 대조적으로 실용적이고 전문화된 지식, 전문성, 노하우, 실무 기술 등의 기술 자본은 교육을 통해서, 혹은 직장에서 보다 투명하게 습득할 수 있으므로 쿠퍼스의 사례에서 보듯 이미 특혜를 받고 있는 사람들에게 유리하게 작용할 내재적 역량이 적다.[5]

우리는 부르디외적 접근법이 많은 것을 제공한다고 생각하지만, 여기서는 부르디외에게서 영감을 받은 연구가 전통적인 사회 이동성 연구자들의 작업에 대한 근본적인 비판을 제공한다는 패러다임 전쟁을 논하지는 않을 것이다. 이러한 패러다임 전쟁은 축적된 지식이 발전해나가는 것을 허용하는 경우가 드물고, 연구자들이 집단적 이해를 발전시키기 위해 협력하도록 내버려두지도 않는다. 게다가 우리는 사회 이동성에 대한 표준 접근법이 많은 효용성이 있다고 생각한다. 직업 계층occupational class은 이동성 분석이 보유한 최고의 단일 대리변수일 뿐만 아니라, 직원의 계급 태생을 모니터링하고자 하는 조직이나 (이 책의 저자들과 같이) 이를 대신 모니터링하고자 하

---

5   이 두 자본의 차이는 Bourdieu(1990b, p. 73)가 "'몸으로 배운 것'은 과시할 수 있는 지식처럼 소유하는 것이 아니라 자신 그 자체"라고 언급한 것에서 가장 잘 드러난다.

는 연구자가 쉽고 저렴하게 채택할 수 있는 측정 도구를 제공한다는 것이 우리의 견해다.

그럼에도 불구하고 계급 태생이 계급 도착지에 중요하게 작용하는 모든 방식을 전체적으로 진지하게 고려하려면 단일 변수와 이산 시점discrete time point(이산離散은 일정한 주기를 갖지만 연속적이지 않고 특정 시점에만 값이 존재하는 것을 가리키는 수학적 개념이다―옮긴이) 분석을 넘어서는 계급 접근법이 필요하다. 우리는 이 장에서 설명하는 (그리고 이 책 전체에 적용되는) 부르디외적 접근법, 즉 소득과 직업을 고려하고 질적 방법을 사용하여 개인의 궤적, 상속된 자본과 축적된 자본, 그리고 직업에 따른 '능력'의 개념을 파악하는 방식이 이를 실현하는 데 상당한 도움이 된다고 본다.

― 계급 천장: 종합적 이동성 분석

사회 이동성에 대한 체계적인 연구는 사회학이 사회과학을 비롯해 공적 영역 일반에 기여한 주요 공헌 중 하나라고 할 수 있다.[6] 일반적인 양적 접근법은 한 사람의 출발지(태생)와 도착지를 두 시점[7]에서 비교하는 것이다. 먼저 사회경제적 계층에서 부모의 직업이 어디에 위치하는지 찾은 다음 이를 그 사람의 직업 위치와 비교한다.

---

6   보다 일반적으로는 Goldthorpe(2005)의 논의 참조.

7   골드소프의 고전적인 1980년 연구(Goldthorpe et al, 1980)는 세 가지 시점(남성 응답자가 14세일 때 아버지의 직업, 노동 시장 진입 시 첫 직업, 조사 당시의 직업)에서 이동성을 살펴보았다. 이는 상대적으로 특권을 가진 아버지의 아들은 노동 시장에 처음 진입할 때는 낮은 계급의 직업을 갖더라도 '직업적 성숙기'가 되면 더 높은 위치로 올라갈 가능성이 상대적으로 높을 수 있다는 '역이동성'에 대한 상당한 논의를 가능하게 했다. 그러나 이러한 '세 시점' 연구는 대부분 자취를 감췄다.

이렇게 출발지와 도착지의 직업을 큰 계층으로 묶으면 소위 '표준 이동성 표standard mobility table'라는 것을 구성하고 검토할 수 있다.[8] 이는 분석에 필수적인 플랫폼을 제공한다. 또한 얼마나 많은 사람들이 부모와 비교했을 때 다른 계급 위치를 갖는지 평가하기 위한 간단하고 재현 가능한 수단이자, 시간 및/또는 국가적 맥락에 따른 이동성 패턴을 모델링하는 복잡한 통계 절차를 진행하기 위한 기반이다.[9]

이동성에 대한 이 표준 접근법은 학계 담론을 지배할 뿐만 아니라 영국에서는 정부[10]가 채택했고, 최근에는 조직이 직원들의 계급 구성을 가늠할 때 주요 척도로 권장된다.[11] 우리의 연구는 이 접근법에 크게 영향을 받았으며 이 책 전체, 특히 1장에서 이 접근법을 활용하고 있다. 다시 말하지만 우리는 여전히 직업 계층이 계급 위치와 사회 이동성을 나타내는 가장 실용적인 단일 지표라고 믿는다.

그러나 독자들은 논의가 진행됨에 따라 사회 이동성에 대한 표준 접근법에서 이 책이 점점 더 멀어지고 있음을 눈치챘을 것이다. 이 절에서는 표준 접근법의 요소들과 주류 이동성 분석의 영역 밖에 있는 두 가지 연구 전통을, 특히 1, 2, 3, 4장에서 설명한 우리의 양적 접근법이 어떻게 통합하는지 설명한다.

---

8   이는 일반적으로 특정한 태생 및 도착지에 해당하는 응답자의 정확한 백분율을 보여주는 7×7 계급 변화 매트릭스로 제시된다. 이 책에서 LFS에 대한 우리의 분석에 기반을 둔 사례는 「방법론에 관한 부록」 참조([표 A.3]).

9   주목할 만한 점은 이러한 표를 로그선형 모델링을 사용하여 모델링할 수 있다는 것이다. Erikson and Goldthorpe(1992) 참조.

10   영국 정부는 국가통계사회경제분류(NS-SEC)를 통해 이를 채택했다. 이에 대한 자세한 내용은 https://www.ons.gov.uk/methodology/classificationsandstandards/standardoccupationalclassificationsoc/soc2010 참조.

11   Cabinet Office(2018) 참조.

먼저 오늘날의 주류 이동성 분석과 최근 수십 년간 거의 잊힌 '엘리트 채용의 사회학'이라고 불리는 오래되고 풍부한 연구 전통 사이에서 우리의 접근법이 어떻게 중요한 연결 고리를 형성하는지 설명하겠다.[12] 엘리트 채용에 관한 연구는 20세기의 상당 기간 동안 사회학적 탐구의 중심이었다. 특히 1950년대와 1960년대 영국과 미국을 중심으로 몇몇 고전적인 연구들이 고위 공무원, 성직자, 기업 경영자, 정치인 등 다양한 엘리트 영역에서 사회 이동성을 조사했다.[13] 이 연구에서 핵심 쟁점은 엘리트 채용 과정이 사회적 봉쇄를 구현하는 정도,[14] 또는 사회 집단이 자원과 기회에 대한 접근을 일정한 자격을 가진 대상자로 제한하는 방식이었다.[15] 이 봉쇄의 문제는 엘리트 형성의 측면에서도 특별한 의미가 있는 것으로 여겨졌다. 예를 들어, 엘리트가 좁은 범위의 배경에서 배출될 경우 그들이 '의식과 행동의 통일성과 응집력'을 키워갈 가능성이 높으며, 이는 다시 권력 행사에 중대한 영향을 미칠 수 있다는 가설이 종종 제기되었다.[16]

그러나 1980년대 이후 엘리트 연구의 전통은 특히 영국에서 사회 계층화에 대한 계급 구조적 접근법에 의해 다소 뒤로 밀려났다.[17] 여기에는 몇 가지 이유가 있었다. 첫째, 이러한 연구는 실증적 근거가 제한적이라 여겨졌다. 대부분 대표성 없는 소규모 자료 출처

---

12   Reeves et al(2017) 참조.

13   Guttsman(1951); Kelsall(1955); Stanworth and Giddens(1974); Useem(1986); Useem and Karabel(1986); Dahl(1989); Mills(1999); Domhoff(2002).

14   물론 엘리트 직종에 종사하는 사람들의 사회적 배경이 채용 과정에서 봉쇄가 일어나는 유일한 기준은 아니다. 그러나 엘리트의 계급 태생 편향이 특히 두드러지는 경우, 학자들은 사회적 배경을 봉쇄가 발생하는 축으로서 매우 시사적이라고 오랫동안 간주해왔다.

15   Parkin(1979); Tilly(1999); Weeden(2002).

16   Scott(2008, p. 35); Domhoff(2013); King and Crewe(2013).

에 의존했고, 단일 엘리트 직업군만 조사했으며, 종종 엘리트 학교 교육 같은 출신 계급의 대용물에 의존했기 때문이다. 좀 더 개념적으로 살펴보면 골드소프는 이러한 접근법들이 '누가 앞서 나가는가'의 사회적 구성에 초점을 맞추어, 엘리트 채용 패턴을 특히 2차 대전 후 샐러리맨의 확장 등 계급 구조의 더 큰 변화라는 맥락 속에 배치하는 데 실패했다고도 주장했다. 이와 달리 계급 구조적 접근법은 '큰 범주의 사회 계층' 간의 이동률을 강조하고, 전국적으로 대표적인 설문조사 데이터를 사용했다. 그러나 이러한 '최적화된' 설문조사의 표본 크기가 상대적으로 작고, 그로 인해 그 안에서 엘리트 집단이 눈에 띄지 않기 때문에 엘리트 직종 종사자들에 대한 실증적 조사는 거의 자취를 감췄다.[18, 19]

그러므로 우리의 접근법은 엘리트 채용의 사회학을 강력하게 혁신하는 동시에 이 전통을 이동성 분석의 보다 지배적인 요소와 종합한다. 우리의 분석은 대표적인 노동력 조사인 LFS를 사용하고 견고한 계급 태생 데이터를 활용한다는 점에서 현행 이동성 분석의 핵심 원칙을 상당 부분 따른다. 그러나 동시에 우리는 또한 LFS가 제

17　그러나 최근 몇 년간 Burrows et al(2017), Korsnes et al(2017), 그리고 『사회경제 리뷰·Socio-Economic Review』 최근 특별호(Cousin et al, 2018) 등 일부에서 이러한 전통을 되살리려는 시도가 있었다는 점은 짚고 넘어갈 만하다.

18　Savage and Williams(2008, p. 3) 참조. 그러나 일부 스칸디나비아 연구자들은 예외다(Hjellbrekke et al, 2007; Flemmen, 2009; Ellersgaard et al, 2013; Hansen, 2014; Larsen et al, 2015; Ljunggren, 2017; Strømme and Hansen, 2017; Larsen and Ellersgaard, 2018). 중앙 은행가들에 대한 LeBaron의 연구도 참조(주로 프랑스어로 출간되었으나 LeBaron, 2008은 그렇지 않다).

19　20세기 후반 (특히 최상층의 소득 분배에서) 불평등의 심화는 사회과학 전반에서 엘리트에 대한 강한 관심이 다시금 촉발되는 계기가 되었다(Savage, 2014). 그러나 이러한 집단의 사회적 구성에 대한 분석은 이 새로운 연구 의제에서 거의 다루어지지 않았다.

공하는 확장된 규모의 표본을 활용하여 분석 렌즈를 위로, 즉 엘리트 직종 종사자들에게로 향한다.[20] 이러한 방식은 분석의 초점이 다시 엘리트 봉쇄로 향하도록 할 뿐만 아니라, 사회 이동성을 보다 세밀하게 이해해야 하며 누가 최정상에 오르는지를 구조화하는 데 계급 배경이 특히 중요할 수 있음을 인지해야 한다고 강조한다.

둘째, 우리는 이 책에서 페미니즘의 유리 천장 개념을 '계급 천장'이라는 용어로 재구성하여 채택한 것에 대해서도 고찰하고자 한다. 여기서 계급 천장이 어떤 식으로든 유리 천장을 대체했다고 주장하거나, 과거에 많은 사람들이 그랬듯이 계급이 일종의 '마스터 카테고리master category'라고 암묵적으로 제안하는 것이 아님을 분명히 하고 싶다.[21] 간단히 말해서 노동 시장에서 계급 태생의 차이는 성별 및 인종과 모두 같은 방식으로 작용하지 않으며, 따라서 유리 천장 개념의 특수성을 유지하는 것은 분명히 중요하다.

동시에 우리는 이동성 분석이 유리 천장을 다룬 문헌에서 배울 점이 많다고 본다.[22] 이 책의 결과를 보면 이는 매우 명백하다. 예를 들어, 우리가 계급 천장의 동인으로 식별한 메커니즘의 다수(동종

---

20   우리는 엘리트 직업을 Pareto, Mills 등의 엘리트 이론가들이 사용했던 의미와 같은 '지배 엘리트' 또는 '권력 엘리트'로 간주하지 않는다는 점을 머리말에서 언급했으며, 여기서 다시 한번 강조하고자 한다. 그보다 우리는 Heath(1981)와 마찬가지로 엘리트 직업이 통치 또는 권력 엘리트가 도출되는 '공급원 또는 채용 시장'을 구성한다고 개념화할 것이다.

21   계층화 및 불평등을 연구한 20세기 대부분의 사회학자들은 계급이 사회에서 가장 중요한 구분이며, 다른 불평등의 축은 '대체로 큰 의미가 없는 부차적 현상'이라고 여겼다 (Atkinson, 2015, p. 81).

22   우리는 '유리 천장'이 상당한 비판의 대상이 되어왔으며, 이 비유가 성 불평등이 여성 커리어 진전의 상층부에서만 명백하게 나타난다고 잘못 암시할 위험이 있다는 점을 인지하고 있음을 다시 한번 언급하고자 한다(Eagly and Carli, 2007).

선호, 후원, 자기 제거, 미세공격[23])는 전통적으로 남성 및 백인 위주였던 직종에 종사하는 백인 여성과 인종-민족적 소수자 집단 구성원들을 대상으로 한 연구에서 이미 확인된 메커니즘과 유사하다.[24]

물론 유리 천장을 이동성 분석과 통합하려면 교차성 개념과의 지속적인 협업이 필요하다.[25] 전통적으로 교차성은 표준 접근법[26]과 부르디외 학파[27]의 계급 및 이동성 분석에서 이론화되지 않았거나, 최악의 경우에는 완전히 무시되어왔다. 그러나 서론에서 살펴본 바와 같이 이제 사회적 상승을 이룬 여성과 유색 인종이 경험하는 특유의 심리-사회적 어려움과 직업적 장벽을 탐구하는 질적 문헌이 상당수 존재한다.

이러한 통찰을 바탕으로 우리는 교차성을 분석의 기본 바탕으로 삼기 위해 노력했다. 이는 이 책에서 전개한, 불평등에 대한 오

---

23   인용할 수 있는 문헌은 다양하나 Kanter(1993), Kanter(1993), Hagan and Kay (1995), Hull and Nelson(2000), Bell et al(2003), Gorman and Kmec(2009), Brynin and Guveli(2012), Modood and Khattab(2015), Bhopal(2018) 참조.

24   물론 '유리'라는 비유가 그 자체로 한계가 없는 것은 아니지만, 노동 시장에 존재하는 불평등의 보다 구체적인 차원을 정확히 짚어내는 면에서도 건설적이었다. 예를 들어, 7장에서 '적합성'이라는 계급화된 아이디어를 개념화할 때 우리는 Ashcraft(2013)의 '유리 구두' 개념을 널리 활용했으며, 6장에서 후원의 빠른 고속 승진 효과를 고려할 때 Williams (1992)의 '유리 에스컬레이터' 개념을 유용하게 활용했다.

25   물론 여기서 핵심적인 통찰은 계급, 성별, 인종과 같은 사회 분화의 주요 축들이 개별적이고 상호 배타적인 힘으로 작용하는 것이 아니라 서로를 바탕으로 하여 구축되고 함께 작용한다는 점이다(Collins and Bilge, 2016).

26   이는 1970년대와 1980년대에 이동성 연구의 '분석 단위'를 둘러싼 골드소프, 페미니스트들 및 기타 학자들 간의 열띤 논쟁에서 가장 잘 드러난다(Acker, 1973; Goldthorpe, 1983; Heath and Britten, 1984).

27   부르디외의 연구는 페미니스트들(Lovell, 2000; Adkins and Skeggs, 2005)과 인종 및 민족 연구자들에 의해 광범위하게 비판받았다(좋은 개요는 Wallace, 2016 참조).

직 계급에만 기초한 설명을 생산적인 방식으로 복잡하게 만들고 뒤흔드는 역할을 했다. 예를 들어, 영국의 엘리트 직업군에서 일하는 노동 계급 출신 여성 및 인종-민족적 소수자 집단 구성원은 뚜렷한 '이중의 불이익'에 직면하고 있으며, 이러한 불평등이 많은 경우 단순히 더해지기보다는 몇 곱절로 배가된다는 명확한 양적, 질적 증거가 발견되었다. 이처럼 이러한 집단이 직면하는 장벽은 더 단단하고 쉽게 부서지지 않는 '콘크리트 천장'이라 부르는 것이 더 정확할 때가 많다.[28] 하지만 여기서 우리의 교차적 초점이 결코 포괄적이지 않다는 점 또한 인정한다. 여성 및/또는 민족적 소수자 인터뷰 참여자들의 복잡한 계급 경험은 그 자체로 한 권의 책이 될 만하다. 뿐만 아니라 우리는 여기서 다루지 못한 섹슈얼리티, 장애, 이민 등 여러 사회 분화의 축이 존재한다는 사실을 충분히 인지하고 있다.

　　마지막으로, 우리는 유리 천장 개념을 도입하고 적용하는 일이 계급 분석 도구를 더욱 정교하게 만드는 수단이 되기를 바란다. 우리는 특히 '계급 천장'이 계급 및 이동성 연구자들에게 특정 직업, 부문, 지역 및 국가의 맥락에서 하위 계급 출신이 직면할 수 있는 임금 격차 및 기타 장벽을 조사할 수 있는 새로운 분석 도구를 제공한다고 본다. 우리가 이 책에서 한 것처럼 말이다. 비록 다른 지역과 시대에 비슷한 효과를 발견한 연구자들도 있으나,[29] 우리는 이 연구를

28　　Moore and Jones(2001).

29　　미국의 지위 획득 전통은 계급 태생 및 도착지에 대한 다양한 지표를 사용했으며, 1972년에 발표된 Jencks et al의 중요한 저서는 직업 도착지를 고려한 후에도 계급 태생이 소득과 관련이 있음을 보여주었다. 경영대학원 졸업생을 대상으로 한 Pfeffer(1977)의 연구에서도 이는 마찬가지였다. 보다 최근에는 Torche(2011)가 미국에서도 유사한 효과를 확인했다. 스웨덴의 Hallsten(2013), 노르웨이의 Flemmen(2009) 및 Hansen(2001) 참조.

'계급 천장'이라는 포괄적인 용어 아래 구성하면서 지금껏 유리 천장이라는 기치 아래 이루어진 것과 같은 뚜렷한 연구 전통이 등장하고, 지식이 축적되며, 정치적 행동이 뒤따르기를 기대하고 있다.

스냅숏을 넘어: 계급 태생의 긴 그림자 포착하기

앞서 설명했듯이 우리가 사회 이동성이라는 주제에 접근하는 방법은 부분적으로 엘리트 채용 연구와 유리 천장 연구에서 얻은 통찰을 표준적인 양적 접근법과 통합한 것이다. 이 두 가지 가닥을 하나로 묶는 핵심은 누가 엘리트 직종에 '진입'하는지뿐만 아니라 누가 '앞서 나가느냐'에 초점을 두었다는 것이다. 그러나 계급 태생이 보다 세세하고 다양하게 나뉘어 있는 직업 도착지에 드리우는 긴 그림자라는 측면에서 사회 이동성을 이런 방식으로 충분히 개념화하려면 단순히 기존의 접근법을 조정하거나 적용하는 것 이상이 요구된다.

이를 설명하려면 표준 이동성 표로 돌아가야 한다. 앞서 설명한 바와 같이 대부분의 양적 이동성 연구는 이러한 표를 살펴보고, 두 시점에서 계급 태생과 도착지를 비교하는 것으로 시작한다. 그러나 계급 이동성을 두 개의 개별 시점에서 각각 하나의 변수로 측정하는 방식은 훨씬 더 복잡한 궤적을 명백히 단순화하는 것이다.[30] 이 방식의 문제점은 아주 간단하게 이해할 수 있다. 45세의 회계사 두 명을 분석한다고 해보자. 한 명은 작은 회사에서 초급 직책에 머물러 있어 연봉이 3만 파운드(약 5,100만 원)이고, 다른 한 명은 대규모 다국

30　따라서 Goldthorpe et al(1980)은 직업–삶 이동성(세대 내 이동성, 즉 자신의 생애 동안의 이동성)이 '세대 간 이동성'에 대한 분석을 복잡하게 만들 수 있다는 점을 언급했고, 그의 비교 연구(Erikson and Goldthorpe, 1992)에서도 이러한 주장을 반복했다.

적 회사의 파트너로 승진하여 연봉이 25만 파운드(약 4억 2,500만 원)라고 가정해보자. 두 사람의 경력 궤적에 이렇게 큰 차이가 있음에도 불구하고 표준 분석에서는 이 두 회계사의 계급 도착지가 완전히 동일하다고 간주된다. 마찬가지로, 두 사람의 주 생계부양자 또한 회계사였다는 사실을 알게 되었다고 가정해보자. 하지만 한 사람은 주 생계부양자가 아닌 다른 부모가 학자이고, 200만 파운드(약 34억 원)짜리 집에서 자랐으며 비싼 사립학교에 다녔다. 다른 사람은 주 생계부양자가 아닌 부모가 실직 상태이고, 임대 주택에서 살았으며 비선발 중고등학교non-selective secondary school(학군에 따라 배정받는 학교—옮긴이)에 다녔다. 이러한 것이 매우 의미 있는 차이임은 쉽게 알 수 있지만, 표준 접근법에서는 다시 한번 두 회계사가 동일한 계급 출신으로 분류된다.

　　이동성 연구자들이 이러한 한계를 인식하지 못하는 것은 아니다.[31] 그럼에도 불구하고 대부분의 연구자들이 표준 이동성 표를 고집스럽게 고수하고 있다. 예를 들어 이 분야에서 가장 주목받는 논쟁은 이동성을 측정하는 가장 좋은 방법을 둘러싼 것으로, 경제학자들은 소득에 초점을 맞추고[32] 사회학자들은 직업 계층을 선호한다.[33] 두 진영 사이의 방대하고 종종 뜨겁게 충돌하는 방법론적, 경

---

[31]　　예를 들어 골드소프는 이 문제에 실용적으로 접근했다. 그는 '직업적 성숙'의 나이라고 보았던 35세에 도달한 사람들에 초점을 맞추거나(이 나이 이후에 계급을 바꾸는 것은 상대적으로 드문 일이라고 여겼기 때문에), 비슷한 연령대의 개인들을 비교하는 방식으로 연구를 진행했다(예를 들어 Bukodi et al, 2015 참조). 그럼에도 불구하고 이동성이 개인과 부모 등 여러 가지 차원을 망라하며 표준 분할표로 쉽게 요약될 수 없다는 전반적인 요점에는 변함이 없다.

[32]　　Blanden et al(2004, 2007).

[33]　　Bukodi et al(2015).

험적 불일치에도 불구하고, 두 진영 모두 이동성을 이해하는 최선의 방법은 세대 간의 두 시점에 초점을 맞춰 살펴보는 것이라는 데 여전히 동의한다. 최근의 혁신조차도 이런 합의를 흔들어놓지 못했다. 예를 들어, 위든과 그러스키의 미시적 계급 개념[34]은 보다 구체적인 직업 수준에서 계급 도착지를 기록하는 데 중요한 역할을 했으며, 체티가 세금 및 인구조사 데이터를 활용해 실행한 최근의 미국 소득 이동성 매핑은 놀랍고 새로운 실증적 범위를 선보였다.[35] 그러나 다시 한번, 이 프로젝트들은 이 분야의 대다수 다른 프로젝트와 마찬가지로 대칭적으로 측정된 개인의 이동성 도착지를 단일 시점에 스냅숏으로 포착하는 데 여전히 초점을 맞추고 있다.[36]

이 표준 접근법에는 두 가지 주요한 문제가 있다. 첫째, 계급을 단일 변수로만 측정 가능한 것으로 묘사한다는 점, 둘째, 이동성 도착지를 단일 시점에만 측정 가능한 것으로 묘사한다는 점이다. 이 절에서 우리는 이러한 한계를 해결하기 위해서는 다른 이론적 관점이 필요하다고 주장한다. 우리의 아이디어는 피에르 부르디외의 연구로부터 깊은 영향을 받았다.

---

34   미시적 계급 접근법은 문화적 정체성에 대한 우리의 일상적 경험에 훨씬 더 가깝다고 여겨지는 '큰 범주의 계층big-class' 분류에서 벗어나, 기술적 분업 내에서의 위치를 기반으로 소규모 직업군을 분석하는 방향으로의 뒤르켐적 전환을 요구한다(Weeden and Grusky, 2005).

35   Chetty et al(2014b, 2017).

36   체티의 기회 균등 프로젝트에는 종단 데이터가 존재하지만, 지금까지 대부분의 출판물에서는 설사 이것이 분석되었다 하더라도 대개 단일 시점이 더 긴 궤적의 대리변수로서 합리적으로 잘 작동한다는 것을 보여주기 위해 쓰였다.

부르디외, 시간, 그리고 궤적

우리의 시작점은 시간의 문제, 더 구체적으로는 우리가 이동성 궤적trajectories이라고 부르는 것이다. 표준 접근법의 비교적 단순한 문제점은 세대 내 이동성(즉 한 사람의 경력 내에서의 이동성)이 세대 간 이동성 측정을 복잡하게 만들 수 있는 방식을 간과한다는 점이다. 사회학 연구에서 이는 사회 이동성이 직업 접근성의 문제로 개념화되며, 직업으로의 진입이 한 개인의 이동성 궤적의 전체라고 암시된다는 의미다. 그러나 이 책의 결과가 보여주듯 노동 계급 출신 중 일부는 상위 직종에 진출할 수는 있어도 더 특권적 배경을 가진 동료들과 같은 종류의 경력 궤적을 따르거나 같은 수준의 성공을 이루지 못한다.

따라서 이렇게 계속되는 계급 태생의 영향을 진지하게 고려하려면 고정된 두 시점 사이의 이동성만 측정할 것이 아니라, 과거의 힘이 현재와 미래의 이동성에 어떤 영향을 미치는지에 대한 보다 풍부한 개념을 개발해야 한다. 우리는 이것을 여러 다양한 출신에서 비롯한 서로 다른 종류의 추진력과 그것이 사람들로 하여금 자신을 미래의 어떤 위치에 투사하는 데 미치는 영향을 이해하는 일이라고 본다. 이 책의 머리말에서 마크가 설명했듯이 그가 방송업계에 진입할 때 보유한 자원들은 강력한 '순풍'이었으며, 이는 다시 그가 방송업계에 진입한 후 상당한 보상을 얻는 데 도움이 되었다.

우리는 계급화된 과거가 어떻게 커리어 경로를 형성하는지를 고려할 때 부르디외의 사회 이론이 길을 터줄 수 있다고 주장한다. 언뜻 보기에는 이례적으로 보일 수 있는 주장이다. 확실히 부르디외는 사회 이동성을 직접적으로 다룬 적이 거의 없고,[37] 이 주제에 초

---

37   부분적인 예외에 대해서는 Bourdieu(1987a, 1996) 참조.

점을 맞춘 연구 공동체에도 참여하지 않았다. 실제로 양적 이동성 연구의 지배적인 영역에서 그는 이동성의 중요성을 부정하는 '재생산'의 사회학자로 간주되곤 한다.[38] 통상적으로 이 견해는 많은 사람들이 사회 이동성과 거의 대립된다고 보는 부르디외의 하비투스 개념에 대한 비판과 관련이 있다.[39] 부르디외[40]가 초기 사회화를 통해 형성된 성향이 매우 강력하여 대부분의 경우 하비투스가 생애 과정에서 동일하게 유지된다고 본 것은 사실이다. 즉 그는 든든한 경제, 사회, 문화 자본을 물려받은 사람들이 그러한 자본을 더 축적할 가능성이 가장 높고 그 반대의 경우도 마찬가지라고 보았다.[41]

그러나 부르디외를 비판하는 많은 사람들이 인식하지 못하는 것은 그의 사회적 공간 개념이 자본의 양, 자본의 구성, 그리고 '이러한 속성의 시간에 따른 변화'라는 세 가지 차원으로 구성된다는 점이다.[42] 그는 사회 이동성을 사실상 사회적 공간의 세 번째 축으로 보았으며,[43] 각 개인은 상속받은 자본의 양에 따라 '가능성 있는 궤적의 범위'를 소유한다고 여겼다. 이처럼 부르디외는 그를 비판하는 사람들의 주장과 달리 하비투스의 성향 구조가 새로운 경험에 따라,[44] 그리고 의식적이고 의도적인 자기 형성 또는 교육적 노력을 통해 변화할 수 있음을 인정했다. 그러나 그는 이러한 변화의 성격이

---

38   Goldthorpe(2005) 참조.

39   King(2000); Goldthorpe(2007).

40   Bourdieu(1984, p. 101).

41   Bourdieu and Wacquant(1992, p. 133).

42   Bourdieu(1984, p. 114).

43   Atkinson(2015, p. 105).

44   Bourdieu(2000, p. 161); Wacquant(2016).

점진적이며, 항상 하비투스의 지지대로 작용하는 어린 시절의 성향에 의해 근본적으로 제한[45]된다고 보았다.[46] 계급 태생에서 유래한 자본에 의해 구조화될 뿐만 아니라 현재의 행동을 이끄는 구조적 힘으로 작용하는 이 하비투스라는 개념은 이동성을 이해할 때 역사와 궤적의 역할을 훨씬 더 미묘하고도 종합적으로 파악할 수 있도록 한다. 구체적으로, 이는 사람들이 커리어를 시작할 때 이미 보유한 자산과 이 축적된 자산이 그 후 현재와 미래의 행동 가능성(및 커리어 발전)을 구조화하는 데 어떻게 작용하는지에 대한 분석에 초점을 맞출 것을 요구한다.[47]

　　이 책에서 우리는 이러한 통찰을 직접적으로 활용하는 새로운 이동성 연구 수행 방식을 탐색했다. 특히 직업에 대한 접근성으로서 이동성을 다루는 것을 넘어 이동 도착지를 양적으로 더 상세히 살펴보려고 노력했다. 구체적으로 우리는 직업과 소득을 함께 분석하

45　　Wacquant(2013, p. 6).

46　　다시 말해 주된 성향은 "장기적이며 자가재생산하는 경향이 있지만 영원하지는 않다."(Bourdieu, 2005, p. 45, 강조는 저자 추가)

47　　또한 기존의 사회 이동성 연구가 고정되고 안정적인 구조 내에서의 이동에 초점을 맞췄다면, 부르디외는 구조 자체가 역사적으로 동적임을 인정하는 급진적인 단계를 밟았음을 인식하는 것이 중요하다. 사람들은 마찬가지로 변화하고 있는 사회적 세계 내에서 이동한다. 따라서 부르디외는 근본적으로 역사 지향적인 사회학자로서, 이동성에 대한 우리의 이해를 넓혀 어떤 고정된 구조 안에서 움직이는 개인을 살펴보고자 했을 뿐만 아니라 동적인 역사적 구조의 재조정에 대해서도 연구해야 한다는 점을 보여주고자 했다(Savage and Friedman, 2017). 또한 (특히 경력 개념에 대한 대응에서) 역동성은 종종 문헌에서는 옹호되지만 실증적 연구에서 반드시 적용되는 것은 아니라는 점에 주목할 필요가 있다. 예를 들어 Stewart et al(1980, pp. 271~272); Savage et al(1992, p. 222); Bertaux and Thompson(1997); Blackburn and Prandy(1997); Savage(1997, 2000); Miles and Savage(2004); Abbott(2001, 2006) 참조. Erik Wright도 여러 글에서 이를 인정한다: Wright(1978, pp. 92~93, 1985, pp. 185~186, 1989, pp. 329~331, 2005, pp. 17~18, Wright and Shin, 1988).

여 영국 최상위 직종들에 누가 '진입'하는지뿐만 아니라 진입 이후 누가 '진전'하는지에 대해서도 살펴보고자 했다. 우리의 연구 결과는 이러한 개념적 혁신의 중요성을 잘 보여준다. 구체적으로, 우리가 발견한 상당한 수준의 계급 임금 격차[48]는 계급 태생이 강력한 방식으로 생애 전반에 걸쳐 지속됨을 보여준다. 또한 이는 사회 이동성에 대한 표준 접근법으로는 계급 배경이 드리우는 긴 그림자를 이해하기 어렵다는 사실을 극명하게 드러낸다.[49]

물론 우리의 양적 분석이 사회 이동성에 대한 부르디외적 접근법을 부분적으로만 실현하고 있음을 인정하는 것도 중요할 것이다. 예를 들어, 우리는 커리어 경로를 자세히 조사하기보다는 여전히 소득을 궤적의 대리변수로 사용하여 계급 도착지에 대한 순간적 스냅숏에 의존한다. 이 문제를 해결할 방법이 있다. 실제로 앤드루 애벗이 1990년대에 순차 분석sequence analysis을 옹호하게 된 것도 바로 이 문제 때문이었다. 이 접근법은 개인의 직업적 위치를 정기적으로 측정하여 드러난 다양한 궤적을 반영한다.[50] 이를 통해 사람들의 커리어 경로가 어떤 순서로 진행되는지 훨씬 더 풍부하게 이해할 수 있다. 최근에는 마렌 토프트가 계급 태생의 고착성을 포착할 때 이 방법이 지닌 잠재력을 입증했다. 토프트는 노르웨이 상류층의 경력 궤적을 조사한 결과 상향 이동한 사람들이 특권층 출신 동료들보다 늦게 정상에 오르고, 종종 그 지위를 유지하는 데 실패하는 등 훨씬 덜

---

48   Lareau(2015).

49   여기서 우리는 계급 태생에 따른 소득 차이가 스웨덴(Hallsten, 2013), 노르웨이 (Hansen, 2001; Flemmen, 2009), 미국(Torche, 2011) 등 다른 여러 국가의 맥락에서도 강조되었음을 다시 한번 언급한다.

50   유명한 연구로는 Abbott and Hrycak(1990)과 Stovel et al(1996) 참조.

안정적인 커리어를 갖는 경향이 있음을 발견했다.[51] 아쉽게도 이런 종류의 분석(즉 이동성 궤적의 순차적 측정과 정상에 도달한 이들에 대한 세분화된 초점을 동시에 유지할 수 있는 분석)을 수행하는 데 필요한 대규모 데이터는 드물다. 실제로 소수의 혁신적인 연구[52]에도 불구하고 이동성 연구에서 순차 분석이 널리 사용되지 않았다는 사실은 시사하는 바가 크다.[53]

따라서 부르디외식 궤적 분석으로 나아가는 과정에서 우리가 이 책에서 도입한 혼합 방식 접근법이 지니는 명확한 이점을 강조하고자 한다. 특히 각 사례 연구에서 우리는 설문조사 데이터를 심층 인터뷰로 보강했다. 우리는 175명의 인터뷰 참여자 모두에게 자신의 직업 경력에서 중요한 순간과 결정적인 교차점에 대해 이야기해달라고 요청하여 그들의 경력 궤적을 직접 조사할 수 있었다.

이는 경력의 속도와 선형성linearity, 그리고 이것이 계급 태생에 따라 어떻게 패턴화되는지를 확인하는 데 특히 중요했다. 예를 들어 7장에서 설명한 것처럼 터너 클라크에서 특권층 출신 파트너들은 고위직 후원자의 지지에 의해 '파트너 경로'를 밟은 경우가 많았다.

---

51   Halpin and Chan(1998)과 Toft(2018)는 순차 분석을 통해 계급 이동성을 연구했다.

52   특히 이 책과 관련하여 Buhlmann(2010), Bison(2011), Bukodi et al(2015, 2016) 등.

53   또한 순차 분석을 사용하여 복잡한 세대 내 이동성 패턴을 설명한 연구는 세대 간 사회 이동성에 대한 연구와 효과적으로 연결되지 않았다. 예를 들어, 종방향 데이터를 이용해 소득 이동을 살펴본 경제학자들의 상당수 연구(예를 들어 Jenkins, 2011)는 연간 기준으로 상당한 단거리 이동을 보여주며, 지리학자들의 연구(예를 들어 Fielding, 1992, 1995)는 세대 간 이동성의 과정을 이해할 때 공간 이동이 하는 역할을 오랫동안 강조해왔다. 그러나 이러한 진전은 이동성을 연구하는 사회학자들의 연구 의제에 거의 반영되지 않았다. 따라서 애벗의 순차 분석 방법이 널리, 그리고 종종 존경을 담아 인용되긴 하지만, 사회 이동성 연구보다는 인구통계학의 가족 이동 및 순차 분석에서 보다 일반적으로 사용되고 있다는 점은 시사하는 바가 크다.

이는 그들이 덜 특권적 배경을 가진 파트너들보다 대개 훨씬 이른 나이에 파트너가 되었음을 의미했다. 6TV에서는 경력 궤적이 계급 태생에 따라 조직적으로 계층화되었다. 8장에서 설명한 바와 같이 특권층 출신 고위 인력은 대부분 회사 외부에서, 그리고 종종 상당히 하위 직급에서 횡적으로 영입되었다. 반면, 사회적 상승을 이룬 고위 인력은 승진을 통해 그곳에 도달했을 가능성이 더 높고, 정상에 오르는 경로는 더 길며 도달 가능성은 더 낮았다. 이러한 방식으로 우리는 인터뷰를 통해 부르디외[54]가 '경사slope와 경향thrust'이라고 불렀던 경력 궤적 유형의 패턴이 계급 태생에 어떻게 매핑되는지 확인할 수 있었다. 「방법론에 관한 부록」의 [표 A.1a-1d]에 각 참가자의 경력 궤적을 분류한 내용을 실었다.

사회 이동성에 대한 다차원적 접근을 향하여

기존 이동성 분석의 두 번째 한계는 계급을 개념화하는 일차원적인 방식이다. 여기서 계급 태생과 계급 도착지는 대개 직업이라는 단일 지표로 축소된다. 우리는 직업이 계급을 대표하는 최상의 단일 대리변수이며 실용적으로 운용하기 가장 쉬운 변수라는 데 동의하지만, 그것(또는 어떤 단일 지표이든) 자체로 충분하다는 의견에는 회의적이다.

다시 부르디외의 말을 빌리자면, 우리는 계급이 다차원적으로 이해되어야 하며[55] 계급 태생과 도착지는 가장 중심적인 경제, 문

---

54   Bourdieu(1984).

55   사실 부르디외는 '계급'이라는 용어를 거의 사용하지 않았다. 대신 그는 사회적 공간에서 인접한 위치에 있고 유사한 '존재 조건(자본 보유량과 물질적 필요성으로부터의 거리를 의미한다)'에 의해 사회화된 개인들의 무리에 기초한 '개연성 있는' 계급 집단에 대해 썼다

화 자본뿐만 아니라 사회 및 상징 자본, 장 특수적 자본field-specific cap-
ital 등 개인이 동원할 수 있는 자본의 총합으로서만 제대로 이해될
수 있다고 본다. 그러나 대부분의 양적 데이터는 이러한 자본을 포착
하는 데 근본적인 한계가 있다. 일반적인 설문조사는 대개 부르디외
자본의 모든 형태를 측정하는 데 필요한 질문을 포함하지 않을 뿐만
아니라, 이러한 목적을 염두에 두고 설계된 경우에도 체화된 문화 자
본 같은 복잡한 성향의 구성을 측정하는 데는 무딘 도구인 것으로 입
증되는 경향이 있다.[56]

　　이처럼 양적 분석은 사회 이동성에 대한 진정한 부르디외식
접근법을 구현하는 데 있어 필요하지만 충분하지 않은 단계이다.[57]
보다 정확한 측정을 위해서는 설문조사 데이터를 질적 조사로 보완
해야 한다. 우리가 진행한 사례 연구의 맥락에서 질적 조사는 참가
자의 상속 자본과 축적 자본을 한층 더 잘 파악할 수 있게 해주었다.
인터뷰는 부모의 소득, 재산 및 부동산 자산, 그리고 학교 교육 유형
에 대한 상세한 질문을 포함하여 상속 자본을 폭넓게 매핑하는 것부
터 시작되었다. 또한 우리는 인터뷰 참여자의 성장 과정에서 문화의
역할에 관한 장시간의 개방형 토론을 통해 체화된 문화 자본에 대한
이해를 구하기 위해 노력했다. 부르디외와 마찬가지로 우리는 구체

(1990b, p. 60, 1991, p. 237).

56　　예를 들어 '영국계급조사Great British Class Survey'는 부르디외적 자본을 포착하기
위해 고안되었으나 개인의 미적 성향에 대한 질문은 하지 않았다(Savage et al, 2013, 2015a). 이
에 대한 자세한 내용은 Friedman et al(2015) 참조.

57　　예를 들어, 이를 통해 계급 태생이 남긴 영향력에 대한 폭넓고 일반화가 가능하며
견고한 패턴을 확립할 수 있지만, 동시에 이는 직업과 같은 자본의 대리 지표, 또는 소득과
같은 부분적 지표에 의존한다.

적으로 인터뷰 참여자들이 어린 시절에 정통적 문화 및/또는 규범적 문화에 얼마나 많이 노출되고 그것을 반복적으로 경험했는지 조사했다. 이를 통해 그들이 체화된 문화 자본의 핵심 요소, 즉 부르디외가 얘기한 '미적 성향'을 얼마나 체화하고 사용하는지를 알아보았다(이 장의 뒷부분에서 설명할 것이다).[58] 「방법론에 관한 부록」의 [표 A.1a-1d]에 개인 차원의 상속받은 경제 및 문화 자본에 대한 정보를 실었다.

이를 통해 부모의 직업이라는 단일 지표만 고려하는 것보다 이동성에 대한 훨씬 더 상세하고 세밀한 이해를 얻을 수 있었다. 예를 들어, 초기 설문조사 응답에 따라 특정 계급 출신으로 분류된 인터뷰 참여자들은 부모의 직업 및/또는 상속된 문화, 경제 자본에 대한 정보가 추가된 이후 매우 다르게 보이는 경우가 많았다. 6TV 로저의 예를 보자. 설문조사에서 그는 경영진 중 유일하게 노동 계급 출신인 것으로 밝혀졌기 때문에 우리는 당연히 그를 인터뷰하고 싶었다. 로저가 열네 살 때 그의 아버지는 파이프 설치공이었고 어머니는 무직이었지만, 인터뷰에서 그는 아버지가 이후 회사의 고위 관리자가 되었고 어머니는 직업은 없었지만 그가 방송 및 영화감독이 되는 것에 관심을 갖게 할 만큼 열정적인 아마추어 예술가였다고 설명했다. 게다가 조부모는 그가 비싼 사립학교에 다닐 수 있도록 비용을 대주었고, 부모는 방송사 입사 초기에 집세와 생활비를 모두 지원해주었다. 우리가 그의 설문조사 응답을 언급했을 때 그가 우스갯소리처럼 말했듯이 그는 "결코 노동 계급의 영웅이 아니다!"「방법론에

---

[58] Koppman(2015)에 따라 우리는 (1) 가족의 예술품 소장 정도와 어린 시절 예술 활동 참여 정도, (2) 학교 또는 대학에서의 정규 예술 교육 정도, (3) 예술에 대한 장려 및 노출 정도 등 세 가지 질문을 통해 인터뷰 참여자의 미적 사회화 정도를 조사했다.

관한 부록」의 [표 A.1a-1d]에 이와 유사한 오분류 사례 다수를 실었다.[59] 이는 다양한 방법에 걸친 삼각 분석에서 드러날 수 있는 생산적인 부조화를 보여주며, 특히 계급을 다차원적으로 조사하면 단일 변수로만 이동성을 측정할 때 놓칠 수 있는 부분이 포착된다는 사실을 드러낸다.[60]

맥락 속 자본

지금까지 우리는 개인이 취업 시 보유한 자원을 적절하게 파악하는 것이 중요함을 설명했으며, 이를 통해 이미 가지고 있던 자원이 이동 경로에 장기적인 영향을 미치는 경우가 많음을 보여주었다. 이는 사회 이동성의 '공급 측면'에 대한 검토로 볼 수 있다. 즉 개인의 앞길이 그들이 소유한 자산(상속 자산 및 축적 자산)과 자발적인 선택 및 행동에 의해 어떤 영향을 받는지 살펴보는 것이다. 그러나 부르디외적 관점은 사회 이동성의 '수요 측면'도 살펴보도록 요구한다. 즉 이동성이 발생하는 특정한 맥락과 환경뿐만 아니라 그곳에 도달한 후 만나는 다른 사람들에 의해 개인의 궤적이 어떻게 매개되는

---

59   예를 들어, 배우 페이스의 아버지는 성직자였고 어머니는 사회복지사였다. 하지만 두 사람 모두 영국으로 이주한 이민자였으며, 인터뷰에서 밝힌 바에 따르면 아버지는 지역 교회에서 일하긴 했지만 어렸을 때는 동네 마트에서 일했고, 어머니는 집에서 자녀를 돌봤다. 따라서 페이스는 부모님이 가난한 편이었고, 영국 교육 체계에 대한 경험이 없었기 때문에 문화 자본의 수준이 상당히 낮았다고 설명했다. 마찬가지로, 쿠퍼스의 건축 어시스턴트 아미르의 아버지는 아미르가 어렸을 때 오랫동안 실직 상태였으나, 이민 오기 전에는 파키스탄에서 엔지니어로 일했기 때문에 아미르가 파키스탄에 있는 형과 함께 건물 개발 경험을 쌓을 수 있도록 주선해주었다.

60   Silva and Wright(2009) 참조.

가라는 측면에서 살펴보는 것이다.[61]

　　부르디외의 용어로 하면 이는 물론 개인들이 지위와 권력을 놓고 경쟁하는 역동적인 사회적 공간인 장[62]과 하비투스 사이의 상호 작용에 관한 것이다. 장은 다양한 규모로 존재할 수 있으나 계급 구조의 최상위에서 가장 적절한 분석 단위는 부르디외가 '권력의 장field of power'이라고 불렀던 것이다. 부르디외는 표준 이동성 분석의 '큰 계층' 범주가 암시하듯(권력 엘리트에 대한 연구에서도 마찬가지) 사회의 상층부를 일관되고 응집력 있는 집단으로 보지 않고, 전반적인 권력을 놓고 경쟁하는 다양한 엘리트 분야(기업, 국가, 미디어, 문화 등) 간의 내부 투쟁과 경쟁의 현장으로 파악했다.[63] 이러한 관점을 통해 우리는 지배적인 집단 간의 중요한 균열뿐만 아니라 부르디외가 '직업 효과occupational effects'[64]라고 칭한 것, 즉 (엘리트 직종 내에서) 기업과 조직이 각자의 고유한 이해관계와 해당 영역에 특화된 '능력'이나

61　　Bottero(2010, pp. 14~15)는 개인의 성향이 늘 자신이 속한 집단의 기대치에 따라 조정된다는 점을 강조한다. 그의 논의에서는 우리가 사회적 맥락에서 만나는 사람들의 기대치를 고려하고 그에 따라 행동해야 한다는 타인의 '상호 주관적' 중요성이 핵심이다.

62　　이는 개인과 사회, 구조와 행위 주체성이라는 익숙한 사회과학적 이분법을 극복하기 위한 부르디외의 독특한 시도다. 1994년에 집필한 『실천 이성Practical Reason』에서 그는 "보여줄 수는 없지만 과학적 연구를 통해 포착, 구축, 검증해야 하는" 객관적 관계를 탐구하는 관계적 과학철학relational philosophy of science, 그리고 "행위자의 몸과 그들이 행동하는 상황의 구조에 새겨진 잠재성" 사이의 관계에 주목하는 성향적 행동철학dispositional philosophy of action을 만들고자 했다고 밝혔다(Bourdieu, 1998, p. vii).

63　　부르디외는 권력의 장을 "다양한 형태의 권력을 소유한 자들 사이의 권력 투쟁의 장, 즉 각자의 장에서 지배적 위치를 차지할 수 있을 만큼 충분한 특정 자본(특히 경제 또는 문화 자본)을 보유한 행위자와 기관이 이러한 권력 관계를 유지하거나 변화시키기 위한 전략을 사용하여 서로 대립하는 게임 공간"으로 정의한다(Bourdieu, 1996, p. 264).

64　　Bourdieu(1984, pp. 102~104).

가치를 보유한 뚜렷한 하위 분야들을 통해 운영되는 방식에 주목해 볼 수 있다.[65] 다시 말해, 특정 엘리트 직업이나 조직에서 앞서 나가기 위해서는 부르디외가 말하는 '장 특수적 자본'을 축적해야 한다.

이는 우리가 이 책에서 식별한 계급 천장을 이해하는 데 결정적으로 중요하다. 개인이 계급 태생에서 직접적으로 파생된 다양한 종류의 자본을 보유한 채 엘리트 조직 환경에 진입하더라도(「방법론에 관한 부록」의 [표 A.1a-1d]에서 자세히 설명한다), 그러한 상속 자원이 모든 환경에서 동일한 방식으로 이점을 부여하는 것은 아니라는 점을 강조하기 때문이다. 따라서 서로 다른 자본이 맥락 속에서 어떻게 작동하는지, 그러한 자본이 특정 직장에서 보다 '장 특수적' 형태로 전환되는지, 전환된다면 그 방법은 무엇인지 조사할 필요가 있다.[66] 이와 관련하여, 그리고 다음 절에서 더 자세히 살펴보듯 우리의 질적 사례 연구는 (상속된) 체화된 문화 자본의 특유하지만 고르지 않은 힘, 그리고 이것이 특정 환경에서 '현금화'되는 숨겨진 방식을 밝혔다.

(체화된) 문화 자본의 현금화

부르디외는 문화 자본을 크게 세 가지 형태로 구분했다. 교육 및 기타 자격의 형태로 제도화된 자본, 그림이나 책과 같은 정통적인 문화적 대상의 소유를 통해 객관화된 자본, 그리고 오랫동안 지속

---

65   Bourdieu(1993).

66   자본의 전환은 부르디외 학파에서 충분히 연구되지 않은 주제다. Bourdieu(1977) 가 언급하듯이 동일한 수준의 자본을 가진 사람들이 항상 동일한 이익을 얻는 것은 아니다. 실제로 부르디외는 이를 카드 게임에서 플레이어들에게 패가 주어지지만 성공 여부는 게임 운영 능력, 또는 경제학 용어로 '투자 전략'에 따라 달라지는 것에 비유했다.

되는 특정한 성향을 통해 체화된 자본이 그것이다.[67] 그는 이 가운데 체화된 문화 자본이 가장 '근본적'이라고 보았다.[68] 이는 부분적으로 그가 제도화된 자본의 획득이나 객관화된 자본의 소비가 (적어도 부분적으로는) 체화된 자본을 구성하는 성향을 소유했느냐에 달려 있다고 보았기 때문이다. 그러나 이보다 더 중요한 것은, 그리고 이 책에서 특히 중요한 것은, 그가 체화된 문화 자본이 계급 재생산 측면에서 가장 큰 '무게'를 지닌다고 보았다는 점이다.[69] 부르디외는 그 이유가 체화된 문화 자본이 상위 중간 계급 부모에 의해 자녀의 초기 사회화 과정에서 배양, 전수되고 이후 사회생활에서 "정당한 역량으로 오인되는""가장 잘 숨겨진 형태의 자본 세습"이기 때문이라고 보았다.[70] 우리의 분석은 이러한 공식화를 크게 뒷받침한다. 실제로 우리는 체화된 문화 자본의 성공적인 활성화가 영국 상위 직종에서 계급 천장의 가장 중요한 동인이라고 본다.[71]

이를 이해하려면 먼저 부르디외가 체화된 문화 자본의, 두 가지 서로 연결되어 있지만 별개의 발현으로 본 것을 구분하는 것이 유용하다. 첫째, 그는 유아기에 각인되는 각 계급 특유의 지속적인 행동 양식을 언급했다. 그는 이런 행동 양식이 명시적인 교육을 통해서

---

67   Bourdieu(1986).

68   Bourdieu(1986, p. 17).

69   계급 및 체화에 대한 탁월한 부르디외적 개관은 Vandebroeck(2014, 2016) 참조.

70   Bourdieu(1986, p. 18). 이러한 오인은 여러모로 신체가 사람의 '본질'이자 선천성의 가장 구체적인 증거로 널리 인식되고 있으며, 따라서 사회적으로 형성된 '양육'이 아닌 '자연'에 뿌리를 두고 있다는 전제에서 비롯된 것이다.

71   여기서 우리는 "계급은 육체의 현상이다"라는 Charlesworth(1999, p. 65)의 진술을 되풀이한다.

라기보다는 특정한 사회경제적 조건에 장기간 노출되고 그런 환경을 경험하면서 길러진다고 강조했다.[72] 이러한 전승과 부호화의 과정은 억양, 어조, 몸짓, 자세, 옷차림, 에티켓, 몸가짐 등 신체 안팎에 물리적 흔적을 남긴다.[73]

둘째, 부르디외는 이러한 행동 양식 또는 헥시스hexis(자세, 억양, 표정 등 개인의 신체에 새겨진 성향—옮긴이)를 특정한 사고 및 감정 방식과 연결했다. 그는 교육 수준이 높은 상위 중간 계급은 물질적으로 풍요롭기 때문에 생활의 기본적인 필요와 어느 정도 거리를 둘 수 있고, 이는 그들이 자녀를 사회화하는 방식에도 반영된다고 주장했다. 특히 그들은 '[경제적] 급박감에서 해방된' 시간과 공간을 보유하고 있어 그가 '상징적 숙달'이라고 부르는 성향을 심어줄 수 있다. 여기에는 정교한 어휘와 '올바른' 문법을 포함한 특정한 방식의 언어 사용뿐만 아니라 추상화, 이론적 사고, 구체적인 사물과 사건을 초월하는 개념에 대한 보다 일반적인 편안함과 친숙함이 포함된다.[74] 그러나 부르디외는 이 상징적 숙달이 지배 집단의 취향에서,

---

72   Bourdieu(1977, p. 195)는 다음과 같이 설명했다. "만약 모든 사회가… 옷차림, 자세, 신체적 및 언어적 태도 등 매우 사소하게 보이는 것들에 그토록 큰 비중을 둔다면 그 이유는 신체를 기억으로 취급하여 그것에 문화의 임의적 내용의 근본 원리를 압축적이고 실용적인, 즉 연상 기호의 형태로 위탁하기 때문이다. 이런 식으로 체화된 원칙들은 의식의 손아귀 너머에 놓여 있기 때문에 자발적이고 의도적인 변형으로 건드릴 수 없고 명시적으로 표현될 수조차 없다. '허리를 펴고 똑바로 서라' 또는 '왼손으로 나이프를 잡지 마라' 등의 사소한 지시를 통해 우주론, 윤리학, 형이상학, 정치철학을 모두 심어줄 수 있는 암묵적 교육의 숨은 설득력이 이룩한 성체변화transubstantiation로 인해 가치가 부여된 신체, 만들어진 신체… 보다 더 형언할 수 없고 말로 표현하기 어렵고 모방할 수 없으며, 그래서 더욱 귀중한 것은 아무것도 없는 것 같다."

73   Bourdieu(1977, p. 94, 1984, pp. 437, 466~468). 보다 일반적인 내용은 Jenkins(2002, pp. 74~75) 참조.

그리고 결정적으로 그들이 취향을 미학적으로 표현하는 방식에서
가장 명확하게 식별된다고 주장했다. 그리고 특권층 부모가 자녀에
게 정통적인 문화를 소개할 뿐만 아니라 보고 듣는 특정한 방식을 심
어준다고 지적했다. 그는 이를 '미적 성향'이라고 부르는데, 이는 쉽
고 선정적인 문화적 대상이나 경험을 거부하고 그 대신 진정한 예술
적 아름다움은 예술 작품에 대한 신체적, 정서적, 기능적 투자에서
자신을 분리할 때에만 경험할 수 있다고 상정하는 '무관심한disinter-
ested'[75] 미적 시각을 고집하는 것이다.[76] 그리고 중요하게도 그는 이
러한 미적 성향이 생애 초기에 전통적인 고상한 문화에 노출되면서
연마되긴 하지만, 이 초기 노출 정도가 클수록 개인은 미적 성향을
다른 덜 고전적인 형태의 문화로 확장하고 가져가는 데 더 자신감을
갖게 된다고 강조했다.[77]

    부르디외에 따르면, 미적 성향을 비롯하여 특권적 양육과 관
련된 상징적 숙달 및 체화의 여러 다른 측면의 핵심은 그것이 사회생
활에서 정당한 것으로 오인되는 경향이 있다는 점이다. 그가 힘주어
강조하듯 이는 세상을 이해하는 방식 중 하나에 불과할 수 있다. 그럼
에도 불구하고 대부분의 서구 사회에서는 이런 것들에 높은 가치를
부여한다. 이러한 것들은 문화적 탁월함, '자연스러운' 교양, 심지어
널리 인정받는 지성의 신호로 기능한다.[78] 그 결과 노동 시장을 포함

74   Atkinson(2015, pp. 62, 135).

75   Kant(1987, p. 234).

76   Bourdieu(1984, p. 3).

77   Bourdieu(1984, p. 40). 이에 대한 보다 일반적인 내용은 미적 성향에 대한 Lizardo
and Skiles(2012) 참조.

78   Bourdieu(1984, p. 291).

한 다양한 상황에서 '현금화'[79]할 수 있는 '상징 자본'으로 작동한다.

이 책에서 제시한 데이터는 이러한 자본의 전환 과정을 매우 명확하게 보여준다. 예를 들어, 7장에서 우리는 문화 자본의 신체적인 측면이 직장에서 어떻게 이점을 제공하는지 밝혔다. 특히 여기에서 우리는 특정한 방식으로 이루어진 특권의 체화와 근무 환경에서 널리 통용되는 암묵적인 행동 규범이 일치하는 것을 확인할 수 있다.[80] 중요한 것은 이러한 규범이 하나로 통일되어 있지 않다는 점이다. 터너 클라크의 공식적인 기대치부터 6TV에서 요구되는 학습된 비격식성에 이르기까지, 실제로 이는 '장 특수적' 성격이 강하다. 그럼에도 불구하고, 이러한 규범이 중요한 측면에서 서로 다르기는 하지만 우리의 분석 결과 모두 특권층 가정에서 주입된 신체적 도식schemas과 무관하지 않은 것으로 나타났다.[81] 우리는 이것이 전통적으로 이러한 분야를 지배해온 사람들의 유산과 밀접한 관련이 있다고 본다. 중립을 가장하고 있으나 실제로는 그들의 체화된 실천을 반영하는 특정한 '독사적doxic(7장의 각주 43에서 설명하고 있다―옮긴이)' 규범 또는 당연시되는 행동 규범(7장에서 '유리 구두'라고 불렸던 것)의 제도화가 차츰 이루어진 것이다.[82]

우리의 분석은 또한 체화된 문화 자본의 보다 미학적 측면을

---

79 부르디외는 이를 자본의 형태들이 상징 자본으로 성체변화하는 방식이라 불렀다.

80 Bourdieu(1984, p. 418)는 일반적인 계급 에토스ethos를 통해 성향을 한 실천 영역에서 다른 영역으로 이전할 수 있는 능력이 하비투스의 핵심적 특징이라고 본다(또한 Crossley, 2001, p. 125; Vandebroeck, 2016, p. 50 참조).

81 Bourdieu(1990b, pp. 58~59)는 이를 유사한 배경을 가진 사람들과 하비투스가 "객관적으로 조화"를 이루고 "직접적인 상호 작용이나 명시적인 조율 없이 상호 조정"되는 과정이라고 설명한다.

82 이러한 규범은 Puwar(2004)가 말한 '신체 규범'의 수립에서도 볼 수 있다.

통해 얻을 수 있는 이익을 보여준다. 예를 들어 8장에서는 정통적인 문화적 취향이 어떻게 '현금화'될 수 있는지 살펴봤다. 이는 특히 미적 성향을 대중적인 방송으로 옮길 수 있는 능력에 중요한 가치가 부여되는 6TV 외주제작국의 상층부에서 가장 명확하게 드러났다. 하지만 고객을 접대하기에 적절한 문화적 혹은 스포츠적 환경에 대한 본능적 감각을 요구하는 터너 클라크에서도 이는 마찬가지로 중요했다. 여기서 주목할 만한 점은 특정 직원들의 체화된 문화 자본이 직원 개인에게 이익이 될 뿐만 아니라 조직 자체의 경제 자본으로 전환되어 기업 브랜드를 알리고 외부 사업을 수주하는 데 중추적인 역할을 한다는 점이다.[83]

우리의 분석에 따르면, 이 두 가지 형태의 상속된 문화 자본의 전환성은 6TV의 외주제작국이나 터너 클라크의 자문 부서와 같이 지식의 모호성이 높고 성과를 평가하기 어려운 업무 영역에서 가장 강하게 나타났다. 이렇게 최종 결과물의 성공 여부가 불확실한 환경에서는 전문가의 지식이 확고한 지위를 갖고 있지 않다. 그리고 우리의 결과가 보여주듯, 이러한 불확실성을 메우기 위해 흔히 이용되는 것이 특권층 출신의 관습적 자기표현이다. 이 체화된 문화 자본은 방송 프로그램에 아이디어를 제안하거나 금융 서비스를 판매할 때, 신뢰할 수 있는 방식으로 입증 혹은 검증이 불가능한 역량을 대신하여 필수적인 요소가 된다.

마지막으로, 우리의 분석은 체화된 문화 자본이 어릴 때 형성되지 않으면 성공적으로 활성화되기 어렵다는 점을 포착한다. 여기

---

83   따라서 터너 클라크와 같은 조직은 사실상 (적어도 일부) 고객이 특정 미적 경험에 대해 프리미엄을 지불할 것이라는 믿음에 근거하여 파트너를 선발하고 있다(Brown and Hesketh, 2004, p. 157; Ashley, 2010, p. 723).

서 다시 한번 부르디외의 주장을 되새겨볼 필요가 있다. 미적 성향은 훗날 (교육을 통해서나 직장에서) 습득될 수 있긴 하지만 초기 사회화 과정에서 미적 성향을 형성한 사람이 항상 유리한 고지를 선점할 것이며, 특히 그들의 객관적인 성향을 대중문화 영역에 적용하는 능력 측면에서는 더욱 그럴 것이다.[84] 이는 6TV에서 인터뷰한 사회적 상승을 이룬 사람들의 머뭇거리는 증언에 반영되어 있다. 8장에서 앨리스가 보여주었듯 특정한 문화적 레퍼런스를 놓친 것은 아닐까 하는 불안감, 혹은 미적 정당성의 규칙을 활용할 자신감이 없다는 데서 오는 두려움이 항상 존재한다. 실제로 이 개인들이 자신의 자기표현을 사회 이동 과정에서 접촉한 사람들과 의식적으로 일치시켰다고 설명할 때조차도 억양, 발음, 어휘, 자세, 취향 등 신체적 '헥시스'의 요소들은 그들을 부분적으로만 '그런 척'할 수 있는 '타자'로 낙인찍는 경향이 있다.[85]

이상의 방식으로 수행된 우리의 분석은 특권층 출신이 영국 최고의 직업군에서 체화된 문화 자본을 장 특수적 자본(그리고 이후 경제 자본)으로 전환하는 특유의 방식을 보여준다. 우리는 이것이 계급 천장을 설명하는 데 중요할 뿐만 아니라 더 광범위한 시사점을 갖는다고 본다. 예를 들어, 체화된 문화 자본에 관심 있는 부르디외 학파 학자들은 주로 사람들이 어떤 유형의 정통적인 문화를 소비하는

---

84   Bourdieu(1984, p. 331)가 언급했듯이 "자수성가한 사람으로서, [상향 이동한 사람들은] 태생적으로, 즉 본성과 본질에 의해 자유 및 대담함과 연결되어 있는 사람들이 그것을 인정하는 문화와 맺고 있는 친숙한 관계를 맺을 수 없다."

85   Bourdieu (1977, pp. 93~94). 또한 더 일반적으로 관련 있는 것은 졸부 계급의 '허세'의 한계에 관해 다룬 Goffman(1951, p. 301)의 연구다. '흑인 문화 자본'에 관한 Rollock et al(2011)과 Wallace(2017)의 연구, 그리고 좀 더 넓게는 흑인 중간 계급의 경험에 관한 Karyn Lacy(2004, 2007)와 Mary Pattillo(2013)의 연구도 읽어볼 만하다.

지,[86] 또는 어떻게 소비하는지[87]를 분석하는 등 문화 소비의 패턴으로 연구를 한정하는 경향이 있다. 물론 이런 연구는 취향이 어떻게 계층화되는지를 이해하는 데 핵심적인 역할을 했다. 그러나 우리의 분석은 부르디외 학파의 문헌이 사람들이 실제로 사회생활의 여러 다른 영역에서 어떻게 취향을 이용하며, 그들이 실질적인 형태의 이점을 얻기 위해 어떻게 행동하는지 더 심도 있게 연구할 필요가 있음을 시사한다.[88] 마찬가지로 우리는 이 분석이 일과 직업을 연구하는 학자들에게도 유용하리라고 본다. 이 분야에서 문화 자본의 경제적 보상에 대한 논의는 주로 학력[89] 또는 최근의 경우 직업에 대한 접근성[90] 논의에 국한되어 있으며, 체화된 문화 자본을 이용하여 커리어 진전이라는 구체적인 문제를 이해하는 연구는 거의 없는 형편이다.[91]

체화된 자본과 기술 자본

부르디외의 영향을 받은 우리의 접근법이 지니는 가치는 계

---

86   그 한 가지 전형으로서 Bennett et al(2009) 참조.

87   Friedman(2011); Jarness(2015).

88   이는 오래전부터 문헌에서 강조되어왔다. 예를 들어, 30여 년 전 Lamont and Lareau(1988, p. 163)는 학자들이 "개인이 바라는 사회적 성과를 얻기 위해… 자신의 문화 자본을 활성화하는 미시적 수준의 상호 작용"에 더 많은 관심을 기울여야 한다고 주장했다. 일부 드문 예외에 대해서는 Koppman(2015, 2016), Levy et al(2018), Reeves and de Vries(2018) 참조.

89   Zimdars et al(2009); Sullivan(2001); Hout(2012); Igarashi and Saito(2014); Wakeling and Savage(2015).

90   Ashley et al(2015); Rivera(2015); Koppman(2016); Ingram and Allen(2018).

91   여기서 눈에 띄는 예외는 문화를 더 많이 소비하는 사람들이 전문직에서 더 많은 소득을 올린다는 것을 보여주는 Reeves and de Vries(2018)의 혁신적인 연구다. 그러나 앞서 살펴본 바와 같이, 이 저자들은 체화된 문화 자본이라는 개념을 사용하긴 하지만 특권층의 신체적 헥시스나 미적 성향 대비 경제적 수익을 조사할 수 있는 데이터를 가지고 있지 않다.

급 천장을 견인하는 메커니즘을 더 잘 이해하는 데 도움을 주는 것 외에도, 이러한 천장 효과에서 중요한 차이가 나타나는 이유를 밝혀내는 데 있다. 이 마지막 절에서 우리는 충분히 이론화되지 않은 부르디외의 기술 자본 개념을 발전시켜 이를 체화된 문화 자본과 대비해보는 것이 영국 상위 직종에서 계급 태생이 작동하는 방식에 존재하는 핵심적인 분열을 이해하는 시작점을 제공한다고 주장한다.

기술 자본이란 간단히 말해 직업 환경에서 축적되어 한 사람의 경력을 발전시키는 데 활용되거나, 더 일반적으로는 다른 형태의 자본으로 전환될 수 있는 실용적인 전문성, 지식, 노하우(부르디외가 '실무 기술'이라고 불렀던 것)로 정의할 수 있다.[92] 그러나 기술 자본은 부르디외가 이론화한 다른 자본들에 비해 잘 알려져 있지 않다. 이는 부분적으로 부르디외가 후기 연구에서야 이 개념을 발전시키기 시작했고 그마저도 제대로 이론화하지 않은 채 남겨두었기 때문이다.[93]

부르디외 자신과 부르디외 학파 학자들 사이에서 기술 자본이 상대적으로 소홀하게 취급되는 이유는, 기술 자본이라는 개념 자체가 부르디외에 의해 '문화 자본의 특정한 종류'[94]로 제시되긴 했으나 그럼에도 불구하고 계급 재생산에 대한 그의 설명에 (부분적인) 위협을 제기한다는 사실과 관련이 있을 수도 있다. 이는 기술 자본이

---

92   'The capital of the DIYer'(Bourdieu, 2005, pp. 29, 78~81). 여기서 우리는 '제도화된 문화 자본'의 한 형태로 분류할 수 있는 교육 체계를 통해 축적된 기술 역량과 지식이 아니라, 직업 환경에서 축적된 기술 자본에 초점을 두고 있음을 강조하고자 한다. 그러나 물론 우리의 데이터에서 '업무상' 축적된 전문성과 교육을 통해 축적된 전문성을 완전히 구분하기는 어렵다.

93   드문 적용 사례는 Emmison and Frow(1998) 및 Archer et al(2015) 참조.

94   Bourdieu(2005, p. 29).

부르디외가 계급적 우위를 재생산하는 데 중추적인 역할을 한다고 보았던 세습된 성향과 훨씬 더 불확실한 관계를 맺고 있기 때문이다.

부르디외가 이 문제를 명시적으로 다룬 적이 없는 것은 사실이다. 그러나 그는 기술 자본이 체화된 문화 자본과 두 가지 중요한 점에서 다르다고 인정했다. 첫째, 기술 자본은 획득하기 위해 넘어야 할 장벽이 훨씬 낮다. 부르디외는 개인이 "공식화되고 합리화된 절차"에 따라 상당히 선형적인 방식으로 기술 전문성을 배우고 축적할 수 있다고 설명했다.[95] 물론 이는 앞서 설명했던, 초기 사회화 과정에서 주입되지 않으면 습득하고 축적하기가 훨씬 더 어려운 체화된 문화 자본의 논리와는 큰 차이가 있다.[96] 둘째, 부르디외는 기술 자본이 매우 다른 일련의 대물림된 성향과 연결되어 있다고 보았다. 즉 지배 집단보다는 피지배 집단에 주입되는 (상징적 숙달이 아니라) '실용적 숙달'의 원칙과 연관이 있으며, 추상적이고 상징적인 것에 대한 칸트주의적 강조('무관심한' 미적 시각)보다는 기술, 실용주의, 과학적 진리에 대한 현실주의적 가치 활용을 찬미한다고 보았다.[97]

이러한 구분은 여러 다른 형태의 '능력'이 여러 다른 직장에서 어떻게 인정받는지, 아니면 인정받지 못하는지를 특히 계급 태생과의 관계라는 측면에서 이해하는 데 핵심적이다. 무엇보다 우리는

95   Bourdieu(2005, p. 127).

96   Vanderbroeck(2016, p. 48)이 말했듯이, 사회적 상승을 이룬 사람들은 "특정 업계를 구성하고 있는 성향이 (1) 어린 시절의 사회 경험과 관련이 있고 (2) 명시적인 이론 교육이 아니라 주로 실용적 주입의 산물이며 (3) 교육 체계가 제공하는 체계적이고 포괄적인 교육 방법을 통한 (덧붙이자면 기술 자본의 경우 기술 자격 획득이나 훈련이 제공하는 명시적인 교육을 통한) '이후의 재구조화를 회피할 때' 가장 심각한 '지연'을 경험할 가능성이 높다."

97   Bourdieu(2005, pp. 78~81).

부르디외가 개념화한 기술 자본을 (1) 개인이 노동 시장[98]에 참여하면서 얻어지기 때문에 체화된 문화 자본보다 상속으로 획득할 가능성이 적고, (2) 설사 상속되더라도 노동 계급이나 중간 계급 가정에서 주입된 성향과 일치할 가능성이 더 크다고 본다.

우리가 기술 자본에 대한 부르디외의 해석을 추론하는 것은 가능하나, 그의 실증적 연구를 보면 그는 기술 자본을 상당히 주변적인 형태의 자본으로 보았음이 분명하다. 그 핵심적인 이유는 부르디외가 자신이 연구를 수행했던 프랑스의 맥락에서 기술 자본의 교환 가치를 숙련된 육체노동과 중간 사회 계급 자영업자 상인에 국한된 것으로 보았기 때문이다.[99] 오늘날 (그리고 아마 앞으로도) 영국의 맥락에서 기술 자본의 중요성은 이보다 더 광범위하다고 볼 수 있다.[100]

이를 이해하려면 20세기에 영국의 계급 관계가 어떻게 발전했는지를 살펴볼 필요가 있다. 새비지[101]가 설명했듯이, 2차 세계대전 기간에 과학, 공학 등 새롭고 한층 기술 지향적인 직업에 대한 수요가 크게 증가했다. 이러한 추세는 2차 대전 이후에도 계속되어 그런 직업들이 규모와 지위 면에서 법률, 의료, 회계, 금융 등 전통적인 '신사적' 분야와 경쟁하기 시작했다.[102] 새비지는 이로 인해 중간 계급 정체성의 성격과 구성에 큰 변화가 생겼다고 보았다. 이러한 새로

---

98   9장에서 강조했듯이 노동 시장에 참여하여 기술 자본을 축적하는 능력과 열망은 여전히 중요한 방식으로 '계급화'될 수 있다는 점을 기억하는 것이 중요하다.

99   Bourdieu(2005, p. 29)와 Savage(2010, pp. 67~93)의 주장 참조.

100   Bennett et al(2009)의 견해에 따라, 우리는 살면서 축적할 수 있는 역량과 기술에 중점을 둔다는 점에서 기술 자본이 베커의 인적 자본 개념과 여러 면에서 유사하다고 본다.

101   Savage(2010).

102   Edgerton(2005, Figure 4.1, and p. 148); Harrison(2009)도 함께 참조.

운 전문가들 중 상당수는 사회적 상승을 이룬 남성이었으며, 특히 부르디외가 기술 자본의 인큐베이터로 보았던 숙련된 육체노동 배경을 가진 이들이었다. 이로 인해 중간 계급 내에 현저한 균열이 생겼고, 주로 남성으로 이루어진 이 새로운 기술 중간 계급의 기풍은 신사적인 직업의 은밀하고 암묵적이며 '예술적인' 계급-문화적 코드와 대립했다. 이 새로운 전문가들은 전통적인 방식에 대한 존중 또는 부르디외가 '문화적 호의cultural goodwill'라고 부른 것을 보여주기보다는, '실용적인 기술과 그들만의 공예 지성craft intellectualism[103]에 충실한 숙련된 노동 계급의 오랜 전통'을 바탕으로 전문성에 대한 합리적이고 과학적인 지향을 옹호했다. 이러한 기술 지향의 강세는 현재까지도 지속되고 있다. 여러 연구가 공무원[104], IT[105], 공학[106] 분야의 조직 문화에서 그러한 지향의 중심적 역할을 입증했다.

여기서 우리에게 중요한 핵심 포인트는 단지 이러한 직업 분야들이 사회적으로 더 개방적인 경향이 있고, 숙련된 육체노동 계급 출신이 특별한 대표성을 갖는다는 점만이 아니다. 이러한 영역에서는 더 투명하고 '능력주의적'이라 공언되는, 그리고 부르디외의 체화된 문화 자본과 관련된 모호한 미학적 원칙을 의식적으로 거부하는 특유의 '전문성 윤리'를 옹호한다는 점 또한 중요하다.

이 책의 데이터 전반에 걸쳐 이러한 분열의 뚜렷한 잔재를 볼 수 있다. 비록 잠정적일지라도 우선 우리의 양적 데이터가 드러내는

---

103   Savage(2010, p. 84).

104   O'Brien(2016).

105   Halford and Savage(2010).

106   Nichols and Savage(2017).

패턴에서 그런 잔재가 드러난다. 예를 들어 법률, 의료, 언론, 회계 등 전통적인 '신사적' 직업은 공학, IT 등 일부 기술직에 비해 사회적으로 배타적인 경향이 훨씬 더 강하다. 이는 다시 계급 임금 격차에서 나타나는 편차에 반영된다. 주목할 만한 점은 공학, 과학 등 기술 중심 직업의 임금 격차는 미미한 수준이며, 이는 법률, 금융, 의료와 대조를 이룬다.[107]

이러한 차이가 가장 명확하게 드러나는 것은 바로 우리의 질적 데이터다. 이는 아마 방송사인 6TV와 건축 회사 쿠퍼스를 비교할 때 가장 분명하게 드러날 것이다. 직장 전체(7장) 및 특히 임원 환경(8장)에서 어떤 유형의 행동과 기술이 중시되는지 두 회사 사이에 간극이 존재했다. 앞의 절에서 살펴본 바와 같이 6TV에서는 체화된 문화 자본의 힘이 조직 내 지배적인 신체적 실천과 일치한다는 점에서, 그리고 고상한 미학을 지향하는 가치를 통해서 매우 분명하게 드러났다. 이와 대조적으로 쿠퍼스의 기풍은 이보다 더 다를 수 없었다. 우리는 쿠퍼스가 직원과 고객 모두 "능력"을 가장한 "헛소리"의 체현을 "간파할 수 있는" "실용적인" 회사라는 말을 거듭 들었다. 쿠퍼스에서는 기술 역량, 완벽주의, 프로젝트 완수가 크게 강조된다. 또한 7장에서 여러 인터뷰 참여자가 설명했듯이 이곳 직원들은 고도로 특화된 기술 전문성 개발에 대해 보상을 받는다.

그러나 우리가 이러한 구분이 항상 또는 반드시 '객관적으로'[108] 더 기술적인 영역과 매핑된다고 보는 것은 아님을 분명히 밝

---

107   주목할 만한 것은 이러한 이분법이 우리의 데이터와 완벽하게 일치하지 않는다는 점이다. 특히 건축업계는 접근성 측면에서 노동 계급에 특히 폐쇄적인 반면, 사회적 상승을 이룬 사람들은 언론 분야에서 특히 성공적인 것으로 나타났다. 하지만 계급 태생이 우리가 분석한 여러 엘리트 직업군에 걸쳐 작동하는 방식에는 분명히 유의미한 패턴이 존재한다.

힌다. 터너 클라크의 예를 보자. 회계사가 되기 위해 필요한 핵심 기량은 건축가 못지않게 기술적이다. 그러나 7장과 8장에서 살펴본 바와 같이 터너 클라크에서 기술적 역량은 경력 초기의 직급에서만 이점을 제공하고 직급이 올라갈수록 세련미, 중후함, 기업가적 감각의 발휘가 더 강조되는 경향이 있었다. 여기서 중요한 것은 직업의 성격이 아니라 다양한 직업 환경에서 실제 또는 가상의 역량 가운데 어떤 역량이 가치 있다고 여겨지는지, 그리고 이러한 '올바른' 업무 방식에 대한 생각이 시간이 지남에 따라 어떻게 체화되는지이다. 그러므로 터너 클라크에서 직급이 올라갈수록 가치 있다고 여겨지는 역량이 회사의 계급 구성 변화에 따라 달라져 특권층 출신이 파트너가 될 가능성이 훨씬 더 높아지는 것은 놀라운 일이 아니다.

따라서 우리의 핵심 주장은 기술 자본이 보상받는 업무 환경과 계급 천장 사이에 명확한 연관성이 있다는 것이다. 간단히 말해서, 기술 전문성을 중시하는 환경에서는 계급 임금 격차가 적고, 계급 천장이 뚜렷하지 않으며, 사회적 상승을 이룬 사람들(비록 남성에 국한되긴 하지만. 이에 대해서는 나중에 자세히 설명한다)이 더 편안하게 느끼고 야심 차다.

하지만 우리는 기술(또는 문화) 자본의 중요성이 반드시 특정 직종이나 기업에 국한되는 것은 아니라는 점을 강조하고자 한다.[109]

---

108   물론 이것은 중요하다. 특정 직무를 수행하는 데 필요한 포괄적인 기술 전문성의 정도나 수준을 우리는 식별 가능하다고 보긴 하지만, 이러한 종류의 연구에서 어떤 직무가 다른 직무보다 실제로 기술 전문성을 얼마나 더 또는 덜 요하는지를 완전히 밝혀내기는 매우 어렵다.

109   그보다 우리는 기술 자본 중시를 광범위한 상위 직종과 기업, 그리고 기업 내부의 더 세분화된 부서 또는 팀에서 두루 발견되는 감수성으로 보고 있다.

예를 들어 우리는 이 책에서 쿠퍼스가 건축업계를 대표한다고 보기는 어렵고, 디자인 중심 회사에서는 보다 추상적이고 고상한 미학이 훨씬 더 높게 평가될 수 있음을 여러 번 강조했다. 마찬가지로, 우리는 또한 미적인 것과 기술적인 것의 구분이 기업 내부에서 종종 이루어지고 있음을 보여주었다. 예를 들어, 6TV의 외주제작국이나 터너 클라크의 자문 부서와 같이 체화된 문화 자본이 가장 명확하게 중시되는 부서는 터너 클라크의 세무 부서나 6TV의 기술 및 전략 부서 같은 '기술적' 부서보다 훨씬 더 사회적으로 배타적이다(4장 참조).

서로 다른 환경에서 무엇이 가치 있게 여겨지는지를 주목하는 일은 또한 불리한 배경을 가진 사람들이 상대적으로 기술 자본을 쉽게 축적하고 그로부터 보상받는다는 우리의 연구 결과가 가진 중요한 한계, 즉 이런 쉬운 접근이 여성에게까지 확대되는 것으로 보이지는 않는다는 점을 경고한다. 공학과 같이 사회 이동성 측면에서 더 개방적으로 보이는 많은 직업이 남성에게 크게 편향되어 있다. 마찬가지로 쿠퍼스에서도 사회적 상승을 이룬 건축가들이 모두 남성임이 두드러졌다. 여기서 새비지의 역사적 설명을 되새겨보는 것이 유익하다. 그는 1950년대와 1960년대에 등장한 기술 중심의 정체성이 보다 개방적이고 능력주의적인 것처럼 보였으나, 그 뿌리는 숙련된 육체노동에 있었기 때문에 전적으로 남성적이었으며, 따라서 이 새롭게 부상한 남성 다수가 마초적이고 심지어 '쇼비니즘적'이었다고 설명한다.[110] 따라서 우리는 기술 자본의 획득이 반드시 또는 확실히 사회적으로 더 개방적이고 '능력주의적'이라고 선언하기에 앞서 매우 신중해야 한다. 결국 기술 자본도 다른 모든 자본과 마찬가지로

110   Savage(2010).

효과를 발휘할 자리가 있어야 한다. 그리고 우리의 연구 결과에 따르면 그럴 가능성은 여성이 남성보다 훨씬 더 낮았다. 다시 말해, 계급 천장을 부수는 것은 유리 천장을 부수는 것과 같은 말이 아니다.

바캉의 말처럼 "부르디외의 연구는 모순, 간극, 긴장, 곤혹, 해결되지 않은 질문으로부터 자유롭지 않다. 따라서 부르디외식으로 사고하려면 부르디외에 반대하거나 부르디외를 넘어서는 사고가 필요할 수 있다는 점을 기억하는 것이 중요하다."[111] 이런 맥락에서 우리는 이 장에서 논의한 연구 결과가 문화 자본에 대한 보다 세심한 이해를 제공한다고 본다. 문화 자본이 직업 영역에서 통화currency로 작용한다는 측면에서, 그리고 그것이 시간이 지남에 따라 어떻게 변화하는지,[112] 영국과 같은 특정 국가의 맥락에서 어떻게 드러나는지에 대해서 말이다. 우리의 연구 결과는 직업 구조상의 뚜렷한 역사적 전환과 중간 계급 정체성의 형성으로 인해 특정한 기술의 형태를 띤 문화 자본이 매우 중요해졌음을 시사한다. 이는 결국 상속받은 체화된 문화 자본을 현금화하는 특권층 출신의 능력이 노동 시장의 일부 영역에서 적어도 부분적으로나마 도전받는 결과를 낳았다.[113]

---

111   Bourdieu and Wacquant(1992, pp. xiii~xiv).

112   이에 대한 자세한 내용은 Prieur and Savage(2014) 및 Friedman et al(2015) 참조.

113   물론 이 부분에서 더 많은 연구가 필요하다. 특히 기술 자본과 체화된 문화 자본의 잠재적 전환 가능성과 전달성 등 우리가 암묵적으로만 살펴봤던 몇 가지 문제를 더 자세히 조사하는 것이 중요하다고 본다. 예를 들어, 상위 직종에서 기술 자본이 체화된 문화 자본의 가치에 실제로 어느 정도까지 도전하고 있으며, 터너 클라크에 의해 입증되었듯 직업의 정상에 올라갈수록 이것이 어느 정도까지 밀려나거나 가려지는가? 마찬가지로, 기술 자본의 획득과 축적이 항상 더 투명하고 '능력주의적'으로 이루어지는가? 또한 그것이 어떤 방식으로 다음 세대로 전달될 수 있을까? 마지막으로, 기술 자본의 성공적인 활성화가 성별에 따라 크게 좌우되는 이유는 무엇일까?

11장 =

결론

오늘날 영국에서는 특권층이 더 유리한 고지를 점한다. 노동 계급 출신은 영국의 엘리트 직종에 진입하는 데 성공하더라도 특권층 출신 동료에 비해 평균 16퍼센트 정도 적게 번다. 이보다 더 중요한 것은 이러한 계급 임금 격차가 기존의 '능력' 지표로 설명되지 않는다는 점이다. 개인별 학력, 근무 시간, 직무 교육 및 경험 수준을 고려해도 여전히 상당한 격차가 설명되지 않은 채 남아 있다.

이 비교적 간단한 연구 결과는 여러모로 이 책의 핵심을 이룬다. 우리는 커리어의 성공이 개인의 기술, 경험, 노력에 기초한다고 가정하는 경향이 있다. 이런 원칙들이 도덕적으로나 실용적으로나 영국의 '능력주의적 이상'[1]을 뒷받침하며, 오랫동안 경제 성장과 사회 이동성에 대한 논의를 압도해왔다. 그러나 '계급 임금 격차'는 이 고귀한 목표에 심각한 난관을 제공한다. 우리가 3장에서 보여주었듯이 궁극적인 능력주의 선발의 산실로 널리 옹호되는 옥스퍼드, 케임브리지 같은 교육기관조차 출신 계급의 이점을 씻어내지 못한다면, 이는 분명 영국의 능력주의에 대해 가장 확고한 신념을 가진 사람조차 반박하기 힘든 냉혹한 반격일 것이다. 다시 말해서 계급 임금 격

---

1   Littler(2017).

차는 기존에 관찰되지 않았던 강력한 불평등의 축을 드러내며, 이는 시급한 관심을 요한다.

　하지만 우리는 줄곧 문제를 진단하는 것 이상을 해내고자 했다. 그래서 이 책의 대부분을 계급 임금 격차의 동인을 풀어내는 데, 즉 사회적 상승을 이룬 사람들이 (우리가 측정할 수 있는 모든 측면에서) 특권층 동료들만큼 '능력'이 뛰어난 경우에도 동등하게 성공하지 못하는 이유를 정확히 설명할 수 있는 메커니즘을 밝혀내는 데 할애했다. 특히 한 가지 주제가 우리의 분석을 관통한다. 이는 '능력'이라는 개념 자체와 관련이 있다. 우리는 기술, 자격, 전문성, 노력, 경험 등 전통적인 '능력'의 척도가 영국의 엘리트 직종에서 커리어 진전을 이루는 데 중요하다는 점을 부인하지 않는다. 하지만 우리의 분석 결과는 사람들이 자신의 '능력'을 '현금화'하거나 재능을 '실현'할 수 있는 동일한 역량을 가지고 있는 건 아니라는 사실을 시사한다. '능력'이 자리의 획득으로 이어지려면 그것을 입증할 기회가 주어져야 하고, 그 능력이 다수가 '올바른' 업무 방식이라고 생각하는 쪽으로 수행되어야 하며, 성공의 열쇠를 쥔 사람들이 그것을 가치 있다고 인정해야 하기 때문이다. 우리가 계속해서 설명하듯 이 모든 영역에서 결정적으로 중요한 우위를 점하는 이들은 특권층이다.

보이지 않는 (위로 올려주는) 손

　대부분의 엘리트 직종에는, 그리고 특히 우리가 인터뷰한 사람들에게는 능력주의적 이상에 대한 강한 믿음이 존재했다. 즉 커리어 진전이 개인의 능력, 기술, 성취에 기초해야 한다는 생각이 강했다. 그러나 엘리트 직종에서 자신의 노력만으로 성공하는 경우는 드물다는 사실이 드러났다. 경력 궤적이 형성되는 데는 그보다 다른 사람들의 지원 행위가 중요한 방식으로 영향을 미쳤다. 인터뷰 참여자들이 커리어상의 결정적인 순간(중요한 결정, 새로운 일자리, 큰 승진 등)에 관해 이야기할 때, 그 이야기 속에는 결정적인 도움의 손길을 제공한 원천인 또 다른 인물이 매우 자주 등장했다. 우리의 분석 결과 이러한 도움은 대체로 두 가지 방향에서 제공되었다.

첫째로, 우리는 5장에서 개인의 출신 계급에서 발원한 지원의 원천인 '엄마 아빠 은행'을 확인했다. 이러한 종류의 재정적 후원은 특히 문화 산업 같은 불안정한 엘리트 노동 시장에서 커리어를 진전시키는 데 중추적인 역할을 한다. 여기서 돈은 경력 초기에 중요한 윤활유 역할을 하여 특권층이 더 유망한 커리어 경로로 이동하고, 가치 있는 네트워크를 개발하는 데 집중하고, 착취적인 고용에 저항하며, 위험한 기회를 잡을 수 있게 한다. 그리고 이 모든 것은 그들의 장기적 성공 가능성을 높인다.

하지만 도움의 손길이 항상 뒤나 아래에서 오는 것은 아니다. 6장에서는 다수의 전통적인 엘리트 직업군에서는 지원이 아래보다는 위에서 오고, 밀어주기보다는 끌어당기는 방식으로 이루어질 가능성이 높음을 보여주었다. 많은 경우 이는 경제적 도움이 아니라 비공식적 후원의 형태로 제공되는 사회적 도움이다. 영국에서 이러한 후원 이동은 종종 지나간 구시대의 것, 이제는 구식이 된 '올드 보이 네트워크'의 유물로 간주된다. 그러나 우리의 현장 연구에 따르면 후원은 다양한 엘리트 직업군에 걸쳐 여전히 만연하며, 유리한 배경을 가진 사람들에게 계속해서 불균형적인 이점을 제공한다. 이는 직종에 따라 미묘하게 다른 방식으로 작동할 수 있으나 그 핵심 기능은 동일하다. 상급자가 후배를 발굴한 다음 채용 기회를 중개하고, 가치 있는 업무를 할당하거나 그들을 밀어줌으로써 그들의 경력을 빠르게 발전시킨다. 우리는 이것이 부르디외가 말한 사회 자본이라고 본다. 이 사회 자본은 꼭 '좋은 네트워커'가 되는 것이라기보다는 '올바른' 사람들과 관계를 맺고 결정적인 순간에 그들의 지원을 활용할 수 있을 만큼 그들을 잘 아는 것을 의미한다.

이러한 도움의 손길은 특권층에 유리하도록 커리어 진전 게임을 조작한다. 우리는 그것이 그렇게 효과적인 이유가 대부분 대중의 시야로부터 숨겨져 있기 때문이라고 본다. 그것은 보이지 않는 손처럼 작동하여 누구는 밀어주고, 누구에게는 불이익을 주는 역할을 한다. 어떤 경우 후원은 특정 종류의 관리 용어('인재 매핑'과 같은 공허한 용어)로 포장되어 공식화된 성과 관리처럼 보이는 오해를 불러일으키고, 후원 수혜자를 승진시킬 때 상급자들이 누리는 자율성을 은폐한다.

또한 이러한 지원이 인정되는지 아닌지와 관련한 더 광범위한 문제도 존재한다. 예를 들어, 우리는 사람들의 경력 이야기에서 후원자와 '엄마 아빠 은행'이 거듭 과소평가되고 있음을 발견했다. 물론 이것은 성공의 도덕적 정당성의 핵심을 건드린다. 베버의 유명한 말처럼, 대부분의 사람들은 자신이 행운을 누릴 자격이 있다고 믿고 싶어 한다.[2] 그러나 동시에 이러한 축소, 은폐, 가리기는 엘리트 직종에 종사하는 다른 사람들과 일반 대중이 엘리트 직종의 커리어가 다른 사람들의 지원에 실제로 얼마나 의존하는지를 알 수 없게 한다. 이는 개인의 '능력'에 대한 우리의 이해를 근본적으로 혼란스럽게 만든다. 이는 입증 가능한 기술, 자격, 노력 등의 측면에서 개인의

2   Weber(1992).

'능력'이 효과적이려면 특정한 발판이 주어져야 함을 시사한다. 앨리스(노동 계급 출신)는 6TV의 선임 커미셔너들에 대해 다음과 같이 예리하게 지적했다. "그들은 모두 정말 재능 있는 사람들이에요. 문제는 그게 아닙니다. 그들이 그렇게 할 수 있는 이유는… 경험을 쌓고 배울 수 있는 기회를 가졌기 때문입니다."

'능력'은 제대로 갖춰진 상황이나 적절한 사람들 앞에서 전시되어야 하며(반드시 눈에 보여야 한다), 종종 이는 발판을 제공하는 사람들이 중개하는 자원 및/또는 기회를 뜻한다.

— '능력'의 퍼포먼스

'능력'은 개인의 속성으로만 여겨지는 것이 아니라 또한 고정적인 성격을 가진 것으로 여겨진다. 즉 통례적인 지표들은 '객관적으로 측정할 수 있고 모두가 동일하게 인식할 수 있는' 것으로 널리 간주된다.[3] 그러나 이 책을 관통하는 핵심 주제는 '능력'이 직장에서 지속적이고 적극적으로 눈에 보여야 하며 다른 사람들, 특히 고위 의사 결정권자들에게 그 가치를 인정받고 납득되어야 한다는 것이다. 여러 가지 측면에서 이는 일종의 퍼포먼스로 볼 수 있다. 직무와 관련한 업무를 수행할 때 객관적인 '능력'으로 간주되는 것(자격, 경험, 전문성 등)을 복장, 억양, 언어, 용모를 아우르는 특정한 체현된 자기표현을 통해 활성화해야 한다는 점에서 말이다. 여기서 핵심은 소위 객관적인 '능력'의 척도가 실제로는 그것이 어떻게 수행되느냐에 따라 매우 다르게 받아들여지고 평가되고 가치가 매겨진다는 점이다.

---

[3]   Simpson and Kumra(2016).

다시 말해, 어떤 퍼포먼스는 '적합'한 반면 다른 퍼포먼스는 부적합하다.

엘리트 직종에서 특정한 '능력'의 퍼포먼스가 '적합'한 이유를 알기 위해서는 7장에서 다룬 '유리 구두' 효과를 이해해야 한다. 이 개념은 실제 업무와 별개로 특정 직업이 어떤 사람에게는 자연스럽게 어울리고, 어떤 사람에게는 억지로 끼워 맞춘 듯한 내재된 특성을 지닌 것처럼 보이는 방식을 포착한다. 예를 들어 회계사 등의 전문직, 더 구체적으로는 시티오브런던 같은 특정 공간에서는 압도적 특권을 누리는 다수(백인, 남성)의 역사적 유산이 '올바른' 행동 방식과 일하는 방식으로 내재화되었다. 이는 특정한 '능력'의 퍼포먼스, 특히 계급화된 행동 규범을 능숙하게 따르는 퍼포먼스가 누가 승진 및 성공에 적합한가에 대한 판단을 형성했음을 의미한다. 이러한 규범이 업무를 효과적으로 수행하는 데 필요한 전문성과 거의 관련이 없을 때도 말이다. 터너 클라크의 레이먼드가 어떤 사람들은 그냥 바로 "파트너처럼 느껴진다"라고 말한 것처럼, 의사 결정권자들은 대체로 이러한 적합성을 본능적인 '직감', 직관적인 느낌이라고 표현했다.

이 책에는 이와 같은 능력의 '거울' 버전 사례들이 산재해 있다. 예를 들어 7장에서는 회계업계에서의 '세련됨'의 힘과 방송업계의 '학습된 비격식성'에 대해 살펴봤다. 이 두 가지는 중요한 면에서 다르기는 하지만, 둘 다 특권적인 유년 시절과 긴밀하게 연관되거나 그것을 통해 형성되는 복장, 억양, 취향, 언어 및 에티켓에 관한 기대치를 중심으로 한다. 피에르 부르디외는 이를 체화된 문화 자본이라고 불렀다. 우리는 또한 특정한 엘리트 환경에서 행동 규범이 특히 중요하다는 사실을 발견했다. 예를 들어, 6TV의 외주제작국이나 터너 클라크의 자문 부서와 같이 성과를 평가하기 특히 어렵고, 따라서 '성과'의 개념이 유독 불확실하고 논쟁의 여지가 있는 업무 영역에서 그 중요성이 더욱 커진다. 이 두 환경에서는 (재무 자문이든 TV 프로그램이든) '최종 결과물'의 성공 여부를 예측하기가 매우 어렵고, 따라서 전문가의 지식과 전문성이 본질적으로 모호하다. 그러므로 고객에게 조언하거나 TV 프로그램 아이디어를 제안할 때 올바른 이미지를 제시하거나 수행하는 것이 설득 행위의 필수적인 일부가 되며, 그런 이미지가 그 순간 확실하게 또는 결정적으로 입증할 수 없는 역량을 대신하게 된다.

적합성이라는 개념은 고위 경영진에게도 특히 중요하다. 다시 한번 강조하지만, 이는 부분적으로 리더십 '기술'과 '잠재력'을 식별하고 인정하는 일에 내재된 모호성 때문이다. 하지만 우리가 8장에서 주장했듯이 이 적합성은 이미 임원 자리에 있는 사람들이 그들이 자격이 있다고 판단하는 범위의 사람들로만 접근을 제한하기 위해 사용하는 도구이기도 하다. 예를 들어 6TV에서는 고상한 미학에 대한 지식이 고위 경영진에 진입하기 위한 전제 조건으로 간주된다. 이 매직 서클에 속한 사람들 대부분이 사석에서는 이것이 6TV가 제작하는 프로그램과 대체로 관련이 없다는 것을 인정함에도 불구하고 말이다.

이러한 모든 상황에서 우리는 특권층 출신이 획득한 자기표현 방식이 재능이나 잠재력의 지표로 오인되고 있다는 증거를 발견했다. 다시 말해, 이는 객관적인 '능력'으로 가장된 계급적 퍼포먼스다. 그리고 우리의 사례 연구에서 특권층 출신이 가장 많이 포진해 있는 곳이 바로 이런 분야(외주제작국, 자문 부서, 고위 경영진)라는 사실은 놀라운 일이 아니다.

같은 깃털의 새들

우리는 한 사람이 자신의 기술, 자격, 전문성을 활용하기 위해서는 특정한 발판이 필요할 뿐만 아니라 지배적인 적합성 개념에 부합하는 방식으로, 그리고 성공의 열쇠를 쥐고 있는 사람들이 그 가치를 인정하는 방식으로 '능력'을 발휘해야 함을 입증했다. 그러나 의사 결정권자의 인정이 회의, 프레젠테이션, 면접에서 어떻게 행동하느냐에 전적으로 달려 있는 것은 아니다. 우리는 이것이 많은 경우 또한 관계에 관한 것이기도 하다고 본다.

여기서 우리는 유사성이 연결을 낳는다는 기본적인 관점에서 출발한다. 동종 선호[4]로 알려진 이 원칙은 거의 모든 종류의 관계를 조직한다. 사람들은 자신과 비슷한 사람에게 끌리며, 이는 다시 그들이 받는 정보, 형성하는 태도, 경험하는 상호 작용에 강력한 영향을 미친다. 이는 인종과 성 불평등을 설명하는 데도 강력하게 기능하지만, 이 책 전체를 관통하는 핵심 주제는 계급 태생에 뿌리를 둔 동종 선호가 계급 천장의 핵심 동인이라는 것이다.

간단하게 말하자면 동종 선호는 앞서 설명한 커리어 지원 관계를 이해하는 데 핵심적이다. 6장에서 설명한 바와 같이 후원 관계가 업무에만 근간을 두는 경우는 드물다. 그보다는 거의 항상 유기적으로 느껴지는 연결에 기반을 두고 형성되며, 그 기원을 추적해보면[5] 취향, 관심사, 라이프스타일, 유머를 공유하는 문화적 공감대에 그 뿌리를 두고 있다. 이러한 문화적 매칭이 반드시 계급 태생을 공유하

---

4   개관은 McPherson et al(2001) 참조.

5   Lewis and Kaufman(2018)은 최근에 수행한 연줄 형성에 관한 폭넓은 연구에서 비슷한 효과를 발견했다.

는 것과 맞아떨어지지는 않으나, 다수의 연구에 따르면 자주 일치하는 것으로 나타났다.[6] 우리의 인터뷰에 응한 사람의 대부분은 확실히 이에 해당되었다. 특권층 출신이 불균형적으로 많이 포함된 고위급 인사들은 대부분 자신과 비슷한 사람을 후원했다. 이것은 중요하다. 이는 후원자가 중개하는 중요한 경력 기회가 재능이나 능력뿐만아니라 계급-문화적 공통성에도 달려 있다는 의미다.

동시에 이는 고위급 인사들이 자신과 인구통계적 좌표가 매우 다른 사람을 만났을 때 보이는 더 부정적인 '본능적 반응'을 이해하는 데도 유용하다. 이런 어색한 순간은 터너 클라크의 파트너인 제임스가 "맥주 반 잔만 같이할 사람"이라고 직설적으로 표현했듯이후원 관계의 형성을 방해한다는 점에서 시사하는 바가 크다.

물론 직장에서 이러한 유대 관계가 형성되는 것을 막기란 매우 어렵다. 문화적 유사성은 강력한 정서적 접착제로 작용하여 친밀감과 신뢰를 촉진한다.[7] 하지만 더 시급한 질문은 왜 이런 종류의 계급 동종 선호가 커리어 진전에 그토록 중요한 영향을 미치는가이다. 다시 한번, 우리의 분석이 몇 가지 단서를 제공한다. 첫째, 고위직 채용 및 승진 절차는 하위 직급에 비해 더 비공식적이고 투명성이 떨어지는 경향이 있다. 이로 인해 후원자가 수혜자를 적극적으로 밀어주거나 다른 사람들의 의사 결정에 영향을 미쳐 수혜자에게 유리한 조건을 확보하기에 수월하다. 이와 연관하여 상층부의 업무에 상당한불확실성이 존재한다는 점도 들 수 있다.[8] 6TV의 경영진 리지는 이

---

6   예를 들어 Mills(2000[1956]) 및 Rivera(2015) 참조.

7   DiMaggio and Mohr(1985); Gigone and Hastie(1993); Mouw(2003); Lambert and Griffiths(2010); Vaisey and Lizardo(2010).

8   DiMaggio and Powell(1983); Bielby and Bielby(1994); Godart and Mears(2009).

를 "우리는 매일 다섯 번씩 절벽에서 뛰어내린답니다"라고 묘사했다. 이처럼 높은 불확실성에 직면한 고위급 인사들은 자신이 의지할 수 있는 사람, 즉 터너 클라크의 제임스가 말했듯이 "같은 생각을 가진 사람"이라고 여겨지는 이에게 끌리는 경향이 있다. 이는 충성심과 신뢰에 대한 요구를 증가시키며, 그에 뒤따르는 리스크 회피 심리는 자신과 유사한 사람을 채용하려는 경향을 더욱 강화할 뿐이다. 6TV의 마이클이 말했듯이 "신뢰성과 호감이 뒤섞이며", 리지가 나중에 인정했듯이 덜 친숙하고 따라서 더 리스크가 큰 사람들을 태우기 위해 "열차를 멈출 수는 없다"라고 생각하게 된다.

'능력'을 인정받지 못할 때

사람들이 자신의 '능력'을 선보일 발판을 확보하지 못하거나 그들의 '능력' 퍼포먼스가 의사 결정권자들에게 인정받지 못하면 어떻게 될까? 우리는 연구 과정에서 이러한 경험을 보고한 많은 사람들의 이야기를 들었다. 그들 모두가 사회적 상향 이동을 한 사람은 아니었지만 대부분은 그랬다. 그들은 경제적 안전망이 없다는 데서 오는 불확실성, 후원자의 지원이 부재할 때 필요한 추가적인 노력, 지배적인 행동 규범을 설득력 있게 모방하지 못하는 것, 즉 터너 클라크의 마티나가 말했듯이 "암호를 해독"하지 못한다는 데서 오는 끈질긴 불안감을 강조했다.

그 이야기들은 또한 '능력'의 퍼포먼스가 인정받지 못할 때 개인이 하는 의사 결정에 대한 인상적인 설명을 제공했다. 여기서 '분류sorting'라는 용어가 핵심적으로 중요하다. 간단히 말하자면 이는 노동 계급 출신이 소득과 지위의 측면에서 보상이 적은 엘리트 분

계급 천장

야나 직종, 부서로 수평적으로 걸러지는 과정을 설명한다. 구체적으로 3장에서 우리는 더 높은 계층으로 이동해 온 사람들이 수입이 더 적은 직업, 더 작은 회사, 그리고 런던 바깥에 위치한 직장으로 분류되는 경향이 있음을 보았다. 4장에서는 이러한 분류가 기업 내에서 어떻게 이루어지는지 살펴봤으며, 터너 클라크의 자문 부서나 6TV의 외주제작국과 같이 성공의 여지가 훨씬 더 많은 부서에 특권층 출신이 집중된 것을 볼 수 있었다.

마지막으로 9장에서는 이러한 분류에 수직적 차원도 존재한다는 점을 설명했다. 특히 우리는 사회적 상승을 이룬 사람들이 많은 경우 커리어 진척 과정에서 어떻게 스스로를 배제시키는지 살펴봤다. 이는 정책 결정자들이 때때로 가정하는 것처럼 그들에게 야망이나 열망이 부족해서가 아니다.[9] 그보다는 대부분 경제적 불확실성, 지지받지 못한다는 느낌, 또는 '적응'에 대한 불안과 양가감정 등 앞서 설명한 여러 장벽에 대한 반응 또는 예상이라고 할 수 있다. 이 모든 요소는 사회적 상승을 이룬 인터뷰 참여자들의 '커리어 상상력',[10] 즉 그들이 자신의 커리어에서 무엇을 이룰 수 있으리라 생각하는지에 깊은 영향을 미쳤다.

[그림 11.1][11]에서 우리는 3장과 4장 말미에 실었던 휴리스틱 다이어그램으로 되돌아가, 사례 연구를 통해 확인된 계급 임금 격차의 원인, 즉 '엄마 아빠 은행', 후원, 행동 규범, 자기 제거를 추가했다. 우리의 분석은 최종적인 것과는 거리가 멀고 우리가 현장 조사를

---

9   APPG on Social Mobility(2012).

10   Cohen(2014).

11   이는 인과 관계 다이어그램이 아닌 귀납적인 그림임을 언급해야겠다. 물론 개별 메커니즘 사이에 화살표를 얼마든지 추가로 그릴 수 있다.

[그림 11.1] 계급 천장의 모든 동인 - 무엇이 특권층을 유리하게 만드는가?

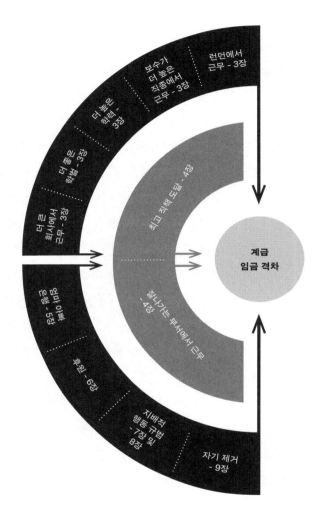

참고: 책 전체에서 식별된 계급 천장의 모든 동인을 이
도표에 정리했다.

수행한 특정 엘리트 분야에 치우칠 수밖에 없지만, 이러한 요인들을 종합하면 계급 임금 격차를 이해하는 데 상당한 진전이 있을 것이라 생각한다.

물론 '능력'의 퍼포먼스와 인정이 단지 출신 계급에만 영향을 받는 것은 아니다. 오히려 우리는 사회적 상승을 이룬 여성 및 (특정) 인종-민족적 소수자 집단이 엘리트 직종에서 이중(때로는 삼중)의 소득 불이익을 겪는다는 강력한 (그리고 우리가 아는 한 최초의) 증거를 발견했다. 예를 들어, 노동 계급 출신인 영국 흑인 여성은 특권층 출신 백인 남성보다 무려 평균 2만 파운드(약 3,400만 원) 적게 번다. 우리의 인터뷰 데이터는 이런 교차적 불평등에 대한 다소의 이해를 제공한다. 특히 성별과 인종이 계급 차이의 가시성을 높이고(그 반대의 경우도 마찬가지), 그것이 다시 이러한 개인이 지배적인 행동 규범을 실행할 때 더 철저하게 평가되는 방식을 밝힌다.

이러한 유형의 이동성 경험에 대한 우리의 이해는 여전히 매우 제한적이다. 예를 들어, 자신에게 주어진 타입캐스트를 더없이 불쾌하고 희화화된 것이라고, 자신의 실제 경험과 무관한 낡은 고정관념(구타당하는 아내, 셰익스피어 광대 또는 '흑인 간호사')을 따르는 것이라고 얘기한 배우들이 사회적 상승을 이룬 여성, 흑인 및 민족적 소수자라는 점은 의미심장하다.

게다가 유리 천장에 관한 방대한 문헌이 입증하듯, 이들 집단은 자신의 '능력'을 인정받는 과정에서 계급과 무관한 다른 많은 장벽에도 직면한다. 실제로 이 책은 계급 천장이 유리 천장을 대체한다거나 대체할 수 있다고 제안하려는 의도가 전혀 없다. 그런 주장은 근본적으로 근시안적이다. 계급은 진공 상태에서 작동하지 않으며, 우리는 불평등이 어떻게 상호 작용하여 인구통계적 교차점에 있는 사람들에게 불이익을 주는지 파악하는 것이 계급 천장을 이해하는 데 핵심적이라고 본다.

　　마지막으로, 우리는 이동성이 그것을 경험하는 사람들에게 어떤 의미인지 이해하는 것이 중요하다는 점 또한 강조하고 싶다. 우리의 분석은 상향 이동이 명백하게 긍정적인 경험이라는 상식적인 가정을 뒤엎었다. 사회적 상승을 이룬 사람들은 엘리트 직종에 진입할 때 자신이 그곳에 어울리지 않는다는 감정을 뼛속 깊이 느끼며, 특히 아주 먼 거리의 상향 이동을 경험한 사람 중 다수는 커리어 전반에 걸쳐 지속되는 불안감에 시달리는 것으로 드러났다.[12] 이러한 감정적 부담에 대한 인식은 그 자체로 중요하다. 머리말에서 언급했듯이, 지배적인 정치적 수사는 더 높은 계층으로의 사회 이동을 사회적 병폐에 대한 일종의 만병통치약으로 떠받드는 경향이 있다. 엘리트 직종에 초점을 맞춘 이 책의 핵심 관심사를 이러한 의제를 고착화하는 것으로 보는 사람도 있을 것이다. 그러나 우리는 단지 경제적, 직업적 성취가 아닌 정서적 삶의 질이라는 관점에서 보면, 사회 이동에서의 '성공'이 심지어 계급 천장을 성공적으로 깬 경우에도 훨씬 더 불확실하다는 점을 강조하고자 한다.

― **이것이 왜 중요한가**

　　2017년 8월, 우리는 현장 연구를 마친 후 6TV로 돌아가 우리에게 연구를 의뢰했던 6TV 고위 경영진에게 조사 결과를 설명했다.

12　　Friedman(2016) 참조. 이는 물론 이동성과 불평등의 관계라는 측면에서 시사하는 바가 있다. 불평등이 심할수록 사회적 상승을 위해 사회 공간 내에서 이동해야 하는 거리가 늘어나기 때문에 이동성 경험이 어려워질 가능성이 높아진다.

그 자리는 매우 긴장된 분위기였다. 결과는 명백히 매우 비판적이었고 분위기는 때로 껄끄러웠다. 고위 경영진은 대체로 분석 결과를 수용했으며, 많은 사람들이 우리의 분석에 신중하면서도 성찰적인 반응을 보였다. 하지만 우리가 외주제작국의 고상한 문화를 비판하기 시작하자 상황이 달라졌다. 이는 명백히 그들의 신경을 거슬렀다. 최고위급 임원 조시가 항의하며 우리의 발표를 중단시켰다. 그의 첫 번째 지적은 일리가 있었다. 조시는 "학자들이 와서 우리가 너무 지적이라고 말하는 건 좀 웃기지 않나"라고 농담했다. 과연 그렇다. 하지만 그의 두 번째 지적은 보다 진지했다. 그는 고상한 문화에 대한 능숙함은 무의미한 가식이 아니라 좋은 프로그램을 제작하기 위한 핵심이라고 말했다.

> 6TV의 생산물은 문화적 가공품이며, 따라서 사람들이 소장하고 있는 책이나 벽에 걸어둔 그림과 같은 범주에 속합니다. 우리도 그렇게 판단하고 시청자들도 마찬가지입니다. 여러분이 〈빅 브라더〉[영국 예능 프로그램]에 대해 지적 비평을 하거나 대중문화를 진지하게 받아들이고 적합한 수준의 비평을 하는 것이 유용하지 않다고 주장하는 거라면, 저는 이에 강력하게 반발할 것입니다.

조시는 여기서 중요한 점을 지적한다. 우리는 방송사의 커미셔너가 아닌 사회학자이므로 엘리트 직무를 효과적으로 수행하는 데 필요한 기술과 자질이 정확히 무엇인지 얘기하기에 분명한 한계가 있다. 그리고 일부 인터뷰 참여자(우연히도 거의 항상 고위직에 있는 백인 특권층 남성)는 조시처럼 우리가 임의적 행동 규범이나 '능력'의 퍼포먼스라고 간주한 것이 실제로는 전적으로 합당한 '능력'의 구성 요소이며, 엘리트 직무를 잘 수행하려면 자기표현이나 문화적 지식을 보유해야 한다고 반박하기도 했다.

우리는 이것이 간단한 문제가 아님을 인정한다. 특히 엘리트 전문직 종사자들이 비즈니스나 자금 조달을 위해 의존하는 고객들이 이런 것들을 중요하게 여기는 경우에는 더욱 그렇다. 그러나 우리는 이러한 속성을 기술, 지능 또는 신뢰할 수 있는 '능력'의 척도와 연결하는 명확한 연관성이나 설득력 있는 근거를 찾지 못했다는 점을 강조하고자 한다. 게다가 인터뷰에 응한 대다수의 사람들은 (익명 인터뷰라는 안전한 범위 내에서 이야기할 때) 이 사실을 스스로 인정했다.

우리는 또한 '능력'에 대한 우리의 견해를 명확히 하고자 한다. 우리가 재능이라는 것이 존재하지 않는다거나 경력의 성공이 개인의 기술이나 노력과 무관하다고 말하는 것으로 이해되지 않았으면 한다. 우리가 연구한 분야에서 성공한 사람들은 대부분 실제로 똑똑하고 열심히 일하고 재능 있는 사람들이었다. 우리의 핵심 주장은 이러한 분야에서 '능력'의 식별은 '능력'이 실행되고 촉진되는 방식, 그리고 능력을 인정해주는 의사 결정권자가 누구인지와 얽혀 있다는 것이다. '능력'을 우리가 가진 다양한 편견과 분리하여 완전히 객관적인 방식으로 평가하는 것은 거의 불가능하다. 표준화된 테스트조차도 타고난 능력만큼이나 인종, 계급, 성별에 기초한 편견이나 테스트 경험을 반영하는 경우가 많다.[13] 이렇게 '능력'에 대한 평가가 다른 형태의 사회적 평가에 포함되는 경우가 너무 많기 때문에 특권층은 (적어도) 똑같이 그럴 만한 자격이 있으나 더 불리한 배경을 가진 사람들보다 더 쉽게 보상받게 된다.

13   Fischer and Voss(1996); Atkinson(2015).

우리는 이것이 인사 전문가부터 다양성 책임자, 고위 관리자에 이르기까지 엘리트 직종에 종사하는 모든 사람에게 시사하는 바가 있다고 본다. 그 시사점을 이러한 유형의 실무자를 위한 10가지 실용적인 권장 사항으로 추려서 에필로그에 실었다. 이를 통해 우리는 조직과 개인 모두에게 계급 천장을 타개할 수 있는 도구를 제공하고자 한다. 여기서는 이러한 모든 개입의 중심이 되는 두 가지 요점만 덧붙이겠다. 첫째, 우리의 연구는 엘리트 직종에 종사하는, 특히 그 상층부에 위치한 사람들이 의존하는 '능력'의 '객관적' 척도에 비판적 질문을 던지며 그 척도에 주관적이거나 퍼포먼스적 차원이 있지는 않은지 신중하게 고려할 필요가 있음을 강조한다. 둘째, 우리는 계급 천장을 타개하기 위한 직접적인 정치적 행동의 필요성을 강조하고자 한다. 영국 정부는 최근 대기업이 내부 임금 격차에 대한 세부 정보를 공개하도록 하는 등 성별 임금 격차 해소를 위해 앞장서고 있다. 이러한 의무적인 보고가 성 불평등을 해결하는 만병통치약은 아니지만 기업의 책임을 공개적으로 촉구하는 효과적인 방법이 될 수 있음이 입증되었다. 몇 가지 중요한 변화도 뒤따랐다. 예를 들어, 많은 대기업이 당혹스러운 데이터의 악영향에 대응하기 위해 서둘러 조치를 취했다. 우리는 계급 천장 문제를 해결하는 데 이와 유사한 접근 방식이 가능하다고 본다. 무엇보다 점점 더 많은 기업이 직원의 사회적 출신에 대한 데이터를 수집하기 시작했기 때문이다. 우리는 정치인들이 과감하게 계급 임금 격차에 대한 보고를 의무화할 것을 촉구한다.

이것이 사회학에 왜 중요한가

우리는 (바라건대) 학계를 넘어 대중에게 호소할 수 있는 방식으로 이 책을 쓰려고 노력했다. 물론 우리는 이 책이 사회학 분야의 동료들에게도 유용하게 읽히길 바란다. 여기에 우리의 주요 기여 사항이라고 생각되는 것들을 요약해보았다(이에 대한 상세한 내용은 10장에서 다뤘다).

첫째, 우리의 접근법과 연구 결과가 연구자들이 사회 계급에 대해 생각하는 방식에 영향을 미칠 것이라고 본다. 예를 들어, 사회이동성에 관한 연구는 대부분 일단 계급 '도착지'(특정 직업에 진입)에 도달하면 계급 태생이 더 이상 중요하지 않다는 가정을 전제로 진행된다. 하지만 우리의 분석 결과 계급 태생은 개인에게 매우 '끈적끈적하게 달라붙는다'는 것이 드러났다. 계급 태생에서 비롯한 자원은 많은 경우 직업에 진입하는 단계를 넘어 개인의 인생 경로를 형성한다.

일부 계급 연구자에게는 이것이 다소 진부한 관찰로 보일 수 있다. 무엇보다도, 풍부한 질적 연구에 따르면 계급 정체성은 (적어도 어떤 형태로든) 과거의 상징적 낡은 인습을 늘 지니는 경향이 있으며, 이러한 역사적 각인은 종종 사람들이 현재 행동하는 방식에 중요한 영향을 미친다.[14] 그러나 지배적인 계급 분석의 양적 영역에는 계급 태생이 어떻게 지속되는지에 대한 민감성이 종종 결여되어 있다. 또한, 사회적 출신에 뿌리를 둔 경제, 문화 자본이 어떤 직업이나 기업에 들어갈 수 있는지뿐만 아니라 커리어에서의 성공에 어떤 영향을 미치는지를 입증한 연구는 우리가 아는 한 아직까지 없었다.

둘째로, 이와 관련하여 우리의 분석은 사회 이동성 연구를 수

---

14   Skeggs(1997); Lareau(2011).

행하는 새로운 방식을 제시한다. 우리의 연구는 한 사람의 계급 도착지가 여러 직업을 하나의 집단으로 묶은 광범위한 직업군으로는 결코 완전히 포착되지 않음을 보여준다. 이러한 '큰 직업군'은 너무 많은 관련 정보를 숨기기 때문이다. 우리가 보여주듯 NS-SEC 1[15]에 속하는 직업은 이동률의 편차가 큰 것이 특징이다. 이러한 차이를 이해하면 세대 간 계급 불평등이 재생산되는 정확한 경로에 대한 중요하고 새로운 통찰을 얻을 수 있다. 실제로 우리의 분석은 다양한 엘리트 직업군에서 서로 다른 형태의 지식과 '능력'이 갖는 중요성, 그리고 이것들이 서로 다른 이동률에 어떻게 연관되어 있는지를 제시한다. 특히 (방송사 외주제작국이나 자문 부서와 같이) '능력' 또는 입증 가능한 전문성의 개념이 모호하고 평가하기 어려운 엘리트 직종에서 특권층을 배경으로 한 과시적 문화 요소들이 더 구체적인 이점을 제공할 수 있음을 보여준다. 이처럼 불확실성이 높은 조건하에서 '능력'의 계급화된 퍼포먼스는 더 높은 가치를 갖는다.

　　하지만 우리는 여기서 더 나아가고자 했다. 우리는 구체적인 개별 직종조차도 개인의 계급 도착지를 이해하는 데 충분하지 않다고 본다. 10장에서 소개했던, 규모가 다른 회사에서 근무하는 서로 다른 계급 배경의, 그리고 연봉 차이가 상당한 두 회계사의 예를 보자. 두 사람은 분명 같은 직종에 속하지만 그들이 유의미하게 같은 계급 위치에 있는지는 명확하지 않다. 단일 직업은 직업군보다 계급 위치를 더 정확하게 나타내지만(같은 직업에 종사하는 사람들은 더 넓은 범위의 직업군에 속한 사람들보다 수입과 기타 자원이 더 비슷할 가능성이 높

15　　영국의 공식 직업 분류 체계에서 가장 위에 있는 '큰 범주의 계층big class'이며, (일부 문화 및 크리에이티브 산업 분야의 직업과 함께) 이 책 전체에 걸쳐 우리가 분석한 '엘리트 직업군'의 기초다.

다) 이조차도 중요한 차이를 숨길 수 있다. 실제로 부르디외에 이어 최근에는 골드소프[16]를 반영하여, 우리는 사회적 지위와 자원에 관한 여러 지표를 고려해야만 계급 도착지에 대한 완전한 이해가 가능하다고 본다.

셋째, 우리의 분석이 계급 이외의 주제들, 특히 성별과 인종 및 민족을 연구하는 학자들에게도 유용할 수 있다고 조심스럽게 덧붙인다. 임금 불평등이라는 측면에서 계급, 성별, 인종 간의 체계적인 교차점을 보여주는 연구는 우리가 아는 한 이번 연구가 처음이다. 이를 통해 일종의 포괄적인 '마스터 변수'로서 계급의 부활을 시사하려는 의도는 전혀 없지만, 향후 유리 천장과 임금 격차에 대한 연구는 가능한 경우 계급 태생을 함께 고려하여 교차적인 통찰을 얻을 수 있을 것으로 생각한다.

마지막으로 우리는 또한 우리의 연구가 점점 더 늘어나고 있는 '계급 태생의 긴 그림자'를 탐구하는 연구의 확장이라고 본다. 부르디외에게서 상당 부분 영감을 얻은 이 분야 연구는 오래전부터 계급 배경이 초중등 교육과 대학 경험을 형성하는 데 얼마나 점착성이 높은지 설명했다.[17] 최근에는 로런 리베라와 루이즈 애슐리의 획기적인 연구가 노동 시장으로, 특히 엘리트 기업의 채용 관행이 특권층 출신에게 유리하게 작용하는 방식으로 그 초점을 옮겼다.

우리의 작업은 이러한 맥락에서 연구를 이어가되, 세 가지 주요한 방식으로 '긴 그림자'에 대한 이해를 더한다. 첫째, 우리의 연구는 이 학자들이 잘 설명한 (후원과 계급-문화적 매칭을 포함한) 많은 과

---

16   부다페스트에서 열린 2014년 춘계 RC 28 회의에서 골드소프가 한 기조연설에서.

17   Abrahams(2017).

정을 반복하지만, 그러한 계급화된 메커니즘이 은행계와 법조계 외에도 다른 많은 엘리트 분야에서 작동함을 보여준다. 또한 이러한 동인들은 채용 단계뿐만 아니라 엘리트 커리어 전반에 걸쳐 중추적인 역할을 한다. 실제로 우리는 그런 동인들이 커리어 진전을 구조화하는 데 더 강력하다고 본다. 왜냐하면 일상적인 업무 환경에서 후원자들이 '뒷문' 궤적을 뒷받침해주거나, 의사 결정권자들이 사무실 내의 상호 작용에서 더 오래 지속되는 '적합성'의 느낌을 만들어내기 때문이다. 셋째, 우리의 분석 결과는 계급 태생이 직업 궤적을 형성하는 또 다른 방식을 제시한다. 특히 우리의 연구는 외부의 경제적 지원이 사람들의 경력 궤적에 미칠 수 있는 역할을 강조한다. 우리는 채용 과정에서 잘 드러나지 않고 성공에 대한 이야기에서 흔히 과소평가되는 가족의 자원이, 그럼에도 불구하고 특히 문화 산업과 같이 불안정한 노동 시장에서 경력을 형성하는 데 중추적인 역할을 한다는 사실을 발견했다. 재정적 지원 또는 심지어 지원받을 수 있다는 이론적 가능성만으로도 특권층은 더 돈벌이가 되거나 이름 있는 커리어 경로로 전환할 수 있는 반면, 이런 도움을 받을 수 없는 사람들은 더 안정적이지만 임금이 낮은 궤적으로 밀려나게 된다.

몇 가지 추가적인 설명

우리는 또한 이 책에서 말하는 바가 아닌 것, 암시할 의도가 없는 것을 명확히 하고자 한다. 무엇보다, 현재 우리가 가진 증거 이상으로 계급 천장이 작동하는 방식을 확실하게 말할 수는 없다. 우리는 확보한 증거를 통해 상위 직종과 많은 특정 직종에 전반적으로 계급 천장이 존재한다는 것을 상당한 확신을 가지고 주장할 수 있다.

우리가 진행한 네 가지 사례 연구 중 세 가지에서 계급 천장이 존재하며, 이는 우리가 설명한 메커니즘을 통해 작동한다고 말할 수 있다. 우리는 다른 회계법인과 방송사, 그리고 다른 엘리트 직종에서도 이와 동일한 메커니즘이 상당수 작동할 가능성이 높다고 생각하지만, 추가 연구 없이는 명확히 알 수 없다.

우리가 확인한 장벽이 우리가 조사한 기업이 아닌 다른 곳에서도 작동한다고 말할 수 없는 것처럼, 우리가 해당 기업들에서 작동하고 있는 모든 메커니즘을 다 확인했다고 확신할 수도 없다. 예를 들어 많은 사람들이 노동 계급 출신은 아마도 급여 인상 요구를 주저할 것이고, 승진을 위해 퇴사하겠다고 협박하는 일은 별로 없을 거라는 의견을 제시했다. 우리는 이러한 영역에서 중요하고 중대한 성별 차이가 존재한다는 것을 알고 있으며,[18] 따라서 계급-문화적 차이 또한 존재한다고 보는 것이 타당하리라 생각한다. 그러나 현장 조사에서 이에 대한 체계적인 증거를 찾지는 못했다. 이는 우리의 방법론적 선택과 관련이 있을 수 있다. 이러한 관행에는 특정한 도덕적 낙인이 찍혀 있을 수 있으며, 따라서 인터뷰를 통해 묻기보다는 민족지학적으로 사람들의 행동을 관찰하는 것이 더 나은 방법일 수 있다.

마찬가지로, 많은 독자들은 계급 차별의 문제에 대해 궁금해할 것이다. 우리가 한 연구에서 노골적인 차별이라고 할 만한 것은 매우 제한적으로 관찰되었다는 점을 밝힌다. 예를 들어 상위 직종에 걸쳐, 그리고 우리의 조사 대상 가운데 세 분야의 내부에는 계급에 따른 임금 격차가 존재했지만, 다른 계급 배경을 가진 사람들이 동일한 일을 하면서 불평등한 임금을 받는다는 증거는 발견하지 못했

---

18   Babcock et al(2003); Babcock and Laschever(2009).

다. 하지만 '미세공격'이라고 부를 수 있는 사례는 여러 건 존재했다. 동료들로부터 노동 계급 억양을 조롱당하거나, '차브chav'[19]를 비롯한 노동 계급에 대한 고정관념을 반영하는 여러 농담의 대상이 되는 것 등이 그 예다. 이러한 미세공격은 8장에서 살펴본 바와 같이 연기 분야에서 가장 두드러지게 나타난다. 특히 레이가 언급했듯이 "사람들이 여러분에 대해 순간적인 판단을 내리는" 오디션에서 더욱 그렇다. 그레이스가 상기했듯이 "누군가 내게 마음먹으면 '제대로' 말할 수 있는지 물어본 적이 있어요. 실제로 제 면전에 대고요!" 짐은 연기학교에서 비슷한 경험을 했다고 회고했다. "선생님 중 한 명이 저에게 '돌아가서 배관공이 될 생각을 해본 적은 없냐?'라고 말했어요. 실제로 선생님이 한 말이에요. '돌아가서 배관공이나 해라'라고요."

하지만 이것들은 개별 사례에 불과하다. 우리가 이야기를 나눈 대부분의 특권층 출신은 다양한 계급이 함께 있는 환경에서 일하고 싶다고 열심히 강조했으며, 노동 계급 출신 동료들에 대한 지지를 표명했다. 다시 한번 강조하지만, 그렇다고 해서 우리의 연구 대상 기업이나 다른 상위 직종에서 계급 출신에 의한 차별이 존재하지 않는다는 의미는 아니다. 다시 한번, 차별은 우리가 미처 발견하지 못했거나 인지할 수 없는 방식으로 발생하고 있을 수 있다. 예를 들어, 최근 연구에 따르면 영국의 특권층은 개인적으로는 계급적 우월 의식을 계속 유지하고 있지만 인터뷰 같은 상황에서는 개방적이고 관용적이며 타인을 존중하는 태도를 보여야 한다는 강한 도덕적 필요로 인해 그러한 판단을 표현하는 데 제약을 받는다.[20]

---

19   일반적으로 젊은 노동 계급 사람들을 비하하는 용어다.

20   Jarness and Friedman(2017) 참조.

또한, 우리의 연구 결과는 노동 계급 출신의 경험 및 소득에 전반적으로 나타나는 패턴과 주제들에 관한 것임을 강조하고자 한다. 모든 사회학 연구가 그렇듯이, 그리고 평균적인 것 혹은 전형적인 것에 대한 모든 주장이 그렇듯이 이는 배우나 의사, 회계사 또는 CEO가 된 모든 노동 계급 출신이 이런 장벽 중 하나 또는 전부에 직면한다는 의미는 아니다. 다시 말해, 이 중 어느 것도 노동 계급은 절대 정상에 오르지 못한다거나 엘리트 직종에 종사하는 모든 노동 계급 출신이 커리어에서 큰 어려움을 겪을 것이라는 의미로 이해되어서는 안 된다. 우리의 인터뷰에 응한 다수의 노동 계급 출신이 매우 높은 성취를 이루었다(「방법론에 관한 부록」의 [표 A.1a-1d]에서 보듯).

특히 건축 회사 쿠퍼스의 사례 연구에서 나타난 결과를 주목할 만하다. 우리는 쿠퍼스에서 계급 천장을 발견하지 못했다. 7장과 8장에서 우리는 그 중요한 이유 중 하나가 쿠퍼스에서는 '능력'의 계급화된 퍼포먼스가 덜 중요하기 때문이라고 주장한다. 에이먼의 표현을 빌리자면 "헛소리를 꿰뚫어볼 수 있는" 고위 인사들과 고객 모두에게 그것이 덜 가치 있게 여겨지기 때문이다. 동시에 우리는 기술 전문성의 형태로 나타나는 전통적인 '능력'의 지표가 더 쉽게 입증된다는 사실도 발견했다. "실용적인 건축가"인 게리는 파트너들이 작업의 품질은 그것을 수행하는 사람의 성격이 아니라 작업 결과물을 통해 식별할 수 있다고 믿는다고 언급했다.

하지만 그렇다고 해서 쿠퍼스가 다른 불평등으로부터 자유로운 것은 아니다. 건축 분야에서 특이한 일은 아니지만, 여성 파트너의 부족이라는 암울한 현실은 '능력'의 퍼포먼스가 중요한 방식으로 젠더화되어 있음을 시사한다.

우세한 바람

우리는 6TV의 최고위급 커미셔너 중 한 명인 마크와 함께 이 책의 서두를 열었다. 마크는 지속적으로 영향을 미치는 특권을 자신의 커리어가 앞으로 나아갈 수 있도록 줄곧 밀어준 '순풍'이라고 표현했다. 이 우세한 바람이라는 개념은 유리한 출신 계급이 제공하는 교묘한 추진력이 경력 궤적에 미치는 영향을 잘 포착한다. 즉 타고난 유리한 조건으로 인해 어떤 행동이 가능해지고, 어떤 종류의 자원을 이용할 수 있고, 자신의 '능력'을 얼마나 더 잘 보이게 할 수 있는지를 적절하게 보여주는 비유다. 다시 말해서 특권은 에너지 절약 장치로 작용하여 적은 노력으로 더 멀리 갈 수 있도록 도와준다. 아울러 이 비유는 '바람을 거슬러' 올라가는 사람들의 경험을 시각화하기도 한다. 이러한 개인들이 앞으로 나아갈 수 없다거나 결코 정상에 도달할 수 없다는 뜻이 아니다. 단지 일반적으로 더 오래 걸리고, 빈도가 더 낮으며, 현저히 더 많은 노력이 들거나 심지어 탈진을 경험하기도 한다는 얘기다.

계급 특권을 우세한 바람으로 생각해보는 것은 그것이 엘리트 직업을 훨씬 뛰어넘는 파급력을 가졌다는 면에서도 유용한 차원을 제공한다. 물론 이 책은 주로 영국 사회 최상층의 사회 이동성 또는 그 부재에 관한 내용이다. 하지만 우리는 이 연구 결과가 정상에 오른 사람들에 대한 숭배를 더하는 쪽으로 읽히지 않기를 바란다. 계급 배경은 누가 최고 연봉을 받고 가장 권력 있는 직업을 가졌는지에만 중요한 것이 아니다. 그보다 우리는 이번 연구 결과가 특권이 계급 구조의 모든 부분에서, 모든 종류의 삶의 결과에 영향을 미치는 여러 방식 중 하나를 보여준다고 생각한다.[21] 이 모든 영역에서 특권의 바람이 '능력'으로 잘못 받아들여질 때 그 결과 발생하는 불평등은 정당화된다. 운이 좋은 사람들은 그것을 스스로 노력해서 얻은 것이라 믿게 되고, 운이 좋지 않았던 사람들은 자신을 탓하게 된다. 이 책에서 우리는 상위 직종에서 거둔 커리어 성공을 설명하기에 '능력'이 불충분한 요소라는 점을 밝혔다. 이를 통해 사회적 출신이라는 우연에 기초해 과도하게 불평등한 보상을 배분하는 경제 시스템의 정당성에 보다 폭넓은 질문이 제기되기를 바란다.

.

21 예를 들어, 우리가 조사한 엘리트 직업군 이외의 계급 도착지에 속한 다른 사람들과 특권층 출신을 비교했을 때 '계급 바닥class floor' 효과의 일부 증거를 발견했다. 상위 경영직 및 전문직(이 책에서 '전문직/경영직 출신'이라고 부르는 집단의 상위 절반, NS-SEC 1) 출신은 하위 경영직 및 전문직(교사, 간호사 등, NS-SEC 2) 출신보다 약 16퍼센트, 중간직 출신(NS-SEC 3~5)은 노동 계급 출신보다 약 4.5퍼센트 더 많이 버는 것으로 나타났다(미공개 분석 자료).

에필로그: 계급 천장을 부수는 10가지 방법

학자들은 문제 진단에 능하다. 학자가 덜 유능한 부분은 대개 중요한 통찰을 구체적이고 실행 가능한 정책 권고안으로 전환하는 것이다. 이는 부분적으로 우리가 주로 묻는 질문 때문이다. 예를 들어, 앞서 살펴본 바와 같이 계급 천장의 동인은 대부분 사회적이다. 계급 천장은 개인의 가족 배경에서 비롯된 (경제적, 문화적, 사회적) 자원의 근본적인 불평등에 기인한다. 이러한 체계적 불평등을 해결할 수 있는 간단하고, 특효약 같은 정책 도구는 존재하지 않는다. 하지만 이는 또한 전문성의 문제이기도 하다. 우리 같은 사회학자들은 통상적으로 정책적 해결책을 고려하도록 훈련받지 않았다. 우리 말고 그런 훈련을 받은 사람은 아주 많다. 그 좋은 예는 고등교육 및 고용 분야에서 사회경제적 다양성을 연구하고 장려하는 자선 단체인 더 브리지 그룹The Bridge Group의 최고경영자 닉 밀러다.[1] 2008년 설립된 더 브리지 그룹은 영국에서 사회 이동성 정책에 관해 목소리를 내는 대표적인 기관으로 자리매김했다. 이들은 비판적이고 독립적

[1]   더 브리지 그룹에 대한 자세한 정보는 www.thebridgegroup.org.uk 참조.

인 연구를 수행하되 고용주와 함께 작업하여 연구 결과로 얻은 통찰을 조직이 실제로 구현할 수 있는 실용적인 권고안으로 전환하는 고유한 서비스를 제공하여 명성을 구축했다. 에필로그의 나머지 부분에서는 닉과 함께 계급 천장 문제를 어떻게 해결할 수 있을지 살펴볼 것이다.[2] 아울러 우리는 유의미한 변화를 지원하기 위한 10가지 실용적인 단계를 제시할 것이다.

우리의 권고안을 설명하기 전에 먼저 사회 이동성과 엘리트 직업을 둘러싼 오늘날의 정책 지형을 간략히 고찰해보자. 이 책의 머리말에서 설명했듯이 영국에서 가장 알아주는 직업들이 지닌 배타성에 대해서는 오랜 기간 정치적 우려가 있었다. 그러나 이러한 우려는 대부분 고용주들이 조직에서 실천할 의제로 전환되지 않았다. 사회 이동성을 촉진하기 위한 조치는 성별 및 민족(그리고 장애와 성적 지향)에 대한 개입보다 수년가량 뒤처져 있는 것이 사실이다. 여기에는 세 가지 주요한 이유가 있다. 첫째, 엘리트 직종으로의 사회 이동성과 관련하여 조직이 활용할 수 있는 견고한 증거 기반이 존재하지 않는다. 둘째, 기업들은 출신 계급(또는 대부분의 고용주가 '사회경제적 배경'이라고 부르는 것)을 효과적으로 측정하는 방식에 대한 오랜 우려를 가지고 있다. 셋째, 영국에서 출신 계급은 보호되는 특성이 아니기 때문에 조직에 행동을 강요할 법적 근거가 없다.

하지만 이런 상황이 바뀌고 있다. 전문직을 '개방'할 필요성을 강조한 2009년 사회이동성위원회의 「밀번 보고서」 이후로 정치적 압력이 서서히 증가해왔다. 특히 연합 정권이 수립한 '사회 이동

---

2   여기서는 주로 영국의 정책 지형에 초점을 맞추었지만, 이러한 권고 사항 중 상당수는 미국 및 기타 국가에도 적용될 수 있을 것이다.

성 비즈니스 협약Social Mobility Business Compact'은 연구와 정치적 수사에서 행동으로 나아가는 중요한 신호탄이었다. 이 협약이 고용주들이 채택해야 할 정책을 규정하지는 않았으나, 고용주들이 모여 사회 이동성 촉진과 관련된 의무와 기회에 대해 토론하고 공유하게 하는 데 중요한 역할을 했다. 일부 유명 고용주들은 선도적 역할을 했다. 예를 들어, 더 브리지 그룹의 기념비적 보고서 「공무원 패스트 스트림 내부의 사회경제적 다양성Socio-economic diversity in the Civil Service Fast Stream」[3](공무원 패스트 스트림은 전 분야에 걸친 공무원들에게 여러 기회와 경험, 지원을 제공하여 미래의 공무원 리더 및 관리자로 육성하는 영국의 정부 기관이다—옮긴이)은 대규모 전국 단위 고용주에 대한 최초의 심층 분석 보고서로, 이를 통해 일련의 실용적인 권고안이 제시되고 실행되었다. 패스트 스트림은 '낮은 사회경제적 배경'을 가진 지원자의 채용을 2배로 늘렸다. 전문 서비스 부문에서도 KPMG 등의 기업이 다양성과 포용성 전략을 더 잘 수립하기 위해 포괄적인 인력 데이터 수집, 발표, 사용을 지지하면서 투명성 측면에서 새로운 지평이 열렸다.[4]

물론 고용주들의 투자는 다양성이 비즈니스 성과 향상으로 이어질 것이라는 믿음에서 비롯된 부분이 있으나, (사회경제적 다양성 증진을 위해 취한 조치에 따라 고용주의 순위를 매기는) 사회 이동성 고용주 지수Social Mobility Employer Index의 성장에서 보듯 동료 집단이 가하는 사회적 압력도 이러한 변화에서 핵심적인[5] 역할을 했다.[6]

---

3   Bridge Group et al(2016).

4   KPMG(2016).

5   그러나 우리는 사회 이동성의 개선을 고용주 간의 집단적 책임과 협력이 필요한 사회문제가 아니라 개인 간의 경쟁으로 전환하는 고용주 지수 같은 이니셔티브의 목표에 다소 회의적이라는 점을 언급하고자 한다.

이제 고용주를 위한 10가지 권고 사항을 개괄하고자 한다. 이 권고 사항들은 다양한 조직 환경에서 사회 이동성을 개선하려 할 때 무엇이 가능하고 효과적인지에 대한 더 브리지 그룹의 경험과 이 책에서 확인한 계급 천장의 구체적 동인을 해소하는 방법을 바탕으로 하고 있다.

① 출신 계급을 측정하고 모니터링하라

엘리트 직종에서 의미 있는 변화를 이루기 위한 첫 번째 단계는 정확한 측정일 것이다. 현재로서는 계급 또는 사회경제적 배경을 측정하고 모니터링하는 것에 대한 전 부문에 걸친 합의가 거의 존재하지 않는다. 많은 조직이 여전히 이 영역의 데이터를 수집하지 않고 있으며, 데이터를 수집하는 조직들은 여러 가지 서로 다른 측정 방법을 사용하고 있다. 최신 자료에 따르면, 출신 계급은 여러 다양성 요소 가운데 유일하게 직원들을 대상으로 실제로 이를 측정하는 고용주보다 그에 대한 전략을 마련해두었다고 주장하는 고용주가 더 많은 속성이었다.[7] 이는 많은 고용주들이 문제를 충분히 이해하지 못한 상태에서 그것을 해결하려 시도하고 있음을 뜻한다. 측정하지 않으니 발전이 어려웠고, 조직들은 동종 업계의 타사나 그 밖의 다른 조직들과 데이터를 서로 참조할 수 없었다. 그러나 이런 상황이 바뀌고 있다는 중요한 징후가 있다. 2018년 6월, 영국 정부는 우리 연구

6   Social Mobility Foundation(2018).

7   https://ise.org.uk/page/ISEPublications 참조.

팀과 더 브리지 그룹을 포함한 이해 관계자들과 협의하여 고용주가 직원들의 출신 계급을 측정하는 방법을 담은 권고안을 발표했다.[8] 이 권고안은 조직이 직원들에게서 부모의 직업, 학교 교육 유형, 무료 급식 자격, 부모의 고등교육 경험 등 네 가지 영역에서 데이터를 수집할 것을 권장한다. BBC, KPMG, 공무원 조직 등 다수의 대규모 조직이 이미 이러한 데이터를 수집, 분석했으며, 다른 조직들도 그 뒤를 따를 준비를 하고 있다.[9] 이를 위해 우리는 모든 고용주가 더 브리지 그룹의 지침(웹사이트[10]에서 제공)을 따라서 출신 계급과 관련된 직원 다양성 데이터를 수집할 것을 촉구한다. 해당 지침은 조직이 질문해야 할 구체적인 설문조사 항목, 제공해야 할 답변의 범주, 높은 응답률을 유도하는 데 유용한 커뮤니케이션, 그리고 결과 데이터를 제시하는 방법에 대한 자세한 가이드를 제공한다.

　　어떤 조직들은 시간과 비용이 많이 소요되는 직원 설문조사에 이 네 가지 새로운 측정 항목을 도입하는 것을 주저할 수도 있다. 이 책에서 취한 접근법과 마찬가지로, 만약 단 하나의 척도만 사용할 수 있다면 우리는 가장 좋은 단일 척도는 부모의 직업임을 강조하고 싶다. 권장된 다른 척도들과 달리 부모의 직업은 개인이 성장 과정에서 경험한 계급적 이익과 불이익의 상대적 정도를 정확히 파악하는 데 유용할 뿐만 아니라, 정확하고 명확하며 쉽게 비교할 수 있고, 응답을 이끌어낼 가능성이 높다.

8　　https://www.gov.uk/government/publications/socio-economic-background/socio-economic-background-seb 참조.

9　　이들 각 조직은 더 브리지 그룹의 구체적인 조언과 지원을 받아 이를 수행했다. BBC(2017) 참조.

10　　https://www.thebridgegroup.org.uk/research 참조.

② 조직 내부에 계급 천장이 존재하는지 확인하라

효과적인 측정에는 두 가지 차원이 존재한다. 조직은 직원의 전체적인 계급 구성을 파악해야 하지만 또한 거기서 멈추지 않는 것도 중요하다. 우리는 기업들이 회사 내부에도 계급 천장이 존재하는지 조사할 것을 촉구한다. 직급이나 직책에 따라 사회경제적 구성이 어떻게 달라지는지(4장 참조) 또는 출신 계급에 따라 임금 격차가 존재하는지 살펴보고, 이것이 직무 교육, 근속 기간, 평가 등급 등 직무 성과나 기술과 명확하게 연결되는 지표로 설명될 수 있는지(2장 및 3장 참조) 조사하면 된다. 기업 내부에 천장 효과가 존재함을 발견할 경우, 우리는 이를 유발하는 요인을 파악하기 위해 질적 연구를 수행할 것을 권장한다. 이 책에서 강조한 바와 같이 계급 천장의 동인 다수가 기업별로 다르므로 기업별 해결책이 필요하다.

③ 재능에 대한 대화를 시작하라

이 책에서 설명한 계급 천장의 동인 중 가장 중요한 것은 조직 내부에서 재능과 '능력'이 어떻게 정의되고 보상받는지와 관련이 있다. 여기서 핵심은 '능력'의 식별이 종종 (계급화된 자기표현 및 임의적 행동 규범이라는 측면에서) '능력'이 수행되는 방식 및 이러한 속성을 인식하고 보상하는 의사 결정자가 누구인지와 긴밀히 얽혀 있다는 점이다. 이는 특히 조직이나 업계 내부에서 재능이 어떤 모습으로 나타나는지에 대한 논쟁이 있을 경우 매우 다루기 어렵고 골치 아픈 이슈다.

그러나 우리는 이 논쟁을 조직이 수용하고, 그들이 의존하는 '능력'의 '객관적' 척도를 비판적으로 검토할 것을 강력히 권고한다. 또한 그러한 척도에 주관적 또는 퍼포먼스적 차원이 존재하는지, '능력'이 인정되는 방식을 뒷받침할 수 있는 맥락적 요인이 존재하는지, 그리고 그것이 입증 가능한 결과 또는 성과와 어느 정도 신빙성 있게 연결될 수 있는지 신중하게 고려하기를 권고한다. 결정적으로 중요한 것은 조직이 이러한 개방적이고 솔직한 대화가 이루어질 수 있는 기회를 만들고, 여기에 모든 직급의 사람들이 기여할 수 있도록 하는 것이다. 이러한 대화를 이끌어내는 방법은 다양하다. 컨퍼런스[11], 블로그 및 웨비나를 통한 온라인 참여(이러한 방식에서는 익명성이 유용할 수 있다), 일련의 공개 행사[12], 또는 내부 워크숍 등의 형태로 진행될 수 있다. 어떤 경우이든, 의도적으로 권위 있으면서도 서로 반대되는 목소리들이 증거, 연구 및 데이터에 대해 토론하고 논쟁하게 해야 하며, 이 절에서 설명한 제안을 바탕으로 실질적인 대응책을 마련하는 것을 목표로 해야 한다.

---

11   방송업계는 몇 가지 좋은 예를 제공한다. 예를 들어 2018년 Channel 4 다양성 컨퍼런스에서는 Channel 4, Sky, BBC, ITV의 주요 크리에이티브 인사들이 모여 방송업계에 계급 천장이 존재함을 입증하는 데이터에 대응하는 패널 토론을 벌였다. 여기서 이들은 이 문제를 해결하기 위한 계획, 특히 업계에서 행동 규범의 역할에 대해 설명했다. 마찬가지로 2018년 에든버러 국제 TV 페스티벌에서는 '제작하기엔 너무 상류층스러운Too Posh to Produce'이라는 제목의 행사에서 수백 명의 방송업계 전문가로 구성된 청중에게 이 분야에서 '재능'의 의미를 분석해달라고 요청했다.

12   예를 들어, 아래 링크의 공무원 조직 블로그 참조. 해당 블로그는 사회경제적 배경과 관련하여 여러 부서에서 다양성과 포용성 문제를 고려해 진행한 일련의 행사를 소개한다. https://civilservice.blog.gov.uk/2016/09/12/defining-our-progress-on-social-mobility

④   교차성을 진지하게 고려하라

조직 내 평등과 다양성을 확충하려는 노력은 많은 경우 성별, 인종 등 사회적 불평등의 단일 축을 따라 일차원적으로 조직된다. 그러나 직장 생활에서는 대개 여러 불평등의 축이 함께 작용해 서로 영향을 미치고, 서로 다른 방식으로 경험되는 여러 다른 불이익을 만들어낸다고 이해하는 것이 옳다. 예를 들어, 이 책의 분석에서 알 수 있듯이 노동 계급 출신 백인 여성과 유색 인종은 소득에서 매우 분명한 '이중의 불이익'에 직면해 있으며, 이는 단순히 합산되는 것이 아니라 배가될 수 있다. 많은 경우 이는 의사 결정권자가 여성과 남성의 계급 배경을 '읽는' 방식이 달라서 생기는 일이다. 그러므로 우리는 조직이 직원 데이터를 분석하는 방식과 '다양성' 문제에 개입하는 방식을 설계할 때 여러 다른 다양성 영역 간의 교차점을 검토하기를 촉구한다.

⑤   사회 이동성 데이터를 발표하라

사회 이동성과 관련하여 긍정적인 변화를 이루기 위해서는 여러 업계에 걸친 공동의 책임과 협력이 필요하다. 이를 달성하기 위해서는 개별 조직이 각자 직면한 문제를 대담하고 투명하게 공개해야 한다. 특히 모든 직원과 고위 경영진의 계급 배경 데이터를 공개해야 한다. 이렇게 해야만 각 기업 및 부문이 서로를 참조해 업계 전반에 걸친 동인을 파악하고 공동의 해결책을 모색할 수 있다. 데이터를 공개할 때는 기업이 개선을 위해 어떤 조치를 취하고 있는지에 대한 세부 정보도 포함해야 한다. 데이터만 공개한다면 조직이 격려하고자 하는 바로 그 대상(노동 계급 출신 지원자)을 단념시키는 효과를 낼 수 있기 때문이다.

⑥　무급 및 미공고 인턴십을 금지하라

계급 천장의 가장 명확한 원인 중 하나는 특권층 출신이 커리어를 쌓기 위해 '엄마 아빠 은행'을 이용하는 것이다. 이는 외부의 재정적 지원이 있는 사람만 수행할 수 있는 무급 또는 매우 낮은 급여의 인턴십을 통해서 가장 직접적으로 이루어진다. 많은 엘리트 직종에서 여전히 흔한 이런 인턴십은 경쟁이 치열한 대졸 취업 시장에서 중요한 디딤돌이 된다. 예를 들어 2016/17년에 로펌에서 인턴십을 수행한 대학생의 60퍼센트 이상이 졸업 후 같은 로펌에 취업한 것으로 나타났다.[13] 이와 결부된, 그리고 마찬가지로 도움이 되지 않는 관행으로 미공고 인턴십이 있다. 이는 많은 경우 기존 직원과 연결된 폐쇄적인 네트워크에만 제공된다. 우리는 모든 조직이 무급 및 미공고 인턴십 관행을 완전히 중단하고, 모든 인턴십에 대해 4주라는 법적 제한을 두며, 수습생 부담금Apprenticeship Levy[14]을 사용하여 양질의 취업 기회를 창출하고, 인턴의 권리에 대한 접근 가능한 국가 지침을 발행하기를 촉구한다.

13　https://ise.org.uk/page/ISEPublications 참조.

14　2017년 4월에 도입된 이 제도는 신규 수습생 지원금을 마련하기 위해 영국의 고용주들에게 부과되는 부담금이다. 연간 급여 지급액이 300만 파운드를 초과할 때 납부하므로 영국 고용주 중 2퍼센트 미만이 그 납부 대상이다.

　　조직이 사회 이동성을 진지하게 받아들이려면 고위 경영진의 의미 있는 동참이 필요하다. 우리가 목격한 최선의 사례는 매우 높은 자리에 있는 개인(또는 한 명 이상)이 이러한 의제를 앞으로 나아가게 하는 가시적인 옹호자 역할을 하는 경우였다. 여기서는 책임감과 주인 의식이 필수적이다. 사회 이동성과 관련된 목표가 다른 기업 목표들과 동등한 지위를 가져야 하며, 동일한 방식으로 관리되어야 한다. 고위 경영진의 지지도 중요하지만, 변화가 가장 필요한 위치에 있는 사람들의 참여 역시 중요하다.

　　분명 회사마다 다르겠지만 우리의 연구 대부분과 더 브리지 그룹이 수행한 더 폭넓은 연구를 살펴보면 그런 사람들은 중간 및 준고위 관리자(즉 고위 임원급 이하이지만 그러한 직책으로 승진하는 궤도에 있는 사람)인 경우가 많았다. 그들이 지배적인 업무 문화를 규정하고 '사회화'하는 데 가장 큰 책임이 있고, 인재를 정의하고 식별하는 방법에 대한 일상적인 결정을 내리기 때문이다. 또한 포용과 평등을 추진하는 과정에서 스스로 가장 잃을 것이 많다고 생각하는 사람도 바로 이들 중간 및 준고위 관리자였다. 더 브리지 그룹의 경험에 따르면, 이들의 참여를 유도하기 위해서는 보통 비즈니스 성과와 사회적 평등, 이 두 가지 모두의 진전을 기초로 한 설득력 있는 논거가 필요하다. 또한 도전 과제의 본질을 강조하기 위한 내부 및 참조 데이터를 수집 제시해야 하며, 조직 내부의 목소리를 모아(독립적인 연구를 통해 확보하는 것이 가장 유용하다) 공감을 불러일으킬 수 있는 방식으로 당면한 이슈에 생기를 불어넣어야 한다.

우리의 모든 사례 연구 기업에서 비공식적 후원 문화가 발견되었다. 대개 공식적인 절차 밖에서 움직이는 고위 직원들은 문화적 유사성을 바탕으로 마음에 드는 후배 직원을 고속 승진시킬 수 있었다. 직장에서 누가 누구와 관계를 맺는지에 조직이 간섭하려는 시도는 어렵고 또 문제가 될 수 있지만, 고위 직원이 채용(특히 경력직 채용), 승진, 커리어 진전 및 직무 할당 시 공식 절차를 우회하는 등의 자율성을 얼마나 가질 수 있는지를 결정할 권한은 조직이 가지고 있다. 우리는 특권층이 과도한 보상을 받는 비공식적인 커리어 진전 경로를 차단하기 위해서는 적절하게 표현되고 제대로 집행되는 가이드라인이 핵심이라고 본다. 비공식적인 후원과 관련하여, 이를 달성하는 한 가지 방법은 (투명하게 설계되고 논의되는 프로그램을 통해) 이러한 후원 기회를 공식화하고, (모든 사람에게 기회를 제공하는 방식으로) 민주화하는 것이다. 더 일반적으로 말하자면, 고용주는 급여 및 승진과 관련된 방침을 설계하고 결정하는 일이 인사 부서만의 책임이 아니라는 점을 이해해야 한다. 해당 분야에서 일하는 동료들의 전문성과 경험은 분명 중요하지만, 직원 전체를 책임지는 의사 결정권자는 이러한 정책에 투자하고 이를 실행하는 데 일상적으로 시간을 들여야 하며, 예외가 있을 경우 적극적으로 해명하거나 바로잡아야 한다.

⑨ 지원을 바라는 사람들을 지원하라

우리의 연구 결과에 따르면 노동 계급 출신은 경력을 쌓는 과정에서 스스로를 제거하거나 덜 유망하고 돈벌이가 덜 되는 전문 분야로 분류되는 사례가 많았다. 야망이 부족해서 그런 경우는 드물다. 앞서 살펴본 바와 같이 이는 조직에 동화될 수 있으리라는 기대를 거부하거나, '타자성'의 느낌과 싸우거나, 낮은 수준이지만 직장에서 지속적으로 경험하는 미세공격에 대응하는 것과 더 큰 관련이 있다. 이러한 문제에는 세심하게 접근해야 한다. 사회경제적 다양성에 대한 현재의 지배적인 내러티브는 개인의 결핍이라는 관점에서 자기 제거를 잘못 해석("성공하기 위해서는 우리의 도움을 필요로 하며 특정한 속성이 부족한, 덜 유리한 사람들이 있다")하곤 한다. 예를 들어, 더 브리지 그룹의 연구에 따르면 법조계에서는 노동 계급 출신이 자발적으로 덜 잘나가는 분야로 분류된다는 생각이 널리 받아들여지며, 거의 도전받지 않는 것으로 나타났다. 이와 같은 식으로 실질적인 조치들은 다양한 집단이 동등하게 번영하고 기여할 수 있도록 문화 그 자체(위의 권고안 3 및 8 참조)를 다시 상상해야 하는 것은 아닌지 묻기보다는, 과소 대표되고 있는 집단이 익숙하지 않은 직업 문화에 동화될 수 있도록 돕는 방식으로 고안된다. 우리는 그동안 후자에 과도하게 집중해왔다. 전자에 대한 성찰과 의미 있는 실천이 없다면 진전은 고통스러울 정도로 느릴 것이다.

　　우리는 고용주가 노동 계급 출신에게 구체적인 지원을 제공하는 것이 중요하다고 생각한다. 여기에 보편적인 공식은 없다. 어떤 경우에는 엘리트 직장에서 백인 여성과 유색 인종을 지원하는 데 효과적이라 입증된 지원 네트워크 또는 옹호 단체가 적합할 수 있다. 그 성공 사례를 공무원 기회 네트워크Opportunity Network in the Civil Service[15]에서 찾아볼 수 있다. 그러나 노동 계급 출신이라는 사실이 직장에서 이렇게 공개적인 방식으로 드러내거나 인정하고 싶어 하는 '정체성'이 아닐 수도 있음을 고용주가 인식하는 것도 중요하다.

때에 따라서는 멘토링이나 버디 제도 같은 덜 공개적인 지원 메커니즘이 더 적절할 수도 있다. 또는 단순히 입사 이후 오리엔테이션 과정에서 지원자들의 배경이 다양하며, 그로 인해 기업 문화와 행동 규범에 익숙한 정도가 현저히 다를 수 있음을 더 잘 인식하는 것일 수도 있다. 어느 쪽이든 조직은 불리한 배경을 가진 직원들을 지원하고, 그들이 자기 제거를 하지 않을 수 있는 최선의 방법을 찾기 위해 당사자들과 함께 논의하는 것이 중요하다.

⑩ 법적 보호를 위한 로비 활동을 하라

2010년 평등법은 다양한 소수자 집단에 대한 법적 보호를 보장했지만, 앞서 언급했듯이 계급이나 사회경제적 배경은 여기에 포함되지 않았다. 그러나 이 법이 정부와 모든 공공 기관이 '사회경제적 불이익으로 인한 결과의 불평등 감소'를 위해 적절한 고려를 해야 한다는 '사회경제적 의무' 조항을 포함한다는 사실은 덜 알려져 있다. 역대 정부가 이 조항의 시행을 거부해왔다는 사실은 주목할 만하다. 아마도 이 조항을 시행한다면 (다른 여러 가지 파급 효과 중에서도) 출신 계급을 보호받아야 할 속성으로 만들어야 할 명확한 의무가 생기기 때문일 것이다. 하지만 이제 이 법적 의제를 추진하는 데 탄력이 붙고 있다. 스코틀랜드는 최근 사회경제적 의무를 모델로 한 '더 공정한 스코틀랜드 의무Fairer Scotland Duty' 제도를 도입했다. 잉글랜드에서는 해리엇 하먼이 정부에 사회경제적 의무를 시행할 것을 촉

---

15   https://fson.wordpress.com 참조.

구하는 초기 동의안 591Early Day Motion 591을 발의했으며, 현재까지 78명(2024년 2월 현재 83명—옮긴이)의 의원이 이 안건을 지지하겠다고 약속했다. 우리는 독자 여러분께 이에 대한 지지를 보여달라는 당부 말씀을 드리고 싶다. 이를 위해 여러분은 저스트 페어Just Fair와 이퀄리티 트러스트The Equality Trust가 주도하는 캠페인 #1forequality[16]에서 제작한 템플릿을 사용해 지역구 국회의원에게 편지를 보내 서명안을 지지해줄 것을 요청할 수 있다.

다양성과 포용성의 향상은 개인이 통과하는 여정의 모든 단계에서 불평등을 얼마나 줄일 수 있는가에 달려 있다. 불평등의 영향은 그것을 영속화하는 데 놀랍도록 효율적인 고등교육 제도를 통해 이른 시기에 자리 잡으며, 대개는 악화되기에 개인이 노동 시장에 진입하기 훨씬 전부터 발현된다. 이러한 중요한 업스트림 효과를 인식하는 동시에, 우리는 이 책에서 많은 경우 고용주가 스스로 이 장벽을 적극적으로 만들고 자리 잡게 하고 있다는 사실도 보여주었다.

이 장벽을 효과적으로 해결할 때 얻을 수 있는 보상은 상당하다. 더 폭넓고 다양한 인력과 더 높은 수준의 생산성을 얻을 수 있으며, 무엇보다도 개인이 배경과 상관없이 성공할 수 있고 출신 계급의 차이가 해결해야 할 문제가 아니라 끌어내야 할 덕목이 될 수 있는 직장을 만드는 일에 좀 더 공정하게 다가갈 수 있다. 우리는 이 책이 엘리트 직종뿐만 아니라 '능력'에 대한 잘못된 인식 때문에 계급 불평등이 재생산되는 다른 모든 환경에서도 이런 긍정적인 움직임에 기여할 수 있기를 바란다.

16   https://equalitytrust.org.uk/socio-economic-duty 참조.

방법론에 관한 부록

    학자들은 대개 연구 과정에 대해 의심스러울 정도로 깔끔한 이야기를 내놓는다. 방법론을 몇 개의 정형화된 단락으로 구성하여 논문이나 책에 싣고, 현장 조사와 의사 결정을 직선적이고 합리적이며 매끄러운 것으로 서술하는 경우가 대부분이다. 하지만 연구가 이런 식으로 진행되는 경우는 드물다. 실제 연구 과정은 대개 난잡하고 일관성이 결여되어 있다. 이 프로젝트도 그랬다. 지금 독자가 손에 든 이 책은 4년이 넘는 기간에 걸쳐 진행된 짜임새 없고 종종 복잡해서 통제하기 힘든 연구가 종합된 결과물이다. 이 프로젝트는 줄곧 광범위하고 야심 찬 프로젝트였지만 시작부터 실패하거나 방향을 잘못 트는 일이 많았고, 여러 중요한 면에서 결함이 있다. 이 부록에서는 바로 그 이야기를 들려드리고자 한다. 우리는 최대한 정직하고 투명하게 현장 연구가 어떻게 진행되었는지 독자 여러분에게 연대기 순으로 보여드릴 것이다. 마지막 부분에서는 또한 우리 자신의 계급 배경(및 그 밖의 인구통계적 좌표)이 연구에 미친 영향, 인터뷰 수행 방법, '엘리트' 직업을 어떻게 정의했는지, 사회 이동성을 어떻게 측정했는지, 사례 연구 선정 방법과 이유, 통계 분석 구성 방법, 연구 결과를 사례 연구 기업에 어떻게 피드백했는지, 연구의 주요 한계 등을 포함한 여러 가지 기술적이고 개념적인 문제도 다룰 것이다.

이 프로젝트는 전적으로 우연히 시작되었다. 때는 2014년 9월, 우리 두 사람 모두 런던정경대학(LSE)에서 일을 시작한 지 얼마 되지 않았을 때였다. 우리의 연구실은 복도 건너 서로 마주보고 있었다. BBC 영국계급조사Great British Class Survey(GBCS)를 함께 진행하고 있던 우리는 『사회학 리뷰』 특별호에 기고해달라는 요청을 받았다. 대니얼의 논문은 동료 평가를 문제없이 통과했지만 샘의 논문은 그렇지 못했다. GBCS를 사용하여 사회 이동성 경험을 조사하고자 했던 그의 논문은 세 건의 평가를 받았다. 그중 두 개는 미온적이었고, 나머지 하나는 가차 없이 신랄했다. 세 번째 평가자는 "내가 보기에 이 논문은 그리 과학적이지 않고, 궁극적으로 저자의 평판을 손상시킬 것이다"라고 결론 내렸다. 뼈아픈 평가였다.

이에 대한 학술지 편집자의 대응은 요령 있으면서도 직설적이었다. 그들은 논문을 완전히 다시 쓰거나 철회하라고 요청했다. 패배를 인정하기 직전, 샘은 대니얼에게 자신의 논문을 보여주었다. 건질 만한 것이 있을까? 대니얼은 확신하지 못했다. 하지만 그는 그 논문에 흥미로운 발견이 하나 포함되어 있다는 데 동의했다. GBCS상 '엘리트'에 진입한 사람 가운데 노동 계급 출신이 특권층 출신 동료보다 소득이 훨씬 적다는 사실이었다. 그 이유는 무엇일까? 우리는 자문했다. 길고 장황하고 흥분된 대화가 이어졌다. 우리는 2주 만에 (앤디 마일스의 도움으로) 완전히 새로운 논문을 썼고, 이 문제에 더욱 흥미를 갖게 되었다. 성별, 인종-민족, 섹슈얼리티에 따른 임금 격차에 대한 연구는 이미 많이 이루어져 있음을 알고 있었지만, 계급에 따른 임금 격차는 어떠할까?

하지만 한 가지 문제가 있었다. GBCS는 풍부한 자료 출처이긴 했지만 응답자가 직접 답을 선택하는 웹 설문조사였고, 응답자는 특권층에 크게 치우쳐 있었다. GBCS에 이미 제기된 비판[1]을 감안하면 우리의 연구 결과를 입증할 수 있는 전국 규모의 대표성 있는 '최적화된' 자료가 필요했다.

우리는 이용 가능한 자료를 조사하기 시작했다. 영국의 이동성 연구는 오랫동안 전국 규모의 대표성 있는 데이터가 부족해 어려움을 겪어왔다. 기존 연구는 대부분 1958년과 1970년 사이에 태어난 응답자를 대상으로 하는 출생 코호트 연구 같은 종단적 자료에 의존했다. 이러한 연구는 시간이 흐르면서 영국의 이동률이 어떻게 변했는지 이해하는 데는 매우 유용했지만 표본 크기가 제한되어 있어 여러 가지 중요한 질문에 답하지 못했다.

그러던 차에 우연한 일이 또 하나 발생했다. 우리가 조사를 시작한 지 며칠 지나지 않아, 영국 최대의 고용조사인 노동력조사(LFS)가 응답자의 계급 배경 데이터(부모의 직업)를 포함한 새로운 '사회 이동성 모듈' 데이터를 발표했다. 새로 발표된 데이터 파일에는 10만 개에 달하는 대규모 대표 표본이 포함되어 있었다(해당 데이터에 대한 자세한 내용은 부록 뒷부분의 'LFS 분석'에 수록했다).[2]

우리가 LFS 자료에서 발견한 것(영국 엘리트 직종에 16퍼센트에 달하는 심각한 계급 임금 격차가 존재함)은 충격적이면서도

---

1   Mills(2013, 2015).

2   LFS와 같은 대규모 설문조사에 새로운 질문을 추가하려면 수백만 파운드의 비용이 들고 장기간의 정치적 과정이 필요하다는 점을 덧붙여야겠다. 따라서 우리는 이 새로운 데이터의 공개, 그 이후 이 책에 제시된 분석의 토대를 마련한 사회이동성위원회(SMC)와 존 골드소프 등 이동성 연구자들의 수년간의 영웅적인 로비에 빚지고 있다.

다소 고무적이었다. 이는 우리가 GBCS에서 발견한 결과와 맞아떨어지면서도 우리의 주장을 펼칠 수 있는 더 탄탄하고 대표성 있는 플랫폼을 제공했다. 새로운 자료 출처로 무장한 우리는 여러 학술회의와 세미나에서 연구 결과를 발표하기 시작했다. 반응은 놀라웠다. 어떤 이들은 격분했고 어떤 사람들은 회의적이었지만, 모두가 연구를 계속하라고 격려해주었다. 그리고 한 가지 질문이 계속해서 제기되었다. 대체 그 격차의 이유가 무엇일까? 어떤 메커니즘이 계급 임금 격차를 유발하는가? 사람들은 다양한 가설을 제시했다. 어쩌면 사회적 상승을 이룬 사람들이 계급 차별의 희생자가 아닐까? 포부가 작아서 그런 게 아닐까? 임금 협상을 할 가능성이 더 낮아서 그런 게 아닐까? 덜 잘나가는 전문 분야나 회사에 들어가서 그런 게 아닐까?

우리는 이러한 메커니즘 중 상당수는 국가 차원의 데이터(그 규모가 아무리 크고 다채롭더라도)를 사용해서는 파악하기 어렵겠다고 판단했다. 이런 메커니즘은 특정 직종이나 기업 내에서 발생하는 과정이다. 따라서 이러한 동인을 이해하려면 실제 현장으로 가서 엘리트 직장 내부의 일상적인 직장 생활을 조사해야 했다.

엘리트 기업 '내부'로 들어가기

우리의 목표는 엘리트 기업에 대한 일련의 사례 연구를 수행하는 것이었다. 그렇게 하기 위해서는 시간과 연구 지원이 필요했다. 2015년 1월, 샘은 세 가지 엘리트 직종에 걸쳐 있는 세 기업의 사례 연구를 수행하기 위해 경제사회연구회Economics and Social Research

Council(ESRC)[3]의 미래연구리더상[4]에 지원했다. 목표는 계급 임금 격차가 작고 통계적으로 무의미한 하나의 직업과, 격차가 더 크면서 다른 측면에서는 서로 차이가 나는 두 직업을 살펴보는 것이었다(부록의 뒷부분에서 사례 연구 직종 및 조직의 선정 과정을 설명한다).

조직 내부로 들어가는 것은 대부분의 엘리트 직업을 이해하기에는 적절한 방식이었으나, 자영업자나 프리랜서 또는 단기 계약직으로 일하는 사람이 많은 직업은 어떻게 접근해야 할까? 골드스미스대학의 데이브 오브라이언이 2014년 말에 설명했듯이 이른바 '긱 이코노미'는 최근 몇 년 동안 급속히 성장했으며, 영국의 문화 산업을 이해하는 데 특히 중요하다. 따라서 우리는 연구 지원금 소식을 기다리는 동안, 데이브와 협력하여 연기자라는 직업을 첫 번째 사례 연구 대상으로 삼기로 결정했다.

연기자 연구

사례 연구의 첫 단계는 GBCS에 포함된 402명의 배우를 분석하는 것이었다. 대규모 표본인 LFS에도 배우는 61명밖에 없었기 때문에 해당 직업에 대한 더 자세한 인구통계적 정보를 얻으려면 GBCS를 사용하는 것이 필수적이었다. GBCS는 응답자가 직접 답을 선택하는 온라인

3 ESRC는 경제 및 사회문제 연구에 자금을 지원하는 영국에서 가장 큰 기관이다.
4 우리는 이것을 방송업계에서 시행하는 유사한 프로그램의 가명으로 사용했다.

설문조사이기 때문에 연기자 직업에 대한 대표 표본을 제공하지 않는다. 하지만 이렇게 많은 수의 배우 표본을 출신 계급에 대한 상세 정보와 함께 제공하는 다른 설문조사는 없었다. 우리는 또한 가능한 경우 GBCS에 포함된 배우들과 LFS에 포함된 배우들을 비교했다.

프로젝트의 두 번째 단계에서 우리는 2014년 12월부터 2015년 3월까지 배우들을 상대로 47건의 반半구조적 인터뷰semi-structured interview(인터뷰 가이드는 있지만 응답자의 반응에 따라 연구자가 인터뷰 내용에 변화를 줄 수 있는 유연성, 개방성이 있는 인터뷰—옮긴이)를 진행했다. GBCS 응답자를 인터뷰하고 싶었지만 BBC의 데이터 보호 정책 때문에 불가능했다. 따라서 인터뷰 대상자를 모집하는 광고를 소셜 미디어에 게재하고 다양한 연기 관련 웹사이트, 뉴스 매체, 노동조합에 알렸다. 그 결과 31명의 인터뷰 대상자를 확보했다. 그런 다음 스노우볼 기법snowball techniques(이미 모집한 참여자에게 다른 참여자를 소개받는 식으로 표본을 확장해가는 것—옮긴이)을 사용하여 표본을 완성하고 LFS 표본 내 영국 연기자 직업의 인구통계적 구성과 매치했다. 또한 서로 다른 계급 배경을 가진 배우의 비율을 대체로 동일하게 맞추기 위해 응답자를 전문직 및 경영직 출신 19명, 중간직 출신 10명, 노동 계급 출신 18명으로 구성했다(전체 인터뷰 대상자에 대한 자세한 내용은 [표 A.1c] 참조).

사례 연구 A9

2015년 12월, 또 다른 우연한 만남이 두 번째 사례 연구의 문을 열어주었다. 다양성 컨퍼런스에서 우리의 분석 결과 발표가 끝난 후,

계급 천장

영국 최대 TV 채널 중 하나인 6TV의 다양성 책임자 루이즈가 우리에게 명함을 건넸다. "다양성을 논할 때 늘 암묵적으로 무시되는 것이 계급입니다." 루이즈가 우리에게 털어놓았다. "하지만 솔직히 말해서 이것을 어떻게 측정해야 할지 모르겠어요. 도와주실 수 있나요?"

놓칠 수 없는 좋은 기회였다. 루이즈는 6TV에서의 첫 회의를 주선했다. 그러나 초기 단계부터 사회학자를 사내에 '들일지'를 두고 경영진의 의견이 엇갈리는 것이 명백해 보였다. 다른 한편으로 다수의 사람들이 6TV의 인력이 사회적으로 상당히 배타적이라는 의심을 갖고 있었고, 진정으로 그 문제를 해결하고 싶어 했다. 또한 이런 오랜 가정에 대한 신뢰할 수 있는 증거를 확보하고 싶어 했다. 하지만 동시에 많은 이들이 이러한 의혹을 입증하는 연구가 필연적으로 초래할 부정적인 여론 때문에 조심스러워했다. "궁극적으로 경영진을 보호하는 것이 제 업무입니다." 한 고위 인사 담당자가 특히 분위기가 격앙되었던 한 기획 회의에서 소리쳤다. 이 민감한 문제를 협상하는 것은 어려운 일임이 확인되었다. 접근 권한을 확보하는 것은 지난하고 피를 말리는 과정이었다. 하지만 약 9개월간의 논의 끝에 2016년 9월, 마침내 연구가 본격적으로 시작될 수 있었다.

현장 연구는 세 단계로 진행되었다. 첫 번째 단계에서는 6TV의 전 직원에게 이메일로 짧은 익명의 설문지를 발송했으며, 응답률은 76퍼센트로 매우 높았다.[5] 설문지는 응답자의 나이, 성별, 인종, 학력, 출신 지역, 그리고 6TV 내 부서 및 직책에 대한 질문을 담고 있었다. 우리는 사회 이동성을 측정하기 위해 LFS 조사와 동일한 질문을

---

5   이는 Baruch(1999)에서 발견된 조직 사례 연구의 평균 응답률인 53퍼센트를 훨씬 상회하는 수치다.

채택했다. 즉 열네 살 때 부모 가운데 주 소득자였던 사람의 직업을
물었다.

4장에서 설명했듯이 6TV는 편성과 제작이 분리된 외주
전문 방송사 중 하나로, 6TV가 프로그램 제작을 의뢰하면 '독립
제작사(인디)'가 그것을 받아 제작한다. 인디 부문에 대한 이해를 얻기
위해 우리는 인디 부문 종사자들을 대상으로 동일한 후속 설문 조사를
진행했다. 이를 위해 영국 독립 방송사들의 상업적 이익을 대변하는
영국방송영화제작자연합Producers Alliance for Cinema and Television(PACT)
회원사들에 설문지를 배포했다. 응답률은 75퍼센트(1,373건)였다.

프로젝트의 두 번째 단계에서는 6TV 직원을 대상으로 50건의
심층 인터뷰를 진행했다. 설문지는 익명이었으나 응답자들에게
인터뷰에 응할 의향이 있는 경우 이메일 주소를 기재하도록 요청했고,
응답자의 49퍼센트가 응할 의향이 있다고 답했다. 이를 바탕으로
성별, 인종-민족 집단, 나이 및 출신 지역별로 전체 6TV 직원을
대표하는 인터뷰 표본을 구성했다(전체 인터뷰 대상자에 대한 자세한
내용은 [표 A.1a] 참조). 4장에서 자세히 설명했던 설문조사 결과는 세
그룹의 대상자에 초점을 맞춘 인터뷰로 이어졌다. 특정 부서에서
근무하는 사람(외주제작국 인터뷰 20건), 특정 직급에 있는 사람(고위
관리자 및 임원/부서장 인터뷰 27건), 그리고 다양한 계급 출신(노동 계급
출신 14건, 중간직 출신 11건, 전문직/경영직 출신 25건)이 인터뷰 대상자로
선정되었다. 대부분의 인터뷰는 런던 본사에서 이루어졌으나, 글래스고
사무실에서도 5건의 인터뷰가 진행되었다.

사례 연구의 마지막 단계는 6TV가 다른 방송사들과 함께 자금을
지원하는 중견 인재 육성 프로그램인 '미래 리더' 면접 참관이었다.
이 제도는 '떠오르는 스타' 방송 전문가를 선발한 후 멘토링 및 인맥을

제공하여 고위직으로 성장할 수 있도록 지원하는 매우 권위 있는 1년 과정 프로그램이다. 주최 측은 2016년 6월 런던 중심부에서 진행된 면접 및 마무리 세션에 우리를 초대했다. 미래 리더에는 약 500명이 지원했으며, 이 중 100명의 지원자가 면접 후보에 올랐다. 그중 30명이 최종 선정된다. 인터뷰 패널은 주최 측이 선정한 방송계 고위 임원들로 구성된다. 면접 전에 지원자가 제출한 이력서와 지원자의 학교 교육 유형 및 부모의 직업에 대한 정보가 포함된 지원서가 패널에게 제공된다.

터너 클라크 연구

나머지 두 가지 사례 연구는 좀 더 의도적으로 선정되었다. 하지만 둘 다 계획대로 진행되지는 않았다. 회계 분야 사례 연구는 세계 최대 다국적 기업 중 한 곳과의 대화로 시작되었다. 해당 기업은 사회 이동성 문제에 적극적으로 대처해왔으며, 초기에는 연구 참여에 매우 긍정적이었다. 하지만 6TV와 마찬가지로 초기 회의에서 우리는 연구 결과에서 밝혀질 가능성이 있는 내용에 대한 상당한 두려움, 심지어 공황이 존재함을 감지했다. 거의 6개월에 걸친 논의와 수많은 회의, 이메일 교환 끝에 그들은 최종적으로 연구에 참여하지 않기로 결정했다. 그들이 내세운 "적절한 시기가 아니다"라는 이유는 상대적으로 빈약했다. 실제로 이후 한 전직 직원이 비공식적으로 알려준 바에 따르면, 부정적인 여론을 불러일으킬 수 있는 연구 결과(심지어 완전히 익명으로 처리되었음에도)에 사회학자들이 접근하는 것을 두려워한 고위직 직원들에 의해 프로젝트가 무산되었다. 이 에피소드는 계급 천장 연구로 드러날지 모르는 사실에 대해 힘 있는 위치에 있는 사람들이 명백한 불안을 가지고 있음을 잘 보여준다.

우리는 운이 좋았다. 그 회사와의 협업이 무산된 후, 우리의 경험을 들은 한 정책 담당자가 터너 클라크의 게이트 키퍼와 연락을 취할 수 있도록 연결해주었다. 회계업계는 사회 이동성 측면에서 가장 면밀히 조사된 전문 직종 중 하나이며, 터너 클라크는 이 의제에 매우 적극적으로 대응해왔다. 해당 기업은 '맥락 있는contextual' 학력 데이터와 블라인드 입사 지원서(중고등학교 및 대학 미기재)를 도입하는 등 접근성을 높이기 위한 다양한 제도를 시범 운영해왔으며, 사회 이동성 분야의 업계 선두로 널리 인정받고 있다. 우리의 사례 연구는 진입의 문제를 넘어 커리어 진전의 문제를 살펴봄으로써 이러한 평판을 더욱 확고히 할 수 있는 기회로 경영진에게 제안되었다. 이를 바탕으로 해당 기업의 CEO는 2017년 2월, 사례 연구를 진행하는 데 동의했다.

터너 클라크에서의 현장 연구는 두 단계로 구성되었다. 첫 번째 단계에서는 성별, 인종, 사무실 위치, 서비스 부문 및 성과와 관련한 내부 직원 데이터를 분석했다. 사회 이동성 측면에서 현재 해당 기업은 부모의 직업에 대한 데이터를 수집하지 않고 있으며, 직원들을 대상으로 추가 설문조사를 실시하는 것을 꺼렸다. 대신 직원들에게 무상 급식을 받았는지, 사립학교 또는 공립학교에서 교육을 받았는지, 부모가 대학을 나왔는지 등 '사회경제적 배경'을 측정하는 여러 가지 질문을 했다. 이 질문들에 대한 직원의 응답률은 79퍼센트였다.

사례 연구의 두 번째 단계에서는 2017년 3월부터 7월까지 총 42건의 심층 인터뷰를 실시했다. 인터뷰 표본은 해당 기업의 인구통계적 다양성을 반영하도록 구성되었다. 6TV와 마찬가지로

계급 천장

인터뷰는 설문조사 결과를 기반으로 했다. 4장에서 자세히 설명했듯이 설문조사 결과를 바탕으로 특정 부서에서 근무하는 사람들(자문 부서 인터뷰 20건), 조직의 최상층과 말단에 위치한 사람들(파트너 24명 및 수습 직원 18명 인터뷰), 그리고 다양한 계급 배경을 가진 사람들 등 세 집단의 대상자에 초점을 맞춰 인터뷰를 진행했다. 또한 런던, 옥스퍼드, 맨체스터, 세인트 올번스, 밀턴 키인스, 카디프, 버밍엄 등 다양한 곳에 위치한 터너 클라크 사무실에서 인터뷰를 진행했다. 직원 데이터에는 부모 직업에 대한 정보가 포함되어 있지 않았지만, 우리는 모든 파트너와 수습 직원에게 발송한 이메일을 통해 인터뷰 대상자를 모집했고, 여기에는 부모의 직업에 대한 질문이 포함되어 있었다. 전문직 및 경영직 배경을 가진 사람을 대상으로 18건, 중간직 배경을 가진 사람을 대상으로 10건, 노동 계급 배경을 가진 사람을 대상으로 14건의 인터뷰가 진행되었다([표 A.1b] 참조).

쿠퍼스 연구

우리의 연구 조교 이언 맥도널드가 대부분을 수행한 마지막 사례 연구는 좀 더 간단했다. 우리는 건축 분야의 여러 회사에 연락하여 연구 참여를 문의했으나 쿠퍼스만이 유일하게 긍정적인 답변을 보내왔다. 이 사실 자체가 다시 한번 쿠퍼스가 해당 업계를 전형적으로 대표하는 회사가 아닐 수 있음을 보여준다.

창립 파트너 중 한 명인 게리는 핵심 게이트 키퍼 역할을 했다. 간단한 이메일을 교환한 후 그는 우리를 사무실에 초대하여 짧은 회의를 했고, 즉시 연구 참여에 동의했다. 이는 그가 사회 이동을 건축업계가 당면한 문제라고 생각했기 때문이 아니다. 오히려 그는 대처 총리가 주도했던 해당 부문의 규제 완화와 수수료율 폐지로 공정한 경쟁의 장이 마련되면서 사회적 배타성 문제가 사실상 수십 년 전에 해결되었다고 생각했다.[6] 그럼에도 불구하고 게리는 대학 등록금 인상에 대한 우려와 노동 계급에 대한 미디어의 부정적 묘사에 불만을 표출하는 등 사회 계급의 보다 광범위한 문제에 관심이 있었다.

쿠퍼스 연구는 2017년 4월부터 6월까지 진행되었으며, 직원 설문조사(응답률 64퍼센트)와 36건의 후속 인터뷰로 구성되었다. 우리는 연구 기간 내에 자원한 모든 쿠퍼스 직원을 대상으로 후속 인터뷰를 실시했다. 후속 인터뷰 대상은 직급, 나이, 성별, 프로젝트 팀별로 다양하게 구성되었다([표 A.1d] 참조). 직원 설문조사로 측정한 회사의 구성에 따라 전문직/경영직 출신 직원을 대상으로 28건, 중간직 출신 직원을 대상으로 5건, 노동 계급 출신 직원을 대상으로 3건의 인터뷰를 진행했다.

---

6 건축업계의 커리어 진전이 사회 계급에 의해 구조화되지 않았다고 보는 게리의 견해는 노동 계급 출신 건축가가 거의 없음을 보여주는 LFS 데이터를 고려하면 다소 의외다([그림 1.3] 참조). 우리는 이에 대한 두 가지 가능한 설명을 추가로 제공한다. 첫째, 우리가 조사한 다른 직종들과 달리 건축 분야에는 임금과 관련하여 계급 천장이 존재한다는 결정적인 증거가 없다. 둘째, 건축업계에서 급여 상승 문제는 상대적으로 덜 고려된다. 건축은 보수가 가장 낮은 직업 중 하나이며, 건축가는 전통적으로 오랜 교육 기간 동안 개인의 금전적 보상보다 설계 품질을 중시하고 건축을 직업이 아닌 소명으로 여기도록 장려되었다(Fowler and Wilson, 2004).

사례 연구별로 인터뷰[7]는 총 네 부분으로 구성되었다. 첫째, 인터뷰 참여자의 출신 계급을 조사하는 일련의 질문을 했다. 부모의 직업(인터뷰 참여자의 어린 시절), 학교의 종류, 대물림된 경제 자본에 대한 개방형 토론(부모의 소득, 자산, 부동산에 대한 질문 포함), 대물림된 문화 자본에 대한 개방형 토론(부모의 예술품 소유, 어린 시절의 예술 활동 참여, 정규 교육 정도, 어린 시절 부모의 예술 장려 및 예술 노출 정도에 대한 질문 등[8])이 여기에 포함되었다. 둘째, 인터뷰 참여자에게 지금까지 자신의 경력 궤적을 설명하도록 요청하고 중요한 순간과 결정적 시점을 본인이 직접 서술하도록 했다.[9] 셋째, 그들의 커리어, 회사 특유의 문화, 회사와 업계에서 인재가 어떻게 정의되며, 어떤 식으로든 자신의 경력이 제약을 받고 있다고 느끼는지 등에 대해 몇 가지 좀 더 구체적인 질문을 던졌다. 마지막으로, 각 인터뷰는 계급 임금 격차에 대한 우리의 연구 결과를 간략히 설명하고 이에 대한 인터뷰 참여자의 반응과 성찰을 묻는 것으로 마무리되었다.

[표 A.1a-1d](419~429쪽)는 인터뷰에서 질문한 내용을 바탕으로 각 인터뷰 참여자의 출신 계급, 현재 위치 및 경력 궤적에 대한 정보를

---

7 현장 조사에서 대부분의 인터뷰(총 175건의 인터뷰 중 110건)는 샘의 주도로 진행되었다. 연구 조교인 이언 맥도널드는 쿠퍼스에서 대부분의 인터뷰(36건 중 30건)를 진행했고, 데이브 오브라이언 박사는 배우들과 한 인터뷰 중 20건, 켄턴 루이스 박사는 터너 클라크에서 12건의 인터뷰를 진행했다.

8 여기서 우리의 질문은 Koppman(2015)이 제시한 방법론적 설계를 따른다. 10장에서 우리의 접근법에 대해 자세히 설명한다.

9 [표 A.1a-1d]에서는 이러한 내러티브를 바탕으로 각 인터뷰 참여자의 궤적(가속화, 안정, 저지)에 대한 주관적인 판단을 내린다.

제공한다. 우리는 응답자 부모의 직업과 응답자가 재학한 학교의 유형을 제시하고, 인터뷰 참여자가 상속받은 경제 및 문화 자본의 수준(각각 상, 중, 하)과 경력 발전 속도(가속화, 안정, 저지)에 대한 주관적인 (그러나 정보에 기초한) 판단을 내렸다. '직책 및 급여 범위' 열은 각 사례 연구별로 약간씩 다른 정보를 제공한다. 터너 클라크, 6TV, 쿠퍼스의 경우 해당 기업에서 사용하는 직책 분류를 이용했다. 또한 터너 클라크와 6TV의 경우 해당 직무의 급여 범위를, 쿠퍼스에서는 자체적으로 보고한 소득 범위를 실었다. 연기자의 경우에는 단순히 1년에 얼마를 벌었는지 물어보고 해당 금액을 기재했다.

당신의 특권을 인지하라! 저자들의 계급 태생과 연구 과정

이런 책을 읽다 보면 연구자가 누구인지 궁금해지곤 한다. 그러나 대부분의 사회학자는 방법론에 관한 이야기를 할 때 자신을 제외하는 경향이 있다. 여기에는 몇 가지 타당한 이유가 있다. 예를 들어 1인칭 서술에 지나치게 의존하는 것은 과도한 자의식으로 비칠 수 있다. 그러나 동시에 우리는 연구자의 사회적 좌표가 이 책의 연구에 미친 불가피한 영향에 대해 성찰해야 할 필요성을 인식하고 있다.

언뜻 보기에 우리(샘과 대니얼)는 연구자로서 매우 비슷한 사람 같다. 둘 다 학계에서 높은 지위를 획득한 백인 남성이고, 따라서 여러모로 특권을 누리고 있다. 이 위치성은 중요하며, 이것이 특정 인터뷰 참여자들(특히 여성과 인종-민족적 소수자)이 자신의 업무 경험을 얼마나 편안하게 공유할 수 있었느냐에 영향을 미쳤을 수 있음을 인식하는 것은 중요하다.

하지만 우리는 여러 면에서 서로 다른 사람들이기도 하다. 가장 확연히 드러나는 점은 대니얼은 미국인인 반면 샘은 영국인이라는 점이며, 이로 인해 우리는 계급, 이동성, 엘리트 직업에 대해 상당히 다른 관점과 가정을 가지고 있다. 덜 명백하게 드러나는 점은 대니얼이 트랜스젠더 남성이라는 사실이다. 대니얼은 퀴어 여성으로 자신을 정체화하며 LGBT 및 여성 단체에서 일하다가 대학원에 진학한 후 성정체성을 바꿨다.

하지만 이 책과 가장 큰 관련이 있는 차이점은 우리가 실제로 매우 다른 계급 배경을 가지고 있다는 점이다. 샘은 일반적인 상위 중간 계급 출신이다. 부모님이 중간직 또는 하위 중간 계급 배경을 갖긴 했으나 둘 다 사회적 상승을 이루었고, 샘이 자랄 때는 경제학자와 사회복지사로 일했다. 샘의 가족은 브리스톨의 부유한 지역에 있는 큰 집에서 살았고, 샘은 사립교육을 받았다. 반면에 대니얼은 의식적으로 자신을 노동 계급으로 분류하는(좀 복잡한 사정이 있긴 하지만) 편모하에서 자랐고, 대학을 마치지 못한 어머니는 그가 성장하는 동안 노조 조직가이자 비서로 일했다. 그의 가족은 주로 워싱턴주 시애틀의 가난한 '사우스 엔드' 지역에 위치한 임대 주택을 옮겨 다니며 살다가 그가 열네 살 때 마침내 자가 주택을 소유하게 되었다. 그는 대학에 들어갈 때까지 공립(미국식 의미로) 또는 주립학교에 다녔다.

이런 서로 다른 계급 배경은 우리의 연구 협력에 중요한 역할을 했다. 이는 명시적으로 또한 암묵적으로 연구에 활기를 불어넣었으며, 우리 각자가 프로젝트가 도출한 데이터를 읽는 방식에 지속적이고 생산적인 긴장감을 제공했다. 또한 우리는 각자의 배경이 경력 궤적에 어떤 영향을 미쳤는지에 대해서도 폭넓게 성찰했다. 예를 들어, 우리가 했던 첫 번째 토론 중 하나는 샘이 어떻게, 그리고 왜 LSE에서 정규직을 얻을 수 있었는지에 대한 집중 분석이었다. 샘은 기존 직원들(그들은 이후 자신이 선호하는 면접 대상자에게 투표할 수 있다)과의 일련의 비공식 일대일 만남, 직원 및 다른 최종 후보자들과의 저녁 식사 등으로 구성된 채용 과정이 자신에게 불공평하게 유리하게 작용했을 수 있다고 성찰했다. 특히 (학계에 종사하는 아버지를 둔) 샘은 이런 과정을 성공적으로 헤쳐 나가는 데 필요한 행동 규범과 암묵적인 '게임의 규칙'을 본능적으로 알고 있었다. 매우 어색했던 후보자 만찬을 회상하며, 샘은 자신과 달리 다른 면접 참여자들은 명백하게 갈피를 잡지 못하고 있었음에 주목했다. 이에 반해 대니얼은 대학원에 입학하기 전까지 대학에서 만난 교수들을 제외하고는 따로 알고 지내는 교수가 없었다. 그는 게임의 규칙이나 행동 규범에 대한 직관적인 이해가 부족했음에도 불구하고 커리어에서 큰 성공을 거두었다고 느꼈다. 한 개인이 이상하거나 불편하게 느끼는 것 중 얼마나 많은 부분이 단순히 자신의 특이성 때문인지, 아니면 실제로 계급 및 계급 문화에 기인하는지 분석하는 것은 누구에게라도 쉽지 않다. 하지만 대니얼은 학계의 많은 의식을 처음 접했을 때 어리둥절했다고 회상했다. 예를 들어, 그는 종종 학술 강연 후 이어지는 와인과 치즈를 곁들인 연회에서의 잡담에 자신이 특히 서투르다고 느꼈고, 20대 중반에 처음으로 포크가 두 개 이상 세팅된 장소를 접했다.

사회 이동성은 단순히 개인의 태생과 현재 위치(또는 '도착지')를 살펴본 다음 두 위치 사이의 움직임 또는 이동을 계산하는 것으로 측정할 수 있다.

그러나 계급 태생과 도착지를 측정할 때 정확히 어떤 사회적 범주 또는 변수를 사용할지 정하는 것은 결코 간단한 일이 아니다(10장에서 이러한 개념적 문제를 다뤘다). 전통적으로 경제학자들은 소득을, 사회학자들은 직업을 선호하는 경향이 있다. 두 경우 모두 계급 태생은 부모의 직업 또는 소득을 기준으로, 계급 도착지는 본인의 직업 또는 소득을 기준으로 집계된다. 소득은 측정하기 쉬운 기준인 반면, 직업은 보통 직업군으로 집계된다. 영국에서 가장 널리 사용되는 도식은 사회학자 존 골드소프가 개발했으며, 국가통계사회경제분류(NS-SEC)라고 불린다. 지난 20년 동안, 특히 시간에 따른 이동률의 변화를 이해할 때 이러한 접근법 중 어느 것이 더 유효하고 정확한지에 대한 격렬한 논쟁이 계속되었다.[10]

특히 영국에서 사회학적 접근법이 우위를 차지하고 있다는 중요한 징후가 존재한다. 영국 내각사무처는 최근 모든 대규모 조직과 정부 부처에서 사회 이동성을 모니터링할 때 부모의 직업 측정을 중시하도록 권고했다.[11] 이 책에서도 NS-SEC를 사용한다. 물론 도착지와 관련하여 우리는 '엘리트 직업군'에 속하는 특정 직업을 가진 응답자에게만 관심이 있다. 다음 절에서 설명하겠지만, 우리는

---

10 Blanden et al(2004); Bukodi et al(2015).

11 Cabinet Office, Civil Service and the Rt Hon Ben Gummer(2016).

이것을 모든 고급 전문직 및 경영직(NS-SEC 1) 직종과 일련의 문화 및 크리에이티브 직종으로 정의한다. 이 직업들을 모두 합치면 LFS 응답자 가운데 1만 8,413명의 표본이 이에 해당된다.[12] 여러 지점에서 우리는 또한 이 집단 내에서 19개의 개별 직업을 구분한다. 해당 직업이 모두 인정받는 '전문직'은 아니지만, 우리의 목표는 대체로 유사한 교육, 기술, 업무 환경을 가진 여러 직업군을 생성하는 동시에[13] 각 집단 내에서 의미 있는 추론이 가능한 충분히 큰 표본을 확보하는 것이었다. 단, 전체 '엘리트' 도착지 분석에 포함된 모든 사람이 이 19개 직업군 중 하나에 속하는 것은 아님에 유의해야 한다. 2,177명은 NS-SEC 1로 분류되었으나 구체적인 직업에 대한 기록이 없었고, 1,492명은 표본 크기가 너무 작아 개별적으로 분석하기 어려운 데다 다른 엘리트 직업군에 포함시키기도 무리가 있는 직종이었다. [표 A.2]에 계급 태생별 각 상위 직업군(및 분류되지 않은 직업군)의 응답자 수를 수록했다.

응답자의 계급 태생을 측정하기 위해 우리는 '귀하가 열네 살이었을 때 가구의 주 소득자의 직업은 무엇이었습니까?'라고 묻는 LFS 질문을 참조했다(80퍼센트 이상의 경우에서 이는 아버지의 직업을 의미했음을 주목할 만하다). 이 질문에 대한 답변을 바탕으로 우리는 사람들의 출신을 NS-SEC의 일곱 가지 계층으로 분류하고, 소득이

---

12 영국통계청(ONS)이 연구자들에게 데이터를 제공하는 방식이 변경되었기 때문에 2015년 응답자와 2016년 응답자를 일치시킬 수 없었다. 이로 인해 한 차례의 설문조사에 참여한 응답자(2015년 7월 첫 번째 분기에 참여한 응답자)가 두 번 포함되었다. 이 책 전체에 걸쳐 제공하는 수치에는 2016년 7월 마지막으로 설문조사에 응한 2015년 7월 응답자가 포함되지 않았다. 하지만 우리는 이 응답들을 분석에 포함했으며, 이를 고려하여 해당 설문조사 코호트의 응답자에게는 다른 경우의 절반에 해당하는 가중치를 부여했다.

13 Hout(1984).

있는 가족 구성원이 없었던 사람은 장기 실업자라는 여덟 번째
카테고리로 분류했다. [그림 1.1]은 각 NS-SEC 계급 태생에 속한
직업의 예를 보여준다.

　　이 책의 거의 모든 부분에서 우리는 NS-SEC의 간소화된 3등급
체계를 사용하여 결과를 쉽게 알아볼 수 있도록 제시했다. 우리는 NS-
SEC 1, 2 출신을 '전문직 및 경영직', '상위 중간 계급' 또는 '특권층'
출신이라고 칭한다. NS-SEC 3, 4, 5 출신은 '중간직' 또는 '하위 중간
계급'이라 칭한다. 마지막으로 NS-SEC 6, 7 배경을 가진 사람과 수입이
없는 가정에서 자란 사람들을 '단순반복직 또는 준단순반복직' 또는
'노동 계급' 배경을 가진 사람으로 분류한다. 우리는 이러한 용어, 특히
상위 중간 계급, 하위 중간 계급 등의 범주를 둘러싼 개념적 모호성이
존재함을 인정한다. 그러나 이러한 용어가 여기서 살펴보는 세 가지
출신 집단 간의 구분을 명확히 하는 데 유용하다고 본다.

　　우리 분석의 또 다른 한계인 NS-SEC 2 배경을 가진 사람이 NS-
SEC 1 직업으로 이동할 경우(예를 들어 교사의 자녀가 학자가 될 경우)와
같은 단거리 이동을 기록하지 못한다는 점에 유의해야 한다. 인구의
약 3퍼센트가 이러한 궤적을 거치며, 우리가 조사한 엘리트 직종에
종사하는 사람의 약 21퍼센트가 NS-SEC 2 출신이다. 이전에 발표한
다른 연구에서 우리는 이런 사람들이 고위 전문직 및 경영직(NS-SEC 1)
의 자녀와 비교하여 계급 임금 격차에 직면하는지 살펴봤다. 이들은
최상단의 특권층에 비해 연평균 약 2,900파운드(약 493만 원) 적게 버는
것으로 나타났다. 하지만 모든 통제를 적용하면 이 급여 격차는 통계적
유의성을 잃는다.[14]

14　Laurison and Friedman(2016, pp. 680~681) 참조.

'엘리트'라는 용어의 다의적 성격 때문에 '엘리트 직종'의 정의를 논쟁 없이 확립하기는 쉽지 않다. 영국의 맥락에서 우리는 NS-SEC 분류의 설계자 중 한 명인 데이비드 로즈를 주요 지침으로 삼았다. 그는 현존하는 최고의 척도가 NS-SEC의 최상위 등급이라고 본다.[15] 이 기준은 '고위 전문직'과 '경영직 및 행정직'을 구분한다. 또한 우리는 정책 담론에서 흔히 상위 전문직에 포함시키지만 NS-SEC 1이 아닌 다른 카테고리에 포함된 문화 및 크리에이티브 직종도 여기에 여럿 포함시켰다. 언론인, 영화 및 방송업계 종사자, 공연예술계 종사자, 광고업계 종사자가 여기에 포함된다. 이러한 직종 중 일부는 수입이 다른 엘리트 직종에 비해 평균적으로 낮을 수 있지만, 그 '엘리트성'은 다른 중요한 방식으로 나타난다. 해당 분야의 커리어는 모든 엘리트 직종 중에서 가장 경쟁이 치열하다. 또한 창의성, 자기표현, 화려함을 (반드시 가져다주지는 않더라도) 약속하는 유망한 직업이다. 마지막으로, (이 책에서 우리가 특히 주목하는) 이들 직업군의 리더들은 영화, 미디어, 공연예술을 통해 영국의 문화적 정체성을 형성하는 데 중추적인 역할을 하며, 대중의 삶에서 의미 있는 영향력을 행사한다.

우리는 우리가 조사한 엘리트 직종에 종사하는 모든 사람이 그 용어의 모든 의미에서 엘리트라고 주장하는 것은 아님을 강조하고자 한다. 그보다는 우리의 응답자들이 만일 상층부에 도달할 경우 일반적으로 엘리트라고 인정되는 영국 사회의 '중추적 위치'[16]에 불균형적으로 수월하게 접근할 수 있는 직종에 종사하고 있다고 본다.

---

15 Rose(n.d.).

LFS 분석

앞서 설명한 바와 같이 우리는 2013년부터 2016년까지의 LFS 데이터를 취합했다.[17] LFS는 매 분기마다 설문조사를 실시하며, 다섯 번의 분기 또는 15개월에 걸쳐 연락을 취한 응답자의 순환 표본을 사용한다. 즉 분기별 설문조사에서 응답자의 약 5분의 1은 처음으로, 또 다른 5분의 1은 두 번째로 참여하게 되는 식이다. 하지만 분기별로 모든 응답자에게 모든 질문을 하는 것은 아니다. 사회적 출신에 관한 질문은 7~9월 설문조사에만 포함되었기 때문에 우리는 2014년, 2015년, 2016년 7~9월에 사회적 출신에 관한 질문에 응답한 모든 응답자의 데이터를 종합했다. 이는 응답자들이 빠르면 2013년 7~9월, 늦으면 2016년 7~9월에 설문조사를 시작했을 것임을 의미한다. 이런 방식으로 데이터를 모으면 최대한 큰 크기의 표본을 확보할 수 있으며, 필요한 경우 다른 분기의 개별 응답자 데이터를 사용할 수도 있다.

그런 다음 다양한 방법으로 표본을 제한했다. 먼저 은퇴의 영향을 최소화하기 위해 69세 이하인 사람들만 포함시켰다. 그런

16 사회학에서 엘리트는 일반적으로 두 가지 방식으로 식별된다. 지위 및/또는 평판이 그것이다. Mosca(2011[1939])는 엘리트가 권위 관계를 통해 권한을 부여받으며 일반적으로 조직 위계 구조에서 공식적인 고위직을 차지하는 '지배적 소수자'로 가장 잘 이해된다고 주장한 것으로 잘 알려져 있다. 이는 엘리트를 '현대 사회의 주요 위계와 조직을 지휘하는 중추적인 위치'를 차지한 사람들이라고 본 밀스에 영향을 미친 이론적 논리였다(Mills, 2000[1956], p. 4). 다른 연구자들은 엘리트를 명성의 측면에서 '내부자'에 의해 강력하거나 중요한 인물로 여겨지는 사람(Hunter, 1969), 또는 높은 지위의 네트워크에서 어떤 형태의 중심적 위치를 차지하는 개인(Larsen et al, 2015)으로 이해하는 것이 더 유용하다고 주장한다.

17 더 상세한 기술적 세부 사항은 https://daniellaurison.com/research/data-and-appendices/의 온라인 부록 참조.

다음 안정적으로 전문직에 진입했을 가능성이 적은 23세 미만이나 풀타임 학생은 분석에서 제외했다. 이와 관련하여 이동성 분석가들은 일반적으로 30세 또는 35세 이상만 대상으로 한다는 점을 짚고 넘어갈 만하다.[18] 그러나 우리는 출신에 따른 이동 기회가 아니라 전문직 및 경영직의 구성에 관심이 있기 때문에 합리적인 범위 내에서 가장 넓은 연령대를 포함시켰다.

직업 내 커리어 진전을 분석하기 위해 우리는 LFS 응답자의 소득을 사용했다. 물론 소득이 반드시 직업적 지위의 결정적인 척도를 제공하는 것은 아니지만, 소득은 그 자체로 성공의 중요한 지표이자 가장 유용한 대리변수이다. 이러한 척도들은 설문조사의 첫 번째 및 다섯 번째 분기 참가자에게서만 수집되었으며(모든 응답자가 이 두 분기에 참여한 것은 아니다), 모든 응답자가 소득을 묻는 질문에 답변한 것은 아니었다. 그 결과 우리가 조사한 엘리트 직종에 종사하면서 소득 정보가 있는 8,563명 및 회귀 모델에서 사용된 모든 공변인에 대한 데이터가 있는 8,325명의 응답자 표본을 확보했다. 소득 데이터가 누락된 응답자가 많았으나, 온라인 부록(https://daniellaurison.com/research/data-and-appendices/)에서 결과에 대한 신뢰도를 설명한다.

LFS의 대규모 표본 덕분에 성별, 나이, 인종에 따른 사회 이동성의 차이도 고려할 수 있었다. 우리는 대부분의 사람들에게 인종-민족 카테고리를 적용하여 백인, 흑인/아프리카계/카리브해계/흑인 영국인, 인도계, 파키스탄계, 방글라데시계, 중국계, 기타 아시아계, 혼합 또는 복합 및 기타 인종-민족 집단을 구분하는 LFS의 변수를 사용했다. 표본 크기가 너무 작을 경우에는 때때로 방글라데시계와

---

18 Goldthorpe et al(1980).

파키스탄계를 하나의 집단으로 묶었다. 대부분의 구성원이 무슬림인 두 집단은 영국 노동 시장에서 비슷한 수준의 불이익에 직면하는 경향이 있으며, 비슷한 수준의 사회적 유동성을 경험하기 때문이다.[19] 유럽, 북미, 호주, 뉴질랜드(기타 백인) 및 아일랜드 공화국(백인 아일랜드인) 출신의 백인 유럽계 이민자와 그 자녀는 백인 범주에 포함되었다. 우리는 잉글랜드, 웨일스, 스코틀랜드 또는 북아일랜드에서 태어난 사람과 영국 외 국가에서 태어난 사람을 구분하는, 출신 국가를 묻는 질문을 통해 이러한 차이의 일부를 포착했다.

회귀 분석을 이용하여 계급 임금 격차 이해하기

3장에서는 회귀 모델에 기초한 일련의 수치를 제시했다. 이를 통해 서로 다른 계급 태생인 사람들 사이에서 업무 관련 속성의 차이가 상위 직종에서 나타나는 임금 격차를 설명하는지 확인할 수 있었다. 보다 구체적으로 회귀 모델은 연구자가 해당 모델에 포함시킨 각 잠재적 요인으로 인해 '종속변수(이 경우 소득)'가 얼마나 증가(또는 감소)하는지 개별적으로 추정한다. 만약 두 변수가 모두 종속변수의 증가와 관련이 있고 두 변수를 모두 포함시켰을 때 서로 연관이 있다면 보통 각 변수의 독립적인 효과가 줄어든다. 이를 추가변수에 대한 '통제'라고 한다.

이것이 어떻게 작동하는지를 시각화하는 한 가지 방법은 산비탈 오르기를 상상하는 것이다. 정상이 남동쪽에 위치할 경우 그 방향으로

---

19 여기서는 Li and Health(2016)가 채택한 접근법을 따른다.

한 걸음씩 내디딜 때마다 당신의 비탈 오르기는 일부는 남쪽으로의 이동에 의해, 일부는 동쪽으로의 이동에 의해 이루어지며, 이는 각각 측정할 수 있다. 이때 만약 남북 이동만 측정하고 있다면 고도가 점점 높아지는 것이 모두 남쪽으로의 이동 때문인 것처럼 보일 수 있다. 계급 태생과 급여만 보는 것은 남쪽으로의 이동만 측정하는 것과 같다. 마지막 장의 계급별 급여 그래프에 나타난 '경사'를 생각해보면 감이 올 것이다. [그림 A.1](432쪽)은 계급 태생과 학력에 따른 소득의 '산'을 보여준다. 남북 방향의 계급 태생 경사면에서 '위로' 한 단계 올라갈 때마다 소득이 증가하지만, 마찬가지로 학력/동쪽 방향으로 한 단계 올라갈 때도 소득이 증가한다. 소득 경사에 대한 우리의 이해에 교육을 추가하면 계급에 따른 기울기 추정치가 더 작아지는데, 이는 계급 경사 중 일부는 실제로 집단 간의 교육적 차이(동서 기울기)에 기인하기 때문이다.

3장에서는 계급 태생에 따른 소득 격차의 잠재적 원인을 풀어보고자 했다. 이를 위해 우리는 이전 연구에서 소득 불평등의 주요 원인으로 확인된 네 가지 요인을 통제하는 일련의 내포Nested 선형 회귀 분석을 수행했다. 우리는 종속변수로 연간 소득을 추정하기 위해 주간 소득을 나타내는 LFS변수에 52를 곱한 값을 사용했다. 인구통계 모델에는 응답자가 소득 정보를 제공한 분기뿐만 아니라 성별, 인종, 장애, 나이에 대한 통제를 포함했다. 교육 모델에서는 응답자가 취득한 최고 학위 또는 자격, 졸업한 대학의 유형, 학위 등급 등 세 가지 교육 척도를 추가했다. 다른 '능력' 모델에는 직무 교육, 재직 기간, 평소의 근무 시간, 과거 건강 상태 등 인적 자본에 대한 추가 측정을 더했다. 다음으로는 응답자가 근무하는 영국 지역과 구체적인 직업을 추가했다(우리가 조사한 엘리트 직업의 직종에 대한 SOC10 코드를 사용했다).

그런 다음 해당 직업이 속한 업계, 공공 또는 민간 부문 여부, 근무하는 회사의 규모를 추가했다.[20] 이러한 모델들에서 얻은 결과는 로그 소득, 또는 소득 백분위수, 또는 지역별 소득 백분위수를 종속변수[21]로 사용했을 때 얻은 결과와 사실상 동일했다.[22]

우리는 이 목적으로 특별히 고안된 회귀 분석 유형인 블라인더-오하카 분해법[23]의 결과를 바탕으로 각 대조군에 의해 설명되는 총 임금 격차의 백분율을 서술한다(이전 연구에서 이 접근법을 설명했으며, 온라인 부록에서 보다 완전한 세부 정보를 제공한다).[24]

사례 연구 직종들의 비교

앞서 설명했듯이 우리가 조사한 네 가지 사례 연구가 모든 엘리트 직종을 대표하는 것은 아니며, 그중 일부는 우연한 기회에 특정 엘리트 조직을 조사할 수 있는 기회가 생겨 선택되었다.

하지만 이들 특정 직종을 비교하기로 한 우리의 결정에는 그럴

---

20 전체 회귀 분석표와 LFS에서 우리가 사용한 특정 변수들에 대한 세부 정보는 온라인 부록에 수록했다.

21 Laurison and Friedman(2016).

22 Friedman and Laurison(2017).

23 이 기법은 1955년 여성 사회학자 에벌린 키타가와가 개발했지만, 20년 후 이 기법을 발표한 두 남성의 이름을 따서 명명되었다(Kitagawa, 1955; Blinder, 1973; Jann, 2008). 이는 투명하게 '능력'에 따라 인정받아야 할 일조차도 여성이 수행했을 때는 종종 그렇지 못함을 보여주는 완벽한 사례라 하겠다.

24 Laurison and Friedman(2016) 참조.

만한 이유가 있다. 해당 직종들은 모두 몇 가지 중요한 특징을 공유한다. 무엇보다도 이 직업들은 모두 높은 지위로 널리 인정받는다. 예를 들어 회계와 건축은 (비교적 높은 급여를 통해) 물질적 보상과 명성이라는 상징적 보상을 약속한다.[25] 방송과 연기 분야의 경력도 유망하게 여겨지며 창의성, 자기표현, 화려함을 (반드시 가져다주지는 않더라도) 약속한다. 둘째, 해당 직업들은 모두 가장 인기 있는 대졸자 일자리 전국 순위표에서 상위권을 차지하는 경쟁이 치열한 직종이다. 마지막으로, (이 책에서 우리가 특히 관심을 갖는) 해당 직업의 리더들은 공적 영역에서 특별한 영향력을 행사한다. 회계 분야의 임원들은 영국에서 가장 크고 강력한 기업을 감독하며, 방송, 건축, 연기 분야의 리더들은 미디어, 공연예술, 건축 환경을 통해 영국의 문화적 정체성을 형성하는 데 중추적인 역할을 담당한다.

이 직업들은 중요한 특징을 공유하지만, 네 가지 점에서 중요한 차이가 있다. 첫째, 고용이 서로 매우 다른 방식으로 구조화되어 있다. 회계와 건축은 오래되고 전통적인 직업으로 일자리가 대체로 안정적이고 영구적이다. 반면 연기와 방송은 오늘날 '긱 이코노미'의 전형이라고 할 수 있다. 예를 들어, 방송 분야의 고용은 일련의 단기 계약 협상에 의존하는 경우가 많으며, 특히 방송 제작을 통한 크리에이티브 경로를 따르는 사람들의 경우는 더욱 그렇다(방송계에서 크리에이티브 경로의 중요성에 대한 자세한 내용은 5장 참조). 연기는 이보다 훨씬 더 불안정한 직업이며, 대부분의 연기자가 자영업자다. 우리가 연기라는

---

25 회계와 건축은 NS-SEC의 최상위 분류에 속하며, 연기와 방송은 2등급에 속한다. 그러나 연기, 방송(그리고 그보다 덜하지만 건축)은 '쿨한' 문화 및 크리에이티브산업(CCI) 내에서 '창의적'이고 대중을 대면하는 직업으로서 또 다른 차원의 매력을 지니고 있다고 볼 수 있다.

계급 천장

분야를 선택한 것은 부분적으로 자영업과 계급 천장 사이의 연관성을
조사하고자 하는 열망에서 비롯되었다.

둘째, 커리어와 커리어 진전이 이들 분야에서 서로 다르게
작동한다. 우선 회계 분야는 (경제적 산출량 측면에서) 소수의 다국적
기업이 주도한다. 이런 기업들은 대체로 규모가 매우 크며, 직급이
최대 7~8급까지 수직적으로 존재한다. 4장에서 설명한 바와 같이
이러한 기업들에는 비교적 확립된 경로가 존재하며, 많은 직원이
승진을 통해 고위직으로 이동한다. 방송사도 마찬가지로 (480여 개의
소규모 무료 방송, 무료 시청 및 구독 채널이 존재하긴 하나) 소수의 지상파
방송 채널이 주도한다. 이 주요 방송사들은 6TV와 마찬가지로 상당히
위계적이지만, 보통 인디 부문에서 경력을 쌓아야 고위급 크리에이티브
직위로 올라갈 수 있다. 연기는 '승자독식' 노동 시장의 한 예다.
극소수의 정상급 연기자는 소득과 지위 면에서 매우 높은 보상을 받는
반면, 대다수는 상당히 낮은 수입으로 생활한다. 반면 건축업계는 덜
계층적이다. 영국의 많은 건축가들이 개인 사무실 또는 직원 다섯 명
이하의 소규모 사무실에서 일한다. 이러한 맥락에서 직업 등급은 별
의미가 없다. 경력 초기에는 보통 7년 이상 소요되는 건축 교육의 세
단계를 모두 완료하여 '건축가'라는 보호받는 타이틀을 사용할 수 있는
자격을 획득하는 것이 중요하다. 그 이후에는 프로젝트 건축가로서
경험을 쌓는 것이 핵심이다.

셋째, 이 직업들은 모두 사회 이동성을 둘러싼 현재의 정책
논쟁에서 고유한 위치를 차지하고 있다. 예를 들어, 앨런 밀번의
영향력 있는 2009년 보고서 「직업에 대한 공정한 접근Fair Access to the
Professions」이 회계업계에 특히 심각한 문제가 있다고 지적한 후 사회
이동성은 해당 업계의 핵심 이슈가 되었다. 이후 전통적인 업계의 많은

대기업이 대졸자 채용 과정에서 '맥락 있는' 학력 데이터와 블라인드 전형을 도입하는 데 선도적인 역할을 해왔다(채용 이후 커리어 진전에서는 이 부분이 훨씬 덜 강조되었다). 방송과 연기 분야도 최근 유명인들과 정책 입안자들이 자신의 미디어 플랫폼을 통해 이 업계의 진입과 커리어 진전에 장벽이 존재한다고 비난하면서 비판의 대상이 되었다.[26] 건축은 엘리트 직업으로서 누려온 역사에도 불구하고 사회 이동성을 촉진하기 위한 산발적인 논의와 활동만 있었을 뿐 스스로 이러한 정책의 초점이 되는 것을 대체로 피해왔다. 건축 부문의 다양성 의제로는 성차별과 업계 내 여성의 부족, 특히 고위직 여성의 부족 문제가 주를 이뤘다.

마지막으로, 4장에서 설명했듯이 출신 계급이 커리어 진전에 미치는 영향은 해당 직업별로 크게 다르게 나타난다. 우리가 LFS를 분석한 결과에 따르면 회계(특히 시티오브런던의 대형 기업)와 연기는 계급 임금 격차가 비교적 크다. 그러나 우리는 건축과 영화 및 방송 업계에서는 계급 임금 격차가 존재한다는 증거를 찾지 못했다. 즉 우리가 선택한 사례 연구 직종들은 계급 임금 격차를 조장하는, 그리고 저지하는 잠재적 요인을 이해하려는 목표와 근본적으로 연결되어 있다.

엘리트 조직 비교

이 책의 앞부분에서 설명했듯이 우리는 계급 임금 격차의 잠재적

---

26 Plunkett(2014); Denham(2015).

동인 다수가 특정 조직의 문화와 구조 등 회사 차원에서 작동하고 있다고 생각했다. 이러한 메커니즘을 조사하기 위해 우리는 여러 다른 기업에 다니는 개인들에 대한 단면 조사보다는 조직 사례 연구의 관점을 통해 엘리트 직업을 살펴보기로 했다. 사례 연구에 포함된 기업들은 전국적인 규모의 방송사 6TV, 대규모 다국적 회계법인 터너 클라크, 그리고 건축 회사 쿠퍼스였다.

특정 직군을 선택한 이유와 더불어, 우리는 연구하고자 하는 기업의 종류에 대해서도 심도 있게 고려했다. 첫째, 우리는 3장에서 살펴본 런던 효과를 더 깊이 탐구하는 데 관심이 있었다. 따라서 상당 규모의 인력이 런던 중심부에서 일하는 세 조직을 선정했다. 또한 의미 있는 비교 분석을 수행할 수 있도록 인력이 전국적으로 분산되어 있는 조직을 하나 이상 포함시키고자 했으며, 터너 클라크가 이러한 기회를 제공했다. 해당 기업은 직원 중 60퍼센트가 런던 이외의 지역에서 근무하는 반면, 쿠퍼스와 6TV는 직원의 90퍼센트 이상이 런던에서 근무한다.

둘째, 기업 규모에 따른 차이를 살펴보고자 했다. 3장에서 우리는 대규모 기업에서 임금 격차가 더 두드러진다고 설명했다. 이에 대해 자세히 알아보기 위해 중간 규모 기업 쿠퍼스, 중대형 기업 6TV, 그리고 초대형 기업 터너 클라크를 선택했다.

마지막으로, 기업 내 전문화specialisation의 정도가 다른 기업들을 비교하고자 했다. 3장에서는 엘리트 직종들 간에 존재하는 분류의 힘을 매우 명확하게 보여주었다. 우리는 엘리트 직업 내에서 이와 유사한 형태의 수평적 구분이 존재하는지에 관심이 있었다. 즉 계급 태생이 다른 사람들이 서로 다른 영역이나 부서로 분류되는지, 그리고 이것이 승진 전망에 영향을 미치는지 조사하고자 했다. 4장에서 설명했듯이

6TV(특히 외주제작국 대비 다른 다섯 개 주요 부서), 터너 클라크(특히 자문 부서 대비 감사 및 세무 부서), 쿠퍼스(특히 디자인, 기술, 상업적 프로젝트에 중점을 둔 직원들 사이에) 내에는 매우 중요한 형태의 전문화가 존재한다.

사례 연구 조직에 피드백 제공

각 사례 연구는 해당 조직과의 협력하에 수행되었다. 현장 조사를 마친 후 우리는 결과를 각 기업의 고위 경영진에게 먼저 구두 프레젠테이션을 통해 전달한 다음, 그들의 피드백을 수렴하고 반영하여 공식 보고서의 형태로 다시 피드백했다. 이런 피드백 과정을 통해 각 조직에 '답변할 권리'를 주는 것이 중요하다고 생각했다. 또한 우리의 목표는 조직이 사회 이동성 및 커리어 진전의 문제를 해결하기 위해 실제로 활용할 수 있는 연구를 내놓는 것이었다.

하지만 피드백 과정이 순조롭지만은 않았다. 6TV와 터너 클라크에 대한 우리의 연구 결과는 매우 비판적이었다. 두 회사의 리더들은 대부분 결과를 수용했으나 일부 개인은 강하게 이의를 제기했다. 예를 들어, 우리가 터너 클라크에 만연한 비공식 후원에 대해 설명하던 도중 한 시니어 파트너가 화를 내며 끼어들었다. "받아들일 수 없습니다. 제 경험으로는 여기서는 그런 일이 일어나지 않습니다." 다른 경우 이의 제기는 데이터 해석과 관련이 있었다. 예를 들어 결론(11장)에서 설명했듯이 6TV 외주제작국의 문화에 대한 우리의 비판은 특히 거센 반발을 샀다.

우리의 연구는 또한 사례 연구의 대상이 된 조직들에 가시적인 영향을 미쳤다. 예를 들어 6TV에서는 연구 결과에서 드러난 문제를 해결하기 위해 운영 그룹이 구성되었다(샘도 이 그룹의 일원이었다). 그 결과 직원의 계급 배경을 측정 및 모니터링하기 위한 지속적인 노력, 상위 직급에서 사회적 상승을 이룬 직원의 대표성을 높이기 위한 목표 설정, 수습 직원 과반수 이상을 사회적 상승을 이룬 사람들에게 할당 등 광범위한 사회 이동성 전략이 도출되었다. 터너 클라크에서도 직원들의 계급 구성을 모니터링하는 데 유사한 노력을 기울이는 등 변화가 있었다. 또한 터너 클라크는 관련 업무 경험 및 정규 교과 외 성취를 강조하던 방식을 버리고, 기존의 적성검사를 조정하여 재능 있는 인재와 문화적 적합성을 파악할 때 한층 더 총체적으로 접근하는 등 대졸 인턴 선발 과정에 여러 가지 변화를 주었다.

비밀 유지에 관한 참고 사항

우리는 사례 연구 조직들과 개별 인터뷰 참여자들의 익명성 보호를 매우 중요하게 여긴다. 기업의 입장에서 직원 구성에 대한 총체적 정보는 상업적으로 민감한 부분이다. 우리가 인터뷰 참여자에게 했던 질문들은 사적이고 도발적이었으며, 신원이 노출될 경우 경력에 심각한 영향을 미칠 수 있었다. 따라서 우리의 주된 우려는 일반 독자가 인터뷰 참여자들을 알아볼 수 있다는 점이 아니라(그것은 불가능에 가깝다고 생각한다), 조직 내 다른 동료들이 그들을 알아볼 수도 있다는 점이었다. 이러한 이유로 우리는 익명성을 보장하기 위해 여러 절차를 거쳤다. 첫째, 모든 참가자를 가명으로 지칭했다. 둘째, 인터뷰 참여자를 식별할 수 없도록 그들의 일부 특성이나 인적 사항을 바꿨다. 그러나 특정 인적 사항을 숨기는 과정에서 독자가 우리의 주장을 평가하는 능력에 영향을 미칠 수 있는 부분(예를 들어 인구통계적 특성의 주요 변경)은 피했다. 마지막으로, 독자 여러분은 우리가 어떤 특성을 가진 개인을 지칭할 때 가명을 사용하지 않은 경우가 있음을 알아차렸을 것이다. 우리는 발언이 상당히 도발적이고 독자가 책 전체에 걸쳐 그들의 가명을 유심히 지켜보면 응답자의 신원을 알 수 있는 경우에 그렇게 했다. [표 A.1a-1d]에 각 인터뷰 대상자의 성별, 인종, 부모 직업에 대한 세부 정보를 수록했다.

한계와 향후 연구

이 프로젝트에는 많은 중요한 한계가 있다. 그중 일부는 꽤 명백하다. 예를 들어 '계급 천장은 새로운 현상인가'라는 핵심적인 질문이 남아 있다. 이 책에서 우리는 계급 천장이 기존에 유의미하게 밝혀진 적이 없다고 주장한다. 하지만 그것은 계급 천장이 과거에 존재하지 않았다고 말하는 것과는 크게 다르다. 구체적으로, 우리는 1970년대까지 미국에서 지배적이었고 많은 비교 연구에서 사용된 지위 획득 접근법status attainment approach을 통해, 계급 태생이 직업 도착지 자체의 효과를 감안하더라도 임금에 직접적인 영향을 미친다는 사실이 밝혀졌음을 안다.[27]

---

27 Jencks and et al(1972); Pfeffer(1977).

안타깝게도 우리에게 허용된 횡단면 데이터만으로는 시간의 경과에 따른 변화를 다룰 수 없었다. 따라서 향후 우리의 조사가 나아갈 방향 중 하나는 과거에 영국 내 계급 임금 격차가 존재했는지, 존재했다면 시간이 지남에 따라 증가 또는 감소했는지를 조사할 수 있는 종단면 데이터를 확보하는 것이다.

또한 사례 선택에 내재된 한계도 있다. 간단히 말하자면, 만일 우리가 다른 상위 직종, 다른 엘리트 조직을 조사했다면 계급 임금 격차의 다른 동인을 발견했을 수도 있다. 우리가 사례 연구를 실시한 조직들이 한 가지 중요한 점에서 대표성을 갖지 못한다는 점을 주목해볼 만하다. 즉 이 기업들은 연구자들이 계급과 같은 민감한 문제를 조사할 수 있도록 기꺼이 문을 열어주었다. 이 사실이 연구 결과에 어떤 영향을 미쳤는지 정확히 알기는 어렵지만, 이들 기업이 다른 기업보다 계급 불평등 문제를 더 잘 이해하고 인식하고 있을 가능성이 있다. 우리가 접근을 시도했다가 실패한 기업을 포함하여 대부분의 기업은 계급에 대한 논의에서 드러날 수 있는 문제를 더 많이 두려워할 수 있다. 이처럼 우리의 결과는, 특히 우리의 접근을 거부한 회사들이 더 심각한 계급 태생 장벽을 가지고 있는 경우 계급 천장의 규모를 사실상 과소평가할 수 있다.

우리 접근법의 또 다른 주요한 한계는 우리가 파악한 임금 격차의 다양한 요인들의 상대적 중요도와 이들 간의 관계를 의미 있게 판단하기 어렵다는 점이다. 이는 많은 면에서 우리가 수행했던 방식으로 혼합된 방법론을 채택하기가 수월하지 않음을 반영한다. 예를 들어, 2장과 3장에서 우리는 모든 '엘리트 직종'에 걸쳐 나타나는 계급 임금 격차를 발견했지만, 4장부터는 모든 엘리트 직종을 살펴보는 대신 네 가지 특정 사례 연구를 살펴봤다.[28] 우리 프로젝트의 이 두

부분 사이에는 여러 면에서 불완전한 분석적 연결이 존재한다. 첫째, 방금 설명했듯이 우리는 사례 연구에서 확인한 메커니즘이 모든 엘리트 직종에 적용된다고 확신할 수 없다. 둘째, 3장에서 확인한 다수의 동인은 사람들이 어떤 직업이나 회사에 진입하느냐에 관한 것이며(교육의 경우는 그 이전에 발생), 이는 기업 내부에서 사람들에게 어떤 일이 일어나는지를 분석하는 우리 연구의 외부에 있거나 시간적으로 그 이전에 발생한다(물론 사람들의 경력 서사, 특히 6TV에서는 이러한 초기 동인의 일부 잔여물을 감지할 수는 있었으나). 마지막으로, 우리의 사례 연구에 참여한 사람들 중 일부는 엘리트 기업에서 일하고 있지만 '엘리트 직업군'으로 분류되는 일을 하고 있지 않다. 예를 들어, 6TV의 사무 보조원들과 터너 클라크의 많은 '지원' 부서 직원들은 명백하게 엘리트 직종에 종사하고 있지 않다.[29]

다른 한계들은 우리의 방법론적 결정과 관련이 있다. 이

28 예를 들어, 가능한 한 많은 '상위 직종'에 종사하는 사람들을 찾아 그들의 경력에 대해 인터뷰하는 것이 더 일관성이 있었을 수 있다. 하지만 우리는 Pfeffer(1977)의 주장에 따라 우리가 살펴보고자 하는 중요한 역학 관계의 상당수가 기업 내부에서 발생하고 있으며, 10장에서 주장했듯이 분야별로 규범, 기대치 등의 '독사doxa'가 다를 것이라는 가설을 세웠다. 그래서 우리의 사례 연구에서는 기업(또는 연기 분야)에 종사하는 사람들을 조사했다.

29 그러나 이는 기업 내부에 계급 태생에 따른 분류가 존재한다는, 4장에서 제시한 우리의 핵심 주장을 훼손시키지 않는다. 우리가 살펴본 각 부서(6TV의 인사, 재무 및 자산 부서와 터너 클라크의 지원 부서 제외)의 구성원 과반수가 우리가 규정한 상위 직종에 속해 있고, 각 기업의 최상위급은 전적으로 엘리트 직종 종사자로 구성되어 있기 때문이다. 또한 우리는 조사한 기업들, 특히 6TV의 상위 직종에 속하지 않은 사람 다수가 그러한 자리에 오르기 위해 노력하고 있거나 올랐으면 좋았을 것이라 여기며, 자신이 열정을 바치고 싶은 일을 하는 회사에 남기 위해 덜 유망한 역할을 받아들였음을 알고 있다.

프로젝트는 사람들의 경력 궤적과 직장에서의 경험을 이해해야 했기 때문에 주로 인터뷰를 기반으로 진행되었다. 그러나 사람들이 말하는 것과 실제로 실천하는 것 사이에는 종종 차이가 있다는 점을 인식하는 것이 중요하다. 제롤맥과 칸[30]이 지적했듯이 "말은 쉽다." 그리고 말과 행동이 항상 일치하는 것은 아니다. 이는 계급 차별과 같은 메커니즘의 측면에서 특히 그렇다. 비록 우리의 연구에서는 그 증거가 발견되지 않았으나, 이는 사람들이 덜 비판적이고 '명예로운' 자신을 전면에 내세우는 경향이 있는 인터뷰 환경의 인공적 결과물일 수 있다.[31] 이외에도 행동 규범의 힘, 후원 관계의 구축, 배타적 임원 문화의 표현 등 이 책에서 언급한 여러 메커니즘을 더욱 명확히 규명하기 위해서는 보다 광범위한 민족지학적 관찰 방법을 사용하는 것이 유용할 수 있다. 또한 계급 천장을 이해하는 데 핵심적인 임금 협상, 면접, 승진 평가와 같은 중요한 '게이트 키핑 현장'도 존재하며, 이는 민족지학적 관찰 방법을 사용하면 더 잘 파악할 수 있다.

우리는 이 책의 여러 부분에서, 특히 10장을 할애하여 연구자들이 광범위한 직업 범주를 벗어나 소득이든 직업적 지위든 보다 세부적인 계급 도착지 측정 결과를 활용해야 한다고 주장했다. 그러나 우리 자신도 (LFS에 수록된) 사람들의 계급 태생을 살펴볼 때 마찬가지로 전통적인 직업 척도를 사용했다. 이러한 이중 기준은 우리도 인지하고 있으며, 향후 연구에서는 기원을 측정하는 데 한층 세분화된 기준이 사용되어야 함을 짚고 넘어가고 싶다. 우리가 사용할 수 있는 것은 LFS에서 제공하는 정보로 제한되어 있지만 향후 더 많은 대규모 연구가

---

30 Jerolmack and Khan(2014).

31 Jarness and Friedman(2017).

(심지어 LFS 자체도) 다양한 계급 태생 측정 기준을 포함하기를 바란다.

추가적인 표와 그림

앞서 설명한 [표 A.1a-1d], [표 A.2], [표 A.3]을 여기에 제시한다. 그 밖에도 우리는 이 책의 첫 부분에 제시한 분석을 수행하는 과정에서 본문에서 논의한 것보다 훨씬 더 많은 그림을 생성했다. 관심 있는 독자들이 더 깊이 알고 싶어 할 만한 분석을 몇 가지 소개하겠다(430~436쪽). 가장 설득력 있다고 생각되는 그림들을 최소한의 논의와 함께 제시하고, 온라인 부록에서 더 자세한 내용과 그림을 가지고 분석 결과를 설명하겠다.

[표 A.1a] 6TV 인터뷰 참여자

이름	성별	인종-민족	나이	아버지 직업	어머니 직업	대물림된 경제 자본	대물림된 문화 자본	학교 유형	직책 및 급여 범위	부서	인터뷰 장소	경력 궤적
Aika	여성	혼합/복합	30대	택시기사	매장 근무자	하	하	공립	전문/기술, £25k-70k	법무 및 상업	런던	안정
AiLa	여성	백인 영국인	40대	연기자	간호사	중	중	공립	부서장/임원, £100k-500k	인사, 재무 및 자산	런던	가속화
Aisha	여성	흑인 영국인	20대	교사	경찰	중	중	공립	전문/기술, £25k-70k	마케팅 및 커뮤니케이션	런던	안정
Alex	여성	기타 백인	20대	공장 노동자	비서	하	하	공립	전문/기술, £25k-70k	법무 및 상업	글래스고	저지
Alice	여성	백인 영국인	40대	병원 포터	청소부	하	하	공립	보조/행정, £21k-60k	외주제작국	런던	저지
Bill	남성	백인 영국인	50대	공장 기계 조작자	주부	하	하	공립	부서장/임원, £100k-500k	외주제작국	런던	안정
Bridget	여성	백인 영국인	60대	철강 노동자	주부	하	하	그래머	부서장/임원, £100k-500k	인사, 재무 및 자산	런던	안정
Catherine	여성	백인 영국인	30대	고위 관리자	비서	중	중	공립	고위 관리자, £60k-120k	기술 및 전략	런던	안정
Claire	여성	백인 영국인	50대	IT 테크니션	행정 어시스턴트	하	하	공립	부서장/임원, £100k-500k	기술 및 전략	런던	안정
Cora	여성	백인 영국인	40대	고위 공무원	주부	상	상	사립	고위 관리자, £60k-120k	법무 및 상업	런던	안정
Daniel	남성	백인 영국인	20대	교사	교사	상	상	공립	고위 관리자, £60k-120k	외주제작국	런던	안정
Dave	남성	백인 영국인	50대	성인교육 교사	사무실 매니저	중	중	그래머	고위 관리자, £60k-120k	외주제작국	런던	가속화
Dean	남성	기타 백인	30대	가게 주인	매장 근무자	중	하	공립	고위 관리자, £60k-120k	영업, 디지털 및 트레이딩	런던	안정
Esme	여성	기타 백인	30대	건축업자	재봉사	중	하	공립	전문/기술, £25k-70k	기술 및 전략	런던	
Gemma	여성	백인 영국인	30대	육체노동자	청소부	하	하	공립	전문/기술, £25k-70k	인사, 재무 및 자산	런던	

George	남성	백인 영국인	30대	바닐더	행정 어시스턴트	하	하	공립	전문/기술, £25k-70k	외주제작국	런던	안정
Hannah	여성	흑인 영국인	50대	미장이	미용사	중	하	공립	관리자, £35k-80k	인사, 재무 및 자산	런던	저지
Holly	여성	중국계 영국인	20대	요리사	웨이트리스	하	중	공립	보조/행정, £21k-60k	외주제작국	런던	저지
James	남성	기타 백인	60대	중간 규모 사업체 소유주	주부	상	상	사립	부서장/임원, £100k-500k	외주제작국	런던	가속화
Javid	남성	인도계 영국인	20대	공장 노동자	공장 노동자	하	하	공립	고위 관리자, £60k-120k	영업, 디지털 및 트레이딩	런던	저지
Josh	남성	백인 영국인	40대	교장	간병인	중	상	사립	부서장/임원, £100k-500k	외주제작국	런던	가속화
Kate	여성	백인 영국인	20대	해당 사항 없음	청소부	하	중	그래머	고위 관리자, £60k-120k	마케팅 및 커뮤니케이션	런던	안정
Katie	여성	백인 영국인	50대	치과의사	주부	상	중	사립	관리자, £35k-80k	기술 및 전략	런던	안정
Keir	남성	백인 영국인	50대	과학자	주부	상	중	공립	고위 관리자, £60k-120k	기술 및 전략	런던	안정
Kerry	여성	기타 백인	60대	고위 공무원	주부	상	상	사립	부서장/임원, £100k-500k	외주제작국	런던	안정
Kevin	남성	기타 백인	50대	대규모 사업체 소유주	사업체 고위 관리자	상	상	사립	고위 관리자, £60k-120k	외주제작국	런던	가속화
Kieran	남성	백인 영국인	20대	육체노동자	해당 사항 없음	하	하	공립	보조/행정, £21k-60k	외주제작국	런던	저지
Kylie	여성	백인 영국인	40대	공장 노동자	초등학교 교사	중	중	사립	고위 관리자, £60k-120k	영업, 디지털 및 트레이딩	런던	안정
Leon	남성	백인 영국인	20대	군인	매장 근무자	하	하	사립	관리자, £35k-80k	영업, 디지털 및 트레이딩	글래스고	안정
Lizzie	여성	백인 영국인	40대	교수	주부	상	상	공립	부서장/임원, £100k-500k	외주제작국	런던	가속화
Maisie	여성	백인 영국인	30대	해당 사항 없음	가사 도우미	하	하	공립	관리자, £35k-80k	인사, 재무 및 자산	런던	안정
Mark	남성	백인 영국인	30대	과학자	교사	상	상	사립	고위 관리자, £60k-120k	외주제작국	런던	가속화

계급 천장

이름	성별	인종/민족	연령대	직업	직업(기타)	평가	평가	설립 구분	소득	부서	지역	상태
Martha	여성	백인 영국인	40대	교장	사회복지사	중	중	공립	부서장/임원, £100k-500k		런던	안정
Mary	여성	흑인 영국인	20대	해당 사항 없음	케이터링 어시스턴트	하	하	공립	전문/기술, £25k-70k	인사, 재무 및 자산	런던	저지
Michael	남성	백인 영국인	40대	대학 강사	약사	상	상	공립	고위 관리자, £60k-120k	외주제작국	런던	안정
Mo	남성	혼합/독일	20대	택시기사	매장 근무자	중	하	사립	전문/기술, £25k-70k	인사, 재무 및 자산	런던	안정
Monica	여성	백인 영국인	30대	교사	사무실 관리자	중	중	공립	고위 관리자, £60k-120k	외주제작국	런던	안정
Natalia	여성	흑인 영국인	20대	해당 사항 없음	포터	하	하	공립	보조/행정, £21k-60k	외주제작국	런던	저지
Nigel	남성	백인 영국인	40대	경영 컨설턴트	비서	상	상	사립	부서장/임원, £100k-500k	마케팅 및 커뮤니케이션	런던	가속화
Nish	남성	아시아계 영국인	50대	건축가	간호사	상	하	공립	부서장/임원, £100k-500k	업무 및 상업	런던	가속화
Patricia	여성	백인 영국인	40대	이사	방사선 촬영 기사	중	중	사립	부서장/임원, £100k-500k	기술 및 전략	런던	안정
Peter	남성	백인 영국인	30대	교수	편집자	중	중	공립	고위 관리자, £60k-120k	마케팅 및 커뮤니케이션	런던	가속화
Rachel	여성	백인 영국인	40대	고위 관리자	주부	상	상	공립	고위 관리자, £60k-120k	외주제작국	런던	가속화
Roger	남성	기타 백인	50대	고위 관리자	교사	중	하	사립	부서장/임원, £100k-500k	업무 및 상업	런던	가속화
Ruth	여성	백인 영국인	50대	대규모 사업체 소유주	교사	상	중	사립	관리자, £35k-80k	마케팅 및 커뮤니케이션	런던	안정
Sam	남성	백인 영국인	30대	배관공	데이터 누락	하	상	공립	전문/기술, £25k-70k	인사, 재무 및 자산	글래스고	안정
Sophie	여성	백인 영국인	30대	고위 관리자	번역가	상	하	사립	고위 관리자, £60k-120k	외주제작국	런던	가속화
Suzy	여성	흑인 영국인	40대	무직	웨이트리스	하	하	공립	관리자, £35k-80k	인사, 재무 및 자산	런던	저지
Theo	남성	백인 영국인	30대	농부	비서	중	하	공립	관리자, £35k-80k	기술 및 전략	글래스고	안정

이름	성별	인종-민족	나이	아버지 직업	어머니 직업	대물림된 경제 자본	대물림된 문화 자본	학교 유형	직책 및 급여 범위	부서	인터뷰 장소	경력 궤적
Ally	남성	백인 영국인	20대	누락	누락	누락	누락	공립	수습 직원, £25k-50k	세무	런던	안정
Barbara	여성	백인 영국인	20대	누락	누락	누락	누락	사립	수습 직원, £25k-50k	자문	런던	안정
Ben	남성	백인 영국인	60대	목수	매장 근무자	하	하	공립	파트너, £100k-500k	자문	런던	저지
Benedict	남성	백인 영국인	20대	누락	누락	누락	누락	공립	수습 직원, £25k-50k	감사	런던	안정
Beth	여성	백인 영국인	30대	가게 주인	주부	중	하	공립	임원, £25k-50k	자문	런던	저지
Bev	여성	백인 영국인	30대	건축업자/부동산 중개인	비서	하	하	공립	파트너, £75k-125k	자문	런던	저지
Cathy	여성	백인 영국인	40대	병원 임원	비서	중	중	그래머	파트너, £100k-500k	감사	런던	안정
Charlotte	여성	백인 영국인	20대	누락	누락	누락	누락	공립	수습 직원, £25k-50k	세무	런던	안정
Christopher	남성	백인 영국인	20대	누락	누락	누락	누락	공립	수습 직원, £25k-50k	세무	런던	안정
Colin	남성	백인 영국인	40대	세무 조사원	중간 관리자	중	중	사립	파트너, £100k-500k	감사	세인트 올번스	가속화
Eugene	남성	백인 영국인	20대	변호사	마케팅 임원	상	상	사립	수습 직원, £25k-50k	세무	런던	안정
Fraser	남성	기타 백인	20대	누락	누락	누락	누락	공립	수습 직원, £25k-50k	감사	런던	안정
George	남성	백인 영국인	20대	누락	누락	누락	누락	공립	수습 직원, £25k-50k	감사	런던	안정
Georgia	여성	백인 영국인	20대	누락	누락	누락	누락	사립	수습 직원, £25k-50k	자문	런던	안정
Giles	남성	백인 영국인	50대	의사	의사	상	상	사립	파트너, £100k-500k	자문	런던	가속화

계급 천장

이름	성별	인종	연령대	직업	연기자			사립/공립		감사/세무/자문	지역	
Graham	남성	백인 영국인	40대	연기자	연기자	상	상	사립	파트너, £100k-500k	감사	런던	가속화
Hayley	여성	흑인 영국인	20대	누락	누락	누락	누락	공립	수습 직원, £25k-50k	세무	런던	안정
Imogen	여성	백인 영국인	20대	누락	누락	누락	누락	사립	수습 직원, £25k-50k	자문	런던	안정
James	남성	백인 영국인	40대	정치인	주부	상	상	공립	파트너, £100k-500k	자문	카디프	가속화
Jane	여성	백인 영국인	50대	회계사	간호사	상	상	사립	파트너, £100k-500k	자문	맨체스터	가속화
Jason	남성	기타 백인	40대	교사	교사	중	중	공립	파트너, £100k-500k	감사	맨체스터	저지
Jennifer	여성	중국계 영국인	20대	누락	누락	누락	누락	공립	수습 직원, £25k-50k	자문	런던	안정
Jenny	여성	파키스탄계 영국인	20대	택시기사	주부	하	중	공립	수습 직원, £25k-50k	세무	런던	저지
Jess	여성	백인 영국인	50대	공장 노동자	청소부	하	하	공립	파트너, £100k-500k	세무	카디프	저지
Joe	남성	백인 영국인	40대	환경보건 담당관	교사	중	중	사립	파트너, £100k-500k	세무	밀턴 키인즈	안정
Joshua	남성	흑인 영국인	20대	홍보 매니저	인사 관리자	중	중	사립	수습 직원, £25k-50k	감사	런던	안정
Judy	여성	백인 영국인	40대	재무 관리자	주부	상	중	그래머	파트너, £100k-500k	자문	런던	가속화
Karen	여성	백인 영국인	40대	대학교수	주부	상	상	공립	파트너, £100k-500k	지원	밀턴 키인즈	안정
Lola	여성	백인 영국인	50대	도구 제작자	제봉사	중	하	공립	파트너, £100k-500k	감사	런던	저지
Martin	남성	백인 영국인	40대	대규모 사업체 소유주	주부	상	상	사립	파트너, £100k-500k	감사	레스터	가속화
Martina	여성	백인 영국인	20대	바텐더	요리사	하	하	공립	수습 직원, £25k-50k	자문	밀턴 키인즈	저지
Matthew	남성	백인 영국인	40대	엔지니어	가게 주인	중	중	공립	파트너, £100k-500k	세무	맨체스터	안정

Neil	남성	백인 영국인	30대	고위 관리자	중간 관리자	상	상	공립	파트너, £100k-500k	감사	밀턴 키인즈	가속화
Nigel	남성	백인 영국인	30대	고위 관리자	주부	상	상	사립	파트너, £100k-500k	자문	런던	가속화
Paul	남성	백인 영국인	50대	세일즈맨	주부	하	하	그래머	파트너, £100k-500k	자문	버밍엄	저지
Philip	남성	백인 영국인	40대	정원사	매장 근무자	하	하	공립	파트너, £100k-500k	자문	맨체스터	저지
Raymond	남성	백인 영국인	40대	전기공	주부	하	하	공립	파트너, £100k-500k	감사	케임브리지	저지
Rebecca	여성	백인 영국인	20대	IT 매니저	간호사	상	상	공립	수습 직원, £25k-50k	자문	레스터	가속화
Robert	남성	백인 영국인	40대	고위 관리자	사무실 관리자	상	중	그래머	파트너, £100k-500k	자문	런던	가속화
Roger	남성	백인 영국인	50대	중간 관리자	비서	중	중	그래머	파트너, £100k-500k	자문	런던	안정
Terry	남성	백인 영국인	20대	누락	누락	누락	누락	공립	수습 직원, £25k-50k	감사	런던	안정
Will	남성	백인 영국인	20대	의사	변호사	상	상	사립	수습 직원, £25k-50k	자문	런던	가속화
Yasmine	여성	백인 영국인	20대	누락	누락	누락	누락	공립	수습 직원, £25k-50k	세무	런던	안정

계급 천장

[표 A.1c] 연기자 인터뷰 참여자

이름	성별	인종-민족	나이	아버지 직업	어머니 직업	대물림된 경제 자본	대물림된 문화 자본	학교 유형	급여	인터뷰 장소	경력 궤적
Abigail	여성	백인 영국인	30대	해당 사항 없음	교사	중	상	공립	£16.5k	런던	안정
Aiden	남성	백인 영국인	20대	무직	간병인	하	하	공립	£60k	런던	안정/저지
Alaina	여성	백인 영국인	20대	요리사	행정 어시스턴트	하	하	공립	£15k	런던	안정
Andy	남성	백인 영국인	20대	의사	의사	중	상	공립	누락	런던	안정
Archie	남성	백인 영국인	50대	농부	주부	중	하	공립	미미함	런던	저지
Brian	남성	흑인 영국인	40대	해당 사항 없음	가수	하	중	공립	£10k	런던	안정
Carrie	여성	백인 영국인	30대	건축가	주부	상	상	사립	£18k	런던	안정
Carter	남성	백인 영국인	50대	엔지니어	주부	중	중	그래머	£12k	런던	안정
Charlotte	여성	백인 영국인	30대	해당 사항 없음	공무원	중	상	그래머	£30k	런던	안정
Daisy	여성	백인 영국인	30대	교사	교사	중	상	공립	누락	런던	안정
Dani	남성	아시아계(혼합)	30대	교사	교사	중	상	사립	£36k	런던	가속화
Daniel	남성	백인 영국인	20대	기술자	행정 어시스턴트	하	하	공립	미미함	런던	저지
Deborah	여성	흑인 영국인	40대	사무원	매장 근무자	하	하	공립	£8k	뉴캐슬	저지
Derek	남성	백인 영국인	50대	육체노동자	비서	하	하	공립	£27k	런던	저지
Douglas	남성	백인 영국인	30대	소규모 사업체 소유주	주부	중	중	사립	£18k	런던	안정

이름	성별	인종	연령	부모 직업	직업			학교 유형	소득	지역	태도
Ella	여성	백인 영국인	40대	제도사	미용사	중	하	공립	£12k	런던	저지
Ellie	여성	백인 영국인	30대	교장	고위 관리자	상	상	공립	£20k	버밍엄	안정
Faith	여성	혼합/복합	40대	성직자	사회복지사	하	하	공립	£20k	런던	저지
Fraser	남성	백인 영국인	20대	정비원	행정 어시스턴트	중	하	공립	미미함	런던	저지
Grace	여성	백인 영국인	30대	건축업자	주부	중	하	공립	£27k	리버풀	안정
Imogen	여성	아시아계(혼합)	30대	보험 계리사	주부	상	상	사립	£24k-27k	런던	안정
Isabelle	여성	백인 영국인	20대	부엌 가구 조립공	영업부 바이어	중	중	그래머	£20k	런던	안정
Jack	남성	백인 영국인	30대	음악가	예술 행정 담당	중	상	공립	£40k	에디버러	가속화
Jane	여성	백인 영국인	40대	사무원	사무원	중	하	공립	£100k-200k	글래스고	가속화
Jim	남성	백인 영국인	50대	트럭 운전기사	바텐더	하	하	공립	£35k	런던	저지
Joan	여성	백인 영국인	30대	중간 규모 사업체 소유주	교사	상	중	그래머	미미함	런던	저지
John	남성	중국계 영국인	40대	교사	교사	중	중	공립	£20k	런던	안정
Leah	여성	흑인 영국인	20대	엔지니어	교사	상	중	사립	누락	런던	안정
Leon	남성	백인 영국인	30대	교사	비서	중	상	공립	£25k	런던	안정
Lewis	남성	백인 영국인	40대	기계 기사	청소부	중	하	공립	£4k	런던	안정
Lily	여성	중국계 영국인	50대	중간 규모 사업체 소유주	초등학교 교사	중	중	공립	£34k	런던	안정
Lloyd	남성	백인 영국인	40대	정비공	간병인	하	하	공립	£17k	런던	안정

이름	성별	인종	연령		직업				소득	도시	위치
Lola	여성	백인 영국인	40대	해당 사항 없음	무직	하	하	공립	누락	글래스고	저지
Lucy	여성	백인 영국인	20대	육체노동자	주부	하	중	공립	미미함	리버풀	저지
Mark	남성	백인 영국인	10대	회사 임원	마케팅 어시스턴트	상	중	공립	£12k-15k	런던	안정
Mason	남성	백인 영국인	40대	공장 노동자	공장 노동자	하	하	공립	누락	런던	안정
Mia	여성	백인 영국인	40대	전기공	주부	중	하	공립	£30k	런던	안정/저지
Millie	여성	백인 영국인	50대	증권 중개인	교직원	중	중	공립	£12k-20k	포츠머스	안정
Mollie	여성	백인 영국인	30대	대규모 사업체 소유주	사무실 관리자	상	상	사립	£45k	런던	가속화
Nathan	남성	백인 영국인	40대		연기자	상	상	사립	£50k	런던	가속화
Olly	남성	백인 영국인	30대	연기자	연기자	상	상	사립	£35k	런던	가속화
Peter	남성	백인 영국인	20대	성직자	법정 변호사	중	중	그래머	£14k	런던	안정
Ray	남성	백인 영국인	20대	해당 사항 없음	간병인	하	하	공립	미미함	런던	저지
Sandy	남성	백인 영국인	20대	고위 관리자	주부	상	상	사립	£24k	런던	가속화
Sophie	여성	백인 영국인	30대	육체노동자	주부	하	하	공립	미미함	맨체스터	저지
Ted	남성	백인 영국인	50대	성직자	초등학교 교사	중	중	그래머	£20k	스카이프	안정
Tommy	남성	백인 영국인	30대	대규모 사업체 소유주	주부	상	상	사립	£40k	런던	가속화

이름	성별	인종-민족	나이	아버지 직업	어머니 직업	대물림된 경제 자본	대물림된 문화 자본	학교 유형	직책 및 급여 범위	인터뷰 장소	경력 궤적
Atari	남성	백인 영국인	30대	건축가	청결의사	상	상	사립	어소시에이트, £40k-59,999	런던	가속화
Amin	남성	파키스탄계 영국인	30대	택시기사	주부	하	하	공립	파트너, £60k+	런던	가속화
Amir	남성	파키스탄계 영국인	20대	무직	주부	하	중	공립	건축 어시스턴트, 밝히고 싶지 않음	런던	안정
Anna	여성	기타 백인	20대	사무 변호사	간호사	중	중	공립	건축 어시스턴트, £25k-39,999	런던	안정
Christine	여성	백인 영국인	30대	소매 관리자	엔지니어	중	중	공립	사무실팀, £40k-59,999	런던	안정
Claire	여성	백인 영국인	30대	IT 관리자	교장	상	중	공립	건축가, £25k-39,999	런던	안정
Clive	남성	백인 영국인	40대	건축가	상점 관리자	상	중	공립	파트너, £60k+	런던	안정
Colm	남성	기타 백인	20대	엔지니어	간호사	중	중	공립	건축 어시스턴트, £25k-39,999	런던	안정
Connor	남성	백인 영국인	20대	영업 담당자	물리치료사	중	중	공립	건축 어시스턴트, £25k-39,999	런던	안정
Daffyd	남성	백인 영국인	20대	구매 관리자	소매 관리자	중	중	공립	건축 어시스턴트, £25k-39,999	런던	가속화
Dan	남성	백인 영국인	20대	엔지니어	소규모 사업체 소유주	상	상	공립	건축 어시스턴트, £24,999 이하	런던	안정
David	남성	백인 영국인	40대	도예가	초등학교 교사	중	중	공립	파트너, £60k+	런던	안정
Eamon	남성	기타 백인	30대	영업 담당자	초등학교 교사	중	중	공립	어소시에이트, £40k-59,999	런던	안정
Elena	여성	기타 백인	30대	엔지니어	물리치료사	하	상	공립	건축 어시스턴트, £25k-39,999	런던	안정
Finola	여성	기타 백인	20대	사업체 소유주 - 건축	주부	중	중	공립	건축 어시스턴트, £25k-39,999	런던	안정
Fran	여성	기타 백인	20대	회사 임원	접수 담당자	상	상	공립	건축가, £25k-39,999	런던	저지
Gabriella	여성	기타 백인	20대	고위 관리자	주부	상	상	사립	건축 어시스턴트, £25k-39,999	런던	안정

이름	성별	인종/민족	연령대	직업	직업			공립/사립	파트너	지역	
Gary	남성	백인 영국인	50대	석공	구내식당 노동자	하	중	공립	파트너, £60k+	런던	안정
Helen	여성	기타 흑인	20대	의사	사회복지사	상	중	사립	사무실 팀, £24,999 이하	런던	안정
Jessica	여성	백인 영국인	20대	공예가	지방정부 관리자	상	중	사립	건축 어시스턴트, £24,999 이하	런던	안정
John	남성	백인 영국인	40대	지방정부 관리자	자선단체 행정 담당	중	중	공립	어소시에이트, £60k+	런던	안정
Kirsten	여성	기타 백인	20대	호텔 매니저	홍보 관리자	상	중	사립	건축 어시스턴트, £25k-39,999	런던	안정
Kristof	남성	기타 백인	40대	엔지니어	비서	중	중	공립	건축가, £40k-59,999	런던	저지
Luke	남성	백인 영국인	20대	호텔 매니저	인사 관리자	중	중	공립	건축가, £25k-39,999	런던	안정
Martin	남성	백인 영국인	20대	그래픽 디자이너	지방정부 관리자	중	중	공립	건축 어시스턴트, £25k-39,999	런던	가속화
Miguel	남성	기타 백인	40대	의사	주부	상	중	공립	어소시에이트, £40k-59,999	런던	안정
Mike	남성	백인 영국인	40대	건축가	구내식당 노동자	중	중	공립	파트너, £60k+	런던	저지
Paolo	남성	기타 백인	20대	변호사	건호사	상	중	공립	건축 어시스턴트, £25k-39,999	런던	안정
Paul	남성	백인 영국인	40대	엔지니어	연구자	중	중	공립	파트너, £60k+	런던	안정
Paula	여성	기타 백인	30대	사무직	사무직	중	중	사립	어소시에이트, £40k-59,999	런던	저지
Pauline	여성	백인 영국인	20대	기업가	기업가	중	중	공립	건축 어시스턴트, £25k-39,999	런던	안정
Sara	여성	아프리카/카리브 흑인	20대	치과의사	주부	중	중	공립	건축가, £25k-39,999	런던	안정
Sarah	여성	기타 백인	40대	엔지니어	개인 비서	상	중	사립	어소시에이트, £60k+	런던	저지
Seamus	남성	기타 백인	20대	공공 부문 고위 관리자	물리치료사	중	중	공립	건축 어시스턴트, £25k-39,999	런던	안정
Simon	남성	백인 영국인	30대	건축가	공무원	상	상	공립	어소시에이트 파트너, £40k-59,999	런던	안정
Sofia	여성	기타 백인	30대	사업체 소유주	교사	중	상	공립	어소시에이트, £40k-59,999	런던	저지

[표 A.2] 각 엘리트 직종의 계급 태생별 LFS 응답자 수

	전문직 및 경영직 출신	중간직 출신	노동 계급 출신	합계
공연 예술	184	123	74	381
영화 및 방송	185	139	43	367
언론	244	107	39	390
건축	92	70	16	178
학계	298	137	87	522
과학	269	166	81	516
생명과학	269	123	46	438
의료	520	146	47	713
법률	313	124	66	503
회계	384	272	155	811
공학	451	401	250	1,102
IT	1,027	717	433	2,177
광고	612	311	203	1,126
CEO	103	62	31	196
경영 컨설팅	240	114	71	425
금융	321	245	115	681
기업 고위 경영진	1,494	1,152	767	3,413
공공 부문 고위 경영진	281	212	133	626
소방·구급 서비스의 장	74	63	42	179
기타 상위직	1,542	1,256	871	3,669
합계	8,903	5,940	3,570	18,413

계급 천장

[표 A.3] LFS 내 계급 태생 및 도착지(%)

부모 \ 본인	상위 전문직 및 경영직	하위 전문직 및 경영직	중간직	소규모 고용주	하위 감독 및 기술직	준단순 반복직	단순 반복직	일한 적 없음	합계
상위 전문직 및 경영직	3.8	4.6	1.7	1.1	0.6	0.9	0.5	1.1	14.3
하위 전문직 및 경영직	3.5	5.4	2.1	1.4	0.9	1.4	0.8	1.5	16.9
중간직	1.7	2.9	1.5	0.8	0.5	1.1	0.7	1.0	10.1
소규모 고용주	1.4	2.9	1.5	1.9	0.9	1.7	1.3	1.8	13.4
하위 감독 및 기술직	1.5	2.9	1.6	1.1	1.0	1.5	1.0	1.5	12.0
준단순 반복직	1.1	2.5	1.5	1.0	1.0	1.9	1.4	1.8	12.3
단순 반복직	1.3	3.0	2.0	1.4	1.3	2.5	2.2	2.8	16.6
일한 적 없음	0.3	0.7	0.5	0.3	0.3	0.8	0.6	1.0	4.4
합계	14.6	24.8	12.3	8.9	6.5	11.7	8.6	12.5	100.0

[그림 A.1] 소득의 산 - 회귀 분석에 대한 설명

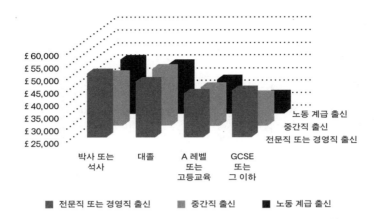

참고: 이 그림은 회귀 모델이 수행하는 작업을 개념적으로
보여주기 위해 우리 분석의 실제 데이터를 사용한다.
출처: LFS

[그림 A.2] 영국 전체 노동 인구에서 인종-민족 집단별 각 계급 태생의 비율

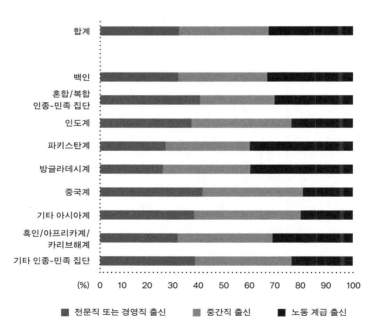

432   계급 천장

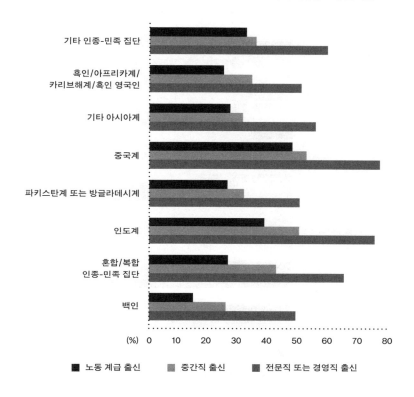

[그림 A.3] 각 인종-민족 집단 및 계급 태생별 학사 학위 이상을 보유한 비율

기타 인종-민족 집단

흑인/아프리카계/
카리브해계/흑인 영국인

기타 아시아계

중국계

파키스탄계 또는 방글라데시계

인도계

혼합/복합
인종-민족 집단

백인

(%) 0   10   20   30   40   50   60   70   80

■ 노동 계급 출신   ■ 중간직 출신   ■ 전문직 또는 경영직 출신

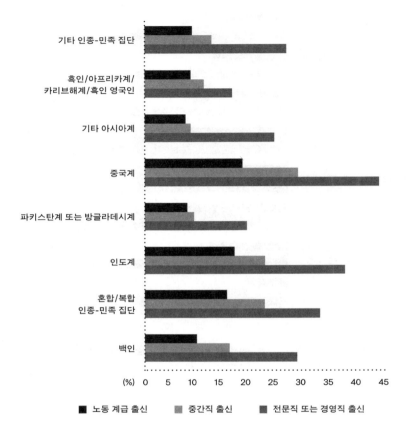

[그림 A.4] 학사 학위 이상 소지자 중 상위 직종에 종사하는
각 인종-민족 집단 및 계급 태생 비율

기타 인종-민족 집단

흑인/아프리카계/
카리브해계/흑인 영국인

기타 아시아계

중국계

파키스탄계 또는 방글라데시계

인도계

혼합/복합
인종-민족 집단

백인

(%) 0   5   10   15   20   25   30   35   40   45

■ 노동 계급 출신   ■ 중간직 출신   ■ 전문직 또는 경영직 출신

계급 천장

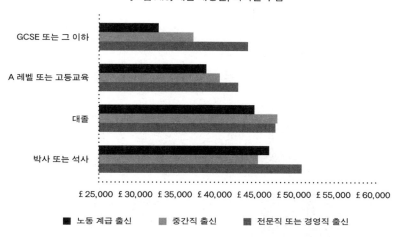

[그림 A.5] 계급 태생별, 학력별 수입

GCSE 또는 그 이하

A 레벨 또는 고등교육

대졸

박사 또는 석사

£ 25,000 £ 30,000 £ 35,000 £ 40,000 £ 45,000 £ 50,000 £ 55,000 £ 60,000

■ 노동 계급 출신   ■ 중간직 출신   ■ 전문직 또는 경영직 출신

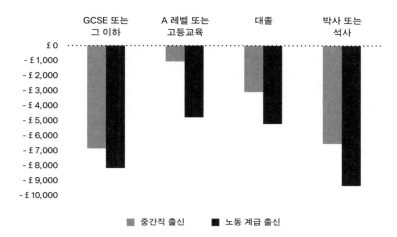

[그림 A.6] 교육 수준 내 계급 임금 격차

	GCSE 또는 그 이하	A 레벨 또는 고등교육	대졸	박사 또는 석사

£ 0
- £ 1,000
- £ 2,000
- £ 3,000
- £ 4,000
- £ 5,000
- £ 6,000
- £ 7,000
- £ 8,000
- £ 9,000
- £ 10,000

■ 중간직 출신   ■ 노동 계급 출신

참고: 이는 3장의 인구통계적 모델과 동일한 통제를 포함한 회귀 분석 결과다. 모든 계급 임금 격차는 A 레벨 또는 고등교육 학력(HE)을 가진 중간직과 전문직 또는 경영직 출신 사이의 차이를 제외하고는 통계적으로 유의한 수준이다(p<0.05).

[그림 A.7] 각 인종-민족 집단 및 계급 배경에 따른 계급 임금 격차

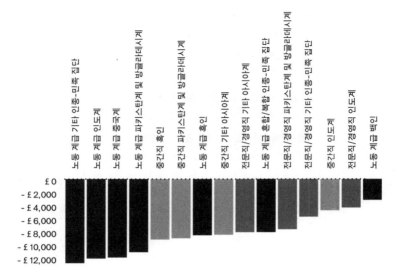

참고: 모든 것을 통제한 모델에서 모든 계급 태생 인종-민족 격차는 백인 전문직/경영직 출신과 비교할 때 통계적으로 유의한 수준이다(p<0.05).

계급 천장

감사의 말

비록 이 책 표지에 기재된 이름은 둘뿐이지만 이 책을 탄생시킨 더 큰 프로젝트에 많은 사람이 중요한 기여를 했다. 무엇보다도 먼저 연구 조교 이언 맥도널드에게 진 빚을 언급하고 싶다. 이언은 우리의 건축 분야 사례 연구 기업인 쿠퍼스에서 현장 연구의 대부분을 수행했으며, 단 6개월 만에 이 회사를 섭외하여 현장 조사를 실시하고 데이터를 분석했다. 이 조사를 통해 확보한 통찰은 프로젝트에 매우 유용한 것으로 입증되었다. 이언은 또한 이 책의 지적인 부분을 지원하는 일에서 중요한 원천 역할을 하며, 따로 보수가 없을 때도 책의 많은 부분을 집필하고 편집하는 데 기여했다.

또한 연기자들과의 인터뷰 다수를 진행한 데이브 오브라이언, 터너 클라크에서 여러 인터뷰를 진행한 켄턴 루이스 등 다른 중요한 협력자들에게도 감사의 말을 전한다. 이들은 데이터 수집에 도움을 주었을 뿐만 아니라 이 책에 담긴 주요 아이디어와 주장을 형성, 발전시키는 데 중추적인 역할을 했다.

이 책을 실제로 집필하기 위해 현장 연구와 양적 분석을 결합하는 과정은 길고 때로는 고통스러웠고, 자주 새로운 발견을 맞닥뜨렸으며, 전반적으로 철저하게 모든 것을 불사른 과정이었다. 그 과정에서 운이 좋게도 많은 학계 동료들의 도움을 받았다. 특히 프로젝트 초기 단계에서 절실히 필요했던 격려를 비롯해 전 과정에 걸쳐 탁월한 멘토십과 귀중한 피드백을 제공해준 마이크 새비지에게 감사의 말을 전하고 싶다. 주니 쿠하, 마이크 하우트, 린지 맥밀런, 애런 리브스는 여러 차례에 걸쳐 우리의 양적 분석에 필수적인 지침을 제공했으며, 마찬가지로 우나 킹, 스칼릿 브라운, 파스칼 월토, 에이드 로클리프의 도움이 없었다면 우리의 현장 사례 연구는 불가능했을 것이다.

또한 아네트 라루, 파스칼 월토, 닉 밀러, 스칼릿 브라운, 마렌 토프트, 루신다 플랫, 데런 월리스, 사라 윌리-르브레통, 셰렐 퍼거슨, 캐롤린 체르노프, 팀 버크, 조이 찰튼, 피터 하비, 피터 캐트론, 캠벨 글레니, 데이비드 캐런 등 여러 학계 및 학계 바깥의 동료들이 책의 초안에 대한 의견과 귀중한 통찰을 아낌없이 제공해주었다. 더불어 우리의 개념상의 기여를 실제로 발전시키도록 독려해준 『미국 사회학 리뷰』의 익명의 검토자들에게도 감사의 말을 전하고 싶다.

또한 이 책을 발전시키는 과정에서 우리가 이 프로젝트에 관해 이야기하는 것을 들은 다양한 사람들의 통찰력 있고 도전적인 질문과 대화로부터 큰 도움을 받았다. 일일이 언급하기에는 너무 많지만 특히 존 골드소프, 리처드 브린, 주디 와이즈먼, 톰 디프레트, 플로렌시아 토치, 후안 파블로 파르도-게라, 존 힐스, 스티븐 마친, 던 다우, 제프 페인은 피드백을 제공하거나 우리가 더 깊이 생각하도록 독려했다. 프로젝트를 진행하는 내내 그들의 조언을 깊이 새겼다.

이러한 종류의 혼합 방법론 연구는 시간과 자원이 많이 소요되는 작업으로, 샘의 영국 경제사회연구회 미래연구리더 지원금이 없었다면 불가능했을 것이다. 에식스대학교의 영국 데이터 서비스 직원들도 우리가 LFS 데이터를 활용하는 가장 좋은 방법을 찾기 위해 고심할 때 인내심을 갖고 도와주었다. 우리가 소속된 기관의 직원들, 특히 LSE의 루이자 로런스와 스워스모어의 로즈 마이오는 기획 및 행정 업무에 큰 도움을 주었다. 또한 이 책을 출판할 수 있도록 우리를 이끌어준 폴리시 프레스 팀에게도 깊은 감사를 드린다. 특히 책을 현실화할 수 있는 기회를 준 앨리슨 쇼, 인내심과 지원을 아끼지 않은 리베카 톰린슨, 예리한 편집 안목을 보여준 제스 미첼, 주요 데이터를 보기 좋게 시각화해준 소프박스 디자인의 샤론 마에게 특별한 감사의 말을 전한다.

　　　또한 우리 연구에 참여해준 분들, 특히 각 사례 연구 조직의 협조를 얻는 데 도움을 주신 분들께 감사 인사를 드리고자 한다. 이분들의 지속적인 열정, 통찰, 관대함, 거리낌 없는 정직함이 없었다면 이 연구는 불가능했을 것이다.

　　　마지막으로 우리 두 사람의 가족에게 특별한 감사의 말을 전하고 싶다. 샘의 부모님 앤디와 패트는 이 책의 초안에 통찰력 있는 의견을 제공해주었으며, 샘의 동반자인 루이즈는 갓난아기를 양육하는 와중에도 틈을 내어 도움을 주었다. 대니얼의 동반자 한나는 두 자녀를 돌보면서 펜실베이니아에서 트럼프의 정책에 대한 저항을 조직하는 어려운 임무를 맡아 세상에 선한 영향력을 행사하는 와중에도 이 책에 의견과 격려를 주었다.

Abbott, A. (2001) *Time matters: On theory and method*, Chicago and London: University of Chicago Press.

Abbott, A. (2006) 'Mobility: What? When? How?', in S. Morgan, D. Grusky and G. Fields (eds) *Mobility and inequality: Frontiers of research in sociology and economics*, Stanford, CA: Stanford University Press, 137-61.

Abbott, A. and Hrycak, A. (1990) 'Measuring resemblance in sequence data: An optimal matching analysis of musicians' careers', *American Journal of Sociology*, 96(1), 144–85.

Abrahams, J. (2017) 'Honourable mobility or shameless entitlement? Habitus and graduate employment', *British Journal of Sociology of Education*, 38(5), 625-40 (https://doi.org/10.10 80/01425692.2015.1131145).

Abrahams, J. and Ingram, N. (2013) 'The chameleon habitus: Exploring local students' negotiations of multiple fields', *Sociological Research Online*, 18(4), 1-14 (https://doi. org/10.5153/sro.3189).

Acker, J. (1973) 'Women and social stratification: A case of intellectual sexism', *American Journal of Sociology*, 78(4), 936-45.

Adkins, L. and Skeggs, B. (2005) *Feminism after Bourdieu*, Chichester: Wiley.

Ahmed, R. (2016) 'Typecast as a terrorist', The Long Read, *The Guardian*, 15 September (www.theguardian.com/world/2016/sep/15/riz-ahmed-typecast-as-a-terrorist).

Allen, K., Quinn, J., Hollingworth, S. and Rose, A. (2013) 'Becoming employable students and "ideal" creative workers: Exclusion and inequality in higher education work placements', *British Journal of Sociology of Education*, 34(3), 431-52 (https://doi.org/10.108 0/01425692.2012.714249).

Alvesson, M. (2001) 'Knowledge work: Ambiguity, image and identity', *Human Relations*, 54(7), 863-86 (https://doi.org/10.1177/0018726701547004).

Anderson-Gough, F., Robson, K. and Grey, C. (eds) (1998) *Making up accountants: The organizational and professional socialization of trainee chartered accountants*, Aldershot and Brookfield, VT: Ashgate Publishing Limited.

Anheier, H.K., Gerhards, J. and Romo, F.P. (1995) 'Forms of capital and social structure in cultural fields: Examining Bourdieu's social topography', *American Journal of Sociology*, 100(4), 859-903.

APPG (All-Party Parliamentary Group) on Social Mobility (2012) *7 Key Truths About Social Mobility*, Interim report, London: APPG on Social Mobility (www.raeng.org.uk/publications/other/7-key-truths-about-social-mobility).

ARB (Architects Registration Board) (2017) *Annual Report 2017*, London: ARB (www.arb.org.uk/publications/publications-list/annual-report).

Archer, L., Dawson, E., DeWitt, J., Seakins, A. and Wong, B. (2015) '"Science capital": A conceptual, methodological, and empirical argument for extending Bourdieusian notions of capital beyond the arts', *Journal of Research in Science Teaching*, 52(7), 922-48 (https://doi.org/10.1002/tea.21227).

Armstrong, E.A. and Hamilton, L.T. (2015) *Paying for the party: How college maintains inequality* (Reissued edn), Cambridge, MA: Harvard University Press.

Ashcraft, K.L. (2013) 'The glass slipper: "Incorporating" occupational identity in management studies', *Academy of Management Review*, 38(1), 6-31 (https://doi.org/10.5465/amr.2010.0219).

Ashley, L. (2010) 'Making a difference? The use (and abuse) of diversity management at the UK's elite law firms', *Work, Employment and Society*, 24(4), 711-27.

Ashley, L. and Empson, L. (2013) 'Differentiation and discrimination: Understanding social class and social exclusion in leading law firms', *Human Relations*, 66(2), 219-44.

Ashley, L. and Empson, L. (2016) 'Understanding social exclusion in elite professional service firms: Field level dynamics and the "professional project"', *Work, Employment & Society*, 950017015621480.

Ashley, L. and Empson, L. (2017) 'Understanding social exclusion in elite professional service firms: Field level dynamics and the "professional Project"', *Work, Employment and Society*, 31(2), 211-29.

Ashley, L., Duberley, J., Sommerlad, H. and Scholarios, D. (2015) 'A qualitative evaluation of non-educational barriers to the elite professions' (http://dera.ioe.ac.uk/23163/1/A_qualitative_evaluation_of_non-educational_barriers_to_the_elite_professions.pdf).

Atkinson, W. (2015) *Class*, Cambridge: Polity Press.

Babcock, L. and Laschever, S. (2009) *Women don't ask: Negotiation and the gender divide*, Princeton, NJ: Princeton University Press.

Babcock, L., Laschever, S., Gelfand, M. and Small, D. (2003) 'Nice girls don't ask', *Harvard Business Review*, 81(10), 14-16.

Banks, M. (2017) *Creative justice: Cultural industries, work and inequality*, Lanham, MD: Rowman & Littlefield International.

Banks, M., Gill, R. and Taylor, S. (eds) (2013) *Theorizing cultural work: Labour, continuity and change in the cultural and creative industries*, London and New York: Routledge.

Baratta, A. (2018) *Accent and teacher identity in Britain: Linguistic favouritism and imposed identities*, London: Bloomsbury Publishing.

Barbière, C. (2016) 'Emmanuel Macron officially enters the French presidential race', EURACTIV, 16 November (www.euractiv.com/section/elections/news/emmanuel-macron-officially-enters-the-french-presidential-race/).

Baruch, Y. (1999) 'Response rate in academic studies – A comparative analysis', *Human Relations*, 52(4), 421-38 (https://doi.org/10.1177/001872679905200401).

Basford, T.E., Offermann, L.R. and, T.S. (2014) 'Do you see what I see? Perceptions of gender microaggressions in the workplace', *Psychology of Women Quarterly*, 38(3), 340-9 (https://doi.org/10.1177/0361684313511420).

Bathmaker, A.-M., Ingram, N., Abrahams, J., Hoare, A., Waller, R. and Bradley, H. (2018) *Higher education, social class and social mobility: The degree generation*, London: Palgrave Macmillan.

Battle, E.S. and Rotter, J.B. (1963) 'Children's feelings of personal control as related to social class and ethnic group', *Journal of Personality*, 31(4), 482-90 (https://doi.org/10.1111/j.1467-6494.1963.tb01314.x).

Bauman, Z. (2000) *The individualized society*, Cambridge and Malden, MA: Polity Press.

BBC (2017) *Equality Information Report 2016/17* (https://www.bbc.co.uk/diversity/newsandevents/equality-information-report-2017).

BBC Media Centre (2018) 'Pay and equality at the BBC', 30 January (www.bbc.co.uk/mediacentre/latestnews/2018/pay-and-equality-at-the-bbc).

BBC News (2018) 'Six male BBC presenters agree to pay cuts', 26 January (www.bbc.co.uk/news/uk-42827333).

Beck, U. (1992) *Risk society: Towards a new modernity*, London and Newbury Park, CA: Sage Publications Ltd.

Beck, U. (1996) *Reinvention of politics: Rethinking modernity in the global social order*, Cambridge and Cambridge, MA: Polity Press.

Beck, U. and Willms, J. (2003) *Conversations with Ulrich Beck*, Cambridge and Malden, MA: Polity Press.

Beck, U., Giddens, A. and Lash, S. (1994) *Reflexive modernization: Politics, tradition and aesthetics in the modern social order*, Stanford, CA: Stanford University Press.

Becker, G.S. (1962) 'Investment in human capital: A theoretical analysis', *Journal of Political Economy*, 70(5), 9-49 (https://doi.org/10.1086/258724).

Belam, M. (2018) 'Toby Young quotes on breasts, eugenics and working-class people', *The Guardian*, 3 January (www.theguardian.com/media/2018/jan/03/toby-young-quotes-on-breasts-eugenics-and-working-class-people).

Bell, E.L., Edmondson, J. and Nkomo, S.M. (2003) *Our separate ways: Black and white women and the struggle for professional identity*, Cambridge, MA: Harvard Business Press.

Beller, E. and Hout, M. (2006) 'Intergenerational social mobility: The United States in comparative perspective', *The Future of Children*, 16(2), 19-36.

Belsky, D.W., Domingue, B.W., Wedow, R., Arseneault, L., Boardman, J.D., Caspi, A., et al (2018) 'Genetic analysis of social-class mobility in five longitudinal studies', *Proceedings of the National Academy of Sciences*, July, 115(3), E7275-E7284 (https://doi.org/10.1073/pnas.1801238115).

Bennett, T., Savage, M., Bortolaia Silva, E., Warde, A., Gayo-Cal, M. and Wright, D. (2009) *Culture, class, distinction*, London: Routledge.

계급 천장

Bertaux, D. and Thompson, P. (1997) *Pathways to social class: A qualitative approach to social mobility*, Oxford: Oxford University Press.

Beswick, K. (2018) 'Playing to type: Industry and invisible training in the National Youth Theatre's "Playing Up 2"', *Theatre, Dance and Performance Training*, 9(1), 4-18 (https://doi.org/10.1080/19443927.2017.1397542).

Bhopal, K. (2018) *White privilege*, Bristol: Policy Press.

Bielby, W.T. and Bielby, D.D. (1994) '"All hits are flukes": Institutionalized decision making and the rhetoric of network prime-time program development', *American Journal of Sociology*, 99(5), 1287-313.

Bison, I. (2011) 'Education, social origins and career (im)mobility in contemporary Italy', *European Societies*, 13(3), 481-503 (https://doi.org/10.1080/14616696.2011.568257).

Blackburn, R. and Prandy, K. (1997) 'The reproduction of social inequality', *Sociology*, 31(3), 491-509 (https://doi.org/10.1177/0038038597031003007).

Blair, T. (1999) 'Tony Blair's speech in full', BBC News, UK Politics, 28 September (http://news.bbc.co.uk/2/hi/uk_news/politics/460009.stm).

Blanden, J. (2013) 'Cross-country rankings in intergenerational mobility: A comparison of approaches from economics and sociology', *Journal of Economic Surveys*, 27(1), 38-73 (https://doi.org/10.1111/j.1467-6419.2011.00690.x).

Blanden, J. and Machin, S. (2017) *Home ownership and social mobility*, CEP Discussion Paper 1466, London: Centre for Economic Progress (CEP), London School of Economics (http://cep.lse.ac.uk).

Blanden, J., Goodman, A., Gregg, P. and Machin, S. (2004) 'Changes in intergenerational mobility in Britain', in M. Corak (ed) *Generational income mobility in North America and Europe*, Cambridge: Cambridge University Press,122-46.

Blanden, J., Gregg, P. and Macmillan, L. (2007) 'Accounting for intergenerational income persistence: Noncognitive skills, ability and education', *The Economic Journal*, 117(519), C43-C60.

Blau, F.D. and Kahn, L.M. (2007) 'The gender pay gap', *The Economists' Voice*, 4(4) (https://doi.org/10.2202/1553-3832.1190).

Blinder, A.S. (1973) 'Wage discrimination: Reduced form and structural estimates', *Journal of Human Resources*, 8(4), 436-55.

Bloodworth, J. (2016) *The myth of meritocracy: Why working-class kids still get working-class jobs*, London: Biteback Publishing.

Bol, T. and Weeden, K.A. (2015) 'Occupational closure and wage inequality in Germany and the United Kingdom', *European Sociological Review*, 31(3), 354-69 (https://doi.org/10.1093/esr/jcu095).

Boltanski, L. and Chiapello, E. (2007) *The new spirit of capitalism*, London: Verso.

Bottero, W. (2010) 'Intersubjectivity and Bourdieusian approaches to "identity"', *Cultural Sociology*, 4(1), 3-22 (https://doi.org/10.1177/1749975509356750).

Bourdieu, P. (1977) *Outline of a theory of practice* (Translated by Richard Nice), Cambridge: Cambridge University Press.

Bourdieu, P. (1984) *Distinction* (Translated by Richard Nice), Cambridge, MA: Harvard University Press.

Bourdieu, P. (1986) 'The forms of capital', in J. Richardson (ed) *Handbook of theory and research for the sociology of education*, New York: Greenwood Press, 241-58 (www.marxists. org/reference/subject/philosophy/works/fr/bourdieu-forms-capital.htm).

Bourdieu, P. (1987a) 'What makes a social class? On the theoretical and practical existence of groups', *Berkeley Journal of Sociology*, 32, 1-17.

Bourdieu, P. (1987b) 'The biographical illusion', *Working Papers and Proceedings of the Centre for Psychosocial Studies*, 14: 1-7.

Bourdieu, P. (1990a) *Reproduction in education, society, and culture*, London and Newbury Park, CA: Sage, in association with Theory, Culture & Society, Department of Administrative and Social Studies, Teesside Polytechnic.

Bourdieu, P. (1990b) *The logic of practice*, Stanford, CA: Stanford University Press.

Bourdieu, P. (1991) *Language and Symbolic Power*, Cambridge, MA: Harvard University Press.

Bourdieu, P. (1993) *The Field of Cultural Production* (Translated by Randal Johnson), New York: Columbia University Press.

Bourdieu, P. (1996) *The state nobility: Elite schools in the field of power*, Oxford: Polity Press.

Bourdieu, P. (1998) *Practical reason: On the theory of action*, Cambridge: Polity Press.

Bourdieu, P. (1999) *On television*, New York: The New Press.

Bourdieu, P. (2000) *Pascalian meditations*, Palo Alto, CA: Stanford University Press.

Bourdieu, P. (2005) 'Habitus', in E. Rooksby and J. Hillier (eds) *Habitus: A sense of place* (2nd edn), Aldershot and Burlington, VT: Ashgate Publishing Company, 43-52.

Bourdieu, P. (2007) *The bachelors' ball* (Translated by Richard Nice), Cambridge: Polity Press.

Bourdieu, P. (2008a) *Sketch for a self-analysis* (Translated by Richard Nice), Cambridge: Polity Press.

Bourdieu, P. (2008b) *The bachelors' ball: The crisis of peasant society in Béarn*, Cambridge: Polity Press.

Bourdieu, P. and Accardo, A. (1999) *The weight of the world*, Stanford, CA: Stanford University Press.

Bourdieu, P. and Passeron, J.-C. (1977) *Reproduction: In education, society and culture*, London: Sage.

Bourdieu, P. and Wacquant, L.J.D. (1992) *An invitation to reflexive sociology*, Chicago, IL: University of Chicago Press.

Breen, R. (2005) 'Foundations of a neo-Weberian class analysis', in E.O. Wright (ed) *Approaches to class analysis*, Cambridge: Cambridge University Press, 31-50.

Breen, R. and Goldthorpe, J.H. (2003) 'Class inequality and meritocracy: A critique of Saunders and an alternative analysis', *The British Journal of Sociology*, 50(1), 1-27 (https://doi.org/10.1111/j.1468-4446.1999.00001.x).

Breen, R. and Jonsson, J.O. (2005) 'Inequality of opportunity in comparative perspective: Recent research on educational attainment and social mobility', *Annual Review of Sociology*, 31(1), 223-43 (https://doi.org/10.1146/annurev.soc.31.041304.122232).

Bridge Group, CEM (Centre for Evaluation & Monitoring) and Cabinet Office (2016) *Socio-economic diversity in the Fast Stream*, London (https://assets.publishing.service.gov. uk/government/uploads/system/uploads/attachment_data/file/497341/BG_REPORT_ FINAL_PUBLISH_TO_RM__1_.pdf).

Britton, J., Shephard, N., Vignoles, A. and Dearden, L. (2016) *How English domiciled graduate earnings vary with gender, institution attended, subject and socio-economic background*, London: Institute for Fiscal Studies (www.ifs.org.uk/publications/8233).

Brown, P. and Hesketh, A. (2004) *The mismanagement of talent: Employability and jobs in the knowledge economy*, Oxford and New York: Oxford University Press.

Brown, S., Kelan, E. and Humbert, A.L. (2015) 'Women's and men's routes to the boardroom', (https://www.womenonboards.net/womenonboards-AU/media/UK-PDFs-Research-Reports/2015_opening_the_black_box_of_board_appointments.pdf).

Brynin, M. and Güveli, A. (2012) 'Understanding the ethnic pay gap in Britain', *Work, Employment & Society*, 26(4), 574-87 (https://doi.org/10.1177/0950017012445095).

Budig, M.J. and England, P. (2001) 'The wage penalty for motherhood', *American Sociological Review*, 66(2), 204-25 (https://doi.org/10.2307/2657415).

Bühlmann, F. (2010) 'Routes into the British service class feeder logics according to gender and occupational groups', *Sociology*, 44(2), 195-212 (https://doi. org/10.1177/0038038509357193).

Bukodi, E., Goldthorpe, J.H., Waller, W. and Kuha, J. (2015) 'The mobility problem in Britain: New findings from the analysis of birth cohort data', *The British Journal of Sociology*, 66(1), 93-117 (https://doi.org/10.1111/1468-4446.12096).

Bukodi, E., Goldthorpe, J. H., Halpin, B. and Waller, L. (2016) 'Is education now class destiny? Class histories across three British birth cohorts', *European Sociological Review*, 32(6), 835-49 (https://doi.org/10.1093/esr/jcw041).

Bull, A. and Allen, K. (2018) 'Introduction: Sociological interrogations of the turn to character', *Sociological Research Online* 23(2), 392-98 (https://doi. org/10.1177/1360780418769672).

Burawoy, M. (1982) *Manufacturing consent: Changes in the labor process under monopoly capitalism*, Chicago, IL: University of Chicago Press.

Burrows, R., Webber, R. and Atkinson, R. (2017) 'Welcome to "Pikettyville"? Mapping London's alpha territories', *The Sociological Review*, 65(2), 184-201 (https://doi. org/10.1111/1467-954X.12375).

Burt, R.S. (2000) 'The network structure of social capital', *Research in Organizational Behavior*, 22(January), 345-42 (https://doi.org/10.1016/S0191-3085(00)22009-1).

Cabinet Office (2009) *Unleashing Aspiration: The Final Report of the Panel on Fair Access to the Professions*, London.

Cabinet Office (2016) 'Civil Service pilots new social mobility measures', 17 August (www.
gov.uk/government/news/civil-service-pilots-new-social-mobility-measures).

Cabinet Office (2018) *Measuring socio-economic background in your workforce: Recommended
measures for use by employers* (https://assets.publishing.service.gov.uk/government/
uploads/system/uploads/attachment_data/file/713738/Measuring_Socio-economic_
Background_in_your_Workforce__recommended_measures_for_use_by_employers.
pdf).

Campbell, P., O'Brien, D. and Taylor, M. (2018) 'Cultural engagement and the economic
performance of the cultural and creative industries: An occupational critique', *Sociology*,
May, 38038518772737 (https://doi.org/10.1177/0038038518772737).

Carter, P.L. (2007) *Keepin' it real: School success beyond black and white*, Oxford and New
York: Oxford University Press.

Casciaro, T. and Lobo, M.S. (2008) 'When competence is irrelevant: The role of
interpersonal affect in task-related ties', *Administrative Science Quarterly*, 53(4), 655-84
(https://doi.org/10.2189/asqu.53.4.655).

Castagné, R., Delpierre, C., Kelly-Irving, M., Campanella, G., Guida, G., Krogh, V., et al
(2016) 'A life course approach to explore the biological embedding of socioeconomic
position and social mobility through circulating inflammatory markers', *Scientific Reports*,
6(April), 25170 (https://doi.org/10.1038/srep25170).

Chan, T.W. (2017) 'Social mobility and the well-being of individuals', *The British Journal of
Sociology*, 69(1), 183-206 (https://doi.org/10.1111/1468-4446.12285).

Charlesworth, S.J. (1999) *A phenomenology of working-class experience*, Cambridge and New
York: Cambridge University Press.

Chetty, R., Hendren, N., Kline, P. and Saez, E. (2014a) 'Where is the Land of Opportunity?
The geography of intergenerational mobility in the United States', *The Quarterly Journal of
Economics*, 129(4), 1553–1623 (https://doi.org/10.1093/qje/qju022).

Chetty, R., Hendren, N., Kline, P., Saez, E. and Turner, N. (2014b) 'Is the United States
still a land of opportunity? Recent trends in intergenerational mobility', *The American
Economic Review*, 104(5), 141-7 (https://doi.org/10.1257/aer.104.5.141).

Chetty, R., Grusky, D., Hell, M., Hendren, N., Manduca, R. and Narang, J. (2017) 'The
fading American Dream: Trends in absolute income mobility since 1940', *Science* (April),
eaal4617 (https://doi.org/10.1126/science.aal4617).

Choo, H.Y. and Ferree, M.M. (2010) 'Practicing intersectionality in sociological research:
A critical analysis of inclusions, interactions, and institutions in the study of inequalities',
Sociological Theory, 28(2), 129-49 (https://doi.org/10.1111/j.1467-9558.2010.01370.x).

Cohen, L. (2014) *Imagining women's careers*, Oxford: Oxford University Press.

Coleman, J.S. (1988) 'Social capital in the creation of human capital', *The American Journal
of Sociology*, 94, S95-120.

Collins, P.H. (1986) 'Learning from the outsider within: The sociological significance of
black feminist thought', *Social Problems*, 33(6), S14-32 (https://doi.org/10.2307/800672).

Collins, S.M. (1993) 'Blacks on the bubble: The vulnerability of black executives in white corporations', *The Sociological Quarterly*, 34(3), 429-47 (https://doi.org/10.1111/j.1533-8525.1993.tb00120.x).

Collins, S.M. (1997) *Black corporate executives: The making and breaking of a black middle class*, Philadelphia, PA: Temple University Press.

Collins, P.H. and Bilge, S. (2016) *Intersectionality*, Hoboken, NJ: John Wiley & Sons.

Corak, M. (2004) *Generational income mobility in North America and Europe*, Cambridge: Cambridge University Press.

Corbyn, J. (2018) 'Labour is back as the political voice of the working class', The Labour Party blog, 3 July (https://labour.org.uk/press/labour-back-political-voice-working-class-corbyn).

Correll, S.J., Benard, S. and Paik, I. (2007) 'Getting a job: Is there a motherhood penalty?', *American Journal of Sociology*, 112(5), 1297-338.

Coser, L.A., Kadushin, C. and Powell, W.W. (1982) *The culture and commerce of publishing*, New York: Basic Books.

Coupland, N. and Bishop, H. (2007) 'Ideologised values for British accents', *Journal of Sociolinguistics*, 11(1), 74-93 (https://doi.org/10.1111/j.1467-9841.2007.00311.x).

Cousin, B., Khan, S. and Mears, A. (2018) 'Theoretical and methodological pathways for research on elites', *Socio-Economic Review*, 16(2), 225-49 (https://doi.org/10.1093/ser/mwy019).

Crawford, C., Macmillan, L. and Vignoles, A. (2017) 'When and why do initially high-achieving poor children fall behind?', *Oxford Review of Education*, 43(1), 88-108 (https://doi.org/10.1080/03054985.2016.1240672).

Crenshaw, K. (1988) 'Race, reform, and retrenchment: Transformation and legitimation in antidiscrimination law', *Harvard Law Review*, 101(7), 1331-87 (https://doi.org/10.2307/1341398).

Crenshaw, K. (1991) 'Mapping the margins: Intersectionality, identity politics, and violence against women of color', *Stanford Law Review*, 43(6), 1241-99.

Crossley, N. (2001) *The social body: Habit, identity and desire*, London and Newbury Park, CA: Sage Publications Ltd.

Cuff, D. (1992) *Architecture: The story of practice*, Cambridge, MA: MIT Press.

Dahl, R.A. (1989) *Who governs?*, New Haven, CT: Yale University Press.

Davis, A. (2018) *Reckless opportunists: Elites at the end of the Establishment* (Reprint edn), Manchester: Manchester University Press.

Davis, K. and Moore, W.E. (1945) 'Some principles of stratification', *American Sociological Review*, 10(2), 242-49 (https://doi.org/10.2307/2085643).

Dean, D. (2005) 'Recruiting a self: Women performers and aesthetic labour', *Work, Employment and Society*, 19(4), 761-74 (https://doi.org/10.1177/0950017005058061).

Dearden, L., Ryan, C. and Sibieta, L. (2011) 'What determines private school choice? A comparison between the United Kingdom and Australia', *Australian Economic Review*, 44(3), 308-20 (https://doi.org/10.1111/j.1467-8462.2011.00650.x).

De Benedictis, S., Allen, K. and Jensen, T. (2017) 'Portraying poverty: The economics and ethics of factual welfare television', *Cultural Sociology*, 11(3), 337-58 (https://doi.org/10.1177/1749975517712132).

de Graft-Johnson, A., Manley, S. and Greed, C. (2005) 'Diversity or the lack of it in the architectural profession', *Construction Management and Economics*, 23(10), 1035-43 (https://doi.org/10.1080/01446190500394233).

de Keere, K. (2014) 'From a self-made to an already-made man: A historical content analysis of professional advice literature', *Acta Sociologica*, 57(4), 311-24 (https://doi.org/10.1177/0001699314552737).

Denham, J. (2015) 'Christopher Eccleston argues only white, male, middle-class actors get to play Hamlet on the London stage', *The Independent*, 7 September (www.independent.co.uk/arts-entertainment/theatre-dance/news/christopher-eccleston-argues-only-white-male-middle-class-actors-get-to-play-hamlet-on-the-london-10489689.html).

Devine, F. (2004) *Class practices: How parents help their children get good jobs*, Cambridge and New York: Cambridge University Press.

Dews, C.L.B. and Law, C.L. (1995) *This fine place so far from home: Voices of academics from the working class* (New edn), Philadelphia, PA: Temple University Press.

DiMaggio, P.J. (1987) 'Classification in art', *American Sociological Review*, 52(4), 440-55 (https://doi.org/10.2307/2095290).

DiMaggio, P.J. and Mohr, J. (1985) 'Cultural capital, educational attainment, and marital selection', *The American Journal of Sociology*, 90(6), 1231-61.

DiMaggio, P.J. and Powell, W.W. (1983) 'The iron cage revisited: Institutional isomorphism and collective rationality in organizational fields', *American Sociological Review*, 48(2), 147-60 (https://doi.org/10.2307/2095101).

DiPrete, T.A. and Eirich, G.M. (2006) 'Cumulative advantage as a mechanism for inequality: A review of theoretical and empirical developments', *Annual Review of Sociology*, 32(1), 271-97 (https://doi.org/10.1146/annurev.soc.32.061604.123127).

Doherty, C. (2016) 'Theresa May's first speech to the nation as Prime Minister – in full', *The Independent*, 13 July (www.independent.co.uk/news/uk/politics/theresa-mays-first-speech-to-the-nation-as-prime-minister-in-full-a7135301.html).

Domhoff, G.W. (2002) *Who rules America?* New York: McGraw-Hill.

Domhoff, G.W. (2013) *Who rules America? The triumph of the corporate rich* (7th edn), New York: McGraw-Hill Education.

Dorling, D. (2014) *Inequality and the 1%*, London: Verso Books.

Du Bois, W.E.B. (1971) 'That capital "N"', in Lester, J. (ed) *The Seventh Son: The Thought and Writings of W. E. B. Du Bois*, New York: Random House.

Dubrow, J.K. (2015) 'Political inequality is international, interdisciplinary, and intersectional', *Sociology Compass*, 9(6), 477-86 (https://doi.org/10.1111/soc4.12270).

Eagly, A.H. and Carli, L.L. (2007) *Through the labyrinth: The truth about how women become leaders*, Boston, MA: Harvard Business Review Press.

Edelmann, A. and Vaisey, S. (2014) 'Cultural resources and cultural distinction in networks', *Poetics*, 46(Oct), 22-37 (https://doi.org/10.1016/j.poetic.2014.08.001).

Edgerton, D. (2005) *Warfare state: Britain, 1920–1970* (Reprint edn), Cambridge and New York: Cambridge University Press.

EHRC (Equality and Human Rights Commission) (2016) *Race Report: Healing a Divided Britain*, London: EHRC (www.equalityhumanrights.com/en/race-report-healing-divided-britain).

Elias, N. (2000) *The civilizing process: Sociogenetic and psychogenetic investigations* (Revised edn), Oxford and Malden, MA: Blackwell Publishers.

Ellersgaard, C.H., Larsen, A.G. and Munk, M.D. (2013) 'A very economic elite: The case of the Danish top CEOs', *Sociology*, 47(6), 1051-71 (https://doi.org/10.1177/0038038512454349).

Elliott, L. (2017) 'Middle classes in crisis, IMF's Christine Lagarde tells Davos 2017', *The Guardian*, 18 January (www.theguardian.com/business/2017/jan/18/middle-classes-imf-christine-lagarde-davos-2017-joe-biden).

Emmison, M. and Frow, J. (1998) 'Information technology as cultural capital', *Australian Universities Review*, 41(1), 41-45.

England, P. (2010) 'The gender revolution: Uneven and stalled', *Gender & Society*, 24(2), 149-66 (https://doi.org/10.1177/0891243210361475).

Erickson, B.H. (1996) 'Culture, class, and connections', *The American Journal of Sociology*, 102(1), 217-51.

Erikson, R. and Goldthorpe, J.H. (1992) *The constant flux: A study of class mobility in industrial societies*, New York: Oxford University Press.

Erikson, R., Goldthorpe, J. H. and Portocarero, L. (1979) 'Intergenerational class mobility in three Western European societies: England, France and Sweden', *The British Journal of Sociology*, 30(4), 415-41 (https://doi.org/10.2307/589632).

Escarpit, R. and Pick, E. (1971) *Sociology of literature*, London: Cass (www.getcited.org/pub/101373390).

Evans, G. and Mellon, J. (2018) *British Social Attitudes 33*, London: NatCen Social Research (www.bsa.natcen.ac.uk/latest-report/british-social-attitudes-33/social-class.aspx).

Falcon, J. (no date) 'The class pay gap in France.' Unpublished working paper.

Faulkner, R.R. and Anderson, A.B. (1987) 'Short-term projects and emergent careers: Evidence from Hollywood', *American Journal of Sociology*, 92(4), 879-909.

Feinstein, L. (2003) 'Inequality in the early cognitive development of British children in the 1970 cohort', *Economica*, 70(277), 73-97 (https://doi.org/10.1111/1468-0335.t01-1-00272).

Ferree, M.M. (2018) 'Intersectionality as theory and practice', *Contemporary Sociology*, 47(2), 127-32 (https://doi.org/10.1177/0094306118755390).

Fielding, A. J. (1992) 'Migration and social mobility: South East England as an escalator region', *Regional Studies*, 26(1), 1-15 (https://doi.org/10.1080/00343409212331346741).

Fielding, T. (1995) 'Migration and middle-class formation in England and Wales', in T. Butler and M. Savage (eds) *Social change and the middle classes*, London: UCL Press, 169-87.

Fischer, C.S. and Voss, K. (1996) *Inequality by design*, Princeton, NJ: Princeton University Press.

Fleming, P. (2009) *Authenticity and the cultural politics of work: New forms of informal control*, Oxford and New York: Oxford University Press.

Flemmen, M. (2009) 'Social closure of the economic upper class', *Tidsskrift for Samfunnsforskning*, 50(4), 493-522.

Flynn, J.R. (2012) *Are we getting smarter? Rising IQ in the twenty-first century*, Cambridge and New York: Cambridge University Press.

Fourny, J.-F. and Emery, M. (2000) 'Bourdieu's uneasy psychoanalysis', *SubStance*, 29(3), 103-12 (https://doi.org/10.2307/3685564).

Fowler, B. and Wilson, F. (2004) 'Women architects and their discontents', *Sociology*, 38(1), 101-19 (https://doi.org/10.1177/0038038504039363).

Freer, E. (2018) *Social mobility and the legal profession: The case of professional associations and access to the English Bar*, Abingdon: Routledge.

Friedman, S. (2011) 'The cultural currency of a "good" sense of humour: British comedy and new forms of distinction', *The British Journal of Sociology*, 62(2), 347-70 (https://doi.org/10.1111/j.1468-4446.2011.01368.x).

Friedman, S. (2014) 'The price of the ticket: Rethinking the experience of social mobility', *Sociology*, 48(2), 352-368.

Friedman, S. (2014) *Comedy and distinction: The cultural currency of a 'good' sense of humour*, London and New York: Routledge.

Friedman, S. (2016) 'Habitus Clivé and the emotional imprint of social mobility', *The Sociological Review*, 64(1), 129-47 (https://doi.org/10.1111/1467-954X.12280).

Friedman, S. and Laurison, D. (2017) 'Mind the gap: Financial London and the regional class pay gap', *The British Journal of Sociology*, 68(3), 474-511 (https://doi.org/10.1111/1468-4446.12269).

Friedman, S. and Macmillan, L. (2017) 'Is London really the engine-room? Migration, opportunity hoarding and regional social mobility in the UK', *National Institute Economic Review*, 240(1), R58-72 (https://doi.org/10.1177/002795011724000114).

Friedman, S. and O'Brien, D. (2017) 'Resistance and resignation: Responses to typecasting in British acting', *Cultural Sociology*, 11(3), 359-76 (https://doi.org/10.1177/1749975517710156).

Friedman, S., Laurison, D. and Miles, A. (2015) 'Breaking the "class" ceiling? Social mobility into Britain's elite occupations', *The Sociological Review*, 63(2), 259-89 (https://doi.org/10.1111/1467-954X.12283).

Friedman, S., O'Brien, D. and Laurison, D. (2016) '"Like skydiving without a parachute": How class origin shapes occupational trajectories in British acting', *Sociology*, February (https://doi.org/10.1177/0038038516629917).

Giddens, A. (1991) *Modernity and self-identity: Self and society in the late modern age*, Stanford, CA: Stanford University Press.

Gigone, D. and Hastie, R. (1993) 'The common knowledge effect: Information sharing and group judgment', *Journal of Personality and Social Psychology*, 65(5), 959-74 (https://doi.org/10.1037/0022-3514.65.5.959).

Gitlin, T. (2000) *Inside prime time*, Los Angeles, CA: University of California Press.

Godart, F.C. and Mears, A. (2009) 'How do cultural producers make creative decisions? Lessons from the catwalk', *Social Forces*, 88(2), 671-92 (https://doi.org/10.1353/sof.0.0266).

Goffman, E. (1951) 'Symbols of class status', *The British Journal of Sociology*, 2(4), 294-304 (https://doi.org/10.2307/588083).

Goldthorpe, J.H. (1983) 'Women and class analysis: In defence of the conventional view', *Sociology*, 17(4), 465-88 (https://doi.org/10.1177/0038038583017004001).

Goldthorpe, J.H. (2005) *On sociology: Numbers, narratives, and the integration of research and theory*, Oxford and New York: Oxford University Press.

Goldthorpe, J.H. (2007) '"Cultural Capital': Some critical observations', *Sociologica*, 2 (https://doi.org/10.2383/24755).

Goldthorpe, J.H. (2016) *Social class mobility in modern Britain*, CSI 21, Oxford: Centre for Social Investigation (CSI), Nuffield College, Oxford (http://csi.nuff.ox.ac.uk/wp-content/uploads/2016/03/CSI-21-Social-class-mobility-in-modern-Britain.pdf).

Goldthorpe, J.H. and Jackson, M. (2007) 'Intergenerational class mobility in contemporary Britain: Political concerns and empirical findings', *The British Journal of Sociology*, 58(4), 525-46 (https://doi.org/10.1111/j.1468-4446.2007.00165.x).

Goldthorpe, J.H., Llewellyn, C. and Payne, P. (1980) *Social mobility and class structure in modern Britain* (http://library.wur.nl/WebQuery/clc/131626).

Goodall, L. (2017) 'The BBC gender pay gap is bad – but its class gap is worse', *Sky News*, 23 July (https://news.sky.com/story/the-bbc-pay-gap-is-bad-its-class-gap-is-worse-10957166).

Gorman, E.H. and Kmec, J.A. (2009) 'Hierarchical rank and women's organizational mobility: Glass ceilings in corporate law firms', *American Journal of Sociology*, 114(5), 1428-74.

Granovetter, M.S. (1973) 'The strength of weak ties', *American Journal of Sociology*, 78(6), 1360 (https://doi.org/10.1086/225469).

Green, F., Machin, S., Murphy, R. and Zhu, Y. (2011) 'The changing economic advantage from private schools', *Economica*, 79(316), 658-79 (https://doi.org/10.1111/j.1468-0335.2011.00908.x).

Green, F., Henseke, G. and Vignoles, A. (2016) 'Private schooling and labour market outcomes', *British Educational Research Journal*, 43(1), 7-28 (https://doi.org/10.1002/berj.3256).

Grierson, J. (2017) 'Lineker £1.79m, Balding £199,999: The list that shows BBC's gender gap', *The Guardian*, 19 July (www.theguardian.com/media/2017/jul/19/lineker-balding-the-list-that-shows-bbc-gender-gap).

Griffiths, D. and Lambert, P. (2011) 'Dimensions and boundaries: Comparative analysis of occupational structures using social network and social interaction distance analysis', *Sociological Research Online*, 17(2), 5.

Groot, W. and Oosterbeek, H. (1994) 'Earnings effects of different components of schooling: Human capital versus screening', *The Review of Economics and Statistics*, 76(2), 317-21.

Grugulis, I. and Stoyanova, D. (2012) 'Social capital and networks in film and TV: Jobs for the boys?', *Organization Studies*, 33(10), 1311-31 (https://doi.org/10.1177/0170840612453525).

Guttsman, W. L. (1951) 'The changing social structure of the British political élite, 1886-1935', *The British Journal of Sociology*, 2(2), 122-34 (https://doi.org/10.2307/587384).

Hadjar, A. and Samuel, R. (2015) 'Does upward social mobility increase life satisfaction? A longitudinal analysis using British and Swiss Panel Data', *Research in Social Stratification and Mobility*, 39(March), 48-58 (https://doi.org/10.1016/j.rssm.2014.12.002).

Hagan, J. and Kay, F. (1995) *Gender in practice: A study of lawyers' lives*, Oxford: Oxford University Press.

Halford, S. and Savage, M. (2010) 'Reconceptualizing digital social inequality', *Information, Communication & Society*, 13(7), 937-55 (https://doi.org/10.1080/1369118X.2010.499956).

Hällsten, M. (2013) 'The class-origin wage gap: Heterogeneity in education and variations across market segments', *The British Journal of Sociology*, 64(4), 662-90 (https://doi.org/10.1111/1468-4446.12040).

Halpin, B. and Chan, T.W. (1998) 'Class careers as sequences: An optimal matching analysis of work–life histories', *European Sociological Review*, 14(2), 111-30 (https://doi.org/10.1093/oxfordjournals.esr.a018230).

Hanley, L. (2017) *Respectable: Crossing the class divide*, London: Penguin.

Hansen, M.N. (2001) 'Closure in an open profession. The impact of social origin on the educational and occupational success of graduates of law in Norway', *Work, Employment & Society*, 15(3), 489-510.

Hansen, M.N. (2014) 'Self-made wealth or family wealth? Changes in intergenerational wealth mobility', *Social Forces*, 93(2), 457-81 (https://doi.org/10.1093/sf/sou078).

Harris, C. I. (1993) 'Whiteness as property', *Harvard Law Review* 106(8), 1707-91 (https://doi.org/10.2307/1341787).

Harrison, B. (2009) *Seeking a role: The United Kingdom 1951–1970* (1st edn), Oxford and New York: Oxford University Press.

Heath, A.F. (1981) *Social mobility*, London: Fontana Paperbacks.

Heath, A.F. and Britten, N. (1984) 'Women's jobs do make a difference: A reply to Goldthorpe', *Sociology*, 18(4), 475-90.

Hecht, K.M. (2017) 'A sociological analysis of top incomes and wealth: A study of how individuals at the top of the income and wealth distributions perceive economic inequality', PhD, London: London School of Economics and Political Science (http://etheses.lse.ac.uk/3699).

Hesmondhalgh, D. and Baker, S. (2011) *Creative labour: Media work in three cultural industries*, London and New York: Routledge.

Hey, V. (1997) 'Northern accent and southern comfort: Subjectivity and social class', in P. Mahony and C. Zmroczek (eds) *Class matters: Working class women's perspectives on social class* (1st edn), London and Bristol, PA: Taylor & Francis, 143-54.

Hirsch, P.M. (1972) 'Processing fads and fashions: An organization-set analysis of cultural industry systems', *American Journal of Sociology*, 77(4), 639-59.

Hirsch, P.M. (2000) 'Cultural industries revisited', *Organization Science*, 11(3), 356-61 (https://doi.org/10.1287/orsc.11.3.356.12498).

Hjellbrekke, J., Le Roux, B., Korsnes, O., LeBaron, F., Rosenlund, L. and Rouanet, H. (2007) 'The Norwegian field of power anno 2000', *European Societies*, 9(2), 245 (https://doi.org/10.1080/14616690601002749).

Ho, K. (2009) *Liquidated: An ethnography of Wall Street* (Paperback Octavo edn), Durham, NC: Duke University Press.

Hoggart, R. (2009) *Modern classics: The uses of literacy: Aspects of working-class life*, London: Penguin Classic.

Honey, J.R. de S. (1977) *Tom Brown's universe: Public school in the nineteenth century*, London: Millington.

hooks, b. (1993) 'Keeping close to home: Class and education', in M. M. Tokarczyk and E. E. Fay (eds) *Working-class women in the academy: Laborers in the knowledge factory*, Amherst, MA: University of Massachusetts Press, 99-111.

Hout, M. (1984) 'Status, autonomy, and training in occupational mobility', *The American Journal of Sociology*, 89(6), 1379-409.

Hout, M. (2008) 'How class works: Objective and subjective aspects of class since the 1970s', in A. Lareau and D. Conley (eds) *Social class: How does it work*, New York: Russell Sage Foundation, 25-64.

Hout, M. (2012) 'Social and economic returns to college education in the United States', *Annual Review of Sociology*, 38(1), 379-400 (https://doi.org/10.1146/annurev.soc.012809.102503).

Hull, K.E. and Nelson, R.L. (2000) 'Assimilation, choice, or constraint? Testing theories of gender differences in the careers of lawyers', *Social Forces*, 79(1), 229-64 (https://doi.org/10.1093/sf/79.1.229).

Hunter, F. (1969) *Community power structure: A study of decision makers* (1st edn), Chapel Hill: University North Carolina Press.

Igarashi, H. and Saito, H. (2014) 'Cosmopolitanism as cultural capital: Exploring the intersection of globalization, education and stratification', *Cultural Sociology*, 8(3), 222-39 (https://doi.org/10.1177/1749975514523935).

IMF (International Monetary Fund) (2017) *IMF Fiscal Monitor, Tackling Inequality, October 2017* (www.imf.org/en/Publications/FM/Issues/2017/10/05/fiscal-monitor-october-2017).

Ingram, N.A. (2011) 'Within school and beyond the gate: The complexities of being educationally successful and working class', *Sociology*, 45(2), 287-302.

Ingram, N.A. (2018) *Working-class boys and educational success: Teenage identities, masculinities and urban schooling*, New York: Palgrave Macmillan.

Ingram, N.A. and Allen, K. (2018) '"Talent-spotting" or "social magic"? Inequality, cultural sorting and constructions of the ideal graduate in elite professions', *The Sociological Review*, May (http://eprints.lancs.ac.uk/125638).

Jack, A.A. (2014) 'Culture shock revisited: The social and cultural contingencies to class marginality', *Sociological Forum*, 29(2), 453-75 (https://doi.org/10.1111/socf.12092).

Jack, A.A. (2016) '(No) harm in asking: Class, acquired cultural capital, and academic engagement at an elite university', *Sociology of Education*, 89(1), 1-19.

Jann, B. (2008) 'The Blinder–Oaxaca decomposition for linear regression models', *Stata Journal*, 8(4), 453-79.

Jarness, V. (2015) 'Modes of consumption: From "what" to "how" in cultural stratification research', *Poetics*, 53 (December), 65-79 (https://doi.org/10.1016/j.poetic.2015.08.002).

Jarness, V. and Friedman, S. (2017) '"I'm not a snob, but …": Class boundaries and the downplaying of difference', *Poetics*, 61(April), 14-25 (https://doi.org/10.1016/j.poetic.2016.11.001).

Jefferson, T. (1817) *Bill for establishing a system of public education*, Richmond: State of Virginia.

Jencks, C., Smith, M., Acland, H., Bane, M.J., Cohen, D., Gintis, H., Heyns, B. and Michelson, S. (1972) *Inequality: A reassessment of the effect of family and schooling in America*, New York: Basic Books.

Jenkins, R. (2002) *Pierre Bourdieu*, London: Routledge.

Jenkins, S.P. (2011) *Changing fortunes: Income mobility and poverty dynamics in Britain* (1st edn), Oxford and New York: Oxford University Press.

Jensen, T. (2014) 'Welfare commonsense, Poverty porn and doxosophy', *Sociological Research Online*, 19(3), 3.

Jerolmack, C. and Khan, S. (2014) 'Talk is cheap: Ethnography and the attitudinal fallacy', *Sociological Methods & Research*, 43(2), 178-209 (https://doi.org/10.1177/0049124114523396).

Johnson, B. (2013) 'Boris Johnson's speech at the Margaret Thatcher lecture in full', *The Telegraph*, 28 November (www.telegraph.co.uk/news/politics/london-mayor-election/mayor-of-london/10480321/Boris-Johnsons-speech-at-the-Margaret-Thatcher-lecture-in-full.html).

Jones, D. (1924) *An English pronouncing dictionary: (Showing the pronunciation of over 50,000 words in international phonetic transcription)* (Rev. edn, with Supplement), New York: E. P. Dutton & Co.

Jonsson, J.O., Grusky, D.B., Di Carlo, M., Pollak, R. and Brinton, M.C. (2009) 'Microclass mobility: Social reproduction in four countries', *American Journal of Sociology*, 114(4), 977-1036 (https://doi.org/10.1086/592200).

Judge, T.A. and Bono, J.E. (2001) 'Relationship of core self-evaluations traits – self-esteem, generalized self-efficacy, locus of control, and emotional stability – with job satisfaction and job performance: A meta-analysis', *Journal of Applied Psychology*, 86(1), 80-92 (https://doi.org/http://dx.doi.org/10.1037/0021-9010.86.1.80).

Kant, I. ([1790] 1987) *Critique of judgment*, UK: Hackett Publishing Co.

Kanter, R.M. (1993) *Men and women of the corporation* (2nd edn), New York: Basic Books.

kehal, p.s. (no date) 'Racializing meritocracy: Ideas of excellence and exclusion in faculty diversity', Unpublished PhD disseration, Brown University, RI.

Kelsall, R.K. (1955) *Higher civil servants in Britain, from 1870 to the present day*, London: Routledge.

Khan, S.R. (2010) *Privilege: The making of an adolescent elite at St Paul's School*, Princeton, NJ: Princeton University Press.

King, A. (2000) 'Thinking with Bourdieu against Bourdieu: A "practical" critique of the habitus', *Sociological Theory*, 18(3), 417-33 (https://doi.org/10.1111/0735-2751.00109).

King, A. and Crewe, I. (2013) *The blunders of our governments*, London: Oneworld Publications.

Kitagawa, E.M. (1955) 'Components of a difference between two rates', *Journal of the American Statistical Association*, 50(272), 1168-94 (https://doi.org/10.2307/2281213).

Koppman, S. (2015) 'In the eye of the beholder: The stratification of taste in a cultural industry', *The Sociological Quarterly*, 56(4), 665-94 (https://doi.org/10.1111/tsq.12098).

Koppman, S. (2016) 'Different like me: Why cultural omnivores get creative jobs', *Administrative Science Quarterly*, 61(2), 291-331 (https://doi.org/10.1177/0001839215616840).

Kornberger, M., Carter, C. and Ross-Smith, A. (2010) 'Changing gender domination in a big four accounting firm: Flexibility, performance and client service in practice', *Accounting, Organizations and Society*, 35(8), 775-91 (https://doi.org/10.1016/j.aos.2010.09.005).

Korsnes, O., Heilbron, J., Hjellbrekke, J., Bühlmann, F. and Savage, M. (2017) *New directions in elite studies*, Abingdon: Routledge.

KPMG (2016) 'KPMG reveals employees' parental occupation in a bid to increase social mobility', Press release, 15 December (https://home.kpmg.com/uk/en/home/media/press-releases/2016/12/kpmg-reveals-employees-parental-occupation-in-a-bid-to-increase-.html).

Kuhn, A. (2002) *Family secrets: Acts of memory and imagination* (2nd revised edn), London and New York: Verso.

Kynaston, D. (2012) *City of London: The history*, London: Vintage.

Lacy, K.R. (2004) 'Black spaces, black places: Strategic assimilation and identity construction in middle-class suburbia', *Ethnic and Racial Studies*, 27(6), 908-30 (https://doi.org/10.1080/0141987042000268521).

Lacy, K.R. (2007) *Blue-chip black: Race, class, and status in the new black middle class*, Berkeley, CA: University of California Press.

Lambert, P. and Griffiths, D. (2018) *Social inequalities and occupational stratification: Methods and concepts in the analysis of social distance*, Basingstoke: Palgrave Macmillan.

Lamont, M. (2000) *The dignity of working men: Morality and the boundaries of race, class, and immigration*, New York and Cambridge, MA: Russell Sage Foundation and Harvard University Press (http://site.ebrary.com/id/10314265).

Lamont, M. and Lareau, A. (1988) 'Cultural capital: Allusions, gaps and glissandos in recent theoretical developments', *Sociological Theory*, 6(2), 153-68.

Lancaster University (no date) 'Meet our chancellor' (www.lancaster.ac.uk/about-us/ourpeople/meet-our-chancellor).

Lareau, A. (2011) *Unequal childhoods: Class, race, and family life* (2nd edition with an update a decade later), Berkeley, CA: University of California Press.

Lareau, A. (2015) 'Cultural knowledge and social inequality', *American Sociological Review*, 80(1), 1-27 (https://doi.org/10.1177/0003122414565814).

Larsen, A.G. and Ellersgaard, C.H. (2018) 'The inner circle revisited: The case of an egalitarian society', *Socio-Economic Review*, 16(2), 251-75 (https://doi.org/10.1093/ser/mwx052).

Larsen, A.G., Ellersgaard, C. and Bernsen, M. (2015) *Magteliten: Hvordan 423 danskere styrer landet* [The ruling elite: How 423 Danes rule the country], Politikens Forlag (https://politikensforlag.dk/magteliten/t-1/9788740018004).

Laurison, D. and Friedman, S. (2016) 'The class pay gap in higher professional and managerial occupations', *American Sociological Review*, 81(4), 668-95 (https://doi.org/10.1177/0003122416653602).

Lawler, S. (1999) '"Getting out and getting away": Women's narratives of class mobility', *Feminist Review*, 63(1), 3-24 (https://doi.org/10.1080/014177899339036).

Lawler, S. (2005) 'Disgusted subjects: The making of middle-class identities', *The Sociological Review*, 53(3), 429-46 (https://doi.org/10.1111/j.1467-954X.2005.00560.x).

Lawler, S. and Payne, G. (2017) 'Social mobility talk: Class-making in neo-liberal times', in S. Lawler and G. Payne (eds) *Social mobility for the 21st century: Everyone a winner?*, New York: Routledge, 118-32.

LeBaron, F. (2008) 'Central bankers in the contemporary global field of power: A "social space" approach', *The Sociological Review* (www.u-picardie.fr/~LaboERSI/mardi/fichiers/m64.pdf).

Lee, D. (2011) 'Networks, cultural capital and creative labour in the British independent television industry', *Media, Culture & Society*, 33(4), 549-65 (https://doi.org/10.1177/0163443711398693).

계급 천장

Levy, O. and Reiche, B.S. (2018) 'The politics of cultural capital: Social hierarchy and organizational architecture in the multinational corporation', *Human Relations*, 71(6), 867-94 (https://doi.org/10.1177/0018726717729208).

Lewis, K. and Kaufman, J. (2018) 'The conversion of cultural tastes into social network ties', *American Journal of Sociology*, 123(6), 1684-1742 (https://doi.org/10.1086/697525).

Lexmond, J. and Reeves, R. (2009) *Building character*, London: Demos.

Li, Y. and Heath, A. (2016) 'Class matters: A study of minority and majority social mobility in Britain, 1982–2011', *American Journal of Sociology*, 122(1), 162-200 (https://doi.org/10.1086/686696).

Lin, N. (1999) 'Social networks and status attainment', *Annual Review of Sociology*, 25(1), 467-87 (https://doi.org/10.1146/annurev.soc.25.1.467).

Lindert, P.H. (2004) *Growing public: Volume 1, The story: Social spending and economic growth since the eighteenth century*, Cambridge: Cambridge University Press.

Littler, J. (2017) *Against meritocracy: Culture, power and myths of mobility*, London and New York: Routledge.

Lizardo, O. (2006) 'How cultural tastes shape personal networks', *American Sociological Review*, 71(5), 778-807 (https://doi.org/10.1177/000312240607100504).

Lizardo, O. and Skiles, S. (2012) 'Reconceptualizing and theorizing "omnivorousness": Genetic and relational mechanisms', *Sociological Theory*, 30(4), 263-82 (https://doi.org/10.1177/0735275112466999).

Ljunggren, J. (2017) 'Elitist egalitarianism: Negotiating identity in the Norwegian cultural elite', *Sociology*, 51(3), 559-74 (https://doi.org/10.1177/0038038515590755).

Longhi, S. and Brynin, M. (2017) *The Ethnicity Pay Gap*, Equality and Human Rights Commission Research Report 108, Manchester: Equality and Human Rights Commission (www.equalityhumanrights.com/sites/default/files/research-report-108-the-ethnicity-pay-gap.pdf).

Longhi, S., Nicoletti, C. and Platt, L. (2013) 'Explained and unexplained wage gaps across the main ethno-religious groups in Great Britain', *Oxford Economic Papers*, 65(2), 471-93 (https://doi.org/10.1093/oep/gps025).

Lovell, T. (2000) 'Thinking feminism with and against Bourdieu', *Feminist Theory*, 1(1), 11-32 (https://doi.org/10.1177/14647000022229047).

Major, J. (1990) *Today*, BBC Radio 4, 24 November.

Major, L.E. and Machin, S. (2018) *Social mobility: And its enemies*, London: Penguin.

Marshall, G. and Firth, D. (1999) 'Social mobility and personal satisfaction: Evidence from ten countries', *The British Journal of Sociology*, 50(1), 28-48 (https://doi.org/10.1111/j.1468-4446.1999.00028.x).

Maxwell, C. and Aggleton, P. (2015) *Elite education: International perspectives*, Abingdon: Routledge.

Maxwell, C. and Aggleton, P. (2016) 'Creating cosmopolitan subjects: The role of families and private schools in England', *Sociology*, 50(4), 780-95.

Maylor, U. and Williams, K. (2011) 'Challenges in theorising "black middle-class" women: Education, experience and authenticity', *Gender and Education*, 23(3), 345-56 (https://doi.org/10.1080/09540253.2010.490203).

McCrory Calarco, J. (2018) *Negotiating opportunities: How the middle class secures advantages in school*, New York: Oxford University Press.

McDowell, L. (1997) *Capital culture: Gender at work in the city*, Oxford: John Wiley & Sons.

Mckenzie, L. (2015) *Getting by: Estates, class and culture in austerity Britain*, Bristol: Policy Press.

McMillan Cottom, T. (2016) 'Black cyberfeminism: Intersectionality, institutions, and digital sociology', in J. Daniels, K. Gregory and T. McMillan Cottom (eds) *Digital sociologies* (Reprint edn), Bristol and Chicago, IL: Policy Press, 211-31.

McPherson, M., Smith-Lovin, L. and Cook, J.M. (2001) 'Birds of a feather: Homophily in social networks', *Annual Review of Sociology*, 27(1), 415-44 (https://doi.org/10.1146/annurev.soc.27.1.415).

Meghji, A. (2017) 'Positionings of the black middle-classes: Understanding identity construction beyond strategic assimilation', *Ethnic and Racial Studies*, 40(6), 1007-25 (https://doi.org/10.1080/01419870.2016.1201585).

Mijs. J. (2016) 'The unfulfillable promise of meritocracy: Three lessons and their implications for justice in education', *Social Justice Research*, 29 (1), 14-34.

Milburn, A. (2009) Unleashing Aspiration: The Final Report
of the Panel on Fair Access to the Professions (http://webarchive.nationalarchives.gov.uk/+/http:/www.cabinetoffice.gov.uk/media/227102/fair-access.pdf).

Milburn, A. (2014) 'Elitist Britain?' (http://dera.ioe.ac.uk/20793/1/Elitist_Britain_-_Final.pdf).

Milburn, A. (2015) *Bridging the Social Divide: Making Social Mobility and Child Poverty Core Business for the Next Parliament*, London: Social Mobility & Child Poverty Commission (https://assets.publishing.service.gov.uk/government/uploads/system/uploads/attachment_data/file/408405/Bridging_the_Social_Divide_Report.pdf).

Miles, A. and Savage, M. (2004) 'Origins of the modern career', in D. Mitch, J. Brown and M.H.D. van Leeuwen (eds) *Origins of the Modern Career*, Burlington: Ashgate, 79-100.

Miles, A. and Savage, M. (2012) 'The strange survival story of the English gentleman, 1945-2010', *Cultural and Social History*, 9(4), 595-612.

Mill, J.S. (1859) *On Liberty*, London: John W. Parker and Son.

Mills, C.W. (2000 [1856]) *The power elite*, Oxford: Oxford University Press.

Mills, C. (2013) 'The Great British class fiasco', *Oxford Sociology*, Blog (http://oxfordsociology.blogspot.co.uk/2013/04/the-great-british-class-fiasco.html).

Mills, C. (2015) 'The Great British Class Survey: Requiescat in pace', *The Sociological Review*, 63(2), 393-99 (https://doi.org/10.1111/1467-954X.12287).

Modood, T. and Khattab, N. (2015) 'Explaining ethnic differences: Can ethnic minority strategies reduce the effects of ethnic penalties?', *Sociology*, May, 38038515575858 (https://doi.org/10.1177/0038038515575858).

Moore, M. and Jones, J. (2001) 'Cracking the concrete ceiling: Inquiry into the aspirations, values, motives, and actions of African American female 1890 cooperative extension administrators', *Journal of Extension*, 39(6).

Moore, J., Higham, L., Mountford-Zimars, A., Ashley, L., Birkett, H., Duberly, J. and Kenny, E. (2016) *Socio-economic diversity in life sciences and investment banking*, London: Social Mobility Commission (www.gov.uk/government/publications/socio-economic-diversity-in-life-sciences-and-investment-banking).

Mosca, G. (2011 [1939]) *The Ruling Class*, Charleston, SC: Nabu Press.

Mouw, T. (2003) 'Social capital and finding a job: Do contacts matter?', *American Sociological Review*, 68(6), 868-98 (https://doi.org/10.2307/1519749).

Nichols, G. and Savage, M. (2017) 'A social analysis of an elite constellation: The case of Formula 1', *Theory, Culture & Society*, 34(5-6), 201-25 (https://doi.org/10.1177/0263276417716519).

Oakley, K. and O'Brien, D. (2015) *Cultural value and inequality: A critical literature review*, Arts and Humanities Research Council.

Oakley, K., Laurison, D., O'Brien, D. and Friedman, S. (2017) 'Cultural capital: Arts graduates, spatial inequality, and London's impact on cultural labour markets', *American Behavioral Scientist*, June (http://eprints.whiterose.ac.uk/117253).

O'Brien, D. (2016) 'What price evidence? The ethics of office and the ethics of social science in British cultural policy', *Journal of Cultural Economy*, 9(2), 127-40 (https://doi.org/10.1080/17530350.2015.1100649).

O'Brien, D., Allen, K., Friedman, S. and Saha, A. (2017) 'Producing and consuming inequality: A cultural sociology of the cultural industries', *Cultural Sociology*, 11(3), 271-82 (https://doi.org/10.1177/1749975517712465).

Olsen, W. (2010) *The gender pay gap in the UK 1995–2007*, London: Government Equalities Office (www.escholar.manchester.ac.uk/uk-ac-man-scw:75226).

Olsen, W., Gash, V., Kim, S. and Zhang, M. (2018) *The gender pay gap in the UK: Evidence from the UKHLS*, London: Government Equalities Office (www.gov.uk/government/publications/the-gender-pay-gap-in-the-uk-evidence-from-the-ukhls).

ONS (Office for National Statistics) (2016) *Quarterly Labour Force Survey, 2013–2016*, UK Data Archive, Social Survey Division, Northern Ireland Statistics and Research Agency, Central Survey Unit (https://discover.ukdataservice.ac.uk/series/?sn=2000026).

Pareto, V., Montesano, A., Zanni, A., Bruni, L., Chipman, J.S. and McLure, M. (2014) *Manual of political economy: A critical and variorum edition*, Oxford: Oxford University Press.

Parkin, F. (1979) *Marxism and class theory: A bourgeois critique*, London: Tavistock Publications.

Pattillo, M. (2013) *Black picket fences, second edition: Privilege and peril among the black middle class* (2nd edn), Chicago and London: University of Chicago Press.

Payne, G. (2017) *The new social mobility*, Bristol: Policy Press.

Peterson, R.A. and Anand, N. (2004) 'The production of culture perspective', *Annual Review of Sociology*, 30(January), 311-34.

Pfeffer, J. (1977) 'Toward an examination of stratification in organizations', *Administrative Science Quarterly*, 22(4), 553-67 (https://doi.org/10.2307/2392400).

Pfeffer, J. and Leblebici, H. (1973) 'Executive recruitment and the development of interfirm organizations', *Administrative Science Quarterly*, 18(4), 449-61 (https://doi.org/10.2307/2392198).

Piketty, T. (2014) *Capital in the twenty-first century*, Cambridge, MA: Harvard University Press.

Plomin, R. and Deary, I.J. (2015) 'Genetics and intelligence differences: Five special findings', *Molecular Psychiatry*, 20(1), 98-108 (https://doi.org/10.1038/mp.2014.105).

Plunkett, J. (2014) 'Working-class talent being priced out of acting, says David Morrissey', *The Guardian*, 15 September (www.theguardian.com/culture/2014/sep/16/david-morrissey-working-class-actors-priced-out).

Prieur, A. and Savage, M. (2014) 'On "knowingness", cosmopolitanism and busyness as emerging forms of cultural capital', in P. Coulangeon and J. Duval (eds) *The Routledge companion to Bourdieu's 'Distinction'*, New York: Routledge.

Puwar, N. (2004) *Space invaders: Race, gender and bodies out of place*, Oxford and New York: Berg Publishers.

Reay, D. (2002) 'Shaun's story: Troubling discourses of white working-class masculinities', *Gender and Education*, 14(3), 221-34.

Reay, D. (2017) *Miseducation: Inequality, education and the working classes* (1st edn), Bristol: Policy Press.

Reay, D., Crozier, G. and Clayton, J. (2009) '"Strangers in paradise"? Working-class students in elite universities', *Sociology*, 43(6), 1103-21 (https://doi.org/10.1177/0038038509345700).

Reed-Danahay, D. (2004) *Locating Bourdieu*, Bloomington, IN: Indiana University Press.

Reeves, R.V. (2018) *Dream hoarders: How the American upper middle class is leaving everyone else in the dust, why that is a problem, and what to do about it*, Washington, DC: Brookings Institution Press.

Reeves, A. and de Vries, R. (2018) 'Can cultural consumption increase future earnings? Exploring the economic returns to cultural capital', *The British Journal of Sociology* (https://doi.org/10.1111/1468-4446.12374).

Reeves, A., Friedman, S., Rahal, C. and Flemmen, M. (2017) 'The decline and persistence of the old boy: Private schools and elite recruitment 1897 to 2016', *American Sociological Review*, 82(6), 1139-66 (https://doi.org/10.1177/0003122417735742).

Rivera, L.A. (2012) 'Hiring as cultural matching: The case of elite professional service firms', *American Sociological Review*, 77(6), 999-1022 (https://doi.org/10.1177/0003122412463213).

Rivera, L.A. (2015) *Pedigree: How elite students get elite jobs*, Princeton, NJ: Princeton University Press.

계급 천장

Rivera, L.A. and Tilcsik, A. (2016) 'Class advantage, commitment penalty: The gendered effect of social class signals in an elite labor market', *American Sociological Review*, 81(6), 1097-131 (https://doi.org/10.1177/0003122416668154).

Roberts, S. and Arunachalam, D. (no date) 'The class pay gap in Australia.'

Robson, K., Humphrey, C., Khalifa, R. and Jones, J. (2007) 'Transforming audit technologies: Business risk audit methodologies and the audit field', *Accounting, Organizations and Society*, 32(4), 409-38 (https://doi.org/10.1016/j.aos.2006.09.002).

Rollock, N. (2014) 'Race, class and "the harmony of dispositions"', *Sociology*, 48(3), 445-51 (https://doi.org/10.1177/0038038514521716).

Rollock, N., Gillborn, D., Vincent, C. and Ball, S. (2011) 'The public identities of the black middle classes: Managing race in public spaces', *Sociology*, 45(6), 1078-93 (https://doi.org/10.1177/0038038511416167).

Ruderman, M.N., Ohlott, P.J. and Kram, K.E. (1996) *Managerial promotion: The dynamics for men and women*, Greensboro, NC: Center for Creative Leadership.

Saha, A. (2017a) 'The politics of race in cultural distribution: Addressing inequalities in British Asian theatre', *Cultural Sociology*, 11(3), 302-17 (https://doi.org/10.1177/1749975517708899).

Saha, A. (2017b) *Race and the cultural industries*, Malden, MA: Polity Press.

Sandberg, S. (2015) *Lean in: Women, work, and the will to lead*, London: W.H. Allen.

Saunders, P. (1995) 'Might Britain be a meritocracy?', *Sociology*, 29(1), 23-41 (https://doi.org/10.1177/0038038595029001003).

Saunders, P. (2003) 'Reflections on the meritocracy debate in Britain: A response to Richard Breen and John Goldthorpe', *The British Journal of Sociology*, 53(4), 559-74 (https://doi.org/10.1080/0007131022000021489).

Savage, M. (1997) 'Social mobility and the survey method: A critical analysis', in D. Bertaux and P. Thompson (eds) *Pathways to social class: Qualitative approaches to social mobility*, Oxford: Clarendon Press, 299-326.

Savage, M. (2000) *Class analysis and social transformation*, Buckingham: Open University Press.

Savage, M. (2010) *Identities and social change in Britain since 1940: The politics of method*, Oxford and New York: Oxford University Press.

Savage, M. (2014) 'Social change in the 21st century: The new sociology of "wealth elites"', *Discover Society*, December (http://discoversociety.org/2014/12/01/focus-social-change-in-the-21st-century-the-new-sociology-of-wealth-elites/).

Savage, M. and Friedman, S. (2017) 'Time, accumulation and trajectory: Bourdieu and social mobility', in S. Lawler and G. Payne (eds) *Social mobility for the 21st century*, Abingdon: Routledge, 81-93.

Savage, M. and Williams, K. (2008) 'Elites: Remembered in capitalism and forgotten by social sciences', *The Sociological Review*, 56(May), 1-24 (https://doi.org/10.1111/j.1467-954X.2008.00759.x).

Savage, M., Barlow, J., Dickens, P. and Fielding, T. (1992) *Property, bureaucracy, and culture: Middle-class formation in contemporary Britain*, London: Routledge.

Savage, M., Bagnall, G. and Longhurst, B. (2001) 'Ordinary, ambivalent and defensive: Class identities in the Northwest of England', *Sociology*, 35(4), 875-92 (https://doi.org/10.1177/0038038501035004005).

Savage, M., Devine, F., Cunningham, N., Taylor, M., Li, Y., Hjellbrekke, J., Le Roux, B., Friedman, S. and Miles, A. (2013) 'A new model of social class? Findings from the BBC's Great British Class Survey Experiment', *Sociology*, 47(2), 219-50 (https://doi.org/10.1177/0038038513481128).

Savage, M., Devine, F., Cunningham, N., Friedman, S., Laurison, D., Miles, A., Snee, H. and Taylor, M. (2015a) 'On social class, anno 2014', *Sociology*, 49(6), 1011-30 (https://doi.org/10.1177/0038038514536635).

Savage, M., Cunningham, N., Devine, F., Friedman, S., Laurison, D., McKenzie, L., Miles, A., Snee, H. and Wakeling, P. (2015b) *Social class in the 21st Century*. Penguin UK.

Sayer, A. (2009) *The moral significance of class*, Cambridge and New York: Cambridge University Press.

Scott, J. (1991) *Who rules Britain?*, Oxford and Cambridge, MA: Polity Press.

Scott, J. (2008) 'Modes of power and the re-conceptualization of elites', *The Sociological Review*, 56(1_suppl), 25-43 (https://doi.org/10.1111/j.1467-954X.2008.00760.x).

Sennett, R. and Cobb, J. (1972) *The hidden injuries of class*, New York: Vintage.

Sherman, R. (2017) *Uneasy street: The anxieties of affluence*, Princeton, NJ: Princeton University Press.

Silva, E.B. and Wright, D. (2009) 'Displaying desire and distinction in housing', *Cultural Sociology*, 3(1), 31-50 (https://doi.org/10.1177/1749975508100670).

Simpson, R. and Kumra, S. (2016) 'The Teflon effect: When the glass slipper meets merit', *Gender in Management: An International Journal*, 31(8), 562-76 (https://doi.org/10.1108/GM-12-2014-0111).

Skeggs, B. (1997) *Formations of class and gender: Becoming respectable*, London: Sage.

Social Mobility Foundation (2018) *Social Mobility Employer Index 2018* (www.socialmobility.org.uk/index).

Spence, C. and Carter, C. (2014) 'An exploration of the professional habitus in the big 4 accounting firms', *Work, Employment and Society*, 28(6), 946-62 (https://doi.org/10.1177/0950017013510762).

Spohrer, K., Stahl, G. and Bowers-Brown, T. (2018) 'Constituting neoliberal subjects? "Aspiration" as technology of government in UK policy discourse', *Journal of Education Policy*, 33(3), 327-42 (https://doi.org/10.1080/02680939.2017.1336573).

Srinivasan, S. (1995) *The South Asian petty bourgeoisie in Britain: An Oxford case study*, Aldershot: Avebury.

Stanworth, P. and Giddens, A. (1974) *Elites and power in British society*, 8, Cambridge University Press Archive (http://books.google.co.uk/

계급 천장

찾아보기

계급 천장

계급 천장

계급 천장

계급 천장

2024년 2월 28일 1판 1쇄

지은이	**옮긴이**	
샘 프리드먼, 대니얼 로리슨	홍지영	
편집	**디자인**	
이진, 이창연, 홍보람	신종식	
제작	**마케팅**	**홍보**
박흥기	이병규, 이민정, 강효원	조민희
인쇄	**제책**	
천일문화사	J&D바인텍	
펴낸이	**펴낸곳**	**등록**
강맑실	(주)사계절출판사	제406-2003-034호
주소		**전화**
(우)10881 경기도 파주시 회동길 252		031)955-8588, 8558
전송		
마케팅부 031)955-8595, 편집부 031)955-8596		
홈페이지	**전자우편**	
www.sakyejul.net	skj@sakyejul.com	
블로그	**페이스북**	**트위터**
blog.naver.com/skjmail	facebook.com/sakyejul	twitter.com/sakyejul

ISBN 979-11-6981-185-9 03300

노자 지음 박삼수 옮김

쉽고 바르게 읽는 고전

노자 도덕경 老子 道德經

문예출판사

일러두기

1. 『노자』는 현재 공인된 정본定本이 없는 관계로, 이 책의 역해譯解는 천꾸잉陳鼓應의 『노자주역급평개老子註譯及評介』를 바탕 판본으로 하되, 고금의 저명 판본을 아울러 참고해 최대한 노자의 철학 사상에 부합토록 교감했다. 그리고 그 근거와 이유는 일일이 '주석'을 통해 명확히 밝혔다.

2. 천꾸잉본은 왕필본의 바탕 위에 백서본·부혁본 등 다수의 고본古本을 참고하고, 또 역대교감 및 훈고 학자의 고견을 꼼꼼히 따져 정정訂正한 대표적 판본으로, 그 판본학적 가치가 대단히 높다.

3. 이 책의 역해와 편집은 한문에 관심과 조예가 있는 독자는 물론, 어려운 한문은 피하고한글 위주로 읽고 이해하려는 독자도 아울러 염두에 두었다.

4. 각 장의 역해는 한글 역문譯文을 정점으로 그 바로 아래에 한문 원문을 배치해, 한글 역문위주로 읽거나 역문과 원문을 대조해 읽기에 두루 편리하도록 했다. 또한 원문에는 일일이 독음(두음법칙 적용)을 달아 한자 학습에 편리를 도모했고, 필요한 경우 '주석'을 달아 원문 자구에 대한 충실한 이해를 도왔다. 또한 장마다 '해설'을 덧붙여 노자의 철학 사상에 대한 보다 심층적인 이해와 사색에 도움이 되게 했다. '해설'은 특히 장황함을 피하고, 장별 본의에 대한 핵심적이고 명쾌한 설명으로, 독자 나름의 창의적인 이해와 사색에 단초를 제공하고자 했다.

5. 한문 원문의 번역은 충실한 축어역逐語譯, 즉 직역을 원칙으로 하여 독자의 한문 문리文理터득에 도움이 되고자 했다. 다만 우리말 문맥의 자연스러움을 높이기 위해 적절히 신축성을 가미해 원문에 함축된 의미나 행간에 숨은 뜻을 드러내거나, 우리말 표현에 가능한한 현대적 감각을 살리기도 했다.

6. 이 책의 주요 '참고문헌'은 권말卷末에 열거했는데, 책의 서술 과정에서 필요한 경우 문맥에 따라 참고문헌의 도서명은 생략하고 그 저작자 이름을 밝혔다. 단, 『노자』 판본의 경우에는 그 명칭을 밝혔다.

우주와 인간의 만남을 꿈꾸며

불세출의 철인哲人 노자老子가 산 춘추시대 말엽은 그야말로 공전空
前의 난세였다. 당시 남다른 의식을 가진, 최고의 지식인이었던 노자
는 같은 시대의 공자孔子가 그랬듯이 현실 사회에 대한 불만과 우려가
깊었고, 도탄에서 허덕이는 민중들을 바라보며 구세救世를 위한 방책
을 찾아 고뇌를 거듭했다. 노자의 고뇌와 사색은 결국 우주의 근원으
로 내달렸고, 마침내 '도론道論', 즉 도道를 핵심으로 하는 사상을 주창
主唱해 구세의 실현을 염원하기에 이르렀다.

노자가 말하는 도는 곧 우주의 근원이요 본원임과 동시에, 우주 만
물과 세상만사의 생성과 변화·발전을 지배하는 보편적 법칙을 지칭
한다. 도의 가장 큰 특성은 바로 '무위자연無爲自然'이다. 그것은 노자
사상의 본질이자 핵심으로, 우주 만물의 '저절로 그러함(自然)'에 순응
하며 '결코 의도적으로 이루어가려는 그 어떤 노력도 기울이지 않는
(無爲)' 속성을 말한다.

그렇다면 노자의 그 같은 '도론'의 궁극적 지향점은 어디일까? 두말할 나위 없이 우리네 인생의 현장인 현실 사회다. 노자의 우주론은 곧 인생론으로 귀결된다는 얘기다.

도는 위대하다. 그리고 하늘도 위대하고, 땅도 위대하며, 사람 또한 위대하다. 우주에는 네 가지 위대한 것이 있으며, 사람이 그중 한 가지를 차지하고 있는 것이다. 사람은 땅을 본받고, 땅은 하늘을 본받으며, 하늘은 도를 본받고, 도는 모든 것을 저절로 그러함에 맡긴다. 道大, 天大, 地大, 人亦大. 域中有四大, 而人居其一焉. 人法地, 地法天, 天法道, 道法自然.(제25장, 이는 『노자』 제25장'을 가리키며, 이후에도 그 출처가 『노자』인 경우에는 이같이 해당 '장'만 밝힘)

이처럼 노자가 사람들에게 주고픈 가르침은 너무나 분명하다. 사람은 모름지기 만사에 도를 본받아야 하는 법, 진실로 그 무위자연의 정신을 깊이 깨닫고, 또한 충실히 실천하는 삶을 살아야 한다는 것이다. 노자 당시 그 혼란하기 그지없던 사회상은, 사람들 특히 통치자·위정자들의 탐욕에 찬 '유위有爲'(즉 무위자연의 반대 개념)의 작태가 빚어낸 결과였다. 그 때문에 노자가 무위자연의 순리順理를 따르는 것이야말로 진정 국가 사회의 안녕과 평화를 이룩하고, 만백성이 행복한 삶을 영위할 수 있는 길임을 역설한 것이다.

예나 지금이나 올바른 인성 함양과 가치관 형성에 인문 고전 읽기가 큰 도움이 된다는 것은 분명한 사실이다. 물질 가치가 최우선시되는 오늘날, 우리는 각기 나름의 성취와 성공을 위해 어쩔 수 없이 세속화되고, 또 경쟁의 고삐를 조이지 않을 수가 없다. 하지만 이제 한 발짝만 물러나보자. 그리고 경쟁하기보다는 부쟁不爭하고, 나아가기보다는 물러나며, 채우기보다는 비우는 무위자연의 순리를 일깨웠던 노자의 가르침을 가슴 깊이 새기며, 삶의 여유를 되찾고, 심신의 힐링healing을 도모하자. 장차 언젠간 문득, 다투지 않음으로써 이기고, 물러남으로써 나아가며, 비움으로써 채울 수 있는 이치와 지혜를 감오感悟하며 놀라워하리라.

이것이 바로 노자가 꿈꿨고, 우리 또한 꿈꿔야 할, '우주와 인간의 만남'을 통해 이룩되는 아름다운 삶의 환희요, 이상이다.

노자와 『노자老子』

1. 노자의 생애 사적

『노자』의 지은이로 알려진 노자, 그의 생애에 관한 현존 기록은 많지 않다. 아무튼 그 가운데 전한前漢 사마천司馬遷의 『사기史記』 「노자열전老子列傳」이 가장 믿을 만하면서 가장 집중적이다. 그래서 이제 그 기록을 중심으로, 『사기』 「공자세가孔子世家」를 비롯해 『예기禮記』와 『장자莊子』 등 여타의 관련 기록, 그리고 후세의 관련 고증을 참고해 노자의 일생 발자취를 더듬어보기로 한다.

노자는 지금으로부터 2,500여 년 전인 춘추시대 말엽 초楚나라 고현苦縣(지금의 하남성 녹읍현鹿邑縣) 여향厲鄉 곡인리曲仁里 사람이다. 성姓은 이李씨이고, 이름은 이耳, 자字는 담聃인데, 『장자』에서는 또 노담老

耼이라고 일컫기도 했다. 위페이린余培林은 춘추시대에는 이씨가 없었고, 공자·맹자孟子·묵자墨子·장자莊子 등과 같이 제자諸子가 모두 그 성으로 일컬어졌는데, 노자를 '이자李子'라 하지 않고 '노자'라 하고, 또 '이담李耼'이라 하지 않고 '노담'이라 한 것으로 볼 때, 노자의 성은 이씨가 아니라 노老씨라고 했다. 그리고 그처럼 노씨가 이씨로 와전된 까닭은, 옛날에 '노老' 자와 '이李' 자의 독음讀音이 비슷했기 때문이라고 했는데, 현재로서는 그저 일설일 뿐이지만 분명 설득력이 있는 견해다.

노자의 생졸년生卒年은 자세히 알 수 없다. 다만 공자와 같은 시대를 살았으며, 공자보다는 연장年長이었다. 까오헝高亨은 노자가 공자보다 스무 살이 많았던 것으로 추정한다.

노자는 당시 주周나라 수장실守藏室 사관史官을 지냈는데, 그것은 오늘날 국립중앙도서관 관장에 해당하는 관직이었다. 미루어 짐작컨대 노자의 학문적 조예는 관직에 오르기 전에 이미 상당한 수준에 올라 있었을 것이나, 늘 수장실의 수많은 장서藏書와 유물을 가까이해 그의 학식과 견문이 더욱 해박하고 정밀해지면서 그 명성은 더욱 드높았을 것이다.

전하는 바에 의하면, 공자가 마흔을 넘긴 나이에 주나라 도성都城 낙읍洛邑(지금의 하남성 낙양)으로 문화 연수를 갔을 때, 특별히 노자를 찾아가 '예禮'가 무엇인지 가르침을 청했다고 한다. 당시 노자는 공자에게 이렇게 말했다. "그대가 말하는 '예'라는 것, 그것을 앞장서서 외치던 사람들과 그들의 뼈는 이미 다 썩어 없어지고, 지금은 단지 그들의 말만 남아 있소. 더욱이 군자는 때를 만나면 벼슬을 하며 좋은 수

8

레를 타지만, 때를 만나지 못하면 바람에 나부끼는 쑥처럼 정처 없이 떠돌아다니게 되지요. 내가 듣기로 장사를 잘하는 상인은 그 물건을 깊이 간직하여 겉으로 보기에는 아무것도 없는 것처럼 하고, 군자는 큰 덕을 갖추고 있지만 그 몸가짐은 지극히 겸양하여 어리석어 보인다고 하오. 그러니 그대도 그 교만한 기색氣色과 과도한 욕망, 으스대는 태도와 지나친 포부를 버리시오. 그것들은 모두 그대에게 전혀 이롭지 않소. 내가 그대에게 하고픈 말은 이것뿐이오."

공자는 돌아와 제자들에게 말했다. "날짐승은 날 수 있고, 물고기는 헤엄칠 수 있으며, 길짐승은 달릴 있다는 것을 나는 잘 안다. 달리는 것은 그물을 쳐 잡으면 되고, 헤엄치는 것은 낚시를 드리워 잡으면 되며, 나는 것은 주살을 쏘아 잡으면 되지. 그런데 용은 말이야, 바람과 구름을 타고 하늘 높이 올라가니, 도무지 알 수가 없거든. 나는 오늘 노자를 만났는데, 그야말로 용과 같아서 감을 잡을 수가 없었다."

『사기』뿐만 아니라 『장자』「천운편天運篇」에도 공자가 쉰한 살 때 패沛 땅에서 노자를 만났다는 이야기가 나오는데, 그렇다면 자세히 알 수는 없지만 노자와 공자의 만남이 한두 차례에 그치지 않았을 가능성도 배제할 수 없다.

노자는 주나라에서 꽤 오랫동안 사관으로 있었으나, 나중에 왕실이 날로 쇠미해가는 것을 보고는 벼슬을 버리고 주나라를 떠났다. 서쪽으로 길을 잡아 함곡관函谷關에 이르렀을 때, 수문장守門將 윤희尹喜가 그 비범함을 알아보았다. 윤희는 노자가 이제 세상을 피해 초야에 은둔하면 다시 만날 수 없음을 아쉬워하며, 평소의 생각을 책으로 써서 남겨줄 것을 간곡히 부탁했다. 그래서 노자가 상·하편 5,000여 자의 책을 써줬는데, 도道·덕德의 의미를 설명한 내용이었다. 『노자』라는 책은 그렇게 하여 세상에 나와 후세에 전해지게 되었다.

노자가 은둔 길에 오른 이후의 종적은 아는 사람이 없었다고 한다. 다만 함곡관이 중원中原에서 관중關中, 즉 진秦나라 땅으로 통하는 관문이고, 『장자』「양생주편養生主篇」에서 "노담이 죽자, 진일秦失이 조문하였다(老聃死, 秦失弔之)"라고 한 것을 보면, 노자는 필시 진나라에서 은거하다 세상을 떠난 것이 아닌가 한다. '진일'은 노자 친구의 이름으로, 장자가 단지 편의상 명명한 것일 가능성이 큰데, '일失'은 '일佚'과 같은 글자이니, '진일'은 곧 진나라의 은자隱者라는 뜻으로 풀이된다.

노자는 특히 장수한 것으로 알려졌다. 『사기』에서는 심지어 160여 세까지, 아니면 200여 세까지 산 것으로 추정하기도 했다. 이는 물론 억측으로, 믿을 수 있는 얘기가 아니다. 이에 현대 중국의 저명한 사상가인 후스胡適는 노자가 아무리 오래 살아도 100세는 넘지 않았을 것이란 주장을 내놓기도 했다.

『사기』에서는 노자가 장수한 까닭을 바로 '수도양수修道養壽', 즉 도를 닦으며 심신을 보양했기 때문이라고 했다. 이른바 수도양수는 필시 당시의 보편적인 관념으로, 고대의 양생술養生術과 관련이 있을 것이다. 한대漢代에는 습관적으로 노자를 황제黃帝와 병칭竝稱해 '황로黃老'라고 일컬었는데, 황로술黃老術의 가장 큰 특징은 바로 양생에 뛰어났다는 것이다.

한편 『사기』에는 '이이李耳' 이외에도, 노자로 추정할 수 있는 두 사람을 더 언급한다. 공자와 동시대 인물로 역시 초나라 사람인 노래자老萊子와, 전국시대 중기 주나라 태사太史 담儋이 바로 그들이다. 사마천이 말했듯이, 노자는 그야말로 '은둔의 군자(隱君子)'요, 그 학설 또한 자신을 드러내지 않으며 명성을 추구하지 않음을 주지主旨로 했으니, 당시 사람들조차도 그의 개인 신상 정보를 자세히 알 수 없었을 것이다. 그 때문에 후세 『사기』의 기록에까지 이처럼 논란의 여지를 남기게 된 것으로 보인다. 아무튼 현재까지 논란이 완전히 종식된 것은 아니지만, 노래자와 태사 담은 『노자』를 지은 노자와는 다른 인물이라는 게 통설이다.

2. 『노자』는 어떤 책인가?

『사기』에 따르면, 『노자』는 공자와 같은 시대를 살았던 노자가 지었으며, 상·하편 5,000여 자로 도·덕의 의미를 설명한 책이다. 이는 현전現傳 『노자』의 체제나 내용과 완전히 일치해, 사마천의 기술記述에 신뢰를 갖게 한다.

(1) 『노자』의 작자作者와 만들어진 시기

현전 『노자』 가운데에는 일부 전국시대의 사실史實과 용어가 포함되어 있으며, 그것은 결국 그 지은이나 엮은이에 대한 후세 사람들의 논란을 불러일으켰다. 그리하여 장자의 후학이 흩어진 것을 모아 엮었다느니, 전국시대 태사 담이 지었다느니, 여불위呂不韋(전국시대 말엽의 저명 정치가·사상가)의 문객門客이 엮었다느니, 심지어는 한대 사람이 모아 엮었다느니 하는 등 후세 논자들의 실로 다양한 주장이 제기되기도 했다.

『노자』는, 1973년에 발굴된 백서본帛書本에 의하면, 진말秦末 한초漢

初에 이미 세상에 널리 퍼지고, 아주 중시되었던 것으로 보인다. 또한 『장자』·『순자荀子』·『한비자韓非子』·『윤문자尹文子』·『여씨춘추呂氏春秋』 등의 선진先秦 제자서諸子書에서도 모두 『노자』를 인용 서술하고 있으니, 『노자』가 책으로 엮어진 것은 적어도 전국시대 초엽보다 늦지는 않았을 것이다. 왜냐하면 고대에 서책을 전사傳寫하는 것이 결코 쉽지 않았고, 교통 역시 대단히 불편했음을 감안할 때, 하나의 학설이 세상에 널리 퍼져 많은 학자들이 인용하고 칭송하기까지는 필시 상당히 오랜 기간의 전사와 전수傳授 과정이 있어야만 가능하며, 결코 하루아침에 그렇게 될 수는 없기 때문이다.

그리고 『노자』 중에는 "나는 그 이름을 알지 못하므로 억지로 그것을 이름하여 '도'라고 하고, 또 억지로 그것을 형용하여 '한없이 크고 넓다'고 하노라(吾不知其名, 強字之曰道, 強爲之名曰大)"(제25장)처럼 제일인칭 언론言論이 상당히 많다. 그것은 『노자』가 비록 후세 사람이 덧붙인 구절을 일부 포함하기는 하지만, 분명히 한 사람의 전문 저술이라는 사실을 증명해주기에 충분하다.

아무튼 여러 견해와 고증을 종합하면, 『노자』의 원고原稿는 애초 춘추 말엽에 노담, 즉 노자가 직접 구술口述하거나 저술한 것이며, 그것이 흩어져 전해지다가 하나의 책으로 엮어져 세상에 널리 유포되기 시작한 것은 전국시대 초엽 혹은 그 이전이었을 것으로 추정된다. 이는 『논어論語』 역시 공자의 구술이지만, 훗날 공자의 제자와 재전再傳 제자의 손에서 이루어진 것과 유사하다. 『노자』가 만들어진 시기는 결국 『논어』와 같은 시기이거나 그 전후일 것이다.

한편 오랜 세월 동안 전해져온, 현전 『노자』에는 노자의 후학後學을 포함한 후세 사람들이 자의로 덧붙인 문구나, 주문註文을 정문正文으로 잘못 탈바꿈시킨 것이 일부 섞여 있다. 노자의 생존 시기와 맞지 않는 사실과 용어가 발견되는 것은 바로 그 때문이다. 하지만 다행스럽게도 그러한 구절은 결코 많지 않고, 또한 『노자』 본연의 기조基調와 사상의 계통성과 완정성完整性에 영향을 주지는 않는다.

(2) 『노자』의 책명과 체재體裁

『노자』는 언제부터인가 왕왕 『도덕경道德經』이라고도 일컬어져왔다. '경經'이란 본디 유가儒家 전적典籍의 전용 용어였다. 유가를 제외한 제가諸家의 책은 대개 '자子'로 일컬어질 뿐이며, 『노자』 역시 예외가 아니었다.

그러다 전한 초 황로의 학술이 크게 유행하는 가운데, 경제景帝가 황로의 사상이 아주 심오하다고 여겨 '자'를 '경'으로 고쳐 부르면서, 비로소 『노자』를 '경'으로 일컫게 되었다. 다만 당시에는 그 책 이름에 아직 '도덕'이란 말을 넣어 쓰지는 않았다. 그 후 양웅揚雄의 『촉왕본기蜀王本紀』에서 "노자가 함곡관 수문장 윤희를 위해 '도덕경'을 지었다(老子爲關尹喜著道德經)"라고 했는데, '도덕경'이란 책명은 그즈음 정식으로 정착되기 시작한 것으로 보인다.

'도덕경'이란 별칭은, 아마도 우선은 『사기』 「노자열전」에서 "도덕의 의미를 설명하였다(言道德之意)"고 한 데에 착안했을 것이다. 그리고 또 현전 『노자』에서 보듯이, 여러 판본이 모두 상·하편으로 나뉘어 있는 데다, 상편은 "도가도, 비상도道可道, 非常道"로 시작하며 '도'를 논하고 있으므로 '도경道經'이라 부르고, 하편은 "상덕부덕, 시이유덕上德

不德, 是以有德"으로 시작하며 '덕'을 논하고 있으므로 '덕경德經'이라 불렀으며, 그렇게 하여 마침내 『노자』 전권全卷을 '도덕경'이라 달리 일컫게 되었을 것이다.

한데 20세기 후반에 발굴된 백서본 『노자』는 편篇 구분이 없을 뿐만 아니라, 덕경이 앞에 있고 도경은 뒤에 있어, 현전하는 여러 판본과는 확연히 달라 논란을 불러일으킨다. 위페이린은 이 문제를 하나의 특수한 경우에 불과한 것으로 보았는데, 그 견해에 설득력이 있어 참고할 만하다.

결론부터 말하면, 백서본은 단지 전사하는 사람이 하편을 먼저, 상편을 나중에 베껴 쓴 데다, '상편'·'하편'이란 표시도 하지 않은 것일 뿐이라는 얘기다. 그렇다면 하편을 상편보다 먼저 베껴 쓴 까닭은 무엇일까? 전국시대 이후 일부 사람들이 특히 하편을 중시하는 경향이 있었는데, 백서본을 전사한 사람도 바로 그 부류에 속한 것으로 보인다. 그리고 그들은 필시 법가法家의 사상을 가진 사람들일 것이다. 법가의 대표적 저술인 『한비자』 「해로편解老篇」에서 『노자』 열 장章을 풀이하고 있는데, 상편은 한 장뿐이고 나머지는 모두 하편이다. 또 「유로편喩老篇」에서는 『노자』 열네 편을 풀이하고 있는데, 상편은 네 편뿐이고 나머지는 모두 하편이다. 이는 법가의 하편 중시를 방증하기에 모자람이 없다.

『노자』의 사상 체계에서 '도'는 본체(體)이고, '덕'은 작용(用)이다. '덕'이 '도'에 비해 훨씬 쉽게 이해되는 것은 바로 그 때문이다. 법가에서는 노자의 사상을 수용·활용함에 있어 실용에 보다 무게를 두었으며, 그러므로 주로 '도'를 논한 상편보다는 주로 '덕'을 논한 하편을 중